《欧洲史略》《西学略述》校注

〔英〕弗里曼 著
〔英〕艾约瑟 编译 编著
王 娟 陈德正 校注

2018年·北京

图书在版编目（CIP）数据

《欧洲史略》《西学略述》校注／（英）弗里曼著；（英）艾约瑟编译、编著；王娟，陈德正校注. —北京：商务印书馆，2018
ISBN 978-7-100-16139-8

Ⅰ.①欧… Ⅱ.①弗… ②艾… ③王… ④陈… Ⅲ.①欧洲－历史－古代-近代②学术思想－思想史－西方国家③《欧洲史略》－研究④《西学略述》－研究 Ⅳ.①K500②B5

中国版本图书馆CIP数据核字（2018）第096458号

权利保留，侵权必究。

《欧洲史略》《西学略述》校注
〔英〕弗里曼 著
〔英〕艾约瑟 编 译 编 著
王 娟 陈德正 校 注

商 务 印 书 馆 出 版
（北京王府井大街36号 邮政编码 100710）
商 务 印 书 馆 发 行
三河市尚艺印装有限公司印刷
ISBN 978－7－100－16139－8

2018年7月第1版　　开本 640×960　1/16
2018年7月第1次印刷　印张 24 1/2

定价：80.00元

整理校注说明

近代来华传教士艾约瑟编译出版的《欧洲史略》《西学略述》，作为中文世界第一部欧洲区域通史和第一部西方文化史著作，在近代西学东渐的历史进程中占有十分重要的地位。本次整理主要是对两书进行标点、校勘，并加以注释，系二书海内外首次校注面世。具体整理校注工作如下：

1. 本次整理，以最早出版的光绪丙戌（1886）总税务司署刻本（文内简称"总税务司署刻本"）为底本，以流布范围较广的上海盈记书庄发兑的光绪戊戌（1898）石印本（文内简称"石印本"）为参校本。通过比对其他版本，总税务司署刻本无论文字内容，还是刊印版式，均称最善。《欧洲史略》因属译著，校注中还参考了该书的英文版（哈佛大学图书馆藏，文中简称"英文本"）。具体校勘中，亦参考了其他文献史料。

2. 校勘工作以对校为主，辅以本校，并酌情采用理校的方法进行。

3. 将原书繁体字改为通行简体字，排版形式由竖排改为横排。

4. 底本无标点符号，只有点断。为方便读者，本书一律按国家现行语言文字规范重新进行断句与标点。

5. 为充分尊重艾约瑟译著原貌，原译著中的专名（含人名、地名、书名、民族名称、官职名词等），均一仍其旧。为方便读者阅读，专名以页下脚注的方式，注明现今通用汉语译名和外文译名，并力求做出简明扼要的注释（人物部分均附有生卒年月和简要生平）。有校语者，注释文字排在校文之后。

6. 凡底本与参校本之间文字有异者，均出校语，列出其不同之处。对于特别明显的错讹之处，校语中提出了修改意见。底本中涉及的具体史实，如人物、地点、年代等，若有明显错误之处，原文不改，在页下注中出校记。

7. 原书所引古籍文献，均以书名号标示，与今名不同处，均加脚注，注明今名。所引古籍文献原文均加引号，所引古籍文献的大意则不加引号。

8. 原书中的异体字、古今字、避讳字、通假字一律改为现今通行的规范汉字，并择其要者，在页下脚注中加校语以说明。凡排印误刻者，如己、已混用之类，均径改，一般不出校。同一个字多次改动者，于首见处出校，注明"下同"，余者不出校。

9. 原文未标明公元纪年的中国历史纪年，均以页下脚注的形式注明公元纪年。

10. 书末附有原书专名和当今通行译名对照表，按本书所涉专名的汉语拼音顺序排列。

11. 书前附陈德正、王娟撰写的《中文世界最早的"欧洲通史"和"西方文化史"——〈欧洲史略〉和〈西学略述〉》一文，介绍、论述两书的由来、流布、内容概要、影响等，以期为读者提供阅读指南。

中文世界最早的"欧洲通史"和"西方文化史"
——《欧洲史略》和《西学略述》

陈德正　王娟

近代来华传教士艾约瑟编译的《欧洲史略》《西学略述》，分别是中文世界最早的欧洲地区通史和西方文化史著作，在中国西方史学史和中西文化交流史的研究上占有重要地位。

艾约瑟，原名约瑟夫·埃德金斯（Joseph Edkins，1823—1905年），英国伦敦会传教士，汉学家。毕业于英国伦敦大学，受过传统的西方教育。1848年始来华，任伦敦会驻上海代理人，1861年在天津设立教会，1863年到北京传教。1880年脱离伦敦教会，被中国海关总税务司赫德（Robert Hart）聘为海关翻译，从事翻译文书工作，起初在总税务司署任职，1889年调到上海的江海关。1905年病逝于上海。在中国长达57年的生活，使艾约瑟对中国历史、宗教、文化、语言等抱有浓厚的兴趣。他从宣传西方文化和服务于传教策略的角度，将西方的古典史学和近代史学、西方的科学技术、地理等知识传播到中国，编译有《重学》《几何原本》《圆锥曲线说》《希腊志略》《罗马志略》《欧洲史略》《西学略述》等书。①

1880年，艾约瑟任海关翻译时，接受了赫德将"泰西新出学塾

---

① 汪晓勤：《艾约瑟：致力于中西科技交流的传教士和学者》，《自然辩证法通讯》2001年第5期。

适用诸书"于"公牍之暇译以华文"的任务,至1885年,"脱稿告成十有六种",①即《格致启蒙十六种》,《欧洲史略》《西学略述》为其中之二。

《欧洲史略》,原名 History of Europe,系英国伦敦麦克米伦公司(MacMillan & Co. of London)于1876年出版的,由约翰·爱德华·格林(John Edward Green)主编的"历史与文学基本读物系列"(The Series of History and Literature Primers)之一,原作者系英国19世纪著名历史学家弗里曼(Edward Augustus Freeman,1823—1892年)。该书中文版最初由北京总税务司署1886年出版。

《欧洲史略》主要讲述了欧洲国家自古希腊时代至19世纪70年代的发展史,是一本了解欧洲历史文化的简明书籍。全书共分十三卷,是较为典型的卷节体史书。该书总税务司署刻本正文中附有地图六幅,分别是:《希腊国并希腊诸埠图》《罗马全盛地图》《茹斯底年时罗马地图》《降生后一千二百年欧洲列国图》《大加罗帝时欧洲列国图》《帝加罗第五时欧洲列国图》。各卷主要内容如下:

卷一"欧洲诸族",详细记述了欧洲诸民族的历史,介绍了欧洲主要三大民族:"一亚利安族,一西米底族,一是二族外之诸他族";罗马在欧洲史中的地位;欧洲的地理概况;欧洲的政治制度和宗教制度等内容。

卷二到卷五叙述了希腊、罗马的兴衰,具体为"希腊隆盛之世"、"罗马国兴之世"、"罗马国衰之世"、"罗马东迁之世"。卷二"希腊著述经史诸士"一节,记载了希腊著名历史学家及其著作,特别强调著史的真实性。该书在内容上详于罗马,有近一半的篇幅记述罗马及与罗马相关的历史,作者认为"欧洲国史以罗马为中键",故全书"大半皆详记以前诸国皆如何屈服于罗马,以后诸国皆如何脱离罗马,自立为国"②。

---

① 艾约瑟编译、编著:《西学略述》叙,总税务司署刻本,1886年。
② 艾约瑟编译、编著:《欧洲史略》卷二,总税务司署刻本,1886年。

卷六到卷八分别为"欧洲诸国肇基原委"、"卫护主墓战争之世"、"东西二罗马衰微之世",主要叙述了欧洲诸国的兴起、分合与战争。值得注意的是,在卷八"古学重兴"一节,专门叙述了文艺复兴的内容,这是目前所知国内最早的关于文艺复兴的完整表述。①卷八第十七节"欧洲诸国设立新埠",记述了欧洲诸国进行海外扩张的情况,包括对非洲、印度、南洋及南、北美洲诸地的扩张。

卷九"耶稣新教源流并教战事之世",记述了基督教的流派与战争,其中涉及了英国、荷兰的对外扩张行动。

卷十至十二为法国政治更迭,具体为"法国大兴之世"、"法与西班牙二国联盟之世"、"法国废君易为民政之世",其中卷十一主要记载了18世纪中后期欧洲诸国的变化:英、法、西班牙持续保持实力,普鲁士兴起,波兰灭亡,瑞典、荷兰衰落,美国独立,俄国扩张势头增长,等等。

卷十三"德意诸小国复各联合之世",主要记述了19世纪中前期欧洲各国的变化。

《欧洲史略》作为中文世界第一部欧洲地区通史,所记历史的时间范围为希腊罗马开国起,至19世纪70年代止。光绪元年(1875年)的西班牙阿方索十二世即位,以及黑塞哥维那和波斯尼亚爆发反抗土耳其的起义,甚至其后俄土议和中的"土耳其承认波斯尼亚和黑塞哥维那获得自治"的内容,均在书中有所体现。

在内容编排上,《欧洲史略》每卷末尾都配有简短的"总结",或归纳或总结该卷历史。如在卷二末尾有如下总结:"希腊一史,其较胜于他史者,凡他国史中所载明示我辈之诸义理,皆已节略见于希腊史内。学者果能习熟希腊一史,则欧洲诸史之义理,皆易明晰。"②这种小结式的概括提炼,便于读者对相关内容的宏观理解和总体把握。

---

① 赵少峰:《"西学启蒙丛书"中的西方史学及学界回应》,《聊城大学学报》2012年第2期。
② 艾约瑟编译、编著:《欧洲史略》卷二,总税务司署刻本,1886年。

《西学略述》一书与《欧洲史略》同样为艾约瑟1885年脱稿告成的十六种书之一，所不同的是，该书是艾约瑟"博考简收"多种西书而编写的一本概述西方各种学术的历史渊源及其大旨的书籍。诚如学者所言，"得此一编，可以略知西方学术递变之成迹也"①。

《西学略述》共十卷，卷下分节，亦属于卷节体。

卷一"训蒙"，介绍了西方幼儿教育的方法和内容，其具体教育内容包括学习字母、书法、地理、音乐、调习孩子耳目及手、强健幼儿肢体等。

卷二"方言"，先论语言文字之源流、沿革，次考西方国家主要语言文字，再探讨各国语言文字是否一源，并对言语、笔墨、数目号字以及印度、欧洲、亚洲等民族语言进行了考证。

卷三"教会"，记述了宗教的起源，并对佛教、火祆教、犹太教、耶稣教异同进行比较与考证，以相对客观的笔调叙述路德和天主教会的争论，多谈"分"而不谈"改"。

卷四"文学"，涉及希腊文学、欧洲词曲、口辩、论说、翻译、新闻及德国诗学的介绍。认为"希腊、罗马二国之书籍，传遍泰西各国，比户捧读"②，为泰西文明之源。对西方诗人、诗作有较多介绍，其中部分内容是首次传入中国。艾约瑟将诗文、词曲（戏剧）、口辩（即演说、辩论之文）、论说（说理性文章）、历史小说、评论等均纳入"文学"范畴，与当今的"文学边界"已基本吻合。③

卷五"理学"，先将理学分为"格致理学"（即自然哲学）、"论辨理学"（即逻辑学）、"性理学"（指伦理学），然后介绍了古希腊、波斯以及近代欧洲理学（哲学）的发展史，其中，对希腊哲学的记述颇多。从希腊的柏拉图、亚里士多德到欧洲中世纪的阿奎那、司各脱，再到近代的笛卡尔、莱布尼茨、康德、孔辛、洛克、休谟、

---

① 中国科学院图书馆整理：《续修四库全书总目提要》（稿本）2，齐鲁书社1996年版，第675页。
② 艾约瑟编译、编著：《西学略述》卷四，总税务司署刻本，1886年。
③ 朱立元、栗永清：《试论现代"文学学科"之生成》，《文学评论》2008年第5期。

斯宾塞，大体勾画出了欧洲自古希腊到近代哲学发展的基本脉络。

卷六"史学"，包括"史学考原"、"释古文以识古史"、"国富无常"、"巴比伦古迹"、"欧人航海通商立埠"等二十三节，涵盖了对巴比伦、波斯、希腊、俄国、德国、意大利等国以及南北美洲发展史的记述，对议院、天主教始末、欧洲航海通商、拿破仑成败等事件进行叙述和评论，并概述了欧洲近代史学及其成就。值得一提的是，该卷的"释古文以识古史"、"泰西诸国推埃及最古"、"巴比伦古迹"等节，涉及了考古学的知识。

卷七"格致"，介绍了天文、质学（物理学）、地学（地质学）、动物学、金石学（化学）等二十三种自然科学的研究对象和历史概况，内容非常丰富。

卷八"经济"，包括"富国"、"租赋"、"英征麦税始末"、"英征百货税则"等十五节。涉及海防、铁路、税收、国债、租赋、船制等，并对英国、法国、意大利的经济情况和经济思想进行了介绍。

卷九"工艺"，介绍了农业、工业的各种工艺，包括各国的绘画、雕刻、建筑、雕版印刷、铜版制作、乐论、演剧、汽机、棉布、绸缎、熔铁、葡萄酒、玻璃、钟表、煤气灯等内容。

卷十"游览"，记述了古希腊时代的航海活动，欧洲人对外航海过程中的见闻及历史记载，中国、非洲等地贸易的记载，以及对马可波罗来华的记述。该卷的游览，并非指代今天意义上的旅游，而是指西方历史上的地理探险活动。

《欧洲史略》《西学略述》书成之后，为扩大影响，赫德特别邀请晚清重臣李鸿章、曾纪泽为之作序，并在《万国公报》等媒介上积极推介。李鸿章在《西学略述》序言中称该书"无不阐之理，亦无不达之意，真启蒙善本"①。丛书印刷后，赫德积极在朝廷王公大臣中广为散发，以充分发挥书籍的启蒙影响。光绪皇帝的老师翁同龢是维新派最倚重的人物，赫德在《格致启蒙十六种》刚刚印毕，

---

① 艾约瑟编译、编著：《西学略述》李鸿章序，总税务司署刻本，1886年。

就给翁同龢送去一套，使其成为这些启蒙书最早的读者。①在此后二三十年里，《欧洲史略》《西学略述》等书持续产生影响，很多内容被选编进各类西学丛书中。二书先后出现了1896年上海著易堂本，1898年上海盈记书庄《西学启蒙十六种》丛书本和上海图书集成局本等。此外，《欧洲史略》还被收录在1897年湖南新学书局刊行的《西史汇函》续编中，《西学略述》则为1897年武昌质学会刊印的《质学丛书》所收录。

书籍的出版和重印使得不少中国士人和官员可以广泛接触和阅读，一时公卿互相引重。②唐才常在《史学论略》一文中认为，艾约瑟翻译的《欧洲史略》《希腊志略》《罗马志略》是通西史的重要书目。③梁启超评价《欧洲史略》是"古史之佳者"，认为该书"不以国分而以事纪"，在体例上似纪事本末，远胜《万国史记》及《通鉴》（指《万国通鉴》）。"其《西学略述》一种，言希腊昔贤性理词章之学，足以考西学之所自出。而教之流派，亦颇详焉"，虽然此书"译笔甚劣，繁芜佶屈，几不可读，然其书则不可不读也"。④京师大学堂教习王舟瑶在《论读史法》中认为"西人之史，于国政、民风、社会、宗教、学术、教育、财政、工艺，最所究心"，《欧洲史略》《罗马志略》《希腊志略》等，"皆不可不一读"。⑤清末士人黄庆澄在《中西普通书目表》中也将《西学启蒙十六种》列为"西学门径书"，他认为此套书"译笔晓畅"，《欧洲史略》"读之可审彼上古时大势"。⑥湖南时务学堂将《西学启蒙十六种》列为"任意涉猎"的参考书，并将《希腊志略》《罗马志略》和《欧洲史略》列为专门学

---

① 姚永超、王晓刚编著：《中国海关史十六讲》，复旦大学出版社2014年版，第170页。
② 李天纲编：《万国公报文选》，中西书局2012年版，第464页。
③ 中华书局编辑部：《唐才常集》（增订本），中华书局2013年版，第6页。原文作"《欧洲志略》"，应为"《欧洲史略》"之误。
④ 转引自王扬宗编校：《近代科学在中国的传播》（下），山东教育出版社2009年版，第647页。
⑤ 转引自王勇主编：《书籍之路与文化交流》，上海辞书出版社2009年版，第323页。
⑥ 转引自邹振环：《西方传教士与晚清西史东渐》，上海古籍出版社2007年版，第262页。

公法门的"专精之书"。①蔡元培在1898年12月13日到绍兴徐氏墨润堂购买了《西学启蒙十六种》。②清末士大夫周维翰则在1900年编成的《西史纲目》(湖南书局1903年版)列出的58种参考书中,列出《希腊志略》《罗马志略》和《欧洲史略》等。③清末目录学家徐维则认为《西学略述》"综言各学渊源,为'启蒙十五种'之纲领,中述希腊旧学,颇为翔实,其言教亦详,足与《古教汇参》互证"④。清末维新人士孙宝瑄在日记中详细记录了阅读《西学略述》的情况,其言:"《西学略述》云:泰西著名史学家最先者,一曰希罗多都,一曰都基底底,一曰伯路大孤,至今后学仰而师之,如中国人之俯首于班、马也。其后继踵而起者曰休摩,著英史;曰班哥罗夫,著美史。二公皆于民主政治,三复其意焉。创电学者,美人弗兰革林;创化学者,曰加芬底矢,乾隆时人;曰伯理斯理,曰拉非泄……"⑤

当然,艾约瑟编译的《欧洲史略》《西学略述》二书亦存在诸多瑕疵,比如译名不一,如波斯,或作波斯,或作巴西;亚历山大城,或作亚利三太城,或作亚利散太城;休谟,或作休摩,或作休末等。有些年代或史实也有数处错误,如将"耶稣降生前一百三十三年"应为"汉武帝元光二年",艾约瑟则错误地转换为"汉武帝元符二年"。另外,书中还处处充斥着艾约瑟的欧洲中心论思想,例如,他认为"印度与美洲之史,概可总括于欧地诸国史内"⑥,充分体现了作者的欧洲中心论思想。但是瑕不掩瑜,《欧洲史略》《西学略述》二书灵活的体例、新颖的内容、激进的变法改制思想,确实为晚清中国士大夫提供了知识增量,不仅对当时,而且对以后中国的世界历

---

① 高平叔:《蔡元培年谱长编》,人民教育出版社1996年版,第135、210页。
② 朱有瓛主编:《中国近代学制史料》第一辑(下),华东师范大学出版社1986年版,第302—305页。
③ 转引自朱发建:《中国近代史学"科学化"进程研究》,湖南师范大学出版社2005年版,第22页。
④ 徐维则、顾燮光编:《增版东西学书录》卷1,1902年石印本。
⑤ 孙宝瑄:《忘山庐日记》,上海古籍出版社1983年版,第165页。
⑥ 艾约瑟编译、编著:《欧洲史略》卷九,总税务司署刻本,1886年。

史研究，都产生了一定的影响，并加速了有识之士对西方历史和文化的切实了解和关注，促进了他们为国家前途和命运进行抗争的行动。晚清士人和知识阶层面临民族危机，并没有走向传教士所向往的基督教信仰之路，而是将汲取到的西学知识作为变革中国的"思想资源"，这适应了晚清社会向西方学习的需要。

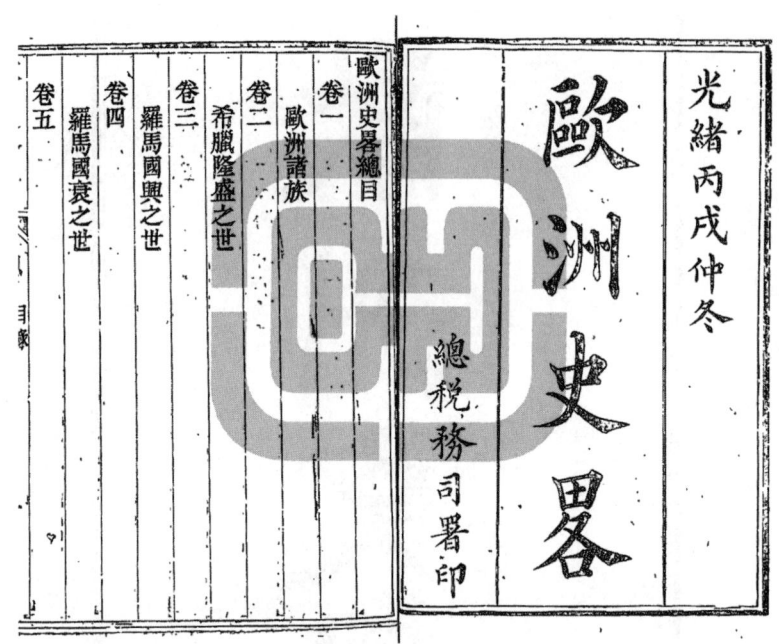

《欧洲史略》（1886年总税务司署刻本）书影（国家图书馆藏）

《欧洲史略》(1898年盈记书庄石印本)书影

《欧洲史略》目录（1898年盈记书庄石印本）书影

History Primers. *Edited by* J. R. GREEN.

HISTORY
OF
EUROPE.

BY
EDWARD A. FREEMAN, D.C.L., LL.D.,
LATE FELLOW OF TRINITY COLLEGE, OXFORD,
KNIGHT COMMANDER OF THE GREEK ORDER OF THE SAVIOUR.

WITH MAPS.

NEW YORK:
D. APPLETON AND COMPANY,
1, 3, AND 5 BOND STREET.
1889.

弗里曼（E. A. Freeman）著《欧洲史略》
（*History of Europe*）扉页书影

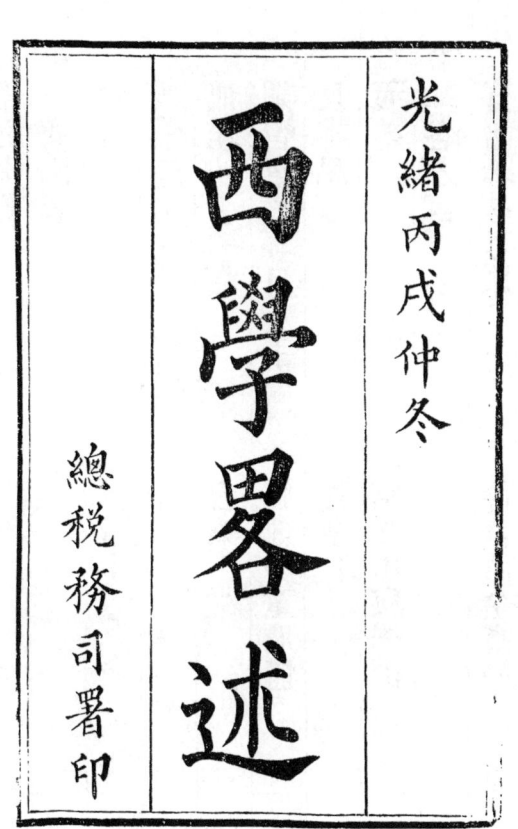

《西学略述》（1886年总税务司署刻本）书影

西學畧述目錄

第一卷 訓蒙

字母

啟蒙讀本

地理

調習童孩耳目及手

反本思源

義塾

拆習字母

書法

音樂

強健幼童肢體

嬰塾

富強由興學校

第二卷 方言

言語未易考原

詳言語今富於古之原

《西学略述》目录（1886年总税务司署刻本）书影

目 录

欧洲史略　　*1*
西学略述　　*233*
后　记　　　*371*

欧洲史略

光绪丙戌仲冬
总税务司署印

欧洲史略总目

欧洲史略　卷一　　欧洲诸族 / 5

欧洲史略　卷二　　希腊隆盛之世 / 14

欧洲史略　卷三　　罗马国兴之世 / 33

欧洲史略　卷四　　罗马国衰之世 / 58

罗马史略　卷五　　罗马东迁之世 / 70

欧洲史略　卷六　　欧洲诸国肇基原委 / 83

欧洲史略　卷七　　卫护主墓战争之世 / 94

欧洲史略　卷八　　东西二罗马衰微之世 / 112

欧洲史略　卷九　　耶稣新教源流并教战事之世 / 128

欧洲史略　卷十　　法国大兴之世 / 150

欧洲史略　卷十一　法与西班牙二国联盟之世 / 162

欧洲史略　卷十二　法国废君易为民政之世 / 176

欧洲史略　卷十三　德意诸小国复各联合之世 / 189

原书专名与当今通行译名对照表 / 204

欧洲史略 卷一
欧洲诸族

一节 大地诸族总论

上古方言，若以吾人可稽而知者立论，则历来各国均有不同。迨至于今，各国人之即物命名，并诸他语，仍自不同。然今有数国语言，初闻似皆不同，如能详为寻绎，无难得古洪荒世，此数国言语，本同之确据。试即欧洲而论，如英语之内得[①]，德语之那克得[②]以及拉丁文之挪格得[③]，希腊文之奴格得[④]，音虽皆小异，而概译曰黑夜。借是一端，而推至千百端，是英、德、拉、希四国语言，为同源异派，更无疑义。外此天下最强盛国犹多，如皆即其语言较其同异，则约可析分为数大族，而一大族中，又皆括有今分数国，不复相通，昔为一国，原无少异之方言。是书之作，惟论今昔居向欧洲之诸族并与欧洲今昔恒多交涉，居向亚、非二洲之诸族。计此多族，可分为三大族：一亚利安族[⑤]，一西米底族[⑥]，一是二族外之诸他族。

---

① 即英语 night 的音译。
② 即德语 nacht 的音译。
③ 即拉丁语 noct 的音译。
④ 即希腊语 nykt 的音译。
⑤ 即雅利安人（Aryan）。在当今学术界，大多数情况下此术语已被取代为"印度-伊朗人"或"印欧人"，也就是讲印度-伊朗语族或印欧语系语言的人。
⑥ 即闪米特人（Semites），又称闪族人或闪姆人。

二节　亚利安族

　　欧洲诸族考自有信史以来，大半皆出于亚利安族，是以今之欧洲诸国人民及徙居他地，与亚洲印度、巴西诸地方者，方言虽多不同，而其原要皆出于一，可总名曰亚利安语①。按此说，凡作亚利安语之人民，始皆聚处于亚洲正中，葱岭以西之巴米耳②高原地方。当其尚未离居，已究得数类工农有益之事业。他如礼神、献祭、经理国家亦皆条分不紊，少有可观，嗣乃派别支分散居各地，若人问尔，言之如此凿凿。果何所据而知其然，则应之曰，即今欧、亚二洲诸亚利安族人国中，凡属农与工，所谓造制车舟、耕治田园等语，皆可取而为吾此论之证。惟上古缺史，记录无人。继而是诸先民，率多荡析离居，迁而西处者有之，迁而西南处者有之，迁而东南处者亦有之。其迁而西南与东南处者，皆散居于巴西③与北印度等地方。北印度方言，旧为梵语，今其音虽间有更易，而较诸他处亚利安族之各国言语，变者尤少。其迁而西处者，则皆散居欧洲并与欧毗连之亚洲地。近又有由欧洲迁出多民，率皆航海移居于美、澳二洲地方，然犹皆仍作欧洲之各国方言，未少更易。

三节　西米底族

　　亚利安族外，其在欧史略中最多关系，即西米底族。按该族所居地，大半在亚洲西南，而介于东西二亚利安族地之间，一犹太，

---

① 即雅利安语（Aryan），属印欧语系。
② 即帕米尔（Pamir）。
③ "巴西"后，石印本有"地方"二字。"巴西"，即波斯（Persia）。

一非尼基①，一叙利亚，一亚拉伯②。惟此四国之言极多近似。再此③，西米底族据有之地，固较诸亚利安族据有之地为少，然即④万国史书中视之，其政教文治有足多者。盖凡惟崇礼一上帝之犹太教、回教、耶稣教⑤，其原皆始于该族，而非尼基与亚拉伯二族人，则计其迁居于欧、非二洲者，为数甚众，间多称兵开埠⑥，侵并邻邦以自广其疆域。

四节　亚、西二族外之诸他族

当亚利安族人之初至欧洲也，其间有非亚利安族，亦非西米底族之土民与之相抗。后土民败退，而亚利安族人进攻不已，以致该土民死亡殆尽，余者亦自窜伏偷生于遐荒边远之处。故今法与西班牙二国界间诸山地，尚有一类巴斯革族人⑦聚居于此，其言号曰巴斯革语⑧。是即亚利安族未至欧洲以前，该地土民通行方言之一也。按西班牙全境及欧边西之诸地方，昔皆为巴斯革族人所据有，今则仅相聚居于迫狭之山地间也。外此，又有欧洲北境，分属俄与瑞典二国诸地方之芬族⑨、拉伯族⑩，咸不与亚利安同族，故皆不作亚利安语。至欧洲东境则有数处，皆后外来他族，侵入欧疆，迫去亚利安人据

---

① 即腓尼基人（Phoenicians）。
② 即阿拉伯人（Arabs）。
③ "再此"，石印本作"再次"。
④ "即"，石印本作"则"。
⑤ 即基督教（Christianity）。
⑥ "埠"后，石印本有一"乃"字。
⑦ 即巴斯克人（Basque），主要分布在西班牙比利牛斯山脉西段和比斯开湾南岸。
⑧ 即巴斯克语（Basque），也称欧斯卡拉语。使用于西班牙北部巴斯克、纳瓦拉以及法国西南部等地区，是绝少的无亲属的语言，被称为世界上最难的语言。
⑨ 即芬族（Fin），亦称芬人。指生活在芬兰和其他国家说芬兰语的人，以及具有芬兰国籍的说瑞典语的人。
⑩ 即拉普人（Lapp），自称萨阿米人。主要分布在挪威、瑞典、芬兰和俄罗斯的北极地区，属乌拉尔人种。

有其地。如土耳其与马加①，则当中国六朝及唐宋时，始来立国于欧地者，其间本末欧史载之极详，盖时国不缺史故也。按，马加族，其方言至今，皆仍不变，而风教制度，则皆全化与欧洲诸国同。土耳其族，则方言风教及诸制度，至今咸仍其旧。除上所言上古各类土民并狠加利②地之马加暨土耳其二族外，其他欧洲诸国民，皆亚利安人，而方言亦皆亚利安语。即凡今之航海梯山，远至异土，创立新国之诸欧人，方言率仍其旧，要皆未离乎亚利安语之本源。

五节　欧洲地势

欧地③约可分为三，其居中之一片连地，计自乌拉山始，至大西洋止，而乌拉山与亚洲地面遥接，无少间断。至其一南一北，则皆多土股④与岛，并诸海湾。如地中海环绕于欧洲之南，又为欧亚非三洲相界处之第一大海湾，而其间有三大土股，是分三国，一曰希腊，一曰意大利，一曰西班牙。当此三大土股与欧洲内地相界处，则有比利尼⑤与亚勒比⑥及诸他山以为之限。再地中海内，所列有数小岛不计外，其岛之大者：曰撒底尼亚⑦，曰西西利，曰革哩底⑧，曰居比路⑨。而希腊国境与亚洲遥接中间处之群岛海内，岛数尤夥。即是以观，欧之南境有多土股与岛并诸海湾、海峡列于其间也。至于欧之

---

① 即马扎尔（Magyar），中国古代对匈牙利（Hungary）或匈牙利人（Hungarian）的称呼。
② 即匈牙利（Hungary）。
③ "欧地"，石印本作"欧洲"。
④ 即半岛（Peninsula）。
⑤ 即比利牛斯山（Pyrenees），位于欧洲西南部，山脉东起于地中海，西止于大西洋，分隔欧洲大陆与伊比利亚半岛，也是法国与西班牙的天然国界。
⑥ 即阿尔卑斯山（Alps），位于欧洲中心的山脉。
⑦ 即撒丁岛（Sardinia），亦译萨丁尼亚。位于意大利半岛西南的岛屿。
⑧ 即克里特岛（Crete），位于地中海北部的岛屿，是爱琴海最南面的皇冠，是诸多希腊神话的发源地。
⑨ 即塞浦路斯（Cyprus），位于地中海东部的岛屿。

北境，亦多与南境近似，缘其间之巴底海[1]，有似于地中海，而挪威与丹[2]以及瑞典诸国地，亦复与南境之三大土股稍有相同，岛与海湾亦多。惟皆较诸南境者，稍形微小。若西北视，又有英格兰岛与哀尔兰岛[3]，至外此较远之诸冰洲[4]，则距欧过遥，兹可置诸不论。

六节　亚利安族入居欧洲之始

亚利安诸族初入居欧洲，尚未创有信史。时其后复分为希腊、罗马二族之一族，皆聚居希腊与意大利二大土股，并附近希腊之小亚细亚与希腊以北之诸地方，而时首居欧洲中间地者，为革勒底族[5]，乃该族渐次西迁，散处于英、法、西班牙，并意大利北境之诸地上。又有德多尼族[6]，来自其东，步革勒底族之后尘，先兴于德、丹、瑞典、挪威等地，嗣至中国六朝时，德多尼人又侵据有革勒底族之英土。按，革勒底语[7]，今惟英、法二国之数处地方，仅有存者，而德多尼语[8]，则今之德、丹、瑞典等国之方言皆本于德多尼。即英语中，亦尚存有其十之六七。至今欧洲最强诸国率皆出于希腊、意大利、革勒底、德多尼四族内。又入居欧地[9]之德多尼族外，别有

---

[1] 即波罗的海（Baltic Sea），世界上盐度最低的海。
[2] 即丹麦（Denmark）。
[3] 即爱尔兰岛（Ireland），位于欧洲西北部的岛屿。
[4] 即冰岛（Iceland），北大西洋中的岛国，位于北大西洋和北冰洋的交汇处。
[5] 即凯尔特人（Celt），分布在欧洲中部的一个操印欧语系凯尔特语族语言的部落集团。
[6] 即日耳曼族（Teutonic），在罗马帝国时期与凯尔特人、斯拉夫人一起被罗马人并称为欧洲的三大蛮族，也是现今欧洲人的代表民族之一。
[7] 即凯尔特语（Celtic），印欧语系的语族之一。曾经广泛分布于欧洲中、北、西部，后仅存于不列颠群岛的一些人烟稀少的地区和法国西北部。
[8] 即日耳曼语（Teutonic），印欧语系的主要语族之一。包括北日耳曼语、西日耳曼语和已灭绝的东日耳曼语。使用于北欧、中欧、西欧，以及欧洲之外的英语国家和地区。
[9] "欧地"，石印本作"欧洲"。

最小之一族，分有二派：一曰老布路斯①，一曰利都完亚②。计此一族人，今虽为数无多，而有学者最宜留心之一事，即今其人作语与亚利安之上古方言，最多符合。缘其人遵用旧语，较诸欧洲他族，尤少更易。至若斯拉分族③，为俄罗斯族之所自出，其方言名为斯拉分语。在该族中，斯拉分译景即有"荣耀"之意，而他族所译，则下比于奴，盖昔他族人多以斯拉分人为奴故也。再俄罗斯族外之波兰族与土耳其北境之布加利族④，及他自主国与属奥国之诸小族，皆与斯拉分同族。即此以观，是希腊一族先著名欧地，嗣又来有许多亚利安族人，布居欧洲全土殆遍。惟余少地，尚存有旧族数国，并当中国六朝时，入居欧地之奥斯马加⑤，与宋元时入居欧地之土耳其等国，相与错处其间。

七节　欧洲依次长世三族

亚利安诸族入居欧洲，其首创业垂统，计有三国，然年代有先后，而政教有尚文、尚武、尚格致之不同：一希腊，一意大利（是意大利，即指罗马城言），一德多尼。凡今天下通行之制度、文章、技艺等学，皆创自古初附近地中海旁之诸国，而希腊一国实为之始。即后此诸国率各纪有正史，以备载其国之君政、民风，亦实由希腊创立民主国时有数大著名人，作诸民史为之作俑。是今欧洲人民所遵六艺以及格致等学，始皆创自希腊，而希腊人所著之书，并所建诸宫殿、坛庙以及所镂于石上之诸花纹，自昔迄今，人当观感之下，

---

① 即古普鲁士人（Old Prussia），居住在普鲁士地区的原住民，与拉脱维亚人和立陶宛人同属于波罗的语族。
② 即立陶宛人（Lithuania），主要居住在立陶宛共和国境内，其余分布在俄罗斯、拉脱维亚、白俄罗斯等地。
③ 即斯拉夫人（Slav），主要分布在欧洲东部和东南部。
④ 即保加利亚（Bulgaria）。
⑤ 即奥地利（Austria），清朝旧译名为奥斯马加。

无不钦服其精妙。考昔希腊治国，惟以格致、技艺、文章等学诱化人民，时在亚洲①间多攻战，而在欧洲，则永无军争之事。后至罗马立国始，恒治戎远征，并吞诸国，复严定律例，颁行于所降属之诸国内。按，罗马盛时，凡今欧亚非三洲绕地中海之诸地方，皆统归罗马而禀奉罗马之法制，即今罗马律例，行于诸国，尚未衰废，盖缘德多尼族继罗马而起，其蚕食罗马土地，固为代兴之主，乃袭行罗马政治，是犹以罗马为师也，积久相沿，仍而不改。

八节　欧洲国史以罗马为中键

凡欧洲诸国之史书内，率皆以罗马一国为中键。缘欧史中，凡古之诸国，皆依次述其如何渐尽属于罗马，而今之诸国，则皆依次述罗马如何渐就衰微，诸族如何乘隙分据其地而建都立国也。惟希腊一史，自出机杼，而立国又较先于罗马，故其史中，备述该国如何兴盛，而不厕入罗马一事。若嗣罗马称王诸国，则宜推德多尼族之各国为首。第该族自攻取罗马地后，凡其国制、民风、律例、工艺、教会、方言诸大政，皆一一本于罗马而习行之。嗣该族仍推居首族，至于今未改。虽别有方言不同，而大有为之诸他族，亦皆德多尼人为之君长，亦习用德多尼族之制度律例。若革勒底族，其入处欧洲较早，而无多兴革，故难居诸族首。惟前后平有法地之革勒底人，其国之制度政教，皆先本于罗马，嗣则效诸德多尼，即此其国已得上列于诸大国中。至于斯拉分族，入处欧洲较晚，而事少兴革，略与较早之革勒底族同。再此②，斯拉分人虽自创有数强国，然无兴王于欧，如希腊、罗马、德多尼等③族国者。余著是书，大抵不外于罗马如何得诸国地而兴，如何失诸国地而败。

---

① "亚洲"，总税务司署刻本和英文本作 "亚洲"，石印本作 "欧洲"。
② "再此"，石印本作 "再次"。
③ "等"，石印本作 "节"。

九节　欧洲各国相同诸制

假有谓亚利安族人，本毫未立有教化，然当其入居欧洲时，凡诸制度、工艺，已多略备。嗣该族又自分有诸多族，散居各地，而其治国之制度，约皆大同小异。如小族久则成大族，大族久则成部落或国。部落有长，国有君，又有绅会及诸民会。大抵其人高下分有三等，一生而即贵，一为民，一为奴。凡此皆今欧洲各国之制度、风化所由兴也。按，亚利安族原同一风教，既而分建多国，风教少殊，然各国皆奉有多神，如天如日，皆为别立一名，复雕凿木石，揣为之像。迨耶稣教兴，先盛于罗马，后渐遍于欧之全境，其东者为东教，西者为西教，而所立规式，不无少异。至南北教会，亦各有不同处。近数百年，欧洲人民，已率皆崇信耶稣一教。惟极北处，有少他族，尚各自从其教，而回人据有之数地方，亦自以其教为崇。今则欧洲奉回教者，仅余土耳其一国。若他西班牙与西西利地方之诸①回人，早遭逐去。

十节　总结

统上诸说而论，是欧地为南北中计分三大段②之一洲。其南境，即列于地中海之诸岛与探入该海之诸土股，而为欧洲创有风化、工艺等制之原始处。至所言及之诸族，为亚利安族与西米底族，亦间有数他族，惟出自亚利安之族派甚多。嗣皆相继来欧，诛灭其间旧族人民，或逐使远遁于深山与僻陋之边鄙，以便己得居于欧之膏腴地也。似此属亚利安族之诸多国人，兹即所有之制度、方言、风俗、

---

① "诸"，石印本无。
② 按："叚"，总税务司署刻本和石印本均作"叚"，应为"段"之误，此处改之。下同，径改。

教化，在在皆可证明其本为一族，再此诸多国内。而希腊、罗马、德多尼三国，又相与代兴，既富且强，号为兴王之国，而罗马最先并有近地中海之诸国为一大国。故欧史中，大半皆详记以前诸国皆如何屈服于罗马，以后诸国皆如何脱离罗马，自立为国。卷末，则言欧洲，凡亚利安族之诸国皆钦服圣教，崇信耶稣，惟缘南北东西，俗尚不同，而教会情形，因亦少异。

欧洲史略　卷二
希腊隆盛之世

一节　希腊地并希腊族

欧为地东半球诸洲中，最多海、多岛兼多土股之一洲。若希腊岛与土股之多，又为欧之一洲之最。加以希腊又多山地，俾希腊一国，为探入于海之数土股，并列向海面之数岛，皆不相联属，故其间平壤之前后左右，非山即海，以致该地居民皆不得不习行海面，航海出洋，迁居他地，勤理生业，积久亦各自成都成邑。是以该地人民，不能合成一大国而散为此诸小国也。至其间各城地人民，有已得自主之权者，亦有谋得自主之权而不欲服属于一人者。希腊地原皆近海，然亦有距海未远、少远之分。希腊有数地方土股与岛，较他处为多，而其名城，则率皆在于滨海处。此滨海处人民，多赴相近之诸岛，或远至他国海滨，辟地立埠，以便贸易生财。凡地中海之以南、以东与东北、以西与西北，在在皆有自称希利尼族人[①]散居其间，是概可名之曰"希腊地"。其希腊旧地，惟希利尼人相与聚处，而他国境内希腊人与他族人则皆错处无猜。

---

① 即希腊人（Greek）。

二节　希腊人情

如上所言之分立小国，习行海上，并诸行海所见所闻，皆能牖启人之聪明，增益人之才智，加以希腊人之精明强力，原非他族人所能企及。设使他族人居希腊地，恐不能若是之大有为，而使希腊人居他族地，亦恐不能若是之大有为也。以希腊人恰居希腊地，可谓人地相宜，且希腊不止兴创文字、工艺、格致等学垂训后世，即其政教之善，亦居万国先。盖执国之政，易君为民，实创自希腊，缘所主惟法，非若他君政国惟私于一人之智力，而下皆听命惟谨，无敢异议者。

三节　希腊与他诸族相往来

希腊概名语言殊异之人曰"巴巴类"[1]。按，希腊与意大利二大族，皆出于亚利安，而外此又有散居于欧西、亚东诸地之数族，亦约为亚利安族所自出。盖希腊人、意大利人、西西利人并希腊西北之伊贝罗[2]、东北之马其顿以及小亚细亚，居近西海滨处之诸族，其风俗言语，多相近似，是皆亚利安族之分支无疑。惟希腊一族，在诸族中崛兴特起，立国最先，而良法美制，又皆首为其所创定，是以希腊人，概呼诸他族人曰"巴巴类"。"巴巴类"者，译即言不可识之人也。惟时凡他族人，无论其出自亚利安族与否，皆为希腊人呼作"巴巴类"。然出自亚利安者，皆与希腊同族，乃其离群索居，

---

[1] 即蛮族（Barbarian）。该词在西方历史中源于古希腊时代，由于罗马人与希腊人属于同种语系，因此在这两个民族之间存在通用语，而这个词的词源指的是不会说通用语的民族。
[2] 即伊庇鲁斯（Epirus），位于希腊西北部，系希腊最多山的地区，著名君主有皮洛士。

为年既久①，故有令人听不分明之讹音。嗣"巴巴类"一语，竟括有无数藐视人之意。盖初只希腊人以此语目诸他族人，既而相习成风大地，概以"巴巴类"为极慢人语也。

四节　非尼基族

其希腊人越境而徙，散居于附近地中海滨处者，皆创立埠头，故无论为何，他族人民皆不得不相与往来，通商贸易。当非尼基人未入欧地之先，其留居欧地诸希腊人，则仅有与同出亚利安族，而臻善甚迟之数族人民与相往来。嗣之首出与希腊争胜者，乃由亚洲西来之自号"迦南族"②，而欧人则名为"非尼基族"。是族原居于西顿并推罗诸地以及叙利亚海滨附近之诸他城。按，非尼基人分赴地中海滨，设埠通商，其间创设实多在希腊立埠之前后。希腊人将与其相近诸岛之非尼基人率多逐去，既而复与非尼基人在西西利并居比路二大岛称戈比干，争为君长。凡希腊文③所用字母皆得之于非尼基，嗣乃由④希腊西传遍诸欧地。若希腊人之制度政教，则多本诸亚利安之旧，稍行⑤损益，而政教即皆速臻于善，是其所自有者，业已大备，更无赖乎取法于他族也。

五节　希腊人创立埠头

欧有信史之始，希腊人于沿地中海滨处，所创立之埠头已多，

---

① "既久"，石印本作"已久"。
② 即迦南人（Canaanite），操闪族语言的民族，地域主要在腓尼基。
③ "希腊文"，石印本作"希腊人"。
④ "由"，石印本作"有"。
⑤ "行"，石印本作"形"。

惟别有数埠头为非尼基人先希腊而设者。他若意大利居中，并其北境之诸土人，惟时率皆勇猛，是以异地人民未能入据有其地，而群岛海之四周，并沿黑海滨地之半，皆有希腊人所创立之埠头。至于希腊之西北诸地诸岛，如西西利与居比路二岛并意大利之南境以及非洲伊及①以西、加耳达俄②以东之一带海滨，再法与西班牙二国之界于地中海滨处，希腊人亦皆立有埠头。时希腊人，惟未敢越地中海西口之希腊革利石柱③，远赴大西洋之滨，创立埠头也。统计希腊诸埠内，有数著名大城，居民甚众，如亚洲之米利都城、意大利地之叙巴利城④、法地之马撒利亚城⑤、西西利岛之叙拉古撒城⑥，皆可与希腊本国之至大诸城互相伯仲。按，凡希腊之风教言语，皆由此诸埠，渐次流传，而入于相与附近之土民处。然其中之声称最久者，则小亚细亚西海滨处之诸城。昔和美耳⑦著有希腊人倾国复仇，皆乘船逾海，抵德罗亚城⑧下，连战十年之一诗，实为古今名作⑨。其诗中所述，大抵皆本于希腊人初逾海，而东抵小亚细亚西滨海处之德罗亚诸城立埠等事。虽其间之饰辞甚多，而真伪无有能辨之者。

六节　上古希腊真伪难辨世

上古希腊事即和美耳之诗，可略见其大概。惟时希腊之百工技艺，已皆有蒸蒸日上之势，而其治国政教，率无不同于他亚利安族国。试观此同族诸国，可悉其间各大城并各大村镇各立有王，又有

---

① 即埃及（Egypt）。
② 即迦太基（Carthage），北非古国，位于今突尼斯境内。
③ 即赫拉克勒斯石柱（Pillars of Hercules）。
④ 即锡巴里斯（Sybaris），意大利南部一古都。
⑤ 即马萨利亚（Massalia），古希腊殖民城邦，今称马赛。
⑥ 即叙拉古（Syracuse），位于意大利西西里岛上的一座沿海古城。
⑦ 即荷马（Homer，约公元前9世纪—前8世纪），古希腊盲诗人。
⑧ 即特洛伊（Troy），古希腊时代小亚细亚（今土耳其）西北部的城邦。
⑨ 即《荷马史诗》（Homeric Epics）。

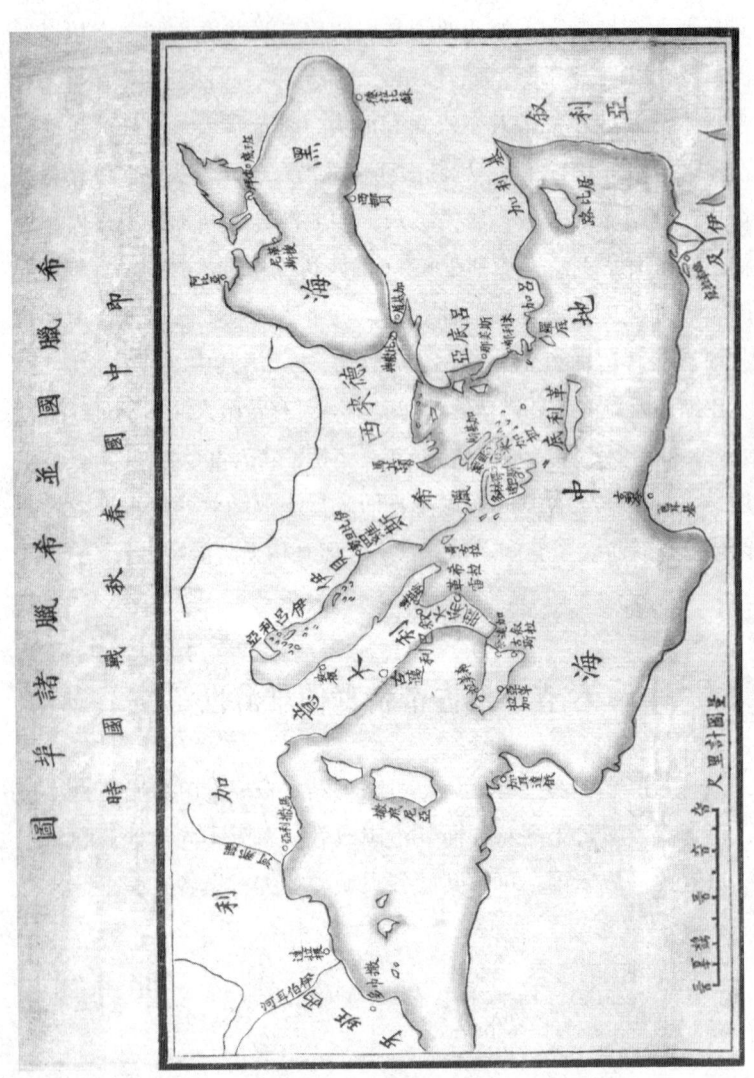

希腊国并希腊诸埠诸图（即中国春秋战国时）

绅会、民会。然当信史未立之前，凡希腊诸王，多被废逐，权归绅会，且时希腊各城分界，与后不同，而各城之权轻权重，亦与后不同。试阅和美耳诗内，所列希腊各国出兵之战船详目，即知当此真伪难辨之希腊世与出有信史时其国界图绘每多歧异。如该诗所言，希腊北境代撒利国[①]之强盛，较出有信史后，奚止倍蓰，而希腊南境之比罗奔尼苏[②]地，其间最操有重权者，为美基奈城[③]，乃后此该城亦无甚威柄。至美基奈城王亚加门嫩[④]，其诗中称该王总统希腊诸国人马，凡属该王城民，则号为亚该安族[⑤]，是其民既为首出希腊诸国之胜民，而其城亦为首出希腊诸国之大城也。再时群岛海中之近南诸岛，虽皆为希腊人所据有，然亚洲滨海处，则尚无希腊人迹，而其诗中竟有希腊人初往亚洲海滨如何立埠等语。

七节　多利族南迁

上节所言希腊诸国，迫于出有信史相距不远时，而诸国情形，皆一大变。多利[⑥]本僻处希腊北境之一小族，嗣乃南迁，入居于比罗奔尼苏地，而其间诸多大城，皆为所据。如亚哥斯[⑦]与斯巴达二城之大，不仅在比罗奔尼苏地称首，直居希腊通国诸城首也。若雅典推居希腊第一城，乃后此之事。按，自多利族南迁，后历数世，在希腊地无甚大城，且其贸易反不若迁居他地诸希腊人之兴盛。惟迨希

---

① 即色萨利（Thessaly），希腊中东部历史区域，位于品都斯山和爱琴海之间。
② 即伯罗奔尼撒（Peloponnese），位于希腊南部的半岛。
③ 即迈锡尼（Mycenae），位于希腊伯罗奔尼撒半岛东北阿尔戈斯平原上的一座爱琴文明的城市遗址，在科林斯和阿尔戈斯之间。
④ 即阿伽门农（Agamemnon），希腊迈锡尼的国王。
⑤ 即亚该亚人（Achaean），希腊古代民族的统称。荷马用"亚该亚族"指称阿伽门农的国民。
⑥ 即多利亚人（Dorian），古希腊人的一支，以全民为战，战斗中义无反顾著称。
⑦ 即阿哥斯（Argos），古希腊的一个城邦，位于伯罗奔尼撒半岛东北部。

腊诸城①兴盛，则其历年久远，较之迁居他地者，殆无其匹。

八节　君政诸国

希腊诸城当废逐王时，皆已成为民政国。其间有数城，留王以奉祭祀，或以居君长者。虽尚号②曰王城，而王实无权。惟斯巴达一城，则有二王，皆父子相继，世传其位，掌握兵权并他威柄，甚为民所钦服。迨后该王威柄亦渐皆失去，似此废逐其王，为彼时希腊大不同于邻国之第一事。按，时希腊固已废王，政听于民，而迁居他地，与他族杂处之希腊人，如马其顿、伊贝罗，以及诸岛之设有埠头等处，率各仍奉其王命惟谨。

九节　绅政与民政诸国

惟时希腊诸国率多政主于绅，而希腊方言，凡才德兼优者，概号为至善之人，故绅政善，则民皆称曰"至善者之政"。如否，则民皆名曰"以寡莅众之政"也。似此主政之绅例皆以久居国中者为之，其诸新来之人，则率遭轻视，永不得与此久居者比肩，而计有数城，竟恒名曰"以寡莅众之政"。又别有数城，其诸新来之人，皆能俾民敬己，故无新久皆得主政权，是可谓为"民政之国"。至若绅民互争，两不相下，而时有杰出之雄，乃伪若助民以取悦于民，嗣即假诸民力，得窃操有独主一国之权。似此之人，在希腊方言，名曰"代兰得"③。按，代兰得皆于有永不立王之律例国内，而窃操有王之

---

① "诸城"，石印本作"诸国"。
② "尚号"，石印本作"上号"。
③ 即僭主（Tyrant），古希腊独有的统治者称号，指通过政变或其他暴力手段夺取政权的独裁者。

威柄，且时所窃操威柄，较王尤大。再在希腊国史内，其政分有四类：一国听于王，是谓"王政"；一国听于绅，是谓"至善者之政"；一国听于民，是谓"民政"，三者皆与希腊俗不悖。外又有一悖于希腊俗者，即"代兰得之政"。是政虽势不能无，而要难称善，缘有能杀灭此代兰得者，人必皆颂其功德不衰。若诸绅政国中，则以斯巴达城为最胜。盖其城虽有二王，而政权咸分操于数绅之手。该绅皆选于久居其国者为之，诸新来者不得预也。至诸民政国中，则以雅典城为至当。凡遇国会，民皆得凭一己之见，投诸黑白石子于柜，或高举一手，以明是非。如选操政权之绅，及与邻邦言战言和，其进退可否，一听于民。

十节　自主与他属之诸城

阅者当留意处即希腊阖境各城，或已得自主，或愿得自主。是凡与其邻言战言和，皆得主之于己，然恒有一城，统属数城，而此数城皆不乐为所统属。时急欲得自主，如斯巴达一城，统属相与附近处比罗奔尼苏地之城甚多，而雅底加[①]国内之各城人民，其得以自由自主，皆与其间之雅典城人民无别，后雅典征服希腊他处人民，使为己属者，实非鲜少。

十一节　希利尼族

希腊人散居各地，立有多国，且其间相距远近不等，而要无一大如德、法、俄、奥诸国者，然其人民远出闻有能作其方言者则喜，

[①]　"雅底加"，石印本作"雅典加"。即阿提卡（Attica），地名。在今希腊东部，南面和东面临爱琴海。

是即同出于希利尼族之证。纵使东西地殊，乡音各异，而希腊人彼此对谈，则无不皆通晓。再希腊人所奉之神既同，而求取悦于其神之事，亦无不同。如赛跑与他赛高下诸戏，惟希腊人皆可互赛，而概不许一他族人入与竞胜也，且凡散居各地之希腊人，又别有许多相同之俗，如和美耳等名人所作之诗，希腊人皆以为其国先民所作，而自矜于他族人。前加以希腊之雕镂、油绘等艺，实胜地族①，故与他族人日形疏远。虽希腊恒彼此自寻干戈，若闻他族人有役属希腊人者，则必以不能拯救为己深耻，大有兄弟阋于墙外御其侮之义。当耶稣降生前约五百年（即中国周敬王时），有他族国王入侵希腊。惟时希腊境内人民较前愈亲，相与群起同仇，将该他族国王逐归故土。

十二节　巴西战事

上已言及希腊人越境所设诸埠，其自主之权，计皆不若希腊本境诸城之绵长。即群岛海东滨之希腊诸埠，当耶稣降生前约五百五十年（即中国周灵王时），有吕底亚国王革雷苏②，兵服相与附近之诸希腊城。未几，吕底亚国为巴西国王古烈③所并④，兼得有此亚洲诸希腊城。按，巴西与希腊二国人民，实为同族兄弟，而惟时之战，两不相知，是缘亚利安族之东西分居，为日已久，至兹始得复会合于一处，乃竟以干戈相见也。时希腊本境诸城，首与巴西构衅者为雅典。缘雅典已为民政之国，而时方将一代兰得，名比西

---

① "地族"，石印本作"他族"。按：根据上下文判断，此处应系总税务司署刻本误刻，石印本正确。
② 即克洛伊索斯（Croesus，? —前546年），古代吕底亚的国王，公元前560—前546年在位。
③ 即居鲁士二世（Cyrus II of Persia，约公元前600—前530年），亦称居鲁士大帝（Cyrus the Great）。古代波斯帝国的缔造者，古代世界杰出的军事领袖和政治家。
④ "所并"，石印本作"相并"。

得拉多①者之子希别斯②逐使出境。国政维新③，适值此亚洲并居比路地之希腊人，咸有求脱巴西人轭之意，而雅典出兵助之，其巴西王深以为恨。当耶稣降生前四百九十年（即中国周敬王三十年），巴西王达利乌④大起军兵，往征雅典。时雅典总统米底亚底⑤御之于马拉顿⑥地方，大败巴西人。计是战出兵助雅典者仅有一小城，名曰伯拉代亚⑦。后此十年巴西王达利乌之子斯耳革斯⑧复亲统水陆诸军往征希腊，军威较前愈盛。凡所行经处，如马其顿、德拉西⑨，并他希腊境内数国，皆降附之。时惟雅典与斯巴达并诸属城，亦皆水陆出兵御敌，而斯巴达城王略尼达⑩自统三百勇士，与巴西人战于德摩比来⑪山峡，死之，全军尽没，无一生还者，然该城王之英名，已足千古，而雅典名将底米多革利⑫统诸水军，与巴西人战于撒拉米岛⑬，大获全胜。后希腊复于巴西人鏖战于伯拉代亚及美加利⑭二地时，其果决勇

---

① 即庇西特拉图（Peisistratos，约公元前600—前527年），古希腊雅典僭主。
② 即希庇亚斯（Hippias，？—约前490年），独裁者，庇西特拉图的儿子。公元前527年，继位为僭主，统治期间骄奢淫逸，傲慢专横，激起人民的强烈不满。公元前510年被放逐。
③ "维新"，石印本作"惟新"。
④ 即大流士一世（Darius I the Great，公元前522—前486年），波斯帝国君主。
⑤ 即米太亚得（Miltiades，约公元前554—前489年），古希腊雅典将军。
⑥ 即马拉松（Marathon），坐落在雅典东北四十二公里的爱琴海边的一座小镇，面朝阿提克海峡，背后群山环抱。
⑦ 即普拉提亚（Plataea），古希腊中部的一个城邦，今为希腊维奥蒂亚地区的一个城市。
⑧ 即薛西斯一世（Xerxes I，公元前519—前465年），波斯帝国国王，公元前485—前465年在位。
⑨ 即色雷斯（Thrace），位置在巴尔干山的南边，爱琴海以北，西邻马其顿，东滨黑海，东南是土耳其海峡。
⑩ 即列奥尼达（Leonidas，约公元前540—前480年），古希腊斯巴达国王，古希腊抗击波斯入侵的英雄。
⑪ 即温泉关（Thermopylae），希腊中部东海岸卡利兹罗蒙（Kallidhromon）山和马利亚科斯（Maliakos）湾之间的狭窄通道，在希腊东部爱琴海沿岸。此地背山靠海，地势极为险要。
⑫ 即泰米斯托克利（Themistocles，公元前525—前460年），亦译为地米斯托克利。古希腊杰出的政治家、军事家。
⑬ 即萨拉米（Salamis），一座位于阿提卡半岛西面、雅典城南的小岛。
⑭ 即米卡勒（Mycale），海角名，位于小亚细亚半岛东北部。

敢，同志摧敌，兹越数千年，言之犹勃勃如有生气。是战巴西人败遁，竟为希腊尾逐出境。嗣有多年，巴西人未敢重践希腊境地，即小亚细亚滨海诸希腊埠，其巴西人亦一时全被逐去。惟惜后此希腊诸城，盟好不终，数起争端，致使巴西人乘隙复入，仍得据有小亚细亚滨海之诸埠也。

十三节　比罗奔尼苏战事

雅典与斯巴达二城有违言，惟时雅典战船习行海面，实为希腊诸城之冠。计前撒拉米之胜，雅典战船之功居多，爰得尽逐巴西人出希腊境，故当德拉西地方与小亚细亚诸城埠，并诸岛屿之希腊人，结会联盟，誓永不许巴西人得重践希腊境地时，雅典实出执牛耳，以主是盟也。既而雅典权势日隆，俨若王城，视诸同盟无异臣仆。按，雅典极盛世，该城总统名曰"贝利革利"[1]，凡该城之巨殿崇宫，耀名千古者，多当此总统时所兴造。惟时复有数著名诗人，创作百世不泯之诸戏文，登场演唱。雅典之盛至此，势必不免有仇敌旁视切齿。其哥林多[2]与底比斯二城，皆斯巴达之同盟，而雅典与斯巴达兆衅，实始于此哥、底二城。至耶稣降生前四百三十一年（即周贞定王之三十八年），雅典与斯巴达开战，而各有同盟诸城助之出兵。时比罗奔尼苏地方诸城之助斯巴达出兵者，十有其九，故名是战曰"比罗奔尼苏之战"。嗣此雅、斯兵连祸结，水陆互攻者二十七年。当耶稣降生前四百十五年（即周威烈王之十一年），雅典大出军兵，往攻西西利岛之叙拉古撒城，而斯巴达救之雅典无功还师。时雅典同盟诸城率多离心，又有巴西人乘隙犯境。迨耶稣降生前四百四年

---

[1] 即伯里克利（Pericles，公元前495—前429年），古希腊雅典政治家。
[2] 即科林斯（Corinth），位于伯罗奔尼撒半岛的东北，是希腊本土和伯罗奔尼撒半岛的连接点。

（即周威烈王之二十二年），斯巴达将军来散德①破降雅典，更其民政，为三十人会听之绅政。雅典诸旧同盟概行散去，各自为守。越明年，雅典反正，仍得为自主民政之国。惟其旧盟诸城，无一复来者。

十四节　希腊著述经史诸士

溯考希腊著述经史之诸士，当比罗奔尼苏之战时，始创有亲历目睹之信史。盖著此信史人，皆身预是战，故其史均能信而有征，如纪巴西战事之士，为希罗多都②。而希君之生也晚，仅及见预巴西战事诸人，聆其议论，集以成书。若纪比罗奔尼苏前数年战事之士，名曰都基底底③。惟时都君为武弁，亲历行间，凡所见闻，皆极真确。迨比罗奔尼苏后数年，并又后诸战事，则为其时武弁赛挪芬④所纪。计当巴西王薨，其世子之弟⑤名古烈⑥者，外募希腊万人为兵，入巴西国与兄争立嗣。兄弟相约，皆挺身亲出搏战，古烈遂为其兄所杀。希腊兵⑦亦皆自退归，而时赛挪芬实为之帅，故所著之史⑧，即名之曰《万军言旋实录》⑨。按，赛挪芬受业于梭革拉底⑩。梭公以讲学，享有

---

① 即吕山德（Lysander,？—前395年），古希腊斯巴达海军统帅。
② 即希罗多德（Herodotus，约公元前484—前425年），古希腊伟大的历史学家，著有《历史》。
③ 即修昔底德（Thucydides，约公元前460—约前400年），古希腊历史学家、思想家，以《伯罗奔尼撒战争史》传世。
④ 即色诺芬（Xenophon，约公元前430—前355年），古希腊历史学家、作家。
⑤ "弟"，石印本作"第"。
⑥ 即小居鲁士（Cyrus the Younger，约公元前423—前401年），波斯阿契美尼德王朝的小亚细亚总督，为大流士二世的次子。
⑦ "希腊兵"，石印本作"希腊人"。
⑧ "史"，石印本作"师"。
⑨ 即《万人大撤退》（Retreat of the Ten Thousand），今译为《远征记》（Anabasis）。
⑩ 即苏格拉底（Socrates，公元前469—前399年），古希腊著名的思想家、哲学家、教育家。

盛名，而不自著述。其徒赛挪芬与伯拉多①所著书中，则皆多引其师说。是梭公，为希腊诸国第一著名之讲学人，后乃竟为其同城之雅典人，诬加以罪而杀之。当比罗奔尼苏战时，雅典有四大名家皆以善谱戏文，遗芳后世，一哀斯基路②，一梭佛革利③，一犹利比底④，一亚利多法尼⑤。

十五节　斯巴达与底比斯二城

惟时斯巴达既得居希腊诸城之首，则其虐待同盟，较雅典为尤甚。因之兵革频兴，几无宁岁。其先获有旧诸同盟哥林多与底比斯二城之助，复与世仇之雅典构兵。时有巴西王先助雅典，后又改助斯巴达。既而斯雅因巴西王复和，言归于好，所定条约名为《安达基大》⑥（即一斯巴达人名）之条约，其中载明，凡小亚细亚地之希腊诸城，皆改归巴西王辖管。后此斯巴达之权，较前愈重。当安然无事时，乃以诈力，入据底比斯城内之一坚台。然未几，底比斯人即将斯巴达人尽行逐去，而仍得为自主之城。际此底比斯诞生二总统，相继而起，前者名比罗比达⑦，后者名伊巴美嫩达⑧。是二总统，皆缘有战胜攻取之才能，故时底比斯城，得为诸希腊城之首。当伊巴美嫩达以兵侵入比罗奔尼苏地时，创建二新城，一名美西尼⑨，一名美

---

① 即柏拉图（Plato，公元前427—前347年），古希腊伟大的哲学家。
② 即埃斯库罗斯（Aischulos，约公元前525—前456年），古希腊悲剧大师。
③ 即索福克勒斯（Sophocles，约公元前496—前406年），古希腊悲剧大师。
④ 即欧里庇得斯（Euripides，约公元前485—前406年），古希腊悲剧大师。
⑤ 即阿里斯托芬（Aristophanes，约公元前446—前385年），古希腊早期喜剧代表作家。
⑥ 即安塔赛达斯（Antalcidas），古希腊斯巴达外交家、将领。
⑦ 即佩洛皮达斯（Pelopias，约公元前410—前364年），古希腊底比斯的政治家和将军。
⑧ 即伊巴密浓达（Epaminondas，公元前410—前362年），古希腊底比斯著名的政治家和领袖。
⑨ 即美塞尼（Messene），城市名。故址在今希腊伯罗奔尼撒半岛西南的美塞尼亚州。

加罗波利①。迨耶稣降生前三百六十二年（即周显王之十七年②），此伊总统竟死于曼底内亚③之战。其时希腊诸国战争不息，皆极疲弊，致使他族人乘隙侵入，而为希腊诸国长也。

十六节　马其顿之所由兴

希腊东北马其顿，其地之诸人民，上古本与希腊同出一族，故其方言、风俗多与希腊近似，然希腊人常夷视之，而马其顿王之祖，原为希腊之亚哥斯人，乃恒以希腊俗，尽心训诱其境内人民。是凡希腊之国制民风，多为马其顿人所袭用，因而马其顿得希腊诸国允之，为希腊诸国中之一国，可操有希腊诸国威柄，如雅典、斯巴达、底比斯者然也。按，时斯巴达人自行启隙，以俾此马其顿人乘之侵入，兹复详为一申论之。先是有与马其顿接壤之一希腊城，名曰俄林都④，该城见马其顿之日盛也，而惧，乃约附近诸城，相与联盟，逆遏其势，而斯巴达人首败此盟，实为奉马其顿一入侵之隙。且时斯巴达、雅典、底比斯皆缘战争不息，国势日弱，而马其顿王腓利⑤，以英勇罕匹之才，值四邻多事之会，乃有佛基人⑥，将德勒非地亚波罗神庙⑦中之祭田，侵占殆尽。腓利王即讬以拯护亚波罗神庙为辞，兴兵入侵。嗣战胜雅典、底比斯于该罗尼亚地方。迨耶稣降生前三百三十八年（即周显王之三十一年），希腊诸国共推马其顿之腓

---

① 即米加罗波里斯（Megalopolis），亦称麦加罗。位于古代希腊中部的城市。
② 按："周显王之十七年"，总税务司署刻本和石印本均为此。今据资料考证，"耶稣降生前三百六十二年"应为"周显王七年"。
③ 即曼提尼亚（Mantinea），古希腊城市，位于阿卡迪亚一带。
④ 即奥林特斯（Olynth），古希腊北部城市。
⑤ 即腓力二世（Philip II of Macedon，公元前382—前336年），马其顿国王。在位时，建立了一支常备军，训练了一种战斗力很强的"马其顿方阵"。
⑥ 即佛西斯人（Phocian）。佛西斯，位于古希腊中部地区。
⑦ 即阿波罗神庙（Appollo Temple），在古希腊时代被认为是世界的中心，也是古希腊的宗教中心和统一的象征。

利王为盟主，俾之总统希腊诸城兵，往攻巴西，戒严将发，而腓利王为其本国人所杀。是时希腊诸国最多辩士，即中有一最著声称之人，名曰底莫斯底尼①。缘此底公，曾屡力劝诸雅典人，宜竭力攻击马其顿国王，而议论慷慨，听者咸为动容，因之得有荣名，至于今未泯。

十七节　英名最著之亚利散大

初，马其顿之腓利王拟大出军，与希腊诸城合兵，侵巴西境，志未遂，即为人戕害，而其子嗣王亚利散大②，后竟克成其志。时亚利王之言曰：彼巴西王素侮马其顿并希腊诸国，兹余必往攻之，一洗前耻。当耶稣降生前三百三十四年（即周显王之三十五年），亚利王亲征巴西。三年之间，大胜者三。其战地，一在革拉尼哥③，一在伊梭④，一在亚耳比拉⑤，遂灭巴西。而亚利王仍自率军前进，直抵葱岭以西之大宛国，皆降服之，嗣复率军平服北印度地方。追中国周显王之四十六年⑥，亚利王殁于巴比伦地。计该王自征巴西迄殁，永未一返其本国，而武功巍巍，允可为古今雄服群邦诸英勇王之首。再凡希腊方言国制，以及民风，皆借该王威力，得以流传于远，然该王之国，辟地既广，势难久合，是以该王殁后，其国地即皆为麾下马其顿人诸大将，分据自王，而均以希腊方言作为官话。复各择地创建诸希腊城。计自伊及国之亚利散太城⑦，实为亚利王自行创建

---

① 即德摩斯梯尼（Demosthenes，公元前384—前322年），古雅典雄辩家、民主派政治家。
② 即亚历山大大帝（Alexander the Great，公元前356—前323年），马其顿帝国国王，建立了亚历山大帝国，世界历史上著名的军事家和政治家。
③ 即格拉尼卡斯（Granicus），小亚细亚西北部一河流的古名。
④ 即伊苏斯城（Issus），地名，在今土耳其伊斯肯德仑北。
⑤ 即阿贝拉（Arbela），亦称阿尔比勒。在今伊拉克北部。
⑥ 即公元前323年。
⑦ 即亚历山大城（Alexandria），始建于公元前332年，以其奠基人亚历山大大帝命名，作为当时马其顿帝国埃及行省的总督所在地。

外，如叙利亚国之安底亚城①并诸他城，乃嗣亚利王之诸王所筑，后皆列于希腊至大城内。

十八节　嗣亚利王之诸王

亚利王殁，嗣分据其地之诸王，若即境界之广狭言，则以叙利亚国为至大。缘首立是国之王，名西鲁哥②者，建都于叙利亚地，而以地名国，子孙相继，位以世传。其国界旧起自群岛海滨，直远至印度地，后其国之东西边壤，皆为他人割据，而仅余中间片地，仍自号曰叙利亚国。至若希腊风教流传，贸易往来之广，则实多在伊及。按，伊及国王多利卖③，后其子孙咸袭名多利卖，相继世王，皆能竭尽心力，以希腊之文学、方言、制度教育其民。惟时群岛海内之数岛及该海滨数处，皆为伊及人所据有，而小亚细亚洲附近该古河④之伯加摩⑤地，其国王世传，要皆钦重希腊文学及深于希腊文学之人，故与希腊诸国，多有交涉。若此时之马其顿国则与希腊诸国愈近，所相与交涉之事尤多。马其顿国，为昔亚利王之将军安底哥挪⑥并其子底米丢⑦之子孙，世传为王。再马其顿立国，乃于大乱之后，考其立国时为耶稣降生前二百九十四年（即周赧王二十一年）。

---

① 即安条克（Antioch），古代塞琉古帝国的都城，今称为安塔基亚，位于今土耳其南部。
② 即塞琉古（Seleucid，约公元前358—前281年），亚历山大大帝的部将，于公元前305年称王，建立了塞琉古王朝。王朝以叙利亚为中心，故又称叙利亚王国。
③ 即托勒密一世（Ptolemies I，公元前367—前282年），原本是马其顿帝国亚历山大大帝麾下的一位将军，后来开创了托勒密王朝。
④ 即凯库斯河（Caicus），位于小亚细亚，今土耳其境内的河流。
⑤ 即帕加马（Pergamon），原是一座古希腊殖民城邦，在亚历山大大帝的东征之后，逐渐变成了一个由独立王公统治的王国。在今土耳其西北部。
⑥ 即安提柯一世（Antigonus I，公元前382—前301年），本为亚历山大大帝麾下一名主要将领。亚历山大大帝死后，与其他几位将军们一同瓜分了马其顿帝国，成为安提柯王朝国王，公元前306—前301年在位。
⑦ 即德米特里一世（Demetrius I，公元前337—前283年），安提柯王朝的国王，公元前294—前288年在位。

马其顿西南为伊贝罗国。当该国王比鲁①在位，国势强盛。是王殁于耶稣降生前二百七十二年（即周赧王四十三年）。时马其顿王②据有希腊北境，如代撒利等地皆属之，外此希腊诸城，亦多有为马其顿王分兵据守者，又有得马其顿王之助之代兰得崛起而为一城主者。

十九节　亚该亚与哀多利二盟

时希腊威权不复存于昔之诸城③内，如雅典、底比斯皆无甚威权。惟斯巴达有大著名之二王，一亚基斯④，一革略米尼⑤，然所有威权亦不过⑥仅足自卫其国。若时至大威权，则咸归于亚该亚⑦与哀多利⑧二盟内。按，亚该亚人虽先操有之威权甚重，而后渐衰微，惟余比罗奔尼苏地北滨海处之十二城，乃相与结会连盟，即名之曰"亚该亚盟"。其时，希腊诸城皆自知无独御马其顿王之力，亦自彼此相与会盟。凡平时诸城，均各自主其城事，若遇有与他国言战言和诸大政，则同盟诸城⑨各简派人员，相与聚议，而和衷共济也。嗣此

---

① 即皮洛士（Pyrrhus，约公元前 319—前 272 年），古希腊伊庇鲁斯国王，公元前 297—前 272 年在位。
② "王"后，石印本有一"欲"字。
③ "诸城"，石印本作"诸臣"。
④ 即亚基斯四世（Agis IV，公元前 262—前 241 年），斯巴达欧里庞提德世系国王，公元前 244 年—前 241 年在位，主张废除一切债务，重分土地。
⑤ 即克莱奥梅涅斯三世（Cleomenes III，公元前 265—前 219 年），斯巴达阿吉思家族国王，公元前 235 年—前 222 年在位，期间推行改革，重新分配土地，废除监察官之职位。
⑥ "不过"，石印本作"不足"。
⑦ 即亚该亚同盟（Achaean League），又称阿哈伊亚同盟。希腊古典时代后期最重要的城邦联盟。每个加盟城邦在内政方面仍然独立自主，各邦一律平等，仅在外交和军事上要求一致行动。
⑧ 即埃托利亚同盟（Aetolian League），古代希腊城邦联盟，最初组织松散，公元前 367 年联盟巩固，逐渐成为希腊的一支重要军事力量，并在反抗马其顿的斗争中不断壮大。公元前 322 年和公元前 314—前 311 年曾击退马其顿的入侵。
⑨ "诸城"，石印本作"诚城"。

他地诸城，概以是法①为尽美尽善，起而效之，亦皆相与结盟，以固其国家。时伊贝罗地之民废逐其王，约集多城，相与会盟，即名之曰"哀多利盟"。至于小亚细亚南滨海处吕基亚地之诸城，亦仿此举，相与结盟，而革利底岛②之诸城，亦结盟自立，不复为他强国所属。若罗德岛，则废王结盟自主，而初名"比散典"③，嗣名"根丹底挪波之城"④（即后所称之根斯丹典城），亦废王结盟，以自主矣。推希腊诸城相与结盟之本意，乃借以收存自主之权，兼助他城，得脱马其顿王之轭，俾皆得自主也。亚该亚盟始于耶稣降生前二百八十年（即周郝王三十五年），既而威力渐次强盛，比罗奔尼苏全地皆为所有。该盟会中人曾随其盟长，名亚拉多⑤者，出师援护多城，皆使得脱马其顿王之轭。后亚该亚人与斯巴达王革略米尼构兵，为革王军威所迫，不获已，乃与马其顿王安底哥挪⑥和约言，此后二国有事，皆宜互相援救⑦，是为亚该亚人之愚。其盟会亦缘此不复如前之盛，而未几又别构一难。盖时罗马人始出，而强预希腊人事。后不数年，希腊马其顿之土地人民，即皆入于罗马。

二十节　总结

希腊一史，其较胜于他史者，凡他国史中所载明示我辈之诸义理，皆已节略见于希腊史内。学者果能习熟希腊一史，则欧洲诸史之义理，皆易明晰。盖缘希腊之国制民风及诸文学工艺等事，率

---

① "是法"，石印本作"此法"。
② 即卷一第五节"革哩底"：克里特岛（Crete）。
③ 即拜占庭（Byzantium），公元前7世纪希腊人建立的殖民地。
④ 即君士坦丁堡（Constantinople），曾经是罗马帝国、拜占庭帝国、拉丁帝国和奥斯曼帝国的首都，今为伊斯坦布尔金角湾与马尔马拉海之间的地区。
⑤ 即亚拉图（Aratos，公元前271—前213年），古希腊亚加亚联盟统帅。
⑥ 即安提柯三世（Antigonus III，公元前263—前221年），安提柯王朝的马其顿国王，公元前227—前221年在位。
⑦ "援救"，石印本作"救援"。

多创而不因,故该国之边幅非阔,而其制度并诸学业,即今大地诸国皆宗尚之。然希腊学艺之盛,能如是者,则由其先化施于罗马,而欧洲诸国之史,散如纲目,要皆上连罗马,以之为纲,下文乃详言之。

欧洲史略　卷三
罗马国兴之世

一节　意大利地

上言欧洲各国之史，要皆以罗马为管键，然非罗马一城所踞。欧地方位便利，亦不易成此盛也。按，欧南境所探入于海之三大土股，其中一土股，即意大利，而意大利中间之一大城，即为罗马城，但意大利境之前后大小，迥有不同。本卷中所言之意大利，惟指一土股言，其土股外北近亚勒比山之诸地，皆不浑括于内。缘罗马盛时，此诸地尚未并入意大利故也，而此一土股，其滨海进出之海湾，既不及希腊之多，亦无希腊沿近海滨之诸岛，是以意大利之名，著闻于世。考诸史中，要居希腊之后，且不似希腊之分有诸多小国，亦不似希腊人之乐于航海贸易，仅日以择地立埠为事。考诸史中，希腊、罗马之雄长欧地，各有不同。希腊创兴学术，为万代学术之师，而意大利则以得有罗马平天下时所创定之法律，即为万代法律师也。计意大利滨海处，相与附近有三大岛，其中①惟西西利一岛在希、意二国史内，极关紧要，而意大利全境，亦惟南近西西利岛之南海滨处，其间海湾进出，较他海滨处为多，形式仿佛希腊。是意大利地，惟其南海滨处，海湾较多。考诸史内，亦多有要事与该海

---

① "其中"，石印本无。

滨处相关。

二节　居意大利地之诸族

当欧洲初创有信史时，有亚利安族人始往居意大利地，是一族与希腊族最近非亚利安族之散居他处者可比，故此族亦名曰"意大利族"。此族又自分二派：一曰俄斯干①，一曰拉丁。按，俄斯干族内又括有乌摩伯连族②与撒贝连族③以及诸他族派，是初皆居近亚底亚海④滨地，而拉丁人则别居近地中海滨。外此，其西北处又有一伊都斯干族⑤，是族未能悉其所自出，乃有人言是族之非出于亚利安与西北极边处之利古利族⑥等。或此二族，皆与西班牙北境之巴斯革族相亲近也。至于亚勒比山麓之地，今名为北意大利，而与法境相连者，惟时同为加利亚⑦地，而山前之加利亚地，大半皆为革勒底族，又名加利族之人所居。若其东北之威尼底民⑧，亦未能详所自出，而西西

---

① 即奥斯坎人（Oscan），意大利中南部古老种族，古希腊人称其为奥皮坎人。原始住地在坎帕尼亚一带，后其地域逐渐缩小，终由萨贝利人占据，但其语言为后来者所采用，并在意大利中南部地区有广泛影响。
② 即翁布里人（Umbrian），意大利中部地区古老民族。原占据中意大利从第勒尼安海至亚得里亚海之间地区，后伊达拉里亚人入侵，占据第伯河以西地区。河以东至海滨的地区被称为翁布里亚（Umbria）。
③ 即萨贝利人（Sabellian），罗马崛起之前生活在意大利中部及南部的意大利人部落中翁布里-萨贝利人中的一支，包括萨宾人在内。
④ 即亚得里亚海（Adriatic Sea），位于意大利半岛和巴尔干半岛之间，为地中海的一部分。
⑤ 即伊特拉斯坎人（Etruscan），亦译埃特鲁斯坎人。古代意大利西北部伊特鲁里亚地区的古老的民族，居住地处于台伯河和亚努河之间。
⑥ 即利古里亚人（Ligurian），又译利古尔人。古意大利居民，属印欧语系。原占据从罗纳河至阿尔诺河之间的地中海沿岸地区。公元前4世纪被高卢人逐出东部的亚平宁地区。后分布于意大利西北部，大体上以波河上游和阿尔卑斯山脉为界与北方的高卢人为邻。
⑦ 即高卢（Gaul），地名。此处指山南高卢或内高卢，相当于阿尔卑斯山以南到卢比孔河流域之间的意大利北部地区。
⑧ 即威尼斯人（Venetian）。

利岛有号为"西加尼民"①者，则似与利古利之族派相近。西西利岛，又有一类来自意大利之民，名曰西革利②，是为拉丁近族。再意大利南境并西西利岛，多有希腊人创立之埠，而西西利岛兼有非尼基人所创立之埠也。考意大利信史之前数卷内，大半皆详述俄斯干诸族，其初如何欲侵夺拉丁地并希腊人所立之诸埠，继而诸族如何皆相随归入拉丁地罗马一城之版图内。

三节　罗马开国之始

罗马之盛由渐而兴，其始甚微末，继乃并有意大利地，终竟奄有欧亚非三洲多土，为天下君，而世人所传，其开国之始，事多不经，要皆讹语。如言罗马城，为其开国王罗母卢斯③一人所创建。是王初生，即弃诸河旁，有一牝狼，就而乳之，似此讹语，以加荣于创有名城，或抚有多民之始王。其见于诸国载籍中者，不一而足。后之儒者，固不以为信，要亦存而不辩，留作美谈。按，罗马一城，实踞底伯耳河④滨之七山上。始此七山之上，各作一村，嗣七村合为一罗马城。其间有一著名最久之村，在巴拉底那山⑤上，旧为拉丁人所居，而他五山上之村人，亦皆拉丁。惟居加比多利山⑥上者，为撒比尼族人⑦。盖此七山，皆相附近，故能渐合为一大城。当罗马盛时，

---

① 即西坎人（Sican），原是西班牙的伊比利亚人，因西库尔人入侵而迁至西西里西部和南部地区。
② 即西库尔人（Sicel），亦称西库里人。古西西里人部落，古时占据西西里东部地区。
③ 即罗慕洛（Romulus），传说中罗马的奠基人和第一个国王。
④ 即台伯河（Tiber），位于意大利中部，是罗马的母亲河。
⑤ 即帕拉蒂尼（Palatium），罗马七座山丘中位处中央的一座，现为意大利罗马市里所保存的最古老的地区之一。
⑥ 即卡比利欧山（Capitoline Hill），意大利罗马七座山丘之一，也是最高的一座，为罗马建城之初的重要宗教与政治中心，介于古罗马广场与战神广场（Campus Martius）之间。
⑦ 即萨宾人（Sabine），古意大利部落，定居在台伯河东岸山岳地区，以其特殊宗教信仰和习俗著称。

凡所渐次降服之诸人民，皆视同赤子，不以仆虏相待，是缘其国之法制，无分今古。计所给与同盟及所降服之诸人民，名分利益，皆与罗马人等故也。即上所言，罗马一城为七村相合而成，则可知其开国之初，业如是矣。惟新入居罗马城之民，所得利益，不能即与其间之旧民比肩，是以罗马人民久分为二：一曰巴德利先族①，为罗马旧民之后裔；一曰伯利便族②，为罗马新民之后裔。在罗马史中所载巴德利先与伯利便二族相争之事，皆因伯族人欲得有巴族人之利益，而巴族人不允。即此所占篇页之多，几于罗马一史之半。

四节　罗马诸王

古老相传，昔罗马王有七，且皆能历举其名，无一遗忘，然昔罗马实难必其共有几王，如相传之七王。惟后之数王，尚可征诸文献，前则率多渺茫无稽。其间有可确知者，当巴拉底那与加比多利二山，初合而为一城，其立王之制，料必先选于拉丁，次选于撒比尼，一此一彼，嗣皆如之。盖缘罗马王位，无父子世及之例，非若希腊王位，可父子世及也。罗马亦别有绅会、民会，与他亚利安人③之国无异，且其开国之始，民无新旧，嗣乃来有新民，故别为巴、伯二族。而伯族历年几久，得有巴族之利益时，始见诸史，则总号之曰"罗马民"。迨后罗马诸王，国日强盛，爰将此七山合围，护于一长墙内，兼得主理拉丁全地，至雅典人将其代兰得之名希别斯者逐去后，罗马人亦自逐其王。盖是王名曰大圭尼④，行多⑤暴虐，而其子亦不肖，故国人废之，乃创选二总统，分主王权，皆限以一年

---

① 即贵绅（Patricians），享有特权的家族群体，其中多数为元老。
② 即平民（Plebeians），指非贵族出身的罗马公民。
③ "亚利安人"，石印本作"亚安利人"。
④ 即老塔克文（Tarquin the Elder, ?—约前578年），亦称塔克文一世（Tarquin I）。传说中罗马王政时代第五位国王，公元前616—前579年在位。
⑤ "行多"，石印本作"多行"。

期满，则别选二人以代其任。此总统先号曰"伯利多耳"①，后更号曰"根苏利"②。初皆选诸巴德利先族内，既而伯利便族人亦皆愿预此选，是即二族之一大争端也。

五节　罗马兵服意大利地

罗马自废逐王后，其旧统有之拉丁诸城即皆叛去。惟时底伯耳河右之伊都斯干族人欺侮罗马，其俄斯干族人则欺侮拉丁诸城，而出于俄斯干族之哀圭③与佛罗西④二族为虐尤甚。于是罗马拉丁，复相与弃怨修好，盟为兄弟，然时罗马亦缘巴、伯二族民，恒有争端，国势衰弱。迨耶稣降生前三百九十六年（即周安王六年），罗马攻取底伯耳河右一城，是城名曰"伟伊"⑤，乃属于伊都斯干族人者。后六年而有居意大利北之加利人⑥南侵，抵意大利中间处，攻罗马城，以火焚毁。未几，罗马之巴伯二族民，始皆泯隙释憾，降心相从。至耶稣降生前三百六十六年（即周显王三年），罗马之根苏利，其一乃伯利便人，名曰鲁久赛斯丢⑦。嗣此罗马日强，在意大利地恒多战事，渐有并吞诸国之志。计自耶稣降生前三百四十三年（即周显王二十六年）至二百九十年（即周郝王二十五年），罗马与散尼底族⑧之战事方息。按，散尼底族在意大利南境，攻城掠地时，诸希腊埠

---

① 即大法官（Praetor），古罗马重要官职，管理法律和司法事务。
② 即执政官（Consul），古罗马重要官职，负责统帅军队，指挥作战。
③ 即埃魁人（Aequi），古意大利中部民族。原住阿文斯河（今韦利诺河）支流灌溉区，长期与罗马为敌，公元前304年被罗马征服。
④ 即沃尔西人（Volscian），公元前5世纪罗马扩张史上著名的古意大利民族。
⑤ 即维伊城（Veii），位于古罗马城的北方16公里处的古城。
⑥ 即高卢人（Gaul），古代罗马人对凯尔特人的称谓。主要指高卢地区（今法国、比利时、卢森堡、荷兰南部、意大利北部、瑞士西部）的凯尔特人。
⑦ 即绥克斯图（Sextius Lateranus，生卒年不详），公元前376年和李锡尼一起担任平民保民官。
⑧ 即萨莫奈人（Samnite），居住在意大利亚平宁山脉南部的一支萨贝利人部落。

亦为所有。及与罗马构兵，其中间罗马复得有主理拉丁诸城之权。迨散尼底之战事将毕，罗马又与伊都斯干族并加利族启衅，大动干戈。久而，以上诸族皆为罗马所败。至耶稣降生前二百八十二年（即周赧王三十三年），意大利地之诸国，皆与罗马结为同盟，而尊罗马为盟主，惟意地南境之希腊数城，尚未宾服。

六节　罗马主理意大利之制

罗马主理意大利时，其待该地之同盟诸城与希腊之待同盟诸城等。其制，凡所降服之城，皆仍俾得有自主其城之权，惟平时服于罗马，遇有战事，则以兵从，而其间数城所得利益，较他同盟为尤多。缘罗马之原诸邻国人民，所得利益与己民无异之心，尤胜于希腊。又有数城，竟获有拉丁名分。按，此名分乃当罗马与拉丁结盟立约时所载明，仍留与之若干利益。凡得此拉丁名分人，有数项利益，可与罗马本城人同，要皆仅①有意大利名分人所不能得者。即是以②观，时意大利地之诸人民，所得名分，计有三类：一罗马，一拉丁，一意大利。而意大利又号为罗马同盟，其人得有拉丁名分，则获益甚多。若拉丁人得有罗马名分，亦获利甚多也。即此一端，有以见罗马人留心法律之甚。

七节　比鲁之战

罗马既奄有意大利全地，乃未几复有比鲁之战。此战缘时希腊诸城，皆失其自主之权，而为马其顿人所统辖。然因马其顿人征服

---

① "仅"，石印本作"仍"。
② "是以"，石印本作"以是"。

巴西、印度等地，凡希腊之文教、工艺、战阵诸法制，亦得大著于世。其他散居意大利与西西利之希腊人民，为罗马慑服者半，为非洲之加耳大俄人慑服者亦半。时此散居诸希腊人，皆遣使希腊求援，如达伦屯城①为罗马所侵，有伊贝罗国王名比鲁者，率军越海赴救。罗马人初未悉希腊人战阵之术，为希腊摧败者再。迨耶稣降生前二百七十六年（即周郝王三十九年），罗马复与希腊人战，大败之。比鲁王仅而获免，退回希腊，任诸罗马，以兵征服意大利未宾之地。按，罗马统率意大利人民，四侵诸国，累世构兵，皆必服有其地而后已，此战实居其首。

八节　布尼革之战

（布尼革，即拉丁语之"非尼基"）

嗣此罗马于复侵欧地之先，而遇一非洲劲敌。盖时非洲与西班牙海滨处，有非尼基人所设多埠，而此多埠，皆听命于加耳达俄一城。加人皆喜驾船，驶行海面，与贸易有无之事。故于西西利并近地中海西滨②之诸岛上，创有多埠。是与他非尼基人，在居比路地方并近地中海东滨之诸岛上，创立埠同。惟时泰西之二大强国：一罗马，一加耳达俄。罗马称雄平陆，而加耳达俄称雄海上。罗马军士，皆其本城及诸同盟之人民，而加耳达俄军士，则皆募诸他国人为之。西西利岛，适当罗、加二国之中。布尼革战事，因之而起，此乃亚利安与西米底二大强族，争长泰西诸国之大战也。初二国战事，起于耶稣降生前二百六十四年，止于二百四十一年，是谓前布尼革之战③。

---

① 即他林敦（Tarentum），古希腊人在意大利半岛南部建立的所谓大希腊城邦中的一个，位于今意大利南部塔兰托。它是唯一由斯巴达人建立的殖民城邦。
② "西滨"，石印本作"而滨"。
③ 即第一次布匿战争（The first Punic Wars），在古罗马和迦太基之间的三次布匿战争的第一次战争，时间为公元前264—前241年。

时加耳达俄，将所属有之西西利地，尽让与罗马管辖。后此加耳达俄之将军哈米加①，别获有边幅极阔之西班牙地，足以补其所失。乃至前二百十八年，又有后布尼革之战②。缘时加耳达俄③中诞生一伟人，名曰哈尼巴利④，即将军哈米加之子，为加耳达俄第一杰出之人。其声名赫奕，实可与古之最善战者齐肩。计其由亚勒比山攻入意地，与罗马人连战，皆获全胜。其时罗马之诸同盟，多叛而服于哈尼巴利。罗马大惧，乃遣将军西标⑤潜军袭取加人之西班牙地，因航海直抵非洲，乘虚深入，进逼近加耳达俄城处驻兵。哈尼巴利闻之，回军自救。当耶稣降生前二百二年（即汉高帝五年），哈尼巴利与西标合战于撒马⑥地方，罗马大胜。加耳达俄人乃割一大段土地，让诸罗马同盟之奴米底亚⑦王马西尼撒⑧主理，而自甘俯首，列于罗马同盟内也。

九节　罗马诸省

罗马自与加耳达俄此一战后，于意地外，又获有数省。按，罗马诸省，其方伯⑨皆以罗马人为之，岁出赋税，贡于罗马，惟罗马之命令是遵，非若意大利地诸国之皆得自主也。而其诸省中，亦复有数城，得可自由之罗马同盟称号。其间又有得诸意大利，或拉丁，或罗马之名分者。西西利为罗马之首省，当前布尼革战事毕后，罗

---

① 即哈米尔卡·巴卡（Hamilcar Barca，公元前275—前228年），迦太基将军、政治家，西班牙的开拓者。
② 即第二次布匿战争（The Second Punic Wars），发生于公元前218—前201年。
③ "加耳达俄"，石印本作"加俄达耳"。
④ 即汉尼拔·巴卡（Hannibal Barca，公元前247—前182年），迦太基著名军事家。
⑤ 即大西庇阿（Scipio Africanus，公元前236—约前184年），古罗马统帅和政治家。
⑥ 即扎马（Zama），北非古城，在迦太基西南120公里处，今为突尼斯卡夫地区。
⑦ 即努米底亚王国（Numidia），北非古国，位于今阿尔及利亚东北部及突尼斯毗邻部分。
⑧ 即马西尼萨（Masinissa，公元前240或前238—前148年），努米底亚的首任国王。
⑨ 即总督（Governors）。

马即将撒底尼亚与哥西加①二岛，改立为省。嗣复将属加人之西班牙地，分立内外二省。其间仅有数城得以自主，如滨大西洋之加底斯城②，大与加耳达俄相似，为西班牙南滨海处之非尼基人第一埠，素为得以自主之罗马同盟，久而竟得全罗马名分。又有加利亚国（即今法国之南境地）之马赛拉③地方，一大海口，旧为希腊人埠头，并有散诸他处之数城，后皆得全罗马名分，与加底斯同。然前此之二大城，平日虽该城皆得自主其政，惟遇与他国有或战或和之事，则均须听命于罗马也。

十节　马其顿之战

时泰西之罗马、加耳达俄为二大强国外，又有马其顿，是为第三强国。当罗、加构兵，马其顿人曾行干预，而前后布尼革二大战之间，罗马又与意吕利亚④构兵。按，意吕利亚在希腊西北近亚底亚海，时其海滨散处之希腊诸埠，有遣使至罗马请其拯救者，罗马因之于亚底亚海外，始得一立足地也。缘时希腊诸国，大半皆以罗马为友邦，然凡与罗马有交涉之诸国，始皆为罗马同盟。嗣则或战或和，终必为所并吞，改置为省，如加耳达俄、马其顿并诸希腊，皆为⑤罗马如是蚕食至尽。耶稣降生前二百十五年（即秦始皇⑥三十二年），因马其顿王腓利与⑦哈尼巴利立约，已有与罗马必战之势。迨前二百十三年，马其顿与罗马初次开战。计至前二百五年止，时希

---

① 即科西嘉岛（Corsica），地中海第四大岛，今属法国领土。
② 即卡迪斯（Cadiz），今属西班牙城市。
③ 即卷二第五节之"马撒利亚城"：马萨利亚（Massalia）。
④ 即伊利里亚（Illyria），古地区名。在今欧洲巴尔干半岛西北部，包括亚德里亚海东岸及其内地。
⑤ "为"，石印本无。
⑥ "秦始皇"，石印本作"秦始王"。
⑦ "与"后，石印本有一"夫"字。

腊地之诸国，助马其顿者，为亚该亚盟会，而哀多利盟会，则助罗马。至若群岛海外之伯耳加摩①王亚达罗②，实为罗马亚洲同盟之首。此战胜负无分，惟诸国界域，少有变迁，乃此后罗马强预希腊之事，层见叠出。追前二百年（即汉高帝七年），罗马出兵助雅典，以与马其顿为难，是罗马二次与马其顿重动干戈。其助罗马者，先已有哀多利盟会。追此亚该亚盟会，亦背③马其顿而助罗马矣。至前一百九十七年，马其顿王腓利，大为罗马人所败，即日所辖有之希腊诸城，罗马皆为脱轭，俾得自主，而马其顿亦自折入为罗马同盟。时其他希腊诸城固皆可名曰得以自主之城，实则与旧为马其顿辖有之，希腊诸城同服属于罗马。

十一节　叙利亚之战

在罗马史中，此后载所战胜之事，几累累如贯珠。盖其时哀多利之盟会中人，皆以力助罗马。功成后，而获利甚薄，乃召叙利亚王名安底亚古④者，统军越海至希腊地，攻击罗马。安底亚古，乃西鲁哥斯⑤之后裔。当耶稣降生前二百五十六年，其国缘安息国人之叛，分而为二。惟时之安息国王，名曰亚耳息⑥，乃巴底亚民⑦。追后安息一国，为罗马之第一劲敌。叙利亚国之边幅广阔，虽失安息国

---

① 即卷二第十八节之"伯加摩"：帕加马（Pergamon）。
② 即阿塔罗斯一世（Attalus I，约公元前269—前197年），帕加马王国国王，统治时间为公元前241年至公元前197年。
③ "背"，石印本作"叛"。
④ 即安条克三世（Antiochus III the Great，公元前241—前187年），叙利亚塞琉古王朝国王。公元前223—前187年在位。
⑤ 即塞琉古一世（Seleucus I，约公元前358—前281年），叙利亚塞琉古王朝的创建者。
⑥ "亚耳息"，石印本作"亚耳西"。即阿尔萨息一世（Arsaces I，？—前211年），安息国王，公元前247—前211年在位。
⑦ 即帕提亚人（Parthian），帕提亚游牧部落东伊朗语支的帕勒·达依人，起初在里海以东至阿姆河与锡尔河之间的草原游牧，公元前3世纪初期进入帕提亚，与属于北伊朗语支的土著居民融合，统称为帕提亚人。

地，而国之东界尚在底革利斯河①外，其都城名安底亚，亦得列于希腊之至大城数内也。时伊及国王多利卖，据有小亚细亚南滨海处之数地方。其间又计有得以自主之数城、数国，如伯加摩与比推尼②等国，希拉基利③与西挪贝④等城皆是也。按，此叙利亚之战，罗马得有亚该亚盟会之希腊人与亚洲同盟之伯加摩王幼米尼⑤之助。安底亚古连战连北，一败于希腊之德摩比来（译即温泉）地，再败于亚洲之马尼西亚⑥地，不获已，乃割道鲁斯山⑦以西之地，与罗马和。罗马将此地大半，皆赐与伯加摩王，以旌其从征之功，而听亚该亚盟会，得主理比罗奔尼苏之全地。其哀多利盟会旧有之地，则皆为罗马所有。惟时罗马又取希腊西海滨外之撒根多斯⑧并基法伦亚⑨二岛为己属，第希腊全地与小亚细亚全地，实已皆以罗马为主。故凡称罗马同盟地，与真罗马地较差仅一间耳。

十二节　兵服意大利以西之诸地

自布尼革、马其顿并叙利亚之诸大战后，罗马虽为⑩近地中海之第一雄国，而他国土地计入于罗马版图中者无多，仅其四邻诸国，无一可与罗马抗者。如昔号为大国之加耳达俄、希腊、意大利，时

---

① 即底格里斯河（Tigris River）。
② 即比提尼亚（Bithynia），小亚细亚西北部的一个古老王国。
③ 即塞琉西亚（Seleucia），城市名，故址在今土耳其中南部。
④ 即西诺佩（Sinope），古地名，是一座位于小亚细亚的城市，靠近黑海。
⑤ 即欧迈尼斯二世（Eumenes II，？—前159年），小亚细亚的帕加马王国阿塔罗斯王朝统治者，公元前197—前159年在位。
⑥ 即马格尼西亚（Magnesia），位于小亚细亚西部的古希腊城市，今为土耳其西部的城市。
⑦ 即托鲁斯山（Taurus），今土耳其中南部主要山脉。
⑧ 即扎金索斯岛（Zakynthos），希腊爱奥尼亚群岛（Ionian Islands）中的岛屿，位于伯罗奔尼撒半岛西海岸外。
⑨ 即凯法利尼亚岛（Kefalonia），爱奥尼亚海上最大的一个岛屿。
⑩ "虽为"，石印本作"为虽"。

皆服属于罗马。惟意大利以西之化外诸国，罗马尚无辖之之权，且罗马皆必以同盟诸国之地，尽入其版图而后快，故嗣将与意大利以东之诸国，复构争端，尽有其地，免滋后患，然兹则先以兵服意大利西之化外诸国为急务。当罗马初平有意大利，即行进征此化外诸国，首攻有近意大利之亚勒比山南加利①人地。缘此地一日不入于罗马，则意地一日不安，乃罗马方有布尼革之战，未暇从事于此，致哈尼巴利，攻罗马时，所得加利人之助实多，故布尼革之二次战罢后，加利人地渐为罗马侵并。迨耶稣降生前一百九十一年，罗马始获有亚勒比山南全地，改立为省，名曰山内之加利省，嗣此西班牙地，亦渐为罗马侵并。迨前一百三十三年，奴满底亚城②为罗马克取，惟时西班牙地之未入罗马者，仅其以北之山间野地而已。至前一百二十五年（即汉武帝之元朔四年），罗马以加利人之地为省，即名之曰山外之加利省③也。按，此乃马撒利亚人、忿加利人之侮，向罗马请兵助攻加利，罗马即乘此机会，攻服地方甚多。时加利之东南地，为罗马所有，改立为省④，名曰伯罗分斯⑤。是省之名，至于今犹仍而不变。

十三节　灭绝马其顿并加耳达俄

当二次布尼革与二次马其顿之大战毕后，罗马人即将此二国作己之属国视，而二国人民，每思乘隙以脱罗马人轭，故复有第三次马其顿之战。惟时马其顿与罗马连战七年之久，迨耶稣降生前

---

① 即山内高卢（Cisalpine Gaul），位置在阿尔卑斯山以南到卢比孔河流域之间的意大利北部地区。
② 即努曼提亚城（Numantia），位于今西班牙索里亚（Soria）以北的城市。
③ 即山外高卢（Transalpine Gaul），位于阿尔卑斯山经地中海北岸，连接比利牛斯山以北的广大地区。
④ "省"，石印本作"者"。
⑤ 即普罗旺斯（Provence），古地区名，位于法国东南部，毗邻地中海和意大利。

一百七十八年（即汉文帝二年）①，马其顿王伯耳秀②，兵败于比德那③地，国复折入罗马。罗马乃割裂其土，分为四国，又攻取伊贝罗地，焚戮甚酷。嗣此罗马人，行于希腊之权势愈重。后数年，马其顿又叛。至前一百四十九年，罗马灭马其顿，以其地为省。既而罗马与亚该亚盟会复相构兵。至前一百四十六年，罗马攻隳哥林多城，散灭亚该亚盟会。际此希腊地之尚未为罗马改置为省者，仅遗有数国，名虽自主，实亦皆服属于罗马。时又有第三次布尼革之战，是战之兴，始于罗马助诸非洲同盟合攻加耳达俄④，嗣⑤而罗马兵围⑥加耳达俄三年不解，于攻隳希腊哥林多城之岁。加耳达俄竟为罗马故将西标之继孙，亦名曰西标⑦者所灭，是泰西著名人民惯于航海贸易极盛之二大城，一年内同亡于罗马，而罗马因即非洲之距近加耳达俄地，立亚非利加省⑧。时奴米底亚王马西尼撒得有加耳达俄之地甚多。至前一百六年，奴米底亚王朱古耳达⑨与罗马战败而死，又有一马西尼撒之孙嗣立。越数十年，罗马灭之，取其境地为省。

十四节　罗马内乱

惟时罗马破灭诸敌国，而统有地中海滨全地。其间仅遗一伊及国，未受罗马侵伐。按，伊及自其开国王多利卖殁后，嗣王世世皆

---

① 按："前一百七十八年（汉文帝二年）"，总税务司署刻本、石印本、英文本均作此年，笔者据资料考证，史事发生的时间应为"前一百六十八年（汉文帝十二年）"。
② 即伯尔修（Perseus，约公元前212—前166年），安提柯王朝最后一任国王。
③ 即彼得那（Pydna），马其顿北部港城，位于塞萨洛尼克湾。
④ "加耳达俄"后，石印本有一"时"字。
⑤ "嗣"，石印本无。
⑥ "兵围"，石印本作"故将"。按：石印本语句不通，应为误。
⑦ 即小西庇阿（Scipio Aemilianus，公元前185—前129年），古罗马统帅和政治家。率军攻陷迦太基城，结束了罗马与迦太基的百年争霸。
⑧ 即阿非利加行省（Africa），罗马共和国及其继承者罗马帝国的一个行省，范围约在今突尼斯北部及利比亚西部，靠地中海沿岸的地区。
⑨ 即朱古达（Jugurtha，约公元前160—前104年），北非努米底亚的国王。

以多利卖为名，而以亚利散太城为都。时伊及有冀罗马卫之之心，而罗马地之边幅，如是辽阔，致多弊窦，内乱以生，盖缘罗马创定之①条律法度，皆为其本城之人民而设，不足以主理如是之大国。凡罗马②诸省人民，皆为毫③无权势之仆，而一皆听命于罗马人之方伯。即其同盟之诸国人民，虽曰自主，亦不过仅得自主其国内事，若他军旅征伐、信史往来诸国外事，则不得稍有专擅。再罗马绅会、民会，皆有辖诸省与诸同盟之权势，且恒有受其虐者，其罗马城内新旧二族，久已言归于好，兹乃又起有贫富相争之事，尤为凶狠。是缘伯利便人，凡爵位崇重④者，其后裔即皆列于贵族，所获利益，与巴德利先人无异，加以客民及获释诸奴仆，其得列入罗马籍者甚夥，因而罗马人民大异于昔。又时其国之民会太盛，遇事率不能遵律办理，以致人民苦贫者众。其富豪家，则多分将国内公田，显违律法，据为己有。于是，有慨然以卫彼贫民为己任者出，一曰底比留·革拉古⑤，一曰该由·格拉古⑥。此二人为兄弟，而皆思拯斯贫民于水火。在大会广座内，枚斥豪暴之事，且自别创新律。时会中人虽已允行，然尚未能全施于事。未几，革拉古兄弟先后皆为富豪人所戕，一被害于耶稣降生前一百三十三年，一被害于一百二十一年⑦（是皆中国汉武帝时）。

---

① "创定之"，石印本作"之创定"。
② "罗马"后，石印本有一"之"字。
③ "毫"，石印本无。
④ "崇重"，石印本作"崇高"。
⑤ 即提比略·格拉古（Tiberius Sempronius Gracchus，公元前168—前133年），公元前2世纪古罗马政治家，平民派领袖。
⑥ 即盖约·格拉古（Gaius Sempronius Gracchus，公元前154—前121年），公元前2世纪罗马共和国著名的政治家，平民派领袖。
⑦ 按："一百二十一年"，英文本作"125年"，经资料考证，英文本为误，应为"一百二十一年"。由此可以看出，此处系译者改之。

十五节　意地同盟之战

时罗马内乱未弥，外难又作。缘意大利地之诸同盟，既相与力助罗马，平一诸国，有冀得全罗马人名分以酬其功之心，而该由·革拉古既首倡言，同盟此求，无悖乎理。又有名马留者，起而和之。马留有重名，盖朱古耳达之战，马留实终其事，而金伯利族[①]人与德多尼族人合侵加利地时，亦此马留率兵往援获胜，威名愈振。按，金、德二族人，由北南侵，乃为马留大败者再，一当耶稣降生前二百二年[②]败之山外；一当前二百一年[③]败之山内也（是皆汉高帝时）。马留当罗马民会与贵族相争之际，则助民会；当意大利人与罗马之贵族民会互争时，则助意大利。迨前九十年（即汉武帝征和三年），意大利人相与群起背叛罗马，故有意地同盟之战。越明年，此诸同盟率多降于罗马。罗马亦加恩，俾其得全罗马人名分以抚安之。惟散尼底与路加年[④]之二族人民，仍与罗马为敌，苦战未息。嗣而罗马将军名苏拉[⑤]者，威名大著，操有总统罗马贵族之权。马留[⑥]与苏拉不和，故始有罗马人自相争战之事，而散尼底人力助马留。迨前八十三年（即汉昭帝始元四年）马留与散尼底人，同为苏拉大败于罗马城下。缘散尼底人志灭罗马，而苏[⑦]拉救之也。苏拉为罗马盛衰之中键，时罗马尊苏拉为毕生不代之全权统帅，独执国柄。乃未几，苏拉自行辞职，

---

① 即辛布里人（Cimbri），属日耳曼部落。
② 按："前二百二年"，总税务司署刻本、石印本均为此，英文本作"前102年"，经资料考证，英文本与史实相符，故应作"前一百二年"。
③ 按："前二百一年"，总税务司署刻本、石印本均为此，英文本作"前101年"，经资料考证，英文本与史实相符，故应作"前一百一年"。
④ 即卢卡尼亚（Lucania），今意大利南部的一个大区。
⑤ 即路西乌斯·科尔涅利乌斯·苏拉（Lucius Cornelius Sulla，公元前138—前78年），古罗马著名的统帅。
⑥ 即盖乌斯·马略（Gaius Marius，约公元前157—前86年），古罗马统帅，政治家。
⑦ "迨前九十年……志灭罗马，而苏"，此部分文字，石印本置于本节段首，系为明显排版错误。

终老于家。似此一人独执国柄，实为罗马民政渐衰之基。

十六节　亚洲诸战

自安底亚古战败后，罗马行于小亚细亚地之威权甚重。追耶稣降生前一百三十三年（即汉武帝元符二年①），伯耳加摩之末王亚大罗②遗诏，将其国土赠与罗马民，而罗马即其国土，改立为亚细亚省，是为罗马得有亚细亚地之始。至与罗马是省接壤之奔多③，实为附近中之第一强国。当其王米底大底第六④之时，尤为富强，故自前八十八年至六十三年（即汉武帝后元元年至宣帝元康三年），罗马与之构兵不息。计加耳达俄、马其顿诸大战后，此罗马之第一大战也。当罗马内乱未平之际，米王乘机征服小亚细亚全地，凡罗马与意大利人之居其地者，皆为所杀。既而米王又率军越海，进抵希腊地方。惟时御之之罗马大将，前有苏拉，后有本贝⑤，既而奔多终为罗马所灭。其时奔多东邻境处之亚米尼亚国⑥，亦败于罗马。在昔称雄之叙利亚国，其剩土残疆，至兹皆为罗马所有，改立为叙利亚省，而犹太地，亦复入于罗马。时罗马威令所行，直至欧伯拉底河⑦为界。是希腊、马其顿皆已衰残，而罗马为代王欧地，攻敌亚地之主，乃又

---

① 按："汉武帝元符二年"，石印本作"武帝元汉符二年"。今经资料考证，"前一百三十三年"应为"汉武帝元光二年"。
② 即阿塔卢斯三世（Attalus III，约公元前170—前133年），帕加马王国的最后一个国王，公元前138—前133年在位。
③ 即本都（Pontos），古国名。位于小亚细亚半岛黑海东南沿岸，今属土耳其。公元前4世纪末建国，公元前63年被罗马灭亡。
④ 即米特拉达梯六世（Mithridates VI，约公元前132—前63年），古代小亚细亚本都王国国王，公元前121—前63年在位。
⑤ 即格涅乌斯·庞培（Gnaeus Pompeius，公元前106—前48年），古代罗马共和国末期著名的军事家和政治家，贵族出身。
⑥ 即亚美尼亚王国（Armenia），米特拉达梯在原奥隆蒂德王朝的一部分领土上建立的独立的王国。公元前1世纪被罗马征服。
⑦ 即幼发拉底河（Euphrates river），源自安纳托利亚的山区，流经叙利亚和伊拉克，最后与底格里斯河合流为阿拉伯河，注入波斯湾。

出有[①]一与罗马势均力敌之大国,即安息国也。按,前五十四年(即汉宣帝五凤四年),有罗马名将革拉苏[②],帅师往攻安息,兵败被杀。

十七节　本贝与该撒之战

嗣此一城,实不足统御天下,其理将渐次显露。盖以一城统御天下,则一城之权重。外此诸人,势逼而争,争之既久,不免于战,战事一兴,即素著声称之人,亦必多决裂法度以自取威重。此际罗马之素著声称者,计本贝、革拉苏之外,又有数人,如基该罗[③],以辩才名;加多[④],以廉介名;该撒[⑤],以善战名。按,该撒本罗马贵族,乃缘其私意,助彼贫民。当耶稣降生前五十八年,罗马立该撒为加利省之总统。不十年,凡加利未服之地,皆为该撒攻取。前此之加利省,偏近西南,土地狭隘,兹则南界于比利尼山,东界于来那河[⑥],北西则皆界于海。惟时加利地人民,分有三族:居中为革勒底族;近南为亚圭丹族[⑦],是族与西班牙之伊比连族[⑧]相亲;其居近来那河之西者,为德族。既而该撒复率军抵来那河东,永未服诸罗马之地方,与德族人构兵,又往攻英地。是二战虽未获有寸土,而此

---

① "有",石印本作"又"。
② 即克拉苏(Marcus Licinius Crassus Dives,公元前115—前53年),古罗马军事家、政治家。曾帮助苏拉在内战中夺权建立独裁统治。
③ 即马库斯·图留斯·西塞罗(Marcus Tullius Cicero,公元前106—前43年),古罗马著名政治家、演说家、雄辩家、法学家和哲学家。
④ 即马尔库斯·波尔基乌斯·加图(Marcus Porcius Cato,公元前234—前149年),罗马共和国时期的政治家、国务活动家、演说家,公元前195年的执政官。
⑤ 即盖乌斯·尤利乌斯·恺撒(Gaius Julius Caesar,公元前102—前44年),亦称恺撒大帝,罗马共和国末期杰出的军事统帅、政治家。
⑥ 即莱茵河(Rhine River),西欧第一大河。
⑦ 即阿奎丹人(Aquitanian),高卢土著人的一种,居住在高卢西南部。
⑧ 即伊比利亚人(Iberian),欧洲古民族。公元前3000—前1000年分布在欧洲大西洋沿岸地区,比利牛斯半岛和不列颠群岛。公元前3世纪至2世纪,被罗马人征服而逐渐罗马化。

十年内，该撒威名已大著矣。当该撒出军，其罗马之内乱愈甚。迨前四十九年，该撒显背罗马，兵侵意大利地。罗马绅会，爰命本贝帅师御之。本贝、该撒之战，实始于此，而计其战于希腊地，战于西班牙地并战于非洲地。至末一大战，乃在希腊代撒利国之法撒利亚①地方。时本贝大败，逃至伊及，为人所杀，罗马人乃迎立该撒为全权统帅，毕生不易，又有人直尊之为音贝拉多②者（按，音贝拉多，本军士尊帅之称，今泰西有帝之诸国率皆以此为帝③尊号）。时该撒意尚未足，显违旧章，妄冀称王，志未遂而为绅会中人刺毙，是乃前四十四年（即汉宣帝之初元五年）事也。

十八节　罗马创有帝政之始

　　该撒既死，罗马又内乱者十有三年。缘该撒生时，曾取其妹之孙俄达非斯④为己嗣。惟时俄达非斯与该撒旧将名安多尼⑤者，合攻绅会，绅会亦出军御之。其二主军人，即同谋刺毙该撒者，一名加秀⑥，一名伯鲁都⑦，而时俄安二人外，又有一人，名曰来比都⑧，相与同执政柄，故时有三人共国之语。当耶稣降生前四十二年（即汉元

---

① 即法萨罗（Pharsalus），今称法尔萨拉，希腊色萨利区拉里萨州城市。
② 即大元帅（Imperator），起源于古罗马的一种头衔。在罗马共和期间大略相当于军队的总指挥官。
③ "为帝"二字，石印本置于前之"尊帅之称"后。
④ 即盖乌斯·屋大维（Gaius Octavius Augustus，公元前63—公元14年），罗马帝国的开国君主，元首政制的创始人，统治罗马长达43年。
⑤ 即马克·安东尼（Mark Anthony，公元前83—前30年），古罗马政治家和军事家。
⑥ 即卡西乌斯（Gaius Cassius Longinus, ?—前42年），古罗马将军、刺杀恺撒的主谋者之一。
⑦ 即布鲁图斯（Marcus Junius Brutus，公元前85—前42年），晚期罗马共和国的一名元老院议员。
⑧ 即马尔库斯·埃米利乌斯·雷必达（Marcus Amilius Lepidus，约公元前89—前13年），古罗马晚期罗马共和国执政官之一。

年①永光二年），俄达非斯与安多尼大败绅会中之加、伯二主军人于非利比②地。既而安多尼帅师往攻安息，路出伊及。伊及女王革略巴达③，容貌绝世，以计縻之。安多尼为其所惑，驻军不发。未几，而罗马之内乱又作，乃女王革略巴达随安多尼回军于希腊西滨海处之亚革典④地方。当前三十一年，与俄达非斯战于海上。安多尼败绩，逃往伊及。嗣安多尼与女王革略巴达皆死。伊及地为罗马所并，改立为省。时俄达非斯独握罗马国柄，绅会、民会并允其得有无量之尊称与无量之职位，而俄达非斯有鉴于该撒妄冀称王，致为人刺毙也，故不贪取王号，并让毕生不易之全权统帅而弗居。俄达非斯虽独握国柄，然罗马国制，如根苏利等名称，皆仍于旧。惟握国柄人，则独号曰音贝拉多。按，此称号久而益尊，大可与"帝"字比肩。嗣罗马人又上一徽号于俄达非斯，曰"奥古斯都"。迨后此凡罗马之⑤独握国柄者，均号曰"该撒"，又号曰"奥古斯都"，而泰西史中之⑥称俄达非斯，不以其名，直号之曰"奥古斯都·该撒"。

十九节　罗马帝政

罗马国政前皆绅、民二会同操其柄，以明大公至正。自有奥古斯都，则大权归于一人，俨若一帝。然嗣此多年，尚未有得帝之威福者，惟皆视如绅会中所公立之一全权统帅。是缘独握此大权之人，咸由绅会选立，而所得之某某职分，亦由绅会所与之故也。时罗马

---

① 按："年"，石印本亦作"年"。此处应为译者笔误，据历史常识判断，应作"帝"。
② 即腓立比（Philippi），希腊马其顿东北部的一个城市，位于今希腊的卡瓦拉州境内。
③ 即克莉奥帕特拉七世（Cleopatra VII，公元前69—前30年），埃及托勒密王朝最后一位女王。
④ 即亚克兴（Actium），希腊西北部海角，现称普霍维扎。
⑤ "之"，石印本无。
⑥ "之"后，石印本有一"所"字。

之兵，设有常额，永无减撤，年复一年，大权下移，渐操于兵。有时君之废立，惟兵是从。若罗马诸省，既听命于一人，故其人民，前所谓得有希腊、罗马、意大利，罗马省之诸名分，概已渐就消没。嗣而罗马国中，除卖为人奴外，皆得名曰罗马人。昔罗马以一城主理诸国，今诸国皆以破灭，而罗马一城为都城，以主理四外诸省。罗马立国既久，其号为帝者，自视已居内地，不若居边，因有迁都之意。然罗马有帝之初，越几许年，尚无敢言罗马非仍民政之旧与非以一城主理诸国者。

二十节　罗马辟境之广

伊及既灭，凡滨地中海四周之地，咸归罗马。虽犹有数城，与僻远诸零星小地，尚存有自主之名，而无自主之实也。计罗马辟境，自本贝出军，得以欧伯拉底河为界。该撒出军，得以来那河为界。既而奥古斯都又得以大奴比河[1]为界，边幅之广，旷古未有。而其国内地，可分为三：一意大利、西班牙等地，凡罗马之言语文字并其国俗得大化行，以此地为最，次则非洲，缘该撒曾置有罗马人，俾居于加耳达俄地故也；一希腊、马其顿并小亚细亚等地，居是地者，皆希腊遗民，其语言文字及诸风化，概仍希腊之旧，不染于罗马，是可号为罗马之希腊[2]诸省；一叙利亚与伊及等地，为罗马之东方诸省，其地虽有昔希腊人所建之数大城，而其人[3]之语言文字以及风俗，多[4]从其旧，要非希腊、拉丁及诸罗马所能移变。

---

[1] 即多瑙河（Danube），欧洲第二大河，也是欧洲极为重要的国际河道。
[2] "希腊"后，石印本有一"之"字。
[3] "人"后，石印本衍一"人"字。
[4] "多"，石印本作"各"。

二十一节　得称帝号之二大姓

罗马之茹连①与革老底②二大姓，皆与奥古斯都同族。计至降生后六十八年为止，凡罗马帝，虽以世及，要皆取诸他人之子为嗣，而大半皆奥古斯都女所生育之子孙。其间四帝，一名底比留③，一名该由④，一名革老底⑤，一名尼罗⑥。四帝皆遗有暴虐之名，而其中以尼罗为尤甚。当奥古斯都与底比留之时，取有右滨大奴比河之诸地，故罗马得以大奴比河为界，与欧伯拉底河、来那河同。惟时奥、底二君，皆有并吞德地之志，然屡次出军，终无所获。缘奥古斯都之世，德族有一伟人，名曰亚米纽⑦，勇猛罕匹。当罗马遣大军攻取德地时，竟为亚米纽一朝剪灭。后之英人，亦皆深以此战为庆。盖罗马若果并有德土，英人亦必无以自免。时缘英之先民，皆聚居于德之北境故也。至今英人所居之英吉利地，旧名曰伯利丹⑧，乃革勒底族人之所居。按，革勒底族，亦名曰伯利丹族，又名曰⑨威勒施族⑩。此伯利丹地，当革老底为帝时，曾为所攻，而该地大半，折入罗马，号曰伯利丹省。若苏格兰与爱尔兰二岛地，则永未服属罗马。其时

---

① 即朱利安家族（Julia Family），也称尤利乌斯家族。古罗马显贵家族。
② 即克劳狄家族（Claudia Family），古罗马时期最重要的两个家族之一。
③ 即提比略·克劳狄乌斯·尼禄（Tiberius Claudius Nero，公元前42—公元37年），古罗马帝国皇帝，14—37年在位。
④ 即盖乌斯（Caius，12—41年），别号卡利古拉（Caligula），古罗马帝国皇帝，37—41年在位。
⑤ 即克劳狄一世（Claudius I，公元前10—公元54年），又译克劳狄乌斯一世。古罗马帝国皇帝，41—54年在位。
⑥ 即尼禄·克劳狄乌斯·恺撒（Nero Claudius Ceasar，37—68年），古罗马帝国出名的暴君，54—68年在位。
⑦ 即海尔曼（Hermann，公元前18—公元19年），日耳曼部族切鲁西人（Cherusci）的首领。公元9年，指挥了条顿堡森林（Teutonburg Forest）战役，一举歼灭罗马帝国三个精锐军团，37岁被人害死。19世纪晚期，他被推崇为日耳曼民族的英雄。
⑧ 即大不列颠岛（Great Britain），欧洲最大的岛屿，今属英国。
⑨ "又名曰"后，石印本衍"又名曰"三字。
⑩ 即威尔士（Wales），位于大不列颠岛西南部。

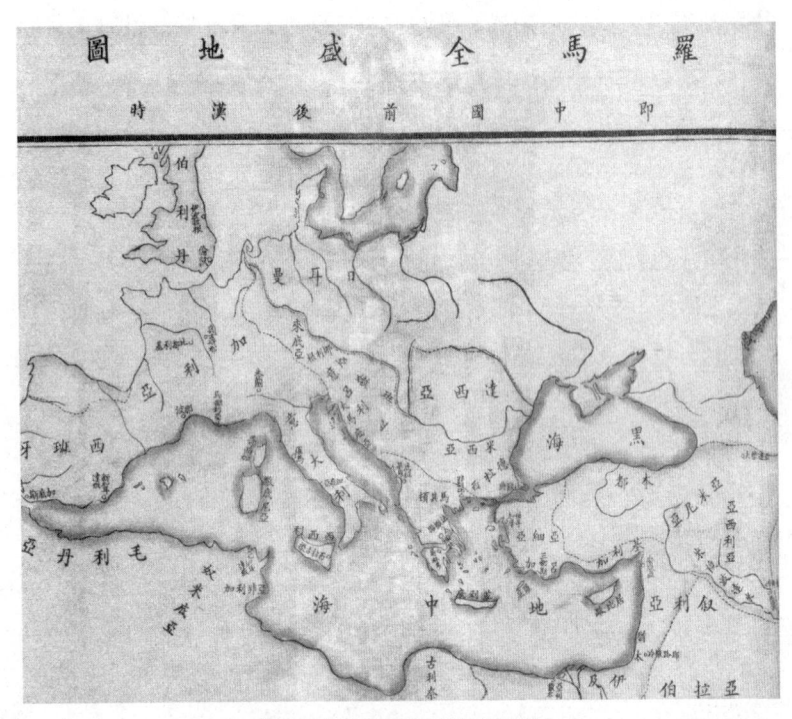

罗马全盛地图（即中国前后汉时）

亚、非二洲，有数属于罗马之国，皆为罗马改立为省，而罗马极东之亚米尼亚王，亦自入臣于罗马也。

二十二节　罗马辟境至广

尼罗死，其后之数帝，皆得立未几，即或被弑或自戕，概无足纪者，直至所立之帝多励精图治，始获久安于位。是诸帝中，首为弗拉非恩族①之父子三人，相继为帝，其父名威斯巴先②，其子一名提多③，一名多米颠④。而多米颠一帝，独为暴虐。当威斯巴先为帝，曾征服尼罗时背叛之犹太人，将耶路撒冷城毁夷。

嗣计自耶稣降生后九十六年（即汉和帝永元元年⑤）至一百八十年（即汉灵帝光和⑥三年），罗马又有五帝，相继在位，一那耳发⑦，一德拉旃⑧，一哈德连⑨，一安敦尼·奴⑩，一奥利留·安敦⑪。按，中国《后汉书》，汉桓帝延熹九年，有大秦国王安敦之使曾一通道中国，所谓大秦即罗马，安敦即奥利留·安敦也。此五帝均有人君之德，虽曰世及，要亦皆嗣诸戚族中者，故别其族名曰安敦尼族⑫。其

---

① 即弗拉维家族（Flavius），本为古罗马一骑士阶级，后来逐渐变为显赫家族。
② 即韦帕芗（Vespasian，9—79年），古罗马帝国皇帝，69—79年在位。
③ 即提图斯（Titus，41—81年），古罗马帝国皇帝，79—81年在位。
④ 即图密善（Domitian，51—96年），古罗马帝国皇帝，81—96年在位。
⑤ 按："汉和帝永元元年"，石印本亦作"汉和帝永元元年"。今经资料考证，"九十六年"应为"汉和帝永元八年"。
⑥ "汉灵帝光和"，石印本作"灵帝光汉和"。
⑦ 即涅尔瓦（Nerva，35—98年），古罗马帝国皇帝，96—98年在位。
⑧ 即图拉真（Trajan，53—117年），古罗马帝国皇帝，98—117年在位。
⑨ 即哈德良（Hadrian，76—138年），古罗马帝国皇帝，117—138年在位。
⑩ "安敦尼·奴"，石印本作"安顿尼·奴"。"安敦尼·奴"，即安敦尼·庇乌（Antoninus Pius，86—161年），古罗马帝国皇帝，138—161年在位。
⑪ 即马尔库斯·奥勒里乌斯（Marcus Aurelius，121—180年），亦称马克·奥勒留。古罗马皇帝，161—175年在位。以上五位皇帝执政时期被称为五贤帝时代。
⑫ 即安敦尼王朝（Antonine Dynasty，96—192年），又称涅尔瓦-安敦尼王朝。罗马帝国的一个王朝，115年罗马帝国版图达到最大。

时罗马君民，皆谨遵律例，钦服绅会。当德拉旖①之世，又攻服大奴比河②下游以北之大基安族③人，取有其地，改立为省，是为孤悬大奴比河外之罗马一省。德拉旖又与安息国构兵，并将亚米尼亚与米梭波达米④以及亚细利亚之诸地，皆改立为罗马省也。时罗马国，辟地至广，直抵里海为界，乃转瞬而德拉旖死，哈德连嗣位。凡德拉旖生前所新有之东方诸地，皆举而弃之。是罗马国境之广，以德拉旖之世为最。嗣此罗马仅可作画地自守，计不复得有拓地开疆之雄心矣。

二十三节　总结

罗马极盛世，可号为一时有教化诸国之主，而其立国之初，则仅以七山人民合为一城。嗣此一城，渐次得居诸作拉丁语人之首，后又稍稍得有意大利全地，既而地中海滨诸国，皆归为罗马属国。久久此诸属国，又皆经罗马改立为省，追末又一变，则其合境人民，无一不得有罗马名分，其见于罗马外史中者如此。若罗马内史所载，则言罗马前数世，国政皆操于王，嗣乃改为民政，而民政又自分有前后。当前民政之世，有巴德利先与伯利便二族互争事。嗣伯利便族得有巴德利先族之利益，其难方平。至后民政之世，则别有贫富互争事，既而国柄归于一人，是罗马之民政衰而复立有王也，但此独执国柄之一人，有王之实而无王之名⑤。在罗马，无论国中之或治或乱，与诸邻国之或战或和，其强盛要皆由渐而增，非崛兴特起者比，是以得揽有大权，较诸他国，最为永久。再罗马国境，其德拉

---

① "德拉旖"，石印本作"德旖"。
② "河"后，石印本衍一"之"字。
③ 即达契亚人（Dacians），罗马尼亚的上古居民。
④ 即美索不达米亚（Mesopotamia），也称两河流域。大体位于现今的伊拉克。
⑤ "名"，石印本作"民"。

旃世，经略亚洲，凡所倏得倏失之地不计外，当其至广之际，计凡界于来那与[①]大奴比二河内之地，皆[②]为所有。加以大奴比河外，又有一罗马省，名曰大基亚[③]，而英吉利地之大半，亦服属之。至若亚洲欧伯拉底河[④]以西之诸地与非洲之伊及地以及该洲之沙漠以北一狭腴地，皆归罗马统辖。是罗马跨有三大洲之地，如非尼基、希腊、马其顿之诸国地，并此诸族所立之埠与所据有之他地方，尽入罗马。惟时罗马威权，无远弗届，而能与为敌者，仅其东之安息一国而已。

① “与”，石印本无。

② “皆”前，石印本有一“乃”字。

③ 即达契亚（Dacia），罗马帝国的一个行省，位于多瑙河下游和喀尔巴阡山一带。

④ “欧伯拉底河”，石印本作“欧伯底拉河”。

欧洲史略　卷四
罗马国衰之世

一节　波斯并德族战事

惟时罗马之东西有二强敌：东曰波斯，西曰德族。按，罗马自德拉游殁后，安息日益昌炽。迨降生后二百二十六年（即中国后汉三国时），波斯旧族，背叛安息，创立新国。时波斯开国君，名曰亚达士耳①。嗣其子孙相继为君，而别名其族曰撒撒尼底族②。罗马与波斯，虽边衅屡开，然终无扫境出军，大决胜负之举。其时泰西大局，迥与昔异。计自奥利留之后，凡居近来那河与大奴比河之诸德族人，皆有刻期③起击罗马之势，是万世中一大变之先兆已见，故罗马不复有辟境之雄心，仅思画疆自守，以外御拟来代为欧地主之诸族也。时诸德族内之英族，远居边鄙，未预与罗马为难之举，其他如来那河畔之法兰革④，大奴比河畔之哥德⑤（是或皆与中国《汉书》中之月

---

① 即阿尔达希尔一世（Ardashir I，？—约240年），波斯萨珊王朝的创建者，约226—约240年在位。
② 即萨珊（Sassanid），224—651年的波斯帝国称为萨珊王朝。
③ "刻期"，石印本作"该期"。
④ 即法兰克人（Frank），对历史上居住在莱茵河北部法兰西亚（Francia）地区的日耳曼人部落的总称。
⑤ 即哥特族（Goth），东日耳曼人部落的一支分支部族，从2世纪开始定居在斯基泰、达其亚和潘若尼亚。5—6世纪时，分裂为东哥特人和西哥特人。

氏^①同族)。此二族，皆逼与罗马为邻，乃有时树旗整众，入侵罗马。又有时随罗马旗往攻他国，历年既久，亦皆多受有罗马所赐之土地。时而二族人为罗马大胜，败退以去，罗马人即焚毁其房舍田产。然德族日形强盛，罗马渐就衰微，盖缘罗马辟境之时日已过，故此后有战，皆求自卫其境而已。

二节　军士操有立帝之权

罗马连历[②]五朝，均为至善之帝，迨末一帝奥利留·安敦殁后，嗣子哥摩都[③]继立，改父之政，行多暴虐，加以举止轻躁。当降生后一百九十二年，哥摩都为其近侍所刺毙。后则将近百年，其罗马诸帝，有得立未几，即为军士刺毙者，有此帝方为此地之军士拥立，而境内他处之军士，又别立帝，或二或三，互相征伐，皆无割据之心，均有混一之志。其后一胜者为帝，而他败者，则皆名之曰代兰得。迨赛底木·赛威路[④]得立为帝，其位始获世传。按，赛威路，立自降生后一百九十三年，而殁于二百十一年。迨其子嘎喇加拉[⑤]之世，则前此异邦人民，无罗马名分者，至兹凡奴仆外，人人皆得有罗马名分。后此数代，则罗马帝多异族人为之，如代久斯[⑥]与革老底[⑦]以及奥利连[⑧]，并高出此数帝上之丢革利典[⑨]，皆是也，然得久于其位者盖

---

① "中国《汉书》中之月氏"，石印本作"中月氏国《汉书》中之"。
② "历"，石印本作"立"。
③ 即康茂德（Commodus，180—192年），又译柯摩达、高摩达、柯姆德斯。被历史学家评为罗马帝国最劣的君主之一，结束了五贤君时代的强盛繁华，使罗马帝国陷入战乱之中。
④ 即谢普提米乌斯·塞维鲁（Septimius Severus，145—211年），古罗马帝国皇帝，193—211年在位。
⑤ 即卡瑞卡拉（Caracalla，188—217年），古罗马帝国皇帝，211—217年在位。
⑥ 即德修（Decius，201—251年），古罗马帝国皇帝，249—251年在位。
⑦ 即克劳狄二世（Claudius II，约213—270年），古罗马帝国皇帝，268—270年在位。
⑧ 即奥勒良（Aurelian，约214—275年），古罗马帝国皇帝，270—275年在位。
⑨ 即戴克里先（Diocletian，约245—312年），古罗马帝国皇帝，284—305年在位。

鲜。计降生后二百五十三年至二百六十八年，当法利连[1]与其子加列奴[2]相继为帝时，罗马境内之僭称帝者，共三十人，故即名为"三十代兰得之世"。直至丢革利典为帝，创立新制，罗马旧日之风[3]，因而丕变，时乃降生后之二百八十四年也（即晋武帝太康五年）。

三节　丢革利典并后之诸帝

当丢革利典[4]创立新制，人民始悟今罗马国与昔罗马城之不同。盖昔罗马城，虽分有绅会、民会，而政实主于该城民。今罗马国诸省人民，既皆得有罗马名分，而政则改主于帝。再自丢革利典后，罗马诸帝，虽未称王，而威福自恣，日甚一日。缘时边境不靖，故此诸帝皆多出居于边。按，丢革利典创立之新制，乃分罗马一国，以四帝统治[5]之。此四帝中，其较尊、较卑者各二：较尊者，皆号为奥古斯都；较卑者，皆号为该撒[6]。四帝分统罗马四境：一治意大利并其旁附之诸地，一治近西诸地，一治希腊地，一治近东诸地。二奥古斯都，一居意大利北境之米兰城，一居小亚细亚之尼哥米底城[7]。二该撒，一驻近西德地之德利耳城[8]，或英地之约耳革城[9]；一驻近东之安底亚城。计自降生后三百三年，丢革利典逊位后，此罗马

---

① 即瓦莱里安（Valerian，200—约260年），又译瓦勒良。古罗马帝国皇帝，253—260年在位。
② 即加里恩努斯（Gallienus，218—268年），古罗马帝国皇帝，260—268年在位。
③ "风"后，石印本衍一"风"字。
④ "丢革利典"，石印本作"革丢利典"。
⑤ 即四帝共治制（Tetrarchy），将帝国东西两部分别由两位主皇帝统治，再各以一位副皇帝辅政。
⑥ 即恺撒（Caesars）。
⑦ 即尼科米底亚（Nicomedia），293—324年是罗马帝国的首都，今为土耳其城市伊兹密特。
⑧ 即特里尔（Trier），又译为堤雅。德国最古老的城市，位于今莱茵兰-普法尔茨州西南部。
⑨ 即约克（York），在罗马时代称为艾伯拉肯，今为英国英格兰东北部城市。

境内，战事繁多。迨三百二十三年，有根斯丹典^①者出，勘定祸乱，始复统一罗马而为帝也。

四节　耶稣教兴

根斯丹典，为罗马国首先信奉耶稣圣教之一帝，而耶稣教之立，则在罗马有帝之始。按，耶稣基督生于奥古斯都之世，迨底比留之世受难升天，嗣其教虽屡为罗马人所逼迫，然竟得渐大显于世。其最堪异者，耶稣教大受逼迫，其时之罗马诸帝，如德拉游、奥利留、代久斯、丢革利典等，皆甚有德能，声名极盛。爰考其故，盖罗马本教，久与其国政相辅而行，凡不致敬于罗马所奉神之前者，概以违帝命论，并视为背叛律法之罪人。以上诸帝，皆以遵守罗马旧律惟谨称，是以尤为仇视耶稣教也。当根斯丹典之世，罗马本教，亦自衰微。人多外礼于貌而不内敬于心，而耶稣教中人，则皆心悦诚服，深信耶稣之道。约而言之，耶稣、罗马二教^②势难并立，彼盛此衰，此兴彼灭。惟时其帝，已自敬信耶稣，是罗马本教之将灭，其兆已见。

五节　根斯丹典并其族众诸帝

罗马史中，当根斯丹典为帝之世，国势大变，约有三端，乃无论为即其外形视，或即其内情察，皆政柄操于一人，而倚诸军士立国。若时绅会、民会，并号为根苏利者，皆有职无权，名实不副，而其帝根斯丹典，又决志不居罗马旧城，乃即希腊地近波斯弗罗海

---

① 即君士坦丁大帝（Constantine I the Great，272—337年），又称君士坦丁一世。罗马帝国皇帝，君士坦丁王朝的开朝皇帝。

② "教"后，石印本衍一"教"字。

峡①处之比散典城，营为新都而迁居之，爰为立名曰"罗马新城"，而民弗顺，要皆呼之曰"根斯丹典城"②。根斯丹典迁居于此新城，凡其独揽政柄，立耶稣教为国教，皆较旧城为易，盖其旧城之罗马本教，衰灭较迟。至若新城初建，即立有耶稣教堂，而城中人民，大半皆信奉耶稣教矣。根斯丹典在位之久，较以前罗马诸帝，除奥古斯都外，无及之者。迨其殁，遗制后嗣位者，皆选于族众③。若族中有人，即不得选帝于他族。惟惜后此嗣其位者，大半皆即为其族中人所刺毙。按，根斯丹典殁于降生后三百三十七年，有三嗣子，分帝其国。至三百五十年，当根斯丹丢④为帝之世，其国复合为一。时罗马境内，有数僭称帝号之人，并罗马有败于波斯与德族人之事。至三百六十一年，根斯丹丢殁，而根斯丹典之弟所生子茹连⑤嗣立，是为根斯丹典族众中末世之一帝。茹连先在加利地为该撒时，曾敌退德族人，收回前代所失之地，嗣又帅师往征波斯，当三百六十三年，战殁于阵。嗣为帝者，名曰若非安⑥。当其嗣位之初，即首先割弃数省地，归诸波斯。

六节　耶稣教大行

当根斯丹典殁后，耶稣教大行于罗马全境。即拜诸鬼神之人，

---

① 即博斯普鲁斯海峡（Strait of Bosporus），又称伊斯坦布尔海峡。是一条沟通黑海和马尔马拉海的狭窄水道。
② 即君士坦丁堡（Constantinople），土耳其最大城市伊斯坦布尔的旧名，现在则指伊斯坦布尔金角湾与马尔马拉海之间的地区。曾经是罗马帝国、拜占庭帝国、拉丁帝国和奥斯曼帝国的首都。
③ "众"，石印本作"中"。
④ 即君士坦提乌斯二世（Constantius II，317—361年），罗马帝国君士坦丁王朝皇帝，337—361年在位，君士坦丁一世之子。
⑤ 即朱利安（Julian，331—363年），亦译尤利安。古罗马君士坦丁王朝的皇帝，361—363年在位。
⑥ 即约维安（Jovian，331—364年），古罗马君士坦丁王朝的皇帝，363—364年在位。

亦多习知耶稣之道。如茹连幼时，即尊奉耶稣，及长，始又改拜诸鬼神，竭其智力，以图兴复罗马本教。然茹连有德有才，实居罗马贤君之列。时耶稣教在罗马境内，渐愈盛行，莫有能少阻之者。及至降生后四百年（即晋安帝之世），罗马帝乃通谕合境人民，废弃罗马、希腊等教，禁拜偶像，一以耶稣之教为宗。即此以观，是创自亚细亚西米底人之一教，其时大行于罗马境内。凡居罗马地之诸族人，无论先即属于罗马，与后习学罗马之法制者，至今日皆信奉耶稣教。至若外此之他国境内，则耶稣教尚未能通行流畅。待至此教受诸逼迫已尽之际，又有教中人，彼此相争之事。缘时有亚利三太城①之教长，名曰亚留斯②，创立一亚连教③，亦耶稣教之别派。当根斯丹典之世，耶稣教人大会于尼该亚④地，议定是教在必不可行之列，然根斯丹丢与其后之罗马数帝，皆崇信之，而诸德族入⑤教之初，亦皆大半奉是教也。按，耶稣教之所由分，盖缘罗马国境广阔，中分数段，风土各异，是以一耶稣教传诸近远，亦多不同，故嗣此希腊、拉丁诸省地之耶稣教⑥，又自分为东教、西教。既而较此诸省愈东之叙利亚并伊及等地人民，又渐凭己意⑦，信奉他教，俨于东西二教之外，别立一帜。若德族人之初入耶稣教时，不免误入歧途，更无怪乎其后此复立一教，名曰伯罗代斯丹⑧，而与东西二教并愈东之一教，又自不同也。

---

① 即卷二第十七节之"亚利散太城"：亚历山大城（Alexandria）。
② 即阿里乌（Arius，250—336 年），亚历山大城主教。
③ 即阿里乌教派（Arianism），或称亚流主义学派、亚流派。曾任亚历山大主教的阿里乌（或译亚流）所领导的基督教派别。
④ 即尼西亚（Nesia），古代小亚细亚的千年古城，今为土耳其西北部的布尔萨省伊兹尼克市。
⑤ "入"，石印本作"人"。
⑥ "教"，石印本无。
⑦ "意"后，石印本有一"则"字。
⑧ 即新教（Protestant）。

七节　哥德族人入侵

　　根斯丹典殁后，约当中国东晋世，有德族人入据罗马境内数地方之事。盖前此德族人，虽①常侵据罗马边地，然皆旋得旋失，如根斯丹典与茹连之世，业将侵据加利省地之德族人逐出。即降生后三百六十四年，兄弟同登罗马帝位，兄名法伦底年②，弟名法伦斯③者，亦皆能驱逐德族，恢复旧疆。惟此际则有来自亚洲与满、蒙、土三族为伯仲之狠尼族④人，压攻德族人之背，是以德人之进攻罗马愈力。至三百七十六年，罗马听从德族中之哥德族人，踰大奴比河，散居边郡。嗣哥德族人忿罗马人待之之虐，乃啸聚称兵，与罗马人战于哈得连挪波⑤地方。时罗马之法伦斯帝殁于此战，后哥德族人仍皆来去自由。罗马执政，无如之何，乃招抚其人为兵，并加封号于该族中王。迨三百九十二年（即晋武帝之太元十七年），丢多修⑥复得为一统罗马帝时，战事少息。丢多修殁于三百九十五年，遗命二子中分其国，名亚加丢⑦者为东帝，名和挪留⑧者为西帝。惟时罗马威权大见衰微，其西帝多居于意大利地之拉芬那坚城⑨。至四百十年，有西哥德族王亚拉利革⑩，攻陷罗马旧城，肆掠一空。迨⑪嗣其王位

---

① "虽"前，石印本有一"德"字。
② 即瓦伦提尼安一世（Valentinian I，312—375年），古罗马帝国西部皇帝，364—375年在位。
③ 即瓦伦斯（Valens，328—378年），古罗马帝国东部皇帝，364—378年在位。
④ 即匈奴人（Hun）。
⑤ 即哈德良堡（Hadrianopolis），公元2世纪初期，古罗马皇帝哈德良建造的城市，位于今土耳其共和国埃迪尔内省。
⑥ 即狄奥多西一世（Theodosius I，约346—395年），罗马帝国正式分裂前的最后一位皇帝，并定基督教为罗马帝国国教，378—395年在位。
⑦ 即阿卡迪乌斯（Flavius Arcadius，约378—408年），395—408年间的东罗马帝国皇帝。
⑧ 即霍诺里乌斯（Flavius Honorius，384—423年），395—423年间的西罗马帝国皇帝。
⑨ 即拉韦纳（Ravenna），又译为拉文纳。意大利北部城市，西罗马帝国都城。
⑩ 即阿拉里克一世（Alaric I，370—410年），西哥特国王，395—410年在位。
⑪ "迨"，石印本作"待"。

之亚刀弗①,又为罗马军帅,往征西班牙地,是即西班牙与加利等地,初有哥德族人立国之始,亦罗马境内,初建有德族国之始也。

八节　丧失罗马旧城并意大利地

丢多修虽有遗命,皆以族中人嗣其帝位,世世相传,直至其族无人为止,而惟时罗马境内,僭称帝者甚多,故西罗马之诸省,率皆一一相继沦没,而东罗马又时与波斯构兵。约当中国六朝刘宋中叶之际,西罗马帝之威令所行,不复得出意大利地之外,而帝之废立,权皆操于募诸他国人为兵之军主。至苍梧王昱元徽四年②,西罗马帝废灭,而有募诸德族兵③之军主,名俄多瓦革④者,不再立帝,竟自专擅意大利地之威柄。即此一变,足⑤征罗马旧制之果能存诸人心,故当绅会议定,罗马一国,有一帝即足资治理。凡西罗马之土地人民,皆宜归于东罗马帝统辖。于是东罗马帝西挪⑥,即册命俄多瓦革为意大利地之总统,摄行帝事。迨降生后四百八十九年,西挪不悦东哥德族人久居己国之境内也,乃册命其王代约多利⑦,往主理意大利地,于是代约多利率其族众,与俄多瓦革构兵。嗣代约多利获俄多瓦革而毙之,即自总统意大利地。在位三十三年,其本族人皆视之为王,而罗马人视之,则为西挪遣立之总统,而其治国有方,令行禁止,甚为四邻所敬畏。时罗马威权,惟重于根斯丹典一

---

① 即阿陶尔夫（Athaulf,？—415年）,西哥特国王,410—415年在位。
② 即公元476年。
③ "兵",石印本作"人"。
④ 即奥多亚克（Odoacer,435—493年）,意大利的第一个日耳曼蛮族国王,476—493年在位。
⑤ "足",石印本作"果"。
⑥ 即弗拉维·芝诺（Flavius Zeno,约425—491年）,东罗马帝国皇帝,474—475年、476—491年两度在位。
⑦ 即弗拉维·狄奥多里克大帝（Flavius Theodoric,454—526年）,东哥特王国的建立者,493—526年在位。从511年开始,还兼任西哥特王国的摄政。

城，不复得行于罗马旧城地内。

九节　诸德族建国之始

当罗马册命亚刀弗为帅，往征西班牙地时，亚刀弗即乘势据有西班牙①并南加利等地，而②创建西哥德国。嗣罗马又册命代约多利为帅，亦若亚刀弗之乘势，而创建东哥德国于意大利并相与附近诸地方也。惟时又有他德族立国于欧洲地者，如布耳根典人③，则建国于东南加利等地。迨降生后四百五十一年，罗马人大惧加利地并欧地，皆将为狠尼族王亚底拉④所并。嗣幸罗马军帅哀丢斯⑤及代约多利，与亚底拉⑥战获胜，始得少戢其势。此⑦代约多利乃西哥德族王，非上之所谓创建东哥德国者。自兹罗马威权，在南加利地，渐就衰微。其北⑧加利地，则已为法兰革族人据立为国。其国首先崇信耶稣圣教之王，名曰哥罗非斯⑨，是王即位于四百八十一年（即六朝齐高帝之建元三年），而殁于五百十一年（即梁武帝之天监四年⑩）。其时法兰革族，得操有德地并加利地之威柄，然其人自居之地无多，今

---

① "西班牙"后，石印本有一"地"字。
② "而"，石印本无。
③ 即勃艮第人（Burgundian），古日耳曼人的一支。初住波罗的海上的波恩霍尔姆岛，后迁往波罗的海南岸。为躲避匈奴的追逐进入罗马帝国的高卢地区。457年以里昂为中心建立了勃艮第王国。
④ 即阿提拉（Attila，约406—453年），5世纪以潘诺尼亚为中心的匈奴帝国的国王。
⑤ 即弗拉维·埃蒂乌斯（Flavius Aetius，391—454年），西罗马帝国末期的主要军事统帅。曾统兵先后击败过匈奴人、法兰克人、勃艮第人和哥特人。
⑥ "亚底拉"后，石印本有一"王"字。
⑦ "此"，石印本无。
⑧ "北"，石印本作"他"。按：此处根据上下文判断，应为"北"，石印本错误。
⑨ 即克洛维一世（Clovis，466—511年），法兰克王国奠基人、国王。
⑩ 按："天监四年"，石印本亦作"天监四年"，与西历年份"五百十一年"不符，今经考证，应为"天监十一年"。

分属于德、法二国，在德者，名法兰根①地，在法者，名法兰西地②。又前此当四百二十九年，时有宛大利族③人，由西班牙地，逾海立国于非洲地方，凡此诸德族之国，率皆崇信亚连教，惟法兰革人则否。缘其王哥罗非斯，即领受洗礼于耶稣正教中也。今之德、法二大国，皆出于法兰革国。

十节　德族并罗满西之方言

考诸德族之立国于罗马境内者，非止破灭罗马，而代之为君已也，亦将习诸罗马之政教法制，如弟子之受业于师，始则德人与罗马人，各自遵其律法，以听命于德族之王。时德人崇信耶稣教，故皆钦敬耶稣教士，兴建耶稣教堂，既而前此奉亚连教之众，亦皆渐次改入正教。时惟非洲之宛大利族人为王之地，其人民之有奉正教者，皆多受其间亚连异教人之凌虐。嗣凡居加利并西班牙、意大利等地之德人，皆渐效诸罗马人，习作拉丁语，然非今书籍中所载之拉丁文语，乃其时民间常谈之拉丁俗语。此拉丁语中，多杂有德语，后此大行于欧洲偏西之地，即所谓罗满西语④也。如意大利地与西班牙地之方言，以及南加利之伯罗分斯地与北加利之法国地之方言，是皆本于拉丁，而内杂有德人之名字语言甚多。其罗马境外，尚存有德族之旧日方言，名曰德知语⑤，是分二类，一为高地德知语⑥，一

---

① 即法兰克尼亚（Franconia），地区名。位于今德国巴伐利亚州和巴登—符滕堡州和黑森州。
② 即法兰西亚（France），地区名。故地在今法国东北部。最初指巴黎周围地区，"法兰西"即由此演变而来。
③ 即汪达尔人（Vandal），古日耳曼人的一支，曾在罗马帝国的末期入侵过罗马，并以迦太基为中心，在北非建立了一系列的领地。
④ 即罗曼语（Romance），属于印欧语系，是从意大利语族衍生出来的现代语族，包括法语、意大利语、西班牙语、葡萄牙语、罗马尼亚语等。
⑤ 即德语（German），德语：Deutsch。
⑥ 即高地德语（High German），德语：Hochdeutsch。属于西日耳曼语，主要通用于德国、奥地利、列支敦士登、瑞士和卢森堡，也用于一些临近的地区，是现代德语的主体。

为平原德知语①。其高地德知语，为法兰革族人并他国内地之德族人所遵。若撒革孙族②并近北洋滨处之诸国，则皆遵平原德知语矣。

十一节　英人初立国于今英地

　　凡德人之并有诸地，率皆由陆路攻取，仅有宛大利人，曾一次由西班牙地越海往侵非洲，然亦交兵于陆地。惟今所论，乃北境德族之英人，立国今之英地，实经越海多次始攻得者。当中国东晋之季，英之先民，计有三族，一安吉利族③，一撒革孙族，一茹德族④。是皆久居于德地北境，不与罗马相闻。当法伦底年为罗马帝之世，撒革孙族人始越海往攻伯利丹地，嗣为代约多修帝⑤之大军逐回，因首至是伯利丹地者，乃撒革孙族，故后此久居其地之革勒底族人，概名继来之诸德族人为撒革孙人也。迨降生后四百十年，罗马帝和挪留将前驻伯利丹地之罗马兵，尽数撤回，听诸本地人民，自行战守。惟时上言之英三族，皆乘虚次第入据其地，是今英地将为英族人所有之始。当四百四十九年（即宋文帝之元嘉二十六年），茹德族人，首在伯利丹之东南地创立根德国⑥。既而撒革孙与安吉利二族人，亦各立国于伯利丹地，而以安吉利族人之境地为至阔。久而三族合而为一，爰少变其音而立，族号曰"英吉利"，而易名其地曰"英格兰"也。凡前此久居其地之革勒底人，嗣渐为英人或逐、或戕。后

---

① 即平原德语（Low German），德语：Plattdeutsch. 主要分布在德国北部、法国东北部、荷兰、比利时一带。
② 即萨克森人（Saxon），又译撒克逊人。日耳曼蛮族之一。
③ 即盎格鲁人（Angle），来自丹麦半岛南部和邻近地区的日耳曼人。
④ 即朱特人（Jute），日耳曼人的一个分支。公元初分布在日德兰半岛东部，部分后来移至莱茵河口以东地区。
⑤ 即卷四第七节之"丢多修"：狄奥多西一世（Theodosius I）。
⑥ 即肯特（Kent），国名。故地在今英国泰晤士河口一带，相当于今肯特郡。

此百年内，计自歪德海岛①，至弗耳德海湾②之一带东英格兰地，皆为英人所有。而近西之地，则仍为革勒底人聚处其间，一若苏格兰北境地，尚仍居有比革底③与苏格底④之二族人也。按，英人取有罗马所弃之伯利丹地，与他攻取罗马地之德族人异。缘英人无冀习罗马之政教法制之心，亦未曾入罗马卒伍，故初皆将罗马之仪物废弃，惟自仍其旧日语言，并崇拜诸鬼神之俗。迨后风教渐开，人皆相率信奉耶稣正教，非诸革勒底人教之，实为罗马遣往之诸教士诱掖劝诲之所致也。

十二节　总结

计自降生后三百年至五百年，此二百年间，耶稣教渐为罗马合境⑤人民通奉之教，又为由陆路推移，至罗马国内之诸德族人所奉之教也。且是教由陆路推移，至罗马国之诸哥德族与法兰革族，仅以为基，及今欧洲之法、意、西班牙、葡萄牙之诸国，皆作罗满西语，是又皆由以上各族而生者也。时英人越海据有伯利丹地方，而因以上诸德族人，蚕食罗马，攻占不息，久而西罗马之帝绪，竟为所断绝。迨末，乃仅存意大利地，复有连附于东罗马之名分也，其世事如此。是罗马东西合时，根斯丹典城为东西之一都，分时则根斯丹典仅为一东罗马之都城矣。

---

① 即威特岛（Wight），英国南部岛屿。
② 即福斯湾（Forth Firth），在英国苏格兰东岸，福斯河的入海口。福斯河发源于史特灵郡的山区，东流至法夫郡金卡丁镇（Kincardine）后，形成福斯湾，最后注入北海。
③ 即皮克特人（Picts），现今苏格兰的先住民，是铁器时代晚期居住在今天的苏格兰东部和北部的族群，属于当时不列颠群岛上的凯尔特人的一支。
④ 即苏格特人（Scots），原居爱尔兰的东北部，于501年渡海，建立达雷阿达王国，苏格兰之名即得于苏格特人。
⑤ "合境"，石印本作"辟境"。按：根据上下文判断，此处应为"合境"，石印本错误。

罗马史略 卷五
罗马东迁之世

一节 东罗马帝都根斯丹典

如上卷总结所言，西罗马帝绪业已绝灭，其东罗马帝仍都居于根斯丹典城，而计逾亚底亚海以西之诸地方，则不得操有其生杀黜陟之权，然此东罗马帝皆不忘待时而动，以冀复所丧失之诸省地也。惟时，东罗马尚有希腊诸省并以东诸省地，凡备诸公牍中者，皆拉丁语，而以希腊语为俗言，凡希腊文学号为至盛。即根斯丹典之一城，其德族诸人，固未立国于东罗马境内，然德族与斯拉分族并土耳其族诸人，则皆常往来于东罗马之北边地，其时而震境侵境，在在不免。此卷中所载，波斯与东罗马初甚和洽，乃未几起有争端，兵连祸结，更无已时。

二节 兵复非洲并意大利地

时罗马帝名茹斯底年[①]者，最著声称。计其在位，自降生后

---
① 即查士丁尼一世（Justinian I，约 483—565 年），亦称查士丁尼大帝。东罗马帝国皇帝，统治时间从 527—565 年。

五百二十七年（即梁武帝之大通元年）至五百六十五年（即陈文帝天嘉六年）。内则条修法律，损益精详，开今欧地多国通行法律之原，外则战胜攻取，将前所丧失之诸省，尽行克复。缘时非洲之宛大利族，日见衰微。当五百三十四年，茹斯底年爰命大将贝利撒留[①]率军，征克其国，因复得有非洲诸省地，嗣又攻取西班牙之南境地。适东哥德王代约多利死，于是茹斯底年视意大利地亦不难向哥德人手中仍行夺回也，遂大出师以临之。计自五百三十五年至五百五十三年，东罗马有名将二，前为贝利撒留，后为那耳西[②]，而意大利地皆为东罗马国所有。惟时茹斯底年兼有新旧二罗马城所辖有之地，则其国仍自大西洋计至犹伯拉底河为界，而地中海滨地鲜有不属之者。按，此茹斯底年之世，曾遣教士远抵中国，爰获有蚕种以归，而根斯丹典城民始习此治丝之技。嗣希腊地方，乃多有以养蚕织帛为业者。迨茹斯底年殁后，其国境地亦随即丧失多多。当五百六十八年（即陈临海王之光大二年），诸德族中之郎巴底人[③]，入意大利地，故今意大利之北境，犹自名为郎巴底地也。后意大利地半为郎巴底人所有，半尚属归罗马。惟时东罗马帝犹有西西利等三大岛与意大利南境并罗马城、拉分那城[④]以及近此二城之诸地外，又有威尼斯诸岛。是即五十年前，惧为狠尼族人侵害，凡附近意大利人相与趋避之地也，以上诸地，皆东罗马之所有，而咸听命于驻拉分那城之总统。时东罗马帝，既不都罗马城，其总统亦不驻节于彼，因而该城威权，渐归于主西耶稣教者之手（是即今之天主教）。是主西耶稣教者，率皆称之曰巴伯[⑤]，计其在奉此西教之诸地方阅时无多，

---

① 即贝利萨留斯（Flavius Belisarius，约505—565年），东罗马帝国皇帝查士丁尼一世的麾下大将。
② 即纳尔西斯（Narses，478—573年），东罗马帝国皇帝查士丁尼一世时期的名将，著名的军事统帅。
③ 即伦巴第人（Lombards），日耳曼人的一支。起源于斯堪的纳维亚，今瑞典南部。经过约4个世纪的民族迁徙，最后到达并占据了亚平宁半岛北部。
④ 即拉韦纳（Ravenna），又译拉文纳。曾为古代西罗马帝国、东哥特王国及拜占庭意大利的都城，今为意大利北部城市。
⑤ 即教皇（Pope）。

72　《欧洲史略》《西学略述》校注

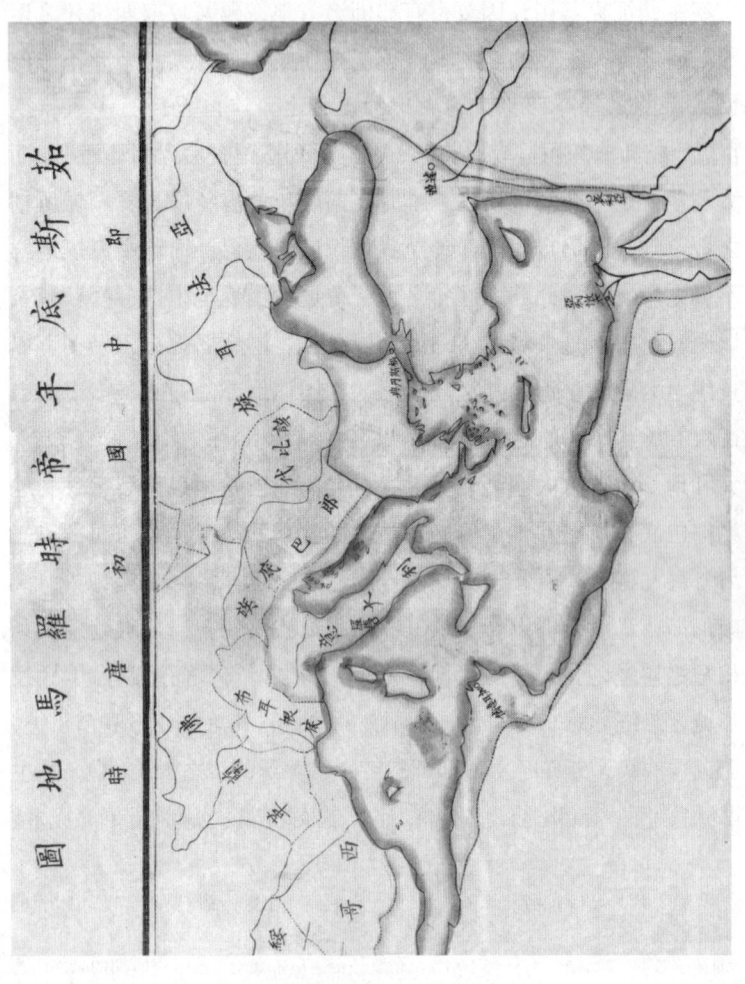

茹斯底年帝时罗马地图(即中国初唐时)

威权愈重。

三节 波斯之战

茹斯底年为罗马中兴主，时其邻国之亦极富强，堪与为敌者，惟一波斯。当其王名柯斯罗斯[①]，又号为奴矢耳反[②]，嗣其孙亦名柯斯罗斯[③]（是王在隋唐书中皆名之曰"库萨和"）之世，国尤强盛。计降生后六百十一年至六百十五年，其间波斯屡出师侵犯伊及、叙利亚、亚细亚之诸罗马省。时罗马帝名希拉革留[④]者，督军越海，赴援亚细亚地。爰自六百二十年至六百二十五年（即唐高祖武德三年至八年[⑤]），与波斯连战，皆大败之，因复取有前此所失之地。惟此际罗马之西班牙诸省地，亦复见夺于西哥德族人，而罗马、波斯构兵，既岁久不解，俱极疲弊，初皆未料及有一新敌将起。此欧、亚二洲世事，将大有变异，其时二国则更无余力抵御之矣。

四节 回教原起

自加耳达俄遭罗马残灭后，而西米底族中衰，至此始有其族之亚拉伯人，合聚成国，将有雄长天下之势。时泰西名之曰撒拉孙

[①] "柯斯罗斯"，石印本作"哥斯罗斯"。即库思老一世（Khosrau I，？—579年），波斯萨珊王朝最伟大的国王，531—579年在位。
[②] 即阿奴细尔汪（Anushirvan），意为"高贵的灵魂"。
[③] 即库思老二世（Khosrau II，？—628年），人称"得胜王"，《隋书》作库萨和，波斯帝国萨珊王朝君主，590—628年在位。
[④] 即希拉克略（Herakleios，575—641年），拜占庭帝国希拉克略王朝第一任皇帝，610—641年在位。
[⑤] "武德三年至八年"，石印本作"至八武德三年年"。按：此处石印本应为排版错误，总税务司署刻本正确。

族①，而中国《旧唐书》中，则名之曰"大食国"，是国人率皆遵其教主穆罕默德之训，惟以广行其教（即中国所谓之回回教）日热于中。按，穆罕默德（即《旧唐书》中之大食国王摩诃末②）生于降生后五百六十九年（即陈宣帝之大建③元年）。在亚拉伯国之墨克城④中，创兴新教，是为西米底族训人惟宜崇拜创造天地主之第三教。时穆罕默德倡言，耶稣、犹太二教皆得上帝默示，以俾教世人之旨，始行创立。今上帝又特命余以至上之教，传诸世人。于是穆罕默德，俨以劝世者自居，而亚拉伯人渐皆信其所言，背拜偶像旧教而从之。既而从之者众，竟成大国。穆罕默德乃立法三条，以任教外人择从其便，一为奉行《古尔阿尼经》⑤，一为进纳贡献，一为剑戮。盖奉其经者，即入其教，而遵其经惟谨；进纳贡献者，即出诸货财，可买有仍从旧教之利益；剑戮者，即操戈以与撒拉孙人争战。后回人皆以此三条法，为限制诸他族人之准。穆罕默德既亲履战阵，平服亚拉伯地，嗣将并诸邻国，尚未集有端倪而死，乃降生后之六百三十二年也。

五节　回人侵夺罗马省地

穆罕默德既死，凡后之嗣主此回教者，概号为加利弗⑥（即继绪之义⑦），是得兼操有国中、教中之诸威权，若今前藏之达赖喇嘛也。

---

① 即撒拉逊人（Saracen），指从今天的叙利亚到沙乌地阿拉伯之间的沙漠牧民，广义上则指中古时代所有的阿拉伯人。
② "《旧唐书》中之大食国王摩诃末"，石印本作"旧时《唐书》中摩诃大食国王末"。按：此处石印本应为排版错误，总税务司署刻本正确。
③ 按："大建"，总税务司署刻本和石印本均作"大建"，今经考证，应为"太建"。
④ 即麦加（Mecca），伊斯兰教的圣地。
⑤ 即《古兰经》（Koran），伊斯兰教的经典。
⑥ 即哈里发（Caliph），伊斯兰政治、宗教领袖的称谓。
⑦ "义"后，石印本有一"菻"字。按：据判断，此处石印本之"菻"字，应为多余字。

其最先之三加利弗，一名亚布比革[1]，一名俄马耳[2]，一名俄德曼[3]。而嗣此三人为加利弗者，名曰亚利[4]，乃穆罕默德之婿。时国人多谓前此之三加利弗，皆非所应立。若亚利，则宜为加利弗第一，且必世及，传诸子孙，庶大权得常存于穆罕默德之甥胤[5]中。有此一论，其国因而内乱纷起。然当亚布比革与俄马耳相继为加利弗之世，教中人皆钦服其命，乃令回人同时分攻罗马（时罗马在《唐书》中名曰"拂菻国"）暨波斯。计自降生后六百三十二年至六百三十九年（即唐太宗之贞观六年至十三年）得有叙利亚、伊及等地。时其人民，亦即背耶稣教而入回教。盖此皆罗马之诸东省地，其间风俗，非罗马，亦非希腊，故回人取之较易。至若道路斯山[6]以西，皆为希腊风俗之罗马省地，经撒拉孙人几番侵入，焚毁庐舍，戕害人民，终不能实据而有之。迨六百七十三年与七百十六年，回人攻根斯丹典城者，再皆为罗马人击退。当六百四十七年，回人侵夺非洲作拉丁语之罗马诸省地，而加耳达俄城尚未为其攻取。直至七百九年（即唐中宗之景龙三年），回人方得攻克加耳达俄城，而据有其全地也。越明年，回人过海，入攻西班牙地，西哥德国竟为所倾覆。除近北多山处为耶稣教民据守未下外，其余西班牙地，皆为回人所有。回人又自西班牙[7]，踰山至法地，攻取那耳奔省[8]。乃未几，旋[9]复失之。

---

[1] 即艾布·伯克尔（Abu Bakr，573—634年），伊斯兰教史上的第一任正统哈里发。

[2] 即欧麦尔·伊本·哈塔卜（Umar ibn al-Khattab，586—644年），伊斯兰教史上的第二任正统哈里发，被称为欧麦尔一世，634—644年在位。

[3] 即奥斯曼（Uthman ibn Affan，574—656年），伊斯兰教史上的第三任哈里发，644—656年在位。

[4] 即阿里·伊本·艾比·塔利卜（Ali ibn Abi Talib，约598—661年），伊斯兰教史上第四代哈里发，656—661年在位。

[5] "胤"，总税务司署刻本和石印本缺最后一笔"乚"，应是为避讳清世宗雍正帝爱新觉罗·胤禛的"胤"字而缺笔，今改之。

[6] 即托鲁斯山脉（Taurus Mountains），在土耳其南部。

[7] "西班牙"后，石印本有一"地"字。

[8] 即纳旁高卢（Provincia Narboniensis），亦称纳尔波高卢。罗马帝国的一个行省，位于法国东南部。

[9] "旋"，石印本作"全"。

其①据有西班牙地之诸回人,计逾七百余年,始得将之尽行逐出。

六节　回人东征

当回人割裂罗马省地时,波斯已为所破灭。计自降生后六百三十二年至六百五十一年(即唐太宗之贞观六年至中宗之永徽二年),波斯全境皆为回人侵据。其素崇礼火祆教②人,率多改入回教,而以亚利为重之回教别派,起自波斯,亦若前所言。昔叙利亚、伊及等地,奉耶稣教者之不同于他处也。当六百六十年,亚利为人刺毙。后此诸加利弗,以俄米亚德为姓之朝③,皆都于大马色城④。惟时回人仍自四出,侵夺邻国土地。其间境内又有计自印度河口至西班牙一段地,皆⑤属一加利弗主理之事。似此之一大回国,后竟分裂于七百五十五年(即唐元宗⑥之天宝十二年⑦)。当七百五十年,俄米亚德朝始为穆罕默德之季父名亚巴斯⑧者之后裔所倾覆。嗣亚巴斯后裔,迁都于巴革达德城⑨,即以亚巴斯为姓,而音则变为亚巴西底⑩。时有一俄米亚德姓之人,名曰亚伯达拉曼⑪,逃往西班牙地,创国自

---

① "其",石印本无。
② "火祆教",石印本作"火秋教"。即琐罗亚斯德教(Zoroastrianism),流行于古代波斯(今伊朗)及中亚等地的宗教,中国史书称祆教、火祆教、拜火教。
③ 即倭马亚王朝(Umayyad Caliphate),阿拉伯伊斯兰帝国的第一个世袭制王朝。
④ 即大马士革城(Damascus),阿拉伯帝国倭马亚王朝的首都,今为叙利亚共和国最大城市和首都。
⑤ "皆"前,石印本有一"则"字。
⑥ 按:"唐元宗",总税务司署刻本和石印本均作此,据笔者判断,应为"唐玄宗"的误写。
⑦ 按:"天宝十二年",总税务司署刻本和石印本均作此,与西历年份"七百五十五年"(符合史实)不符,今经考证,应为"天宝十四年"。
⑧ 即阿拔斯(Abbas,566—652年),穆罕默德的叔父,阿拔斯王朝的创始人。
⑨ 即巴格达(Baghdad),今伊拉克首都。
⑩ 即阿拔希德族(Abbasids),亦译阿巴西德。
⑪ 即阿卜杜勒·拉赫曼一世(Abd ar-Rahman I,约731—788年),西班牙科尔多瓦的第一位埃米尔(756—788年在位),后倭马亚王朝的创建者。

王，传及后嗣。未几，乃有亚洲之突厥族人由里海东之妫水①外，侵入回人境内，非仅为夺地，亦兼将习诸回人之政教、法制，一与昔德人、斯拉分人之侵犯罗马无异。嗣此回地渐次分裂，立有多国。其突厥族中之诸王，有属诸加利弗之名，而无奉其命令②之实。时回教加利弗，几与奉耶稣教之罗马帝等，惟加利弗即执教权，又持国柄，虽失其国，犹可自主其教，是③少异。

七节　法兰革族兴

当撒拉孙人将亚、非二洲之罗马权势多行断绝时，其欧洲之法兰革人亦骎骎然有代根斯典城之罗马帝分主西地之势。时法兰革为德、法二地之第一强族，而其世王，则皆哥罗非斯之后裔，号美罗文朝④。嗣此朝后人少弱，权事歧出。迨加耳令姓⑤盛，而法兰革人之国势重兴。此加耳令姓人，来自德地，先为美罗文姓朝之执政重臣，后竟自称王，而其间最著声称之王，名曰加罗·马德勒⑥。按，马德勒即"椎"字之义，是盖言其有击诸回人之能力。时回人在加利地，常以拓地开疆为务。故当七百三十二年，与加罗·马德勒决战于都耳城⑦下。加罗大获全胜。至七百五十五年，始将加利之回人尽行逐去。嗣此回人，仍或由陆或由海入侵加利暨意大利等地也。溯当七百五十三年，美罗文姓朝之末王名知勒伯利⑧者，为人迫使去位，

---

① 即阿姆河（Amu Darya），位于今土库曼纳巴德。《史记》《汉书》作妫水；《北史》作乌许水；《隋书》《旧唐书》《新唐书》作乌浒水。
② "命令"，石印本作"令名"。
③ "是"后，总税务司署刻本为"■"，石印本作"以"。
④ 即墨洛温王朝（Merovingian Dynasty，481—751年），欧洲中世纪统治法兰克王国的第一个王朝，相传以创立者克洛维的祖父法兰克人酋长墨洛维的名字命名。
⑤ 即查理（Charles）。
⑥ 即查理·马特（Charles Martel，686—741年），法兰克王国宫相。
⑦ 即图尔（Tours），法国一座古老城市，今为安德尔-卢瓦尔省首府。
⑧ 即希尔德里克三世（Childeric III，714—约754年），法兰克国王，743—751年在位，墨洛温王朝的最后一个国王。

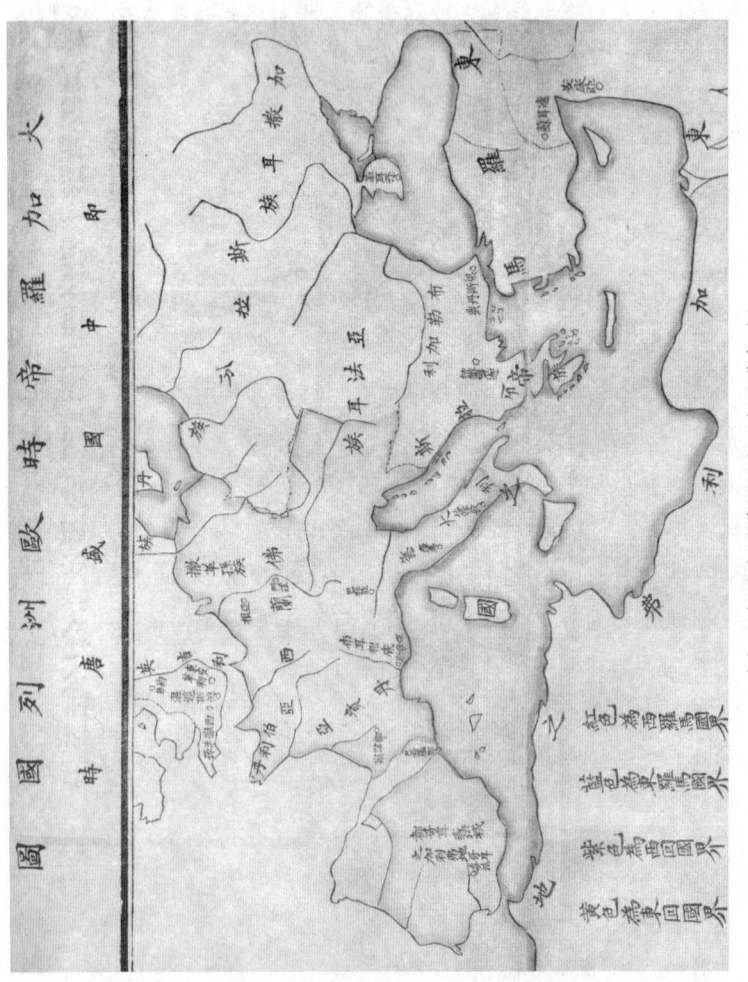

大加罗帝时欧洲列国图（即中国盛唐时）

而别选立加罗之子比宾①为王。其比宾之子，号曰"大加罗"②。当七百六十八年，嗣其父位。惟时法兰革族人之威权，愈振于南德并南加利等地，而未往英地，亦未奉耶稣教之德地撒革孙人，亦为大加罗所攻服。后此大加罗，又与北之大尼族③、东之斯拉分族诸人构兵。计自西班牙南届伊伯罗河④之地，皆为法兰革人所有。考大加罗之辟境甚速，且无多时日，即得有至大尊号。

八节　复立西罗马国

当降生后六百年至七百年，其间都根斯丹典城之东罗马帝，尚操有罗马城、拉分那城及所属有诸意大利地之威柄，过此则其权力渐失。迨七百十八年（即唐元宗⑤之开元六年），东罗马国大乱。嗣有伊扫利亚⑥地之人，名利约⑦者，即东罗马帝位。御退再困根斯丹典城之撒拉孙人，复东援崇奉耶稣教人之地，一若法兰革人加罗·马德勒之拯西奉耶稣教人地也。后利约之子根斯丹典⑧嗣位，才亦甚武，频与撒拉孙人构兵。惟按利约与其子根斯丹典在位时，皆务培强其国之东半境，而削弱其国之西半境，是盖缘时东西耶稣教会有争论堂中应否崇设偶像及画像之事。利约父子暨东境教民，皆言不宜崇设，凡诸偶像，概当击碎，而西境意大利地之诸教民，则

---

① 即丕平（Pippin，714—768年），又称丕平三世（Pepin III），矮子丕平（Pepin the Short）。加洛林王朝的创建者，751—768年在位的法兰克国王，查理曼大帝的父亲。
② 即查理曼大帝（Charlemagne 或 Charles the Great，742—814年），法兰克王国加洛林王朝国王，768—814年在位；800年由教皇利奥三世加冕于罗马。
③ 即丹麦人（Dane）。
④ 即易北河（Elbe），中欧主要航运水道之一，发源于捷克。
⑤ 按："唐元宗"，总税务司署刻本和石印本均作此，据校注者判断，应为"唐玄宗"之误。
⑥ 即伊苏里亚（Isaurian），亦称叙利亚。位于小亚细亚南部。
⑦ 即利奥三世（Leo III，约680—741年），东罗马帝国伊苏里亚王朝的创立人，717—741年在位。
⑧ 即君士坦丁五世（Constantine V，约718—775年），拜占庭帝国伊苏里亚王朝皇帝，741—775年在位。

皆喜供奉偶像。故罗马城之主教，如革赖哥利第二[1]与革赖哥利第三[2]，皆力抵东帝言宜碎诸偶像之非，是以东帝威权渐不得行于罗马一城。嗣而郎巴底人入犯，攻拔拉分那城，有将进击罗马之势。时罗马人民暨主教者，乃遣使请救于法兰革人。时法兰革王比宾，自将赴援罗马，复代为攻取拉分那城。按，比宾主理罗马城并其附近诸地，惟自号为巴德利先（即一国总统之号，与见于上文中者异义）。盖时意大利人皆尚未愿脱东帝之轭故也。迨七百七十四年，比宾之子大加罗始得破灭郎巴底国。除近南地不计外，其意大利全土，皆为所有。时都根斯丹典城之罗马帝，犹存有统辖意大利地之名。直至八百年，意地人民始得尽脱东罗马之轭。嗣伊扫利朝之末帝，号根斯丹典第六[3]者，为其母哀利尼[4]所拘幽，残其二目，俾成瞽废，哀利尼遂自立为帝。时意大利地[5]人民闻之，皆曰"妇人不得为该撒，亦不得为奥古斯都"，故咸不乐属于哀利尼，且曰"罗马城之选帝，较胜于根斯丹典城者久矣"，乃别立居巴德利先位之大加罗[6]为帝，都罗马城，而有巴伯利约[7]手为奉戴冠冕，爱上尊号曰"大加罗·奥古斯都"[8]。

九节　东西二罗马帝并东西二加利弗

如上所言，罗马既分有东西二帝，而各自名为真，互诋为伪。

---

[1] 即格雷戈里二世（Gregory II，669—731年），亦译格列高列二世，罗马主教教宗，约715—731年在位。
[2] 即格雷戈里三世（Gregory III，？—741年），罗马主教教宗，731—741年在位。
[3] 即君士坦丁六世（Constantine VI，771—802年），拜占庭帝国伊苏里亚王朝皇帝，776—797年在位。
[4] 即伊琳娜（Irene，约752—803年），拜占庭帝国和欧洲历史上第一位女皇，也是伊苏里亚王朝末代皇帝。
[5] "地"，石印本作"人"。
[6] "大加罗"，石印本作"大罗加"。即卷五第七节之"大加罗"：查理曼大帝（Charlemagne）。
[7] 即教皇利奥三世（Pope Leo III，750—816年），罗马人，795—816年在位。
[8] 即查理·奥古斯都（Charles Augustus）。

计东罗马国境，自亚底亚海以东诸地外，又有南意大利地并西西利等岛，而西罗马国境，则自中意大利并北意大利以及加利与德诸地外，又有西班牙之偏北角地。此二罗马，东为希腊族之国，西则为德族之国。时欧、亚二洲，凡作希腊语之地，要皆属诸东罗马帝。东罗马言语文字皆本于希腊，而西罗马语言则本于德，文字则本于拉丁。当此之际，奉耶稣教民之地，亦自分有东西，与回教地之分有东西二加利弗无异。缘时监守西班牙地俄米亚德族之君长，未几亦自称加利弗，故有东西二加利弗也。以上二罗马帝，二回教之加利弗，实为其时立有教化诸国中之四大强国[①]。阅史至此，人咸莫不以奉耶稣教者，自必皆一德一心；奉回教者，亦必自一德一心，乃竟不然。盖时此四大强国，每相征伐，皆以距己国远之一异教国为友，而以距己国近之一异教国为仇。东罗马帝，恒与东加利弗有战事，乃恒遣使通好于西加利弗。西罗马之大加罗，恒出军与西班牙之回人构难，亦恒与居巴革达德地之东加利弗倍形和睦。惟时四大强国外，又有嗣将渐次强盛诸族，如北欧洲之英族与斯干底分族[②]、东欧洲之斯拉分族、亚洲之突厥族，皆是也。

十节　总结

当降生后五百年时，西罗马地名则与东罗马复合，实则业为德多尼人分据为国。自五百年至六百年，其都根斯丹典城之罗马帝，复将前所失之意大利地、非洲地并西班牙之偏南角地，尽行收回。乃未几，而意大利地，大半又为郎巴底人所据有。自六百年至七百年前，则波斯甚强，大有破灭罗马之势。后则罗马复盛，反[③]有破灭

---

① "强国"后，石印本有一"也"字。
② 即斯堪的纳维亚人（Scandinavian），包括丹麦人、挪威人、瑞典人。
③ "反"，石印本作"又"。

波斯之势。既而①撒拉孙人兴起,并吞波斯全境,而罗马之东诸省并非洲诸省,亦皆为所蚕食,嗣又进图西班牙地,除近北一小省不计外,其全地并加利南角地,皆为所攻取。惟时,法兰革人则兼有加利及诸德地。其罗马城之人民,则先请法兰革人入境,继又相率背叛根斯丹典城之女主,而别选法兰革王立为帝也。按,此举极有合于时人之心,盖其西地之民,已多改归新俗,而东地之民,则皆仍诸希腊旧俗。至回教地,亦自分为二国,东西各有一加利弗,后此东加利弗地,将渐有突厥人入侵之患。

---

① "而",石印本作"若"。

欧洲史略 卷六
欧洲诸国肇基原委

一节 法兰革并所自出之诸国

当法兰革族之王大加罗得选升为西罗马帝时,其国较前西罗马之疆域狭阔,各有不同。计时非洲并西班牙地,既大半属诸回人,而南意大利地,又属于东罗马。惟德族全地,时皆归西罗马帝统辖。按,此德人为帝,其治国,较罗马城与根斯丹典城均异。盖其帝惟倚才能,服诸人民,如大加罗①才能出众,故得合有此大国而无分崩之患。迨其子雷斯②,号虔诚者,当降生后八百十四年即位,而殁于八百三十九年。嗣此大加罗之国,竟为其诸孙所分据,一号为帝,余则皆号为王,然互相吞并,日寻干戈,弃亲即仇,可为长叹。至八百八十四年(即唐僖宗之中和四年),此诸君中,有号为肥加罗③者兴。凡大加罗之旧地,几皆尽为所有。越三年,其境内之各地人民,一时同叛,相与起而将肥加罗废去,仍皆别选立王。是一大国复分为数小国,即今西欧洲诸大国肇基之始。惟时初创有四国,一东法兰革,即嗣而渐成今德国者;一西法兰革,即嗣而渐成今法国

---

① "大加罗",石印本作"大加罢"。
② 即路易一世(Louis I, 778—840年),法兰克王国的国王和皇帝,814—840年在位;查理曼大帝的儿子与继位者。
③ 即胖子查理(Charles the Fat,约839—888年),法国法兰克皇帝(称查理三世),881年起。

者；一意大利；一布耳根底①。

二节　西法兰革国

当降生后九百年以前，实无一可与今法国同视之国。惟雷斯殁后，其分有国土之诸子中，名天髡加罗②者，所据境地，与今之法国近似，然时其东界极狭，即所谓西法兰革国，又别遵其时王名，而号为加罗分加国③也。若来那河旁当东西二法兰革之间别有二王，皆名曰罗达耳④，故其地亦即王名而号曰罗达令加⑤地。至九百年时，西法兰革国之诸世爵，渐窃操有国柄，而王拥虚位。计此诸世爵中，其窃操权之至大者，号曰"西法兰革公"，独都居于巴黎斯城内。溯当八百八十七年，大加罗地复分为数小国之初，时居巴黎斯城号为公者，名曰俄多⑥，经民选立为西法兰革王。后此百年，西法兰革王或巴黎斯城之公为之，亦或加耳令族⑦之都于拉翁城⑧者为之，而时路耳河⑨以南之人，则于西法兰革之谁得为王与否，率皆漠视，不关于心。至九百八十七年，有巴黎斯城公名休加比德⑩者，为诸世爵选即王位。嗣其子孙世传者八百年（计至中朝之乾隆年间）。是西法兰革公，已世为法兰革王，故巴黎斯城，亦世为法兰革之都城。按，此居巴黎斯城诸王，代有侵邻辟境之举，是以法兰革名号，渐专属

---

① 即勃艮第公国（Burgundy）。
② 即秃头查理（Charles the Bold，823—877 年），加洛林王朝的法兰克人的国王（843—877 年在位），罗马帝国皇帝（称查理二世，875 年起）。
③ 即加洛林王朝（Carolingian Dynasty），自 751 年统治法兰克王国的王朝。
④ 即洛泰尔（Lothar）。
⑤ 即洛泰尔王国（Lotharingia）。
⑥ 即巴黎的厄德（Odo of Paris，860—898 年），西法兰克国王，887—898 年在位。
⑦ 即查理（Charles）。
⑧ 即拉昂（Laon），位于法国北部的古城，今为法国皮卡第大区埃纳省省会。
⑨ 即卢瓦尔河（Loire River），法国最长河流。
⑩ 即雨果·卡佩（Hugues Capet，约 938—996 年），巴黎公爵，987 年成为西法兰克国王，建立了法国历史上的卡佩王朝。

诸加利全地。

三节 布耳根底国

布耳根底为地名，其疆界则多有更易，而大抵皆不出于加利东南旧为布耳根底族人所居地。计自降生后八百年至九百年间，诸国分争。时有一布耳根底国，其国四境要以罗那河[①]、扫那河[②]、亚勒比山为界，而伯罗分斯并撒非[③]以及伯利斯[④]与洼利斯[⑤]等地，皆在其境内。至马赛拉城、利翁城[⑥]、非延城[⑦]、其尼法城[⑧]、亚耳利斯城[⑨]，又皆其境内著名之城。若亚耳利斯，则其都城，故亦名其国为亚耳利斯国也。按，此布耳根底国，时而惟一王专治，时而有二王分治。迨一千三十二年，其国不复能自立，爰合于德而为一国。

四节 意大利国

当大加罗雷斯殁后，诸子瓜分其国，而以意大利为帝畿内地，因而意大利地之王，多得升加帝冕而为帝者。迨八百八十七年（即

[①] 即罗讷河（Rhone），位于法国东南部，流经瑞士和法国的欧洲主要河流。
[②] 即塞纳河（Seine），流经巴黎市中心的法国第二大河。
[③] 即萨伏依（Savoy），法国东南部和意大利西北部历史地区，从11世纪起是神圣罗马帝国的领主阿尔勒王国的一部分，后来完全独立并扩张到了意大利皮埃蒙特的平原地带。
[④] 即布雷斯（Bresse），法国旧时省名，中世纪时纳瓦拉王国所在地，今为法国东部城市。
[⑤] 即瓦利斯（Wallis），法国东南部的古城，英国航海家塞缪尔·瓦利斯（Samuel Wallis）发现该地并命名。
[⑥] 即里昂（Lyon），法国古城，今为法国第二大城市。
[⑦] 即维也纳（Vienna），位于多瑙河畔的城市，先后为神圣罗马帝国、奥地利帝国、奥匈帝国、奥地利共和国的首都。
[⑧] 即日内瓦（Geneva），今瑞士第三大城市，其南、东、西三面与法国接壤，自古是兵家必争之地。
[⑨] 即阿尔勒（Arles），古城市名，10世纪时为勃艮第都城，今为法国东南部城市。

唐僖宗之中和二年①），帝令之行不复得出意大利境。即在意大利境内，亦无甚大威福，又屡受诸回人侵凌。然当九百年时，其属东罗马之南意大利，疆域犹得较前展阔。至九百六十二年，意大利地与德地合，而听命于一王。

五节　东法兰革国

东法兰革实居法兰革族首，嗣而渐成为今之德国。按，加令族称王德地，至降生后八百八十七年，肥加罗遭废逐后，是族人嗣兴者，犹有二朝。当列国始分之际，此东法兰革首②称王者，名曰亚奴弗③，而西法兰革人，则选立巴黎斯城公名俄多者为王。既而西法兰革王俄多，致礼于东法兰革王亚奴弗，尊为长上，誓忠事之。后亚奴弗至罗马城时，其城教皇，为之升加帝冕。亚奴弗殁，子雷斯④嗣位。雷斯殁，别有他族人名根拉德⑤者嗣位。迨根拉德殁，其即此东法兰革王位者，则为撒革孙人，名曰显理第一⑥。后嗣此显理位者，为其子大俄多⑦。计大俄多，即位于九百三十六年，而殁于九百七十二年。后此又有俄多第二⑧与俄多第三⑨以及显理第二⑩，相

---

① 按："中和二年"，总税务司署刻本和石印本均为此。经资料考证，与西历年份"八百八十七年"（符合史实）不符，应为"光启三年"。
② "首"，石印本作"始"。
③ 即阿努尔夫（Arnulf of Carinthia，850—899年），东法兰克国王，887—899年在位。
④ 即童子路易（Louis the Child，893—911年），东法兰克国王，899—911年在位。
⑤ 即康拉德一世（Conrad I，？—918年），德意志王国第一个国王，911—918年在位。
⑥ 即亨利一世（Henry I，约876—936年），德意志国王，919—936年在位。
⑦ 即奥托一世（Otto I，912—973年），又译鄂图一世。德意志国王（936—973年在位），神圣罗马帝国皇帝（962年加冕）。
⑧ 即奥托二世（Otto II，955—983年），德意志国王（961—983年在位），神圣罗马帝国皇帝（967年起）。
⑨ 即奥托三世（Otto III，Kaiser，980—1002年），德意志国王（983—1002年在位），神圣罗马帝国皇帝（996年起）。
⑩ 即亨利二世（Henry II，972—1024年），德意志国王（1002—1024年在位），神圣罗马帝国皇帝（1014年起）。

继称王。迨一千二十四年,显理第二殁,则不复闻有撒革孙人为德地王者。若东西二法兰革国中间之罗大令加地,时而属归东法兰革,时而属归西法兰革。直至九百八十七年,巴黎斯城公得为西法兰革王,而罗大令加地始实属归于东法兰革时,此东法兰革王方与大尼族以及出自斯拉分族之温德族①、波利族②、波希绵族③之诸人构兵。而又有一族在其东南最为劲敌,即与突厥同族之马加族(是即昔奥斯马加国之马加族),又号曰狠加利族。是族人前此屡次侵夺意大利并诸德地。当显理第一在位时,战事不息。迨九百五十四年,始为大俄多尽逐出境。按,东法兰革国适居欧洲之中,故其地四通,而与四邻诸国皆大有关系。

六节　西罗马中兴

前此泰西即帝位者,皆无伦次,凡各国王均可为之。迨降生后八百八十七年,嗣竟有时更无一人为诸国推戴而为帝者。届兹德既为诸法兰革国中之至大一国,并有意大利地与罗马帝之威权。当九百五十年④,意大利人民群请大俄多入境。大俄多即强其王比伦加耳⑤,以臣礼见。至九百六十二年(即宋太祖之建隆三年),罗马城之巴伯号约翰第十二⑥者与意大利之诸人民,合辞求废其王比伦加耳于大俄多前。大俄多欣从所请,即将其王比伦加耳废去。越明年,巴伯在罗马城为大俄多行升帝冕礼。嗣是此礼沿行成例,凡得选立为

---

① 即维内德族(Wend),又译文德族。位于德国东北部的古老斯拉夫民族。
② 即波兰人(Pole),波兰的主体民族,属斯拉夫语族。
③ 即波希米亚人(Bohemians),古代波希米亚王国的居民。古代波希米亚王国位于今天的捷克和斯洛伐克一带。
④ 按:"九百五十年",总税务司署刻本和石印本均为此,英文本作"951年",经资料考证,英文本与史实相符,故应作"九百五十一年"。
⑤ 即贝伦加尔二世(Berengar II,约900—966年),950—952年为意大利国王。
⑥ 即约翰十二世(John XII,约937—964年),罗马教皇,955—964年在位。

德地王者，皆可又即意大利王位于米兰地方，而行升帝冕礼于罗马城内也。按，此德帝皆常居于德地，而时一南巡意大利地。至俄多第三，有囊括天下定都于罗马城之意。惟时德王，既得有罗马帝号，不复自称为法兰革王。故法兰革王号，独归诸西法兰革，而东法兰革仅存为省名，即后此德国诸省中之名曰法兰根亚省[①]者[②]是也。

七节　英初兆兴

惟时欧洲多国鼎立，始有似今欧地诸国之形势。计时德、法、意大利，并东欧地、北欧地之诸他国有此形势外，其德族人逾海至伯利丹地肇造之国，即名曰英。当降生后五百九十七年，英国始立有耶稣教。是乃罗马城之巴伯名革来哥利[③]者，特遣教士奥古斯底奴[④]，往传教于英地。考此奥公，即英之干德布利教堂[⑤]第一，创号为监督者。后不百年，英人皆入于耶稣教。时诸教士，半由罗马来，半由苏格兰[⑥]来，嗣相安无事。近二百年，而英地诸国互起，争为雄长。时共计有七族，惟三族人最称强盛：一北之挪敦伯兰族[⑦]，一中之墨耳西亚族[⑧]，一西南之西撒革孙族[⑨]。后至八百二年与八百三十七

---

① 即弗兰肯（Franken），又译为法兰克尼亚。德国的一个历史地区，大致范围是巴伐利亚州北部、图林根州南部以及巴登-符腾堡州一小部分。
② "者"后，石印本有一"皆"字。
③ 即格列高利一世（Gregory I，约540—604年），罗马教皇，590—604年在位。
④ 即坎特伯里的圣奥古斯丁（St. Augustine of Canterbury，? —604年），本笃会会长和第一位坎特伯里大主教。597年，奉教皇命，往英格兰传教。
⑤ 即坎特伯里教堂（Canterbury Cathedral），位于英国肯特郡郡治坎特伯雷市，英国最古老、最著名的基督教建筑之一。
⑥ "苏格兰"，石印本作"苏革兰"。
⑦ 即诺森伯利亚人（Northumbrian），居住在翁伯河以北地区的人。
⑧ 即麦西亚人（Mercian）。麦西亚为英格兰七国时代的王国之一，由盎格鲁人在公元500年前后创立。
⑨ 即威塞克斯人（Westsaxon）。威塞克斯系盎格鲁-撒克逊人的一个王国，立国时间在519年左右。

年之间，西撒革孙王伊革伯德①，尽有英之全土并威勒斯地之半。其时西撒革孙王为英地诸国长，而诸国王仅存虚号，皆听命于西撒革孙王惟谨。嗣近届九百年时，大尼族人始入侵英地，虽得据有英之东境，而终未能得志于西撒革孙国。盖缘时该国王名亚勒弗烈②者，善于防守故也。迨九百年后，西撒革孙王世复日见盛强，乃合诸英地而为一英吉利国。其苏格兰亦服属之，一时国势较胜大尼人远甚。至近一千年时，大尼人复大出兵，决计攻取英地，别立一大尼人为王，俾为己属。当一千十六年，大尼王干纽德③竟得兼王于英境全地④。

八节　斯干底族诸国

大尼族人，上文屡言及之，兹将溯论此出于德族之大尼族人，并相与同居于北海与巴勒底海中间地。挪耳曼⑤及瑞底⑥二族人，咸号斯干底族者，惟时要皆骎骎然，有威著天下之势。按，斯干底族人，初来居此二海中间地，即将语言不同诸他族，如分族⑦、拉族⑧之人，或杀或逐。时其拉族存者，皆远避居欧极北地。分族存者，则皆遁入今俄国北境巴勒底海⑨之东滨。至降生后八百年与一千年之

---

① 即爱格伯特（Egbert，约770—839年），8世纪时不列颠岛威塞克斯王国的国王。
② 即艾尔弗雷德大帝（Alfred the Great，约849—899年），威塞克斯国王，871—899年在位。
③ 即克努特大帝（Canute the Great，995—1035年），丹麦称克努特二世，英格兰称克努特一世。1014—1035年间任英格兰国王。
④ "英境全地"，石印本作"全境英地"。
⑤ "挪耳曼"前，总税务司署刻本有"■"，石印本为"迨"。"挪耳曼"，即诺曼人（Norman），又称维京人。属于8—11世纪自北欧日德兰半岛和斯堪的纳维亚半岛等原住地，向欧洲大陆各国进行掠夺性和商业性远征的日耳曼人。
⑥ 即瑞典人（Swedish），瑞典的主体民族。
⑦ 即卷一第四节之"芬族"：芬族（Fin）。
⑧ 即拉普人（Lapp），主要分布在北欧的芬兰北部、挪威、瑞典和俄罗斯西北部的民族。
⑨ 即波罗的海（Baltic Sea），中欧和北欧之间的陆间海。

间，斯干底族人始渐入欧地。其号为瑞底人，据有今瑞典地；挪耳曼人据有今挪威地；大尼人据有今丹国地。既而瑞底人自瑞典地，又渐而北而东，逐分族人，而蚕食今之俄北境地。其据有今丹国地之大尼人与号罗马帝之德王并英吉利王，皆多交涉之事。后此大尼人又与挪威地人，越海侵有多土。凡爱尔兰并加利等地，率多为所割据，肆掠货财，而复有逾北海远抵绿地与冰岛间居者。迨一千年后，斯干底族人之强盛已极。时其大尼王干纽德，合有丹与英以及挪威等地并瑞典地之半，而为之长，俨若一帝也。至一千三十五年，干纽德死，遗命诸子分有其国。

九节　法王裂地封挪族之长为公

兹特一详述挪耳曼族侵据加利北境，而法王即裂封以为国之事。当降生后八百年与九百年之间，有挪耳曼人入掠加利北滨海处，爰即其地筑数屯障而居，嗣又屡以兵困巴黎斯城。至九百十三年（即后梁末帝之乾化元年①），挪耳曼族长名罗罗②者，始大拓土宇，而定都于路昂城③。惟时西法兰革王号懦加罗④者，为加令族人，乃与巴黎斯城公定议，割巴黎斯城公属地之半，命罗罗为公，以与罗罗和，而俾罗罗誓奉耶稣教，又誓必永视此土为西法兰革王所封有之地，臣属于法。后此罗罗与其子若孙，世皆辟境开疆，习作法语，而即名其地曰挪耳曼地⑤。时挪耳曼之历代诸公，率皆明智勇敢，是以国

---

① 按："乾化元年"，总税务司署刻本和石印本均为此，与西历年份"九百十三年"（符合史实）不符，今经资料考证，应作"乾化三年"。
② 即哈拉尔一世（Harald I，约850—933年），绰号金发，第一位挪威王国的国王，872—930年在位。
③ "始大拓土宇，而定都于路昂城"，石印本作"为加令族人，乃与巴黎斯昂城"。按：此处石印本与下文重复，明显错误。"路昂城"，即鲁昂（Rouen），法国西北部城市。
④ 即傻瓜查理（Charles the Simple，879—929年），西法兰克国王，898—922年在位。
⑤ 即诺曼底（Normandy），法国西北部一地区，北临英吉利海峡。

极强盛，得列诸法地之至大国中，而著名于欧洲域[①]内。再时上通巴黎斯城之赛那河，其下游地方率皆为挪耳曼人所侵据，故凡巴黎斯城之船有欲出海者，皆必先得挪耳曼人应允，方可驶行。

十节　东罗马并回教诸国

如上所言，当西欧地为诸族人裂据，渐成诸新国时，其东欧地亦自裂而成诸新国。按，东罗马经尽失其[②]东省地后，久已成一作希腊语之国。计其境土，在欧洲者半，在亚洲者亦半。与西欧诸国率多不合，而教会中为尤甚。其前议教堂中应否设诸偶像之争端，约当降生后九百年，而时言教堂应设偶像者获胜，争端已息。第此时东西二教，复缘他故，势若水火。大抵东教人，皆不乐罗马城之巴伯，大权独擅，威福自恣，是以不相服从。且时为东帝者概不一族，其国势亦复盛衰不常。当八百年与九百年之间，其属东帝之西西利与革利底二岛地，皆为回人侵据。至九百年后之数十年内，东帝所名为马其顿朝时，东罗马重复强盛，凡所属有之意大利地，皆在在辟广。迨九百六十年，弗加[③]为东帝，复得有革利底地。后此相继又二东帝，一济米斯基[④]，一巴西勒第二[⑤]，皆能拓地开疆，威加邻国。惟时撒拉孙人，业自瓜分成数小国。故东帝乘机复得初失于回人之安底亚城并他诸地方，而俾兹东国，又获远抵犹伯拉底河为界也。

---

① "域"，石印本作 "城"。
② "尽失其"，石印本作 "其尽失"。
③ 即尼基弗鲁斯二世·福卡斯（Nikephoros II Phokas，约 912—969 年），拜占庭帝国马其顿王朝皇帝，963—969 年在位。
④ 即约翰一世·齐米斯基斯（John Tzimiskes，925—976 年），拜占庭帝国马其顿王朝皇帝，969—976 年在位。
⑤ 即巴西尔二世（Basil II，958—1025 年），拜占庭帝国马其顿王朝皇帝，976—1025 年在位。在他统治时期，中世纪的拜占庭帝国达到极盛状态。

十一节　斯拉分族诸国

　　当此时，其斯拉分族始有紧要相关之语见史书中。计该族可分作二大部视，一与东欧地多交涉事，一与西欧地多交涉事也。凡附近德境西北诸地之斯拉分人，其所奉耶稣教，皆受于西教会中之诸教士，而率多与德国有往来交涉之事，如巴勒底海滨之温德族、波利族、波希绵族。当近降生后一千年（即宋太宗、真宗之世），波利族人始皆崇信耶稣教，嗣其族中君长称公称王，渐次得脱西帝轭而为自主之国。若以东、以南之斯拉分族，是与东帝之国，大有关系。其间耶稣圣教，得自东教，而斯拉分族中之诸国，则以俄罗斯国为至大。俄罗斯与近西之斯拉分族人，中隔有未奉耶稣教之布路斯族①并利都完亚族。至波利族之南，又有土族。其土族中，则以狠尼族人（即狠加利族，又号马加族者）为至强盛。当其与西帝大俄多战败后，择地安居，恃为永业，大抵与波利族人同时。再南又有属斯拉分族之数国，即前此当中国初唐以来，逐渐入据东帝地之斯拉分族人也。时又有原为土族，而来与斯拉分人杂处，可即目为斯拉分族之布加利亚人②，亦屡入侵东帝地。当八百年与一千年之间，东帝多与布加利亚并俄罗斯二族人构兵。其时俄罗斯人皆归斯干底族中之君长统治，按其人数自黑海驶驾战船，往攻根斯丹典城，而咸为东帝济米斯基所败。未几，俄人皆相率入于东国之耶稣教。若布加利亚人，在马其顿地并希腊之西北地方所立之国，嗣乃降于东帝巴西勒第二。惟时东帝之国，又得以大奴比河为界，考其强盛，除昔希拉革留帝外，无可匹者。迨巴西勒第二殁后，东国复衰。

---

① 即普鲁士人（Prussians），古代普鲁士位于但泽地区，今为波兰的格但斯克，居民属于斯拉夫人的一支。
② 即保加利亚人（Bulgarian），亦称保加尔人。属斯拉夫语族。

十二节　总结

　　如上诸节，计自降生后八百年至一千年内，凡今欧洲诸著名大国，实皆肇基于此。其西欧地法兰革族人之国，当大加罗在位时，与西帝国连和，后分四国：一法、一德、一意大利、一布耳根底。迨大俄多时，德国与西帝国合而为一，其意大利并布耳根底诸人民，前后皆服从之。若加利地之法兰革公与西法兰革王合，嗣渐而成为今之法国。其伯利丹地则有西撒革孙王，蚕食英族之诸他国，嗣得操有苏格兰并威勒族等地之威柄。至属斯干底族人之大小二土股地上，则计立有大尼、瑞典、挪威三国。按，斯干底人既创设村堡于英地并加利等地，而其支族别号为挪耳曼者，则在加利以北，开创成国。乃后此转瞬间，其大尼国王干纽德，竟兼辖有大尼与英以及瑞典、挪威等国地。外此东帝国，其人民之言语风俗，统归希腊。计自九百年至一千年，其间东国权势复盛。凡前所失诸回人之亚洲地，多行恢复，又即布加族人手中，收回前所失之欧洲地数亦甚夥。惟时斯拉分族人之国，如波利与俄罗斯及素相邻近之狠尼族人，皆得安居其地，相率而入于耶稣教。即是以观，计自一千年至一千一百年，其间欧洲全地，除西班牙与西西利之回人，北德地之布路斯人与利都完亚人，极北地之分族人与拉族人外，无不崇信耶稣教者。

欧洲史略 卷七
卫护主墓战争之世

一节 巴伯并西欧帝[1]

此届欧洲中古之世,其罗马时事已为陈迹,而新立诸国,要尚未与今之欧地诸国相近似也。如德族人,在西罗马诸省地,创有诸多新国,其政治方言,皆非其旧。是罗马国境,前经受有耶稣教之风化,今又受有此德人之风化也。溯上古之际,西欧地人皆莫不重视罗马帝,以为普天下独尊之一人。迨此罗马帝乃德国王为之,而罗马城之巴伯权势皆等于帝。时西欧地人皆仍遵[2]旧说,以为若即教会或国家言,均应推此罗马一城为天下第一城。盖谓巴伯与[3]罗马帝二人[4],皆代上帝理此世者,然以根斯丹典城为都之东欧地人,暨东加利弗境内之奉耶稣教人,皆以为非,终不肯视巴伯与西罗马帝为主。计时泰西之伯利丹[5]地与斯干底族人地,永未曾入西帝版图外,其加利并西班牙等地之君,亦皆自脱去西帝辖。惟西欧地人民[6],则咸崇信巴伯与罗马帝,为有耶稣教诸国主而可长叹者。此欧史中所

---

[1] "帝",石印本作"地"。
[2] "遵",石印本作"尊"。
[3] "与"后,石印本有一"那"字。
[4] "人"后,石印本有一"乃"字。
[5] "丹"后,石印本有一"之"字。
[6] "地人民",石印本作"人地民"。

述，十有六七皆巴伯与罗马帝互争之事。若罗马帝之威势稍弱，则巴伯之威势必强，然无论巴伯与罗马帝谁强谁弱，要皆倚有罗马名号，以主理大地之①人民也。

二节　封建诸侯新制

惟时始有裂地封建诸侯之新制，溯前此罗马帝之屯田于边也。其法准人而授以地，一遇有警，此受地诸人例即荷戈出战。迨德族之诸王代兴，始创立战胜裂地封诸有功，俾将帅为主，而以其所从有军士为奴隶之新制。昔罗马屯田，其受地人皆为国家之兵，而德之屯田则各受地于其主，亦即各为其主之仆。是德制与罗马制合，因而有此一大变易。按，屯田之法，人皆受地于主，策名为兵，以身代租，泰西名此地曰"非弗"②，而屯田法则名曰弗达勒③屯田法也。上古民皆国家所有，更不旁属，至此中古之世，民不统属于帝，而分属于受有土田之诸公侯。其帝则惟拥长诸公侯之虚位，垂拱仰成而已。时欧地裂分多段，诸国公侯率皆各君其国，各子其民，虽曰奉帝，要皆有名无实。惟时西帝国势如此，其西法兰革之国势衰弱，亦与之同。嗣相异者，西法兰革王能将前所授与诸公侯之土田，皆渐次收回，而德则受有土田之诸公侯，权力日重，其王则权力日微也。至若意大利，又与德、法皆大相反。盖其地诸城久而渐多自立为国，而德国与布耳根底国，亦有数城得自成国。惟时人民皆视其王以国为业，而不视其王以政为职。缘此诸国父子世及为王之风，愈形牢固。若德地诸帝，皆永凭诸公侯选立，而法地诸王父子世及

---

① "之"，石印本无。
② 即采邑（Fief），意为封地。
③ 即封建制（Feudalism），意即以土地为中心层层分封，封主、封臣之间形成严格的契约关系。

之例，较他国为尤①不容有少紊者。

三节　教会同异

教会一事，在东欧、西欧并诸回地，各有同异。凡回地人民奉耶稣教者，皆回王臣仆，是以岁必完纳税赋，始获允其奉信耶稣，前赴教堂礼拜等事，然亦多不免受诸回人之凌暴。溯前撒拉孙人有此地时，其待信奉耶稣教民，尚不若土耳其人之虐。惟时，东帝既永未失其主理教会之威权，且此作希腊语之诸地方，无论或教士，或平民，莫不以讲习文学为急务。至若西国，则其平民几皆不留意文学。迨加令族人秉政，文学愈衰，境内人民，鲜能作字，故仕途中多以教士为之，凡诸制度、法律，咸归其手。惟时教会之诸监督并诸主教以及修士院主，与他有职于教会中者，皆得预闻政事，广有土田。是以德地教会中之监督，皆声称日盛，威权与公侯等。如国家之大议政会内，彼等皆得列居于首一行座上。时巴伯欲其教士不与人同，故禁教士婚嫁②，并禁国家有司官讯定教士罪状与有司官付给教士印信，俾得任教会中诸职位等事。因此巴伯与西帝之争端愈多，若东国教士，婚嫁无嫌，且教会中大监督号巴德利亚③者，或立或黜，一凭帝意。

四节　法兰革族诸帝

自撒革孙朝诸帝后，嗣称帝者，为法兰革朝。此法兰革朝之名，

---

① "尤"，石印本无。
② "婚嫁"，石印本作"嫁婚"。
③ 即宗主教（Patriarch）。

乃缘东法兰地而得。当降生后一千三十二年[①]，法兰革人根拉德[②]，首即帝位。其时布耳根底及德与意大利地，皆为所统辖。追后即帝位名显理第三[③]者，最著威名。计自一千三十九年至一千五十六年间，将前所丧失意大利之地，全行恢复。又将在意大利地与争威权，号为无行之数巴伯，尽皆逐去，而擢用德地教会中学行兼优之监督，以代其职。后此其子显理第四[④]嗣即帝位，年尚幼弱，故有撒革孙人背叛之事。时又有一大著声称之人，名希德伯兰[⑤]，而后为巴伯号革来哥利第七[⑥]者，倡言帝不得有立教会中诸监督之权。按，哥利第七胆极粗壮，常行文各地，显言废此显理第四，而复阴诱诸他人与帝为难。至一千八十五年，帝显理第四，竟将巴伯哥利第七逐出罗马城，而别立一巴伯，号曰革利门第三[⑦]。惟时此巴伯始与显理第四行升帝冕礼。当哥利第七诱人与帝为难之际，即显理第四之诸子，及后于一千一百六年嗣即帝位，号显理第五[⑧]者，亦皆甚仇视其父，称兵犯之。盖哥利第七声言，废显理[⑨]第四，当即援立显理第五为帝故也。至显理第四云亡，显理第五真即帝位，而其待视罗马之巴伯也，一与显理第四无异。

① 按："一千三十二年"，总税务司署刻本、石印本、英文本均为此。今经考证，此处不符合史实，应作"一千二十七年"（1027年）。
② 即康拉德二世（Conrad II，约 990—1039 年），萨利安王朝的第一位罗马人民的国王（1024—1039 年在位），神圣罗马帝国皇帝（1027 年加冕）。
③ 即亨利三世（Henry III，1017—1056 年），萨利安王朝的第二位罗马人民的国王（1039—1056 年在位），神圣罗马帝国皇帝（1046 年加冕）。
④ 即亨利四世（Henry IV，1050—1106 年），萨利安王朝的第三位罗马人民的国王（1056—1105 年在位），神圣罗马帝国皇帝（1084 年加冕）。
⑤ 即希尔德布兰德（Hilldebrand）。
⑥ 即格列高利七世（Gregory VII，约 1020—1085 年），克吕尼改革派教皇，1073—1085 年在位，历代教皇中最杰出的人物之一。
⑦ 即克雷芒三世（Clement III，约 1029—1191 年），罗马天主教会视其为"伪教宗"，1080—1191 年在位。
⑧ 即亨利五世（Henry V，1081—1125 年），罗马人民的国王（1105—1125 年在位），神圣罗马帝国皇帝（1111—1125 年）；萨利安王朝的最后一位国王和皇帝。
⑨ "显理"，石印本作"显礼"。

五节　斯瓦下族诸帝

　　嗣此显理第五即帝位者，为撒革孙人，名曰罗达耳①。其在位时将帝之威柄让诸巴伯，不一而足。至一千一百三十八年，有斯瓦下族②，又号贺很道分族③之王根拉德第三④，操有帝柄，而终身永未得即帝位。时意大利地，有自号贵勒弗人⑤与自号基贝林人⑥方盛，而相与世仇。缘基贝林人奉帝，而贵勒弗人奉巴伯也。前此有撒革孙人名威勒弗⑦者，背叛根拉德第三，故后凡有与帝为难者，则皆号之曰贵勒弗人。后此有一最著声称之帝，名曰弗来德利⑧，而人皆号曰赤须帝⑨。计其自一千一百五十二年至一千一百九十年间，在诸德地，恒与撒革孙地号曰猛狮之显理公⑩构兵。时显理公之土地，分为数段，而赤须帝之最著声称，则又缘其与号亚利散德第三⑪之巴伯并意大利之诸诚，多有战事。盖时意大利地，计有数城，皆可自主其政，并与四邻和战等事，几与上古之希腊诸城相似，而其间弱小诸城，

---

① 即洛泰尔二世（Lothar II, 1075—1137 年），罗马人民的国王（1125—1137 年在位），罗马帝国皇帝（1133 年加冕）。
② 即士瓦本家族（House of Swabia）。该民族部分来自日耳曼，大体居住在历史上德国西南部地区，包括今德国巴登-符腾堡州南部和巴伐利亚州西南部，以及瑞士东部和阿尔萨斯。
③ 即霍亨斯陶芬家族（House of Hohenstaufen），1138—1254 年间统治神圣罗马帝国的家族。
④ 即康拉德三世（Conrad III, 1093—1152 年），罗马人民的国王，1138—1152 年在位，未加冕的神圣罗马皇帝。
⑤ 即圭尔夫派（Guelf），亦称教皇派。
⑥ 即齐伯林派（Ghibellin），亦称保皇派。
⑦ 即韦尔夫家族（Guelf），德国的传统贵族世家，长期与康拉德三世斗争。
⑧ 即腓特烈一世（Frederick I, 约 1122—1190 年），霍亨斯陶芬王朝的罗马人民的国王，1152—1190 年在位；神圣罗马帝国皇帝（1155 年加冕）。
⑨ 即红胡子（Barbarossa）。
⑩ 即狮子亨利（Henry XII the Lion, 1129—1195 年），德意志诸侯和统帅。封号有萨克森公爵（称亨利三世，1142—1180 年在位）和巴伐利亚公爵（称亨利十二世，1156—1180 年在位）。
⑪ 即亚历山大三世（Alexander III, 1105—1181 年），罗马教廷教皇，1159—1181 年在位。

则相与布诚于帝，冀获拯援，以免米兰城①人之凌虐。此诸战事，直至一千一百八十三年方息。迨在根斯丹兹城②定和约③时，其条款中，有凡意大利地诸城，均得有自由、自主之利益等语。继称帝者为显理第六④，及其殁也，乱者数年。迨其子弗来德利第二⑤嗣位，时人始终皆目为异人。是帝于一千二百二十年，行升帝冕礼，而殁于一千二百五十年。当其生时，与贵勒弗人之诸城并罗马城之诸巴伯，恒有争端。如一千二百四十五年，其巴伯号因挪孙德第四⑥者，大会教中诸监督于利翁城，倡言废帝，谕众咸知。时此弗来德利在德地，亦缘受诸公侯之逼不得已，乃许赐与几多利益以悦之。于是帝在所辖有之二国境内，威权大挫，而属有之布耳根底国，境土分裂，其地人民咸有可即脱西罗马帝轭之势。嗣此西帝声称，渐次熄灭。至弗来德利之子根拉德⑦继位，竟终身未得行升帝冕礼。后此西罗马地大乱，国势永未得复如旧。

六节　英、法互多交涉

惟时今之英、法诸先民，率多互有往来交涉之事。英国计自干纽德并其诸子相继称王后，英所选立之王，名曰伊德瓦⑧，为撒革孙

---

① 即米兰（Milan），今意大利第二大城市。
② 即康斯坦茨（Konstanz），历史名城，位于今德国的西南角，毗邻瑞士。
③ 即《康斯坦茨和约》（Treaty of Konstanz）。
④ 即亨利六世（Henry VI，1165—1197 年），霍亨斯陶芬王朝的罗马人的国王，1167—1197 年在位；神圣罗马帝国皇帝（1190—1197 年在位）。
⑤ 即腓特烈二世（Frederick II，1194—1250 年），霍亨斯陶芬王朝的罗马人民的国王，1211—1250 年在位；神圣罗马帝国皇帝（1220 年加冕）。
⑥ 即教宗英诺森四世（Pope Innocent IV，约 1180—1254 年），1243—1254 年在位。
⑦ 即康拉德四世（Conrad IV，1228—1254 年），霍亨斯陶芬王朝的罗马人民的国王（1237—1254 年在位）和西西里国王（1250—1254 年在位），耶路撒冷国王（1228—1254 年在位），以及士瓦本公爵（1235—1254 年在位）。
⑧ 即忏悔者爱德华（Edward the Confessor，约 1001—1066 年），英国盎格鲁-撒克逊王朝君主，1041—1066 年在位。

王族人。当其少时，常居于挪耳曼地。迨降生后一千六十六年（即宋真宗之祥符三年①），伊德瓦殁，时撒革孙王族中无胜选即英王位者，乃普选诸境内之国而得一权势至强之伯爵名哈罗德②者，奉以为王。其挪耳曼公爵维廉③语于众曰："英王之位，乃伊德瓦所遗以授我者，彼哈罗德乌得据而有之"，遂起兵越海，攻入英境，与英人大战于亥斯丁④地方，而哈罗德战殁于阵，英人乃奉维廉为王。先时英人与挪耳曼人，时相构兵。至是⑤英王与挪耳曼公⑥，皆维廉一人为之，故变而为英、法恒多战事。按，维廉及其子维廉·路甫斯⑦与显理第一⑧之世，皆与法国王腓利第一⑨并雷斯第六⑩互相征伐。至一千一百五十四年，英王显理第二⑪即位，是王乃显理第一之外孙，袭其父爵为安茹地伯，而娶亚贵代那地⑫之女主伊利挪耳⑬为妃。亚贵代那地居加利极南，故时北抵苏格兰，南至西班牙，其地皆归此

---

① 按："宋真宗之祥符三年"，总税务司署刻本和石印本均为此，与西历年份"一千六十六年"不符，应为译者转换年代错误，今经考证，应作"宋英宗之治平三年"。
② 即哈罗德·葛温森（Harold Godwinson，1022—1066年），亦称哈罗德二世。盎格鲁-撒克逊时期威塞克斯王国的末代君主。
③ 即征服者威廉（William the Conqueror，约1028—1087年），诺曼底公爵，1066年起成为英格兰的第一位诺曼人国王。
④ 即黑斯廷斯（Hastings），古城，今为位于英格兰东南部的城市，濒临加来海峡。
⑤ "至是"，石印本作"于是"。
⑥ "公"，石印本作"王"。
⑦ 即威廉二世（William II，1056—1100年），又名胡佛。威廉一世的次子，英格兰国王，1087—1100年在位。
⑧ 即亨利一世（Henry I，1068—1135年），英格兰诺曼底王朝国王，1100—1135年在位。征服者威廉的幼子，在其兄威廉二世因狩猎事故神秘死亡后即位。
⑨ 即腓力一世（Philip I，1052—1108年），法国卡佩王朝国王，1060—1108年在位。
⑩ 即路易六世（Louis VI，1081—1137年），法国卡佩王朝国王，1108—1137年在位；腓力一世之子。
⑪ 即亨利二世（Henry II，1133—1189年），英格兰国王（1154—1189年在位），也是法国的诺曼底公爵（1150年起）、安茹伯爵（1151年起）和阿基坦公爵（1152年起），所创立的金雀花王朝是英格兰中世纪最强大的一个封建王朝。
⑫ 即阿基坦（Aquitaine），亦称亚魁当。法国西南部一个大区的名称，西邻大西洋，南接西班牙。
⑬ 即阿基坦的埃莉诺（Eleanor of Aquitaine，1121—1204年），阿基坦女公爵，法国国王路易七世和英格兰国王亨利二世的王后。

显理第二辖管。当此之际，英国王在加利地方，较法国王为尤强。迨一千二百四年，法王名腓利·奥古斯都^①者，攻取挪耳曼并安茹等地。时英王约翰^②，在加利地方仅余一亚贵代那地尚未失去。乃越时无几，而加利南境之都路斯城^③并附近是城地，又皆为法人吞并。时加利地大半皆为法有，而法王雷斯^④行极公正，亦得有神圣之徽号。当此雷斯之世，法境界于地中海与英地海峡及大西洋之间。计雷斯即位于一千二百二十六年，而殁于一千二百七十年（即宋度宗之咸淳七年^⑤）。若雷斯之弟名加罗^⑥者，曾受封爵为伯罗分斯地伯，故时法王得兼少操有布耳根底国境之威权。

七节　西班牙人渐逐回人出境

惟时各地信奉耶稣之西教人，皆起而与回人为难。溯西班牙地之加利弗，当九百十二年至九百六十一年（即中国五代时），为亚伯达拉曼第三^⑦之世，最号强盛。嗣迨一千三十一年，西班牙地之加利弗威权渐衰，其地裂而为数小国，后多渐次为西班牙地之西教人所侵灭。至一千八十四年（即宋神宗元丰七年），在西班牙地兼

---

① 即腓力二世·奥古斯都（Philip II of Augustus, 1165—1223 年），法国卡佩王朝国王，1180—1223 年在位。
② 即约翰王（King John, 1167—1216 年），英格兰国王，1199—1216 年在位。
③ 即图卢兹（Toulouse），今法国西南部大城市。
④ 即路易九世（Louis IX, 1214—1270 年），被尊为"圣路易"，法国卡佩王朝第九任国王，1226—1270 年在位。
⑤ 按："咸淳七年"，总税务司署刻本和石印本均为此，与西历年份"一千二百七十年"不符，应为译者转换年代错误，应作"咸淳六年"。
⑥ 即卡洛一世（Charles I, 1226—1285 年），那不勒斯和西西里国王，1266—1285 年在位，1246 年获封为普罗旺斯伯爵。
⑦ 即阿卜杜拉赫曼三世（Abdulrahman III, 891—961 年），伊斯兰帝国西班牙科尔多瓦的第八任埃米尔，912—929 年在位；首任哈里发（929 年起）。

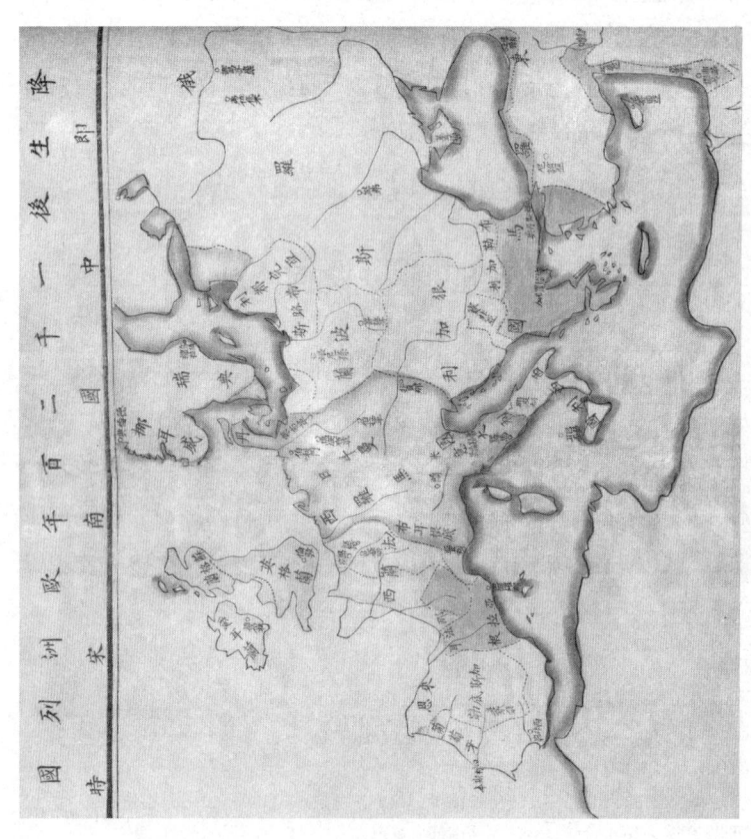

耶稣降生后一千二百年欧洲列国图（即中国南宋时）

治来恩①与加斯底勒②二国之王，号亚分梭第六③者，攻取旧都多来朵城④。时回人远请非洲之诸回人，越海赴援。嗣此非洲回人与欧洲之信耶稣者为难，百有余年。至一千三百年，信耶稣者，又较回人为盛。缘自一千二百十七年至一千二百五十二年，有名弗耳底难王⑤者，复攻有西非勒⑥并哥多法⑦二城。惟时今之葡萄牙国，渐强于西，而亚拉根国⑧，则渐强于东。按，此亚拉根国，较西班牙地之诸他国与欧洲大局尤有关涉。缘其王在南加利地方，有多土地。当一千二百年至三百年时，亚拉根国所属有之南加利地全行失去，因而以上所言之加、葡、亚三国，在西班牙地皆日形强盛。及至一千二百三十七年，西班牙地仅余一革拉那达⑨，是为回人之国。

八节　西西利地

当西班牙地之回人，为信耶稣之西教人渐次迫逐使去时，而西西利地回人，见凌于西教人，亦复相同。惟在西西利地方攻击回人之西教人，皆来自他地，是为少异。当降生后一千年至一千一百年间（即中国之北宋时），有数船只计其往反载运挪耳曼人，抵意大利

---

① 即莱昂（Leon），今为西班牙的一个城市。
② 即卡斯蒂利亚（Castile），西班牙语：Castilla。西班牙历史上的一个王国，由西班牙西北部的老卡斯蒂利亚和中部的新卡斯蒂利亚组成。
③ 即阿方索六世（Alfonso VI，1040—1109年），莱昂国王（1065—1109年在位，在位时间有间断），卡斯蒂利亚国王（1072年起）。
④ 即托莱多（Toledo），西班牙古城，始于罗马时期，在腓力二世前为卡斯蒂利亚王国首都。
⑤ 即费尔南多三世（Fernando III，1199—1252年），卡斯蒂利亚王国国王（1217—1252年在位）。
⑥ 即塞维利亚（Sevilla），今西班牙安达鲁西亚自治区和塞维利亚省的首府。
⑦ 即科尔多瓦（Cordova），今西班牙南部城市。
⑧ 即阿拉贡王国（Kingdom of Aragon，1035—1707年），11—15世纪时伊比利亚半岛东北部阿拉贡地区的封建王国。
⑨ 即格拉纳达（Granada），西班牙历史名城，地处西班牙南部达罗河与赫尼尔河交汇处。

之南境地，要非一次。嗣乃推立罗伯·威斯加①为统帅，相与进攻，凡时犹属东罗马帝之意大利地，几皆尽为所有。罗伯于一千六十二年（即宋仁宗之嘉祐七年），率师越海，攻取西西利地方，将其地回人全行逐去。嗣至一千一百三十年（即宋高宗之建炎四年），西西利地始别自成一国。时其王为挪耳曼人，名曰罗知耳②。未几，即将所属③诸挪耳曼人并东罗马之④意大利地尽行攻取，兼得有那波利城⑤，是为二西西利地。后此罗马城之巴伯与西帝弗来德利第一构兵，西西利王乃助巴伯，以与西帝为难。迨弗来德利第一殁，显理第六嗣西帝位，即倡言西西利地应归己有，是盖缘其娶西西利王维廉之女⑥为妻故也。嗣西西利地竟为显理第六所有。及殁，其子弗来德利⑦第二即西西利王位，嗣兼袭西帝号。当此弗来德利第二之世，西西利地实极兴盛。前此挪耳曼人至西西利地者，半为作希腊语之耶稣教人，半为作亚拉伯语之回人，而挪耳曼人，皆自作法语。迨弗来德利第二在位时，如上数类语言，均渐废没，而西西利地之各族人，皆改习作意大利语。

九节　东罗马衰并卫护主墓构兵之始

时耶稣教人与回人战争多在东土，而自东帝巴西勒第二殁后，

---

① 即罗伯特·圭斯卡德（Robert Guiscard Hauteville，约 1015—1085 年），11 世纪诺曼人欧特维尔家族入侵意大利南部的卓越领导人。
② 即罗杰二世（Roger II，1095—1154 年），西西里公爵（1105—1130 年在位）和国王（1130—1154 年在位）。
③ "属"后，石印本有一"之"字。
④ "之"，石印本无。
⑤ 即那不勒斯（Naples），又译那波利、拿坡里。位于今意大利西南端那不勒斯湾的北部的一座历史名城。
⑥ 按："维廉之女"，总税务司署刻本、石印本、英文本均为此。今据资料考证，应作"罗知耳之女"（即罗杰二世之女）：康斯坦斯（Constance）。此处应为原著者误。
⑦ "弗来德利"，石印本作"弗来德理"。

东罗马国复衰，乃有来自里海以东之土耳其人，灭绝东帝亚洲之威柄。当此时，巴城之加利弗（即《唐书》之大食国王），亦实去名存，徒拥虚位，而伊及地方别立之加利弗，则自矜派①出于穆罕默德之女法底马②，为非他地加利弗得有之光宠，土族③分立多国于亚地，传历数代。迨降生后一千五十五年，有出自土族之塞勒茹族④人，最为强盛。其王不名加利弗，而号曰苏勒丹⑤，时凡亚洲旧属加利弗并东罗马之地，皆为所有。至一千九十二年，塞族人始建都于小亚洲之尼该亚地，而易王号曰罗马国苏勒丹⑥。缘时小亚洲久属东帝，故人亦多称其地为罗马。当此之际，其居巴利斯丹⑦（即犹太地）之耶稣教人，并往礼主墓之欧地耶稣教人，均受土族回人迫辱，较前亚拉伯回人为尤甚。于是亚洲信奉耶稣教人，群向欧地各国请其助援。当一千九十五年，罗马城之巴伯，创开一会于法地居中处，各国教会之监督毕集，迨会商妥洽，乃大出兵往护主墓，以与⑧回人战，而世人名是战也，曰"十字架之战"⑨。盖缘时出战之耶稣教人，皆绣一十字于肩上，以自表为基督之兵。其初与回人战时，军容甚盛，虽欧洲诸国王无一至者，而如侯伯等爵之代往实多。嗣于一千九十九年，攻取耶路斯冷⑩，即于巴利斯丹，创立一国，以耶路撒冷为都城，其首得立之王，名曰哥弗利⑪。盖时土国中衰，故东罗

---

① 即什叶派（Shia），伊斯兰教的第二大教派。
② 即法蒂玛（Fatima，605—632年），伊斯兰教先知穆罕默德之女，被尊称为"圣女"。
③ 即土库曼人（Turkoman），又称土尔克曼人。中亚国家土库曼斯坦的主体民族。
④ 即塞尔柱人（Seljuk），10—12世纪活动在中亚及西亚历史舞台的一个民族，曾经建立了强大的塞尔柱王朝。
⑤ 即苏丹（Sultan），伊斯兰教国家统治者的头衔。
⑥ 即罗姆苏丹国（Sultanate of Roma），塞尔柱王朝旁支在小亚细亚建立的封建国家，因东方人称拜占庭统治下的小亚细亚为罗姆，故名。
⑦ 即巴勒斯坦（Palestine），今为中东国家，由加沙和约旦河西岸两部分组成。
⑧ "与"后，石印本有一"其"字。
⑨ 即十字军东征（The Crusades）。
⑩ 即耶路撒冷（Jerusalem），位于巴勒斯坦中部犹地亚山的四座山丘上的一座举世闻名的历史古城。
⑪ 即戈弗雷（Godfrey of Bouillon，约1060—1100年），下洛林公爵（1087—1096年，称戈弗雷四世），布永伯爵（1076—1096年）和第一次十字军的将领。

马亦得乘机复攻取亚洲诸省地。时东帝马纽勒[1]，又助巴伯并意大利之诸城，以与西帝弗来德[2]构兵。盖马纽勒有吞并[3]西罗马地，俾与东罗马复合为一之心也。

十节　后护主墓之战并拉丁人为东帝

耶路撒冷之得以立国，全倚教中圣兵为助。时教中立有二圣兵会：一为防卫圣殿之圣兵会[4]，一为奉约翰圣号之圣兵会[5]。凡此二会中之圣兵，皆修士院不娶之诸修士信心入会，誓敌回人。当降生后一千一百四十七年，有周行四方宣传圣道之法国修士，名圣伯那德[6]者，到处劝人往卫主墓。时法国王雷斯第七[7]与德国王根拉德皆为所感动，相与率兵往至巴利斯丹，而亦未甚著有功烈。至一千一百七十一年，伊及世代变迁。时法底米朝[8]，为一最号善战之回国主名撒拉丁[9]者所倾覆，俾其人民，仍得尊奉巴革达德城之加利弗。至一千一百八十七年，撒拉丁率兵，复攻拔耶路撒冷，由天主教人手内，将巴利斯丹地十之七八，皆行夺取。惟时欧地诸国闻之，

---

[1] 即曼努埃尔一世·科穆宁（Manuel I Komnenos，1118—1180年），拜占庭帝国科穆宁王朝的皇帝，1143—1180年在位。
[2] 即卷七第五节之"弗来德利"：腓特烈一世（Frederick I）。
[3] "吞并"，石印本作"并吞"。
[4] 即圣殿骑士团（Knight Templar），中世纪天主教的军事组织，组织成员称为"圣殿骑士"，特征是白色长袍绘上红色十字，于1119年成立。
[5] 即圣约翰医院骑士团（The Knights of St. John Hospitaler of Jerusalem），成立于1009年，今改名为马耳他骑士团。
[6] 即圣伯纳德（Bernard of Clairvaux，1090—1153年），又译圣伯尔纳铎。法国教士、学者。克勒窝修道院院长，修道改革运动——熙笃会（Cistercian）的杰出领袖，第二次十字军东征的发起人。
[7] 即路易七世（Louis VII，1121—1180年），法国卡佩王朝国王，1137—1180年在位。
[8] 即法蒂玛王朝（Fatimid Caliphate，909—1171年），北非伊斯兰王朝，中国史籍称之为绿衣大食，西方文献又名南萨拉森帝国。以伊斯兰先知穆罕默德之女法蒂玛得名。
[9] 即萨拉丁（Saladin，约1137—1193年），埃及阿尤布王朝开国君主，1174—1193年在位。

咸觉不平，而西帝弗来德首率兵往，将援巴利斯丹信耶稣之人，乃中途不幸而死于水。至一千一百九十年，法王腓利、英王利加①连兵赴难，惜尚未抵圣地而二王半途即有互争之事，以致功烈无闻。至一千二百一年，欧地第四次出师，往拯主墓，然主兵人皆多私见，乃相与逗留于根斯丹典城下，无进攻意，反时与该城人构衅。即乘东帝昏弱，越俎代谋，而入据有根斯丹典城也。主此兵者，一为威尼斯城主，名曰丹多罗②，一为比利时地之伯爵，名曰巴德温③。惟时兵众定议，推立巴德温为根斯丹典城主，是拉丁人帝希腊地之始，而割东罗马之数处地方并数海澳与岛，而改附属于威尼斯城。时希腊人仅余有亚洲之尼该亚并德利比孙④二城，而其城主，皆袭东罗马帝号。后此六十余年，根斯丹典城始再为尼该亚城之东帝米加罗⑤所恢复。

十一节　巴利斯丹后十字架之战

欧地信奉耶稣之国，凡四出兵东向，往拯主墓，皆无成功。至降生后一千二百二十八年，西帝弗来德第二⑥乃宣言，耶路撒冷为属其妻之业，应归己有，故与伊及之苏勒丹定约，明言耶路撒冷为己属地。嗣此弗来德第二至耶路撒冷，行升帝冕礼，独操王权。乃

---

① 即狮子王理查一世（Richard I of England，1157—1199 年），英格兰金雀花王朝的第二位国王，1189 年至 1199 年在位。
② 即恩里科·丹多罗（Enrico Dandolo，约 1107—1205 年），威尼斯共和国执政官，1192—1205 年在位。
③ 即鲍德温一世（Baldwin I，1172—1205 年），佛兰德斯伯爵，第四次十字军东征的领袖，君士坦丁堡第一位拉丁皇帝。
④ 即特拉布宗（Trabzon），今土耳其东北部港市。
⑤ 即米海尔八世（Michael VIII，约 1224—1282 年），又称麦克八世。东罗马帝国皇帝，1259—1282 年在位。1261 年从拉丁帝国手中夺回了君士坦丁堡，由此将尼西亚帝国转化为重建的东罗马帝国。
⑥ 即卷七第五节之"弗来德利第二"：腓特烈二世（Frederick II）。

未几，巴伯名革利第九①者，并诸仇雠，愈出而阻之，使不获逞，是以弗来德之王权得而复失。至一千二百四十四年（即宋理宗之淳佑四年），有回族别派之哥拉斯免族②人，复攻据耶路撒冷城，嗣则永未还归信耶稣人之手。后此四年，法王圣雷斯③一往征回人。至一千二百七十年，英世子义德瓦后即王位，号义德瓦第一④者，亦一往征回人，然皆无甚功烈可述，不过仅能暂拯存巴利斯丹之数处地方而已。至一千二百九十一年（即元世祖之至元二十八年），巴利斯丹最后失之亚革耳⑤地，又为回人所有，自此巴利斯丹地，无属信耶稣人者，后之宣言出兵往拯主墓，更无实事，徒作空谈。当第三次奉十字架战之际，有拉丁人创立国都于居伯路岛⑥。至第四次奉十字架之战，而威尼斯为东土强国中之一国。按，此威尼斯人所据之地，非得之于回人，乃得之于希腊人也。

十二节　奉十字架为名之战

前奉十字架之兵端既启，嗣有假以为名而图快其私意者，固极易易。当第四次奉十字架之战时，巴伯号音挪孙德第三⑦者，先亦力禁奉十字架之圣兵，侵扰信耶稣之诸人。乃未几，而此音挪第三并后之诸巴伯，竟皆遣人四出，募奉十字架之圣兵，以攻异己之耶稣

---

① 即格列高利九世（Pope Gregory IX，约 1145—1241 年），意大利籍教皇，1227—1241 年在位。
② 即花剌子模人（Khwarezmians）。花剌子模是一个位于中亚西部阿穆尔河三角洲地区的大型绿洲。在中世纪曾建立一个强大的帝国——花剌子模帝国。现今为乌兹别克斯坦、哈萨克斯坦和土库曼斯坦的一部分。
③ 即卷七第六节之"法王雷斯"：路易九世（Louis IX）。
④ 即爱德华一世（Edward I，1239—1307 年），英格兰国王，1272—1307 年在位。
⑤ 即阿卡（Acre），位于以色列北部的古老海港城市。
⑥ 即的黎波里伯国（The County of Tripoli），于 1109 年建立在黎凡特（地中海东部沿海地区）的国家，1289 年被伊斯兰马木留克苏丹嘉拉温所消灭。
⑦ 即英诺森三世（Inncocent III，1160—1216 年），罗马天主教教皇，1198—1216 年在位。

教人，并加以不美之名曰异端教。如一千二百八年，巴伯所募圣兵就南加利地，攻所谓异端教人，因其人皆居于亚勒比城①，故又名曰亚勒比根西②。嗣此相与鏖战多年，迨末，该地之都鲁斯城③，归为法有。似此奉十字架之圣兵，凡与巴伯敌者，皆可代为攻击，如西帝弗来德并其子西西利王满弗来德④，皆曾受巴伯圣兵之侵凌。后巴伯将西西利王冕，献戴于法国安茹贵族伯罗分斯地伯爵名加罗⑤者之首。当一千二百六十六年，加罗战胜满弗来德，进据有二西西利地。至一千二百八十二年，西西利岛之人，叛逐其君，而别立满弗来德之婿亚拉根国王为西西利王。时西西利国，中分为二，其意大利地为法王所得，而西西利岛则归亚拉根王统辖，故法与亚拉根，皆有西西利王之号。然有此意大利地者，时人多别名之曰那波利国王。

十三节　欧东北地奉十字架之战

后此又出一奉十字架之战，缘欧洲东北地方，居近巴勒底海有未信耶稣者，如布路斯族与利都完亚族，以及居近分兰海湾以南之分族诸人，而时信耶稣之俄罗斯与波兰二国之疆域，距海滨甚远，要皆为此不信耶稣诸人所界断。虽有今丹国地之大尼王，数历战阵，将此海滨地平服数处，乃遇有他阻扰，因而中止。至一千二百三十年，有德多尼圣兵会，其分驻于利分亚⑥与布路斯⑦二

---

① 即阿尔比（Albi），又译阿勒比。位于今法国西南部的一座历史名城。
② 即阿尔比派（Albigenses），中世纪西欧反对正统基督教的一个派别，因12—13世纪流行于法国南部图卢兹的阿尔比城而得名。
③ 即图卢兹（Toulouse），城市名，在罗马时期得到发展，名为托洛萨，后为阿基坦的加洛林王朝的主要城镇。今为法国西南部城市。
④ 即曼弗雷德（Manfred），西西里国王，1258—1266年在位；神圣罗马帝国皇帝腓特烈二世之子。
⑤ 即安茹的查理（Charles I of Anjou, 1226—1285年），西西里国王，1266—1285年在位。
⑥ 即卷一第六节之"利都完亚"：立陶宛人（Lithuania）。
⑦ "布路斯"，石印本作"布鲁斯"。

地方之诸修士，凡有争战，亦皆自名为奉十字架之战，是以异地人民往助之者，为数甚夥。惟时又有操大权力之一族人，来自亚洲，以与欧地诸国为难。实狠尼族王亚底拉死后，未有之一大强敌，是族名曰蒙古，又曰达达①。当一千二百六年，其王铁木真称成吉思可汗②，始建国号曰"元"。按，蒙古人，不信耶稣，亦非回教，而后之据有波斯地者，则积久皆渐化为回人。时有成吉思可汗之孙名曰巴图③，帅师侵入欧境，直抵德与波兰二国界内，然后仅据有俄罗斯地。其居俄地加散城④之蒙古汗，有总统俄地诸贵族之权，因而利都完亚族人，得乘机平定俄西境地并俄之旧都戒弗城⑤也。俄罗斯受此残害，是以较欧之他国，迟逾数百年，方能渐次强大。至一千二百五十八年，蒙古人灭绝巴城之加利弗朝，时伊及地，仅存有一加利弗，亦复有名无实，徒拥虚位。再此蒙古族人，在欧地有一大助信耶稣人之事，盖因其破灭土族中之赛族诸回人威权，即所以拯救尼该亚与德利比孙二希腊国也。

十四节　总结

是时，东西二罗马实届末世，嗣此则帝号徒存，而国皆不复如前之强盛。若回教之东西二加利弗，亦届末世，与二罗马帝同。其西加利弗之国，先裂分为诸多小国，后惟仅存一小国，号曰革拉那

---

① 即鞑靼（Tatar），最早于公元5世纪出现于游牧部落中，其活动范围在蒙古东北及贝加尔湖周围一带。13世纪初，这些蒙古突厥游牧民族的不同群体成为蒙古征服者成吉思汗部队的一部分，其后蒙古人与突厥人互相混杂在一起，因此入侵俄罗斯和匈牙利的蒙古军队，被欧洲人统称为鞑靼人。
② 即成吉思汗（Genghis Khan）。
③ 即拔都（Batu），蒙古金帐汗国的开创者。
④ 即卡散（Kasan），古城名，今属乌兹别克斯坦，名为卡桑塞。
⑤ 即基辅（Kiev），一座历史悠久的城市，始建于5世纪下半叶，9—13世纪为第一个俄罗斯国家基辅罗斯的都城和中心，今为乌克兰首都。

达,而东加利弗①之国,先破于土族,后灭于蒙古。惟时回教与耶稣教人,咸无一操大威权之国,然此欧亚非三洲地上,则回教与耶稣教人各得自立之小国甚夥,至号曰"帝"与号曰"加利弗"者,皆无甚威福。当罗马帝势衰微,其巴伯威权渐次增盛。若当耶稣教人恢复西西利并西班牙诸西方地之际,凡其东方之希腊地,见夺于回人,而北方之俄罗斯地,见夺于蒙古。其时西班牙地诸国,要以加斯底勒为最强盛。法王既与英国之挪耳曼族诸王并安茹族诸王,构兵多年,故法亦得为加利地至强之一国。外则德地与意大利地,当西帝之威权衰微,此德地之诸世爵与意大利地②之诸城,皆日形强盛。其西西利,则③国兴。未几,即分为二,若东罗马地分裂所成之诸小国,其王半为希腊人,半为拉丁人。而威尼斯得为东方有大威权之一城,亦实见于此时。至巴勒底海滨之德族圣兵会,遏丹国王东侵之路,则俨若为布路斯国立一后世兴盛之基。自一千二百年至一千三百年间,为欧、亚二洲地革故鼎新之候,今之欧土多国,率兆于此时焉。

————

① "加利弗",石印本作"加弗利"。
② "地",石印本无。
③ "则"后,石印本有一"其"字。

欧洲史略　卷八
东西二罗马衰微之世

一节　哈、吕二族诸王

当弗来德第二时，西帝威权业就衰微，故后此德地数王，多不获行升帝冕礼，即间有获行升帝冕礼者，亦未得操有意大利地真实威柄。其布耳根底国之土地，大半皆为法国侵并，而德地王，亦渐有徒存虚号之势。计根拉德殁于一千二百五十四年，后此十九年之久，竟无一为人尊号为王者。迨一千二百五十六年，英王显理第三①之弟名利加②者，始复为他诸侯伯选立为王。时西班牙人名亚分梭③者，亦为旁省之他诸侯伯选立为王。然惟此利加王获行升帝冕礼而多居英地，及殁，又有④哈伯斯布族⑤之伯爵名路多弗⑥者，为众公

---

① 即亨利三世（Henry Ⅲ，1207—1272 年），英格兰国王，1216—1272 年在位。
② 即康沃尔公爵理查（Richard, 1st Earl of Cornwall Richard，1209—1272 年），于 1257 年竞选为德国国王和罗马人民的国王，但未能被教皇承认为皇帝，在位时间 1257—1272 年。
③ 即阿方索十世（Alfonso X，1221—1284 年），卡斯蒂利亚王国国王，在位时间为 1252—1284 年。
④ "有"，石印本作"为"。
⑤ 即哈布斯堡家族（House of Habsburg），德意志封建统治家族。其主要分支在奥地利，系日耳曼人中的一支，最早居住在阿尔萨斯和瑞士的阿尔高。
⑥ 即鲁道夫一世（Rudolf Ⅰ，1218—1291 年），罗马人民的国王，奥地利哈布斯堡王朝的奠基人。

侯推戴为帝,是能安定兆民,创立善制,以奥斯①地授其子亚伯德②为公,后复进号曰德王③。今奥斯马加国之帝,实其后裔。嗣此亚伯德为德王者,号显理第七④,是曾袭有其先人之吕泽布⑤地,故时即号之为吕泽布朝⑥。计此王即位于一千三百八年,而殁于一千三百十三年。当其在位时,曾得至罗马城行升帝冕礼,为弗来德第二以后诸帝未有之事。倘天假之年,似乎无难复旧日西帝之威柄,惜未几即死。后之西帝,概无得操有意大利地之权者。计此显理第七之位,父子世传,直至一千四百三十七年。此九十年中,其嗣君有称王者,有称帝者,又有得即波希米亚王位,与或得即狠加利王位者。迨一千四百三十七年,则有哈伯斯布朝⑦嗣兴,乃奥斯地公爵亦名亚伯德⑧者,得即西帝位。视此可知,奥斯并波希米亚以及狠加利三大地,皆属于帝之由。嗣此亚伯德之后,奥斯族人相继为德王者,约三百年。其在罗马城大会堂内,得行升帝冕礼之末一西帝,名曰弗来德第三⑨,是乃一千四百五十二年事也(即明景帝景泰三年)。

---

① 即奥地利(Austria)。
② 即阿尔布雷希特一世(Albert I,1255—1308年),哈布斯堡王朝的罗马人民的国王,1298—1308年在位。
③ 即德意志国王。
④ 即亨利七世(Henry VII,约1275—1313年),卢森堡王朝的第一位罗马人民的国王,1308—1313年在位;神圣罗马帝国皇帝(1312年加冕)。
⑤ 即卢森堡(Luxembourg),今欧州大陆仅存的大公国,首都卢森堡市。
⑥ 即卢森堡王朝(Luxembourg Dynasty,1308—1442年),德意志历史上的一个封建王朝,神圣罗马帝国的第十一个王朝,还统治过罗马王国、波希米亚王国和匈牙利王国,因为建立者是卢森堡伯爵而得名。
⑦ "哈伯斯布朝",石印本作"哈伯炘布朝"。即哈布斯堡王朝(Habsburg Dynasty),也称哈普斯堡王朝,欧洲历史上统治领域最广的王室。
⑧ 即阿尔布雷希特二世(Albert II,1397—1439年),哈布斯堡王朝的奥地利大公(称阿尔布雷希特五世,1404—1439年在位),匈牙利国王(1437年起)和波希米亚国王(1437年起)。1438年被选为"罗马人民的国王",但未能加冕为神圣罗马帝国皇帝。
⑨ 即腓特烈三世(Frederick III,1415—1493年),哈布斯堡王朝的罗马人民的国王,1440—1493年在位;神圣罗马帝国皇帝(1452年加冕)。他是最后一位在罗马由教皇加冕的神圣罗马帝国皇帝。

二节　巴伯由诸公会升降

惟时巴伯威权，亦与二罗马帝近似，渐次衰微。当一千二百九十四年，即巴伯位之波尼法斯第八①，欲如前此巴伯之揽操重权而不能。迨一千三百三年，有法国王号美容腓利②者，遣兵擒此波尼第八，辱而释之，乃别将一素听顺其命令之人革利门德第五③，立为巴伯。惟时④巴伯离弃罗马城，而迁居于法地南界外之亚非农城⑤，直至一千三百七十六年始回罗马。后此二年，乃有二巴伯同时即位，乌耳班⑥即巴伯位于罗马城，而革利门第七⑦即巴伯位于亚非农城。于时教会中人，咸以不宜同时有二巴伯，故于一千四百九年，各国西教中之诸监督，大会于意大利地之比撒城⑧。定议，此二巴伯均从废撤，而别公立一巴伯也。至一千四百十五年，德王西革门德⑨，于根斯丹斯城⑩创开一西教诸监督会⑪，将前此之诸巴伯，尽行黜退，而别立马丁第五⑫为巴伯。若一千四百三十一年，巴斯勒

---

① 即卜尼法斯八世（Boniface VIII，约 1234—1303 年），罗马教皇，1294—1303 年在位。
② 即腓力四世（Philip IV，1268—1314 年），法国卡佩王朝著名的国王之一，1285—1314 年在位。
③ 即克雷芒五世（Clement V，约 1260—1314 年），法兰西籍教皇，1305—1314 年在位；1299 年为波尔多大主教；1305 年当选教皇。
④ "惟时"，石印本为"维时"。
⑤ 即阿维农（Avignon），亦译阿维翁。位于今法国东南部，属沃克吕兹省首府。14—15 世纪时曾有数位教皇在此居住。
⑥ 即乌尔班六世（Urban VI，约 1318—1389 年），意大利籍教皇，1378—1389 年在位。
⑦ 即克雷芒七世（Clement VII，1342—1394 年），被反对教宗乌尔班六世的多位法国枢机选为教宗，被罗马天主教会视为"伪教宗"，1378—1394 年在位。
⑧ 即比萨城（Pisa），意大利中部城市，位于佛罗伦萨西北。
⑨ 即西吉斯蒙德（Sigismund，1368—1437 年），1411 年被选举为罗马人民的国王，1433 年加冕为神圣罗马帝国皇帝，同时还是匈牙利和克罗地亚国王和波希米亚国王。
⑩ 即卷七第五节之"根斯丹兹城"：康斯坦茨（Konstanz）。
⑪ 即大公会议（Ecumenical Councils），传统基督教中有普遍代表意义的世界性主教会议，主要功能是咨审表决重要教务和教理争端。
⑫ 即马丁五世（Martin V，约 1368—1431 年），1417—1431 年为教宗。

城^①之西教诸监督公会，乃将量减巴伯威柄，以复各国教会旧有之权，而议竟无成。

三节　意大利地诸城

当西帝威权不得行于意大利地时，其意地分裂为诸小国，一若昔之希腊诸国，有数城无王，听民为政；有数城有公或侯，主理政事；又有或一人，得专主一城，而时有与附近之城，亦归其统辖，死则授子，位以世传。凡此诸城主，人或目之为君，或号之曰代兰德。嗣诸城主，欲假有名号以临其民，乃相与请命于西帝或巴伯，即以其地封为公侯，是以后此诸城，率皆易号而为公侯等国。时有米兰城之威斯根底族^②人，渐形强盛。至一千三百九十五年，德王温西斯劳^③，以米兰地封一威斯根底族人为公，是为意大利北境至大之一国。次则威尼斯城，政由绅出，亦甚盛强，其城不惟操有欧东境之威权。即外此亚底亚海东之平陆地，尚多有属之者，又次强盛之城，名曰日挪瓦^④，亦绅主其政，而海面战舰为数极多。至若听民为政之弗罗连城^⑤，则自一千二百年至一千三百年之间，较他民政诸城，最为强盛。迨一千四百年后，其比撒城亦归属之者，约五十余年。惟时有美底济族^⑥人，独操弗罗连一城之威柄，然其民政规模，仍存

---

① 即巴塞尔（Basel），城市名。坐落于瑞士西北的三国交角，西北邻法国阿尔萨斯，东北与德国南北走向的黑森林山脉接壤。
② 即维斯孔蒂家族（Viscontis），原为小贵族，大约在 11 世纪初取得米兰子爵的世袭官职，后以职称为姓。14—15 世纪时，在意大利北部的历史中占据支配作用。
③ 即文西斯劳斯（Wenceslaus，1361—1419 年），也称文策尔一世（Wenzel I）。波希米亚国王，1378—1419 年在位，称瓦茨拉夫四世；神圣罗马帝国的君主，1378—1400 年在位。
④ 即日内瓦（Geneva）。
⑤ 即佛罗伦萨（Florence），今为意大利中部城市，15—16 世纪时欧洲最著名的艺术中心。
⑥ 即美第奇家族（Medici），意大利佛罗伦萨著名家族，13—17 世纪时在欧洲拥有强大势力。

不失，一若罗马之奥古斯都在位时也。际此该城贸易之隆、文学之盛，以及绘画、雕镂之精，皆足为欧地冠。即其人才辈出，亦较胜于他城。就中诗人丹低，又名亚利结理①者之声名尤著。

四节　巴伯并二西西利立国

时意大利南境之二西西利国，仍一居于陆，一居于岛。当法人被逐后，此岛地即为亚拉根族人所有。及是族人首王此岛之弗来德②殁后，而此岛地人民，日见微弱，故未几即与亚拉根国合而为一。至平陆建都于那波利地之西西利国，恒有相与起而争夺王位之事。然当一千四五百年时，其间有五十余年，其冕皆未离亚拉根族诸王之首，而安茹地之诸公爵，多言那波利地应为己有，亦间有得那波利地而称王者。迨后安茹地诸公爵之那波利王号，归于法国王。惟时中意大利地之巴伯，得有城郭土地人民，俨为欧洲诸国内之一国。缘前此巴伯出居亚非农城之际，罗马内乱。当一千三百四十七年，罗马人民选举哥拉底连济③为总统，改归民政。迨巴伯回归罗马，凡教会中相与为难之事，咸就平服。于是巴伯乃大树威福，借以增己立国之权。计自一千四百六十年至一千五百年时，巴伯几成为意大利地诸国中之一国王也。

五节　英、法、苏三国战事

当一千二百年至一千三百年之间，英公侯并人民等，群起贬损

---

① 即但丁·阿利吉耶里（Dante Alighieri，1265—1321年），13世纪末意大利著名诗人。
② 即卷七第五节之"弗来德利"：腓特烈一世（Frederick I）。
③ 即里恩佐（Rienzo，1313—1354年），全名为科拉·迪·里恩佐，罗马人，意大利政治家。

其王之威柄，迫王与立约，载明允复英人皆得以自由之利益。迨义德瓦第一为英王时，与前此之英王同心，拟将英、苏并威勒斯等地，合为一国。乃即位未几，辄与法国构兵。缘时法王欲得亚贵丹地，以便法境得以比利尼斯山为界，而英、苏世仇，故时苏、法二王，恒互相助以攻英。此百年战，实肇起于英王义德瓦第三①与法王弗罗瓦族②之腓利③。盖是腓利，既欲取有亚贵丹地，而义德瓦第三，因其母为前法王美容腓利之女也，则自谓应代其母以承戴法王冕。然自法王休加贝德④以后，皆世以男子嗣法王位，是以时人多言法之王冕，例不归女，何以能继归于女之子。惟时英、法有二大恶战，一当一千三百四十六年交战于革来西⑤地，一当一千三百五十六年交战于贝叠耳⑥地，皆英王获胜。后四年，英、法立约，载明义德瓦不得再自言应承戴法王冕，其亚贵丹地并法东北境之加来城，皆归英王主理。乃未几，法背前约。当此义德瓦尚存时，亚贵丹地，除布耳多⑦与巴云⑧二城外，其地皆失而为法有。嗣此英、法固未能永息干戈，而亦恒有罢战时，即其战也，亦皆无倾国出兵之事。迨显理第五⑨即英王位，始复竭尽心力，率师攻法。时法王加罗第六⑩，志气昏惰，兼染疯疾，政事不理，内难频兴。当一千四百十五年，英、法相与大战于亚仁古德⑪地，英获全胜。至一千四百二十年，英、法

---

① 即爱德华三世（Edward III，1312—1377 年），英格兰国王，1327—1377 年在位。
② 即瓦卢瓦家族（Valois），1328—1589 年统治法国的家族。
③ 即腓力六世（Philip VI，1293—1350 年），法国瓦卢瓦王朝的首位国王，卡佩王朝国王腓力三世的孙子。
④ 即希尔德贝尔特一世（Childebert I，约 495—558 年），法兰克人的国王（巴黎王），511—558 年在位。
⑤ 即克雷西（Crecy），法国东北部城市。
⑥ 即普瓦捷（Poitiers），法国西部城市。
⑦ 即波尔多（Bordeaux），法国西南部城市。
⑧ 即巴约讷（Bayonne），法国西南部城市，大西洋岸的港口。
⑨ 即亨利五世（Henry V，1387—1422 年），英格兰兰开斯特王朝国王，1413—1422 年在位。
⑩ 即查理六世（Charles VI，1368—1422 年），法国瓦卢瓦王朝国王，1380—1422 年在位。
⑪ 即阿金库尔（Agincourt），位于今法国北部的城市，15 世纪时为一村庄。

于德雷城①立约，载明侯加罗第六殁后，即以英王显理第五继承法王位，英、法二国永合为一。孰料世事靡常，英、法二王，不久咸殁，而此德雷城之约书，竟成废纸。后法嗣王加罗第七②与英嗣王显理第六，仍时互行攻击。至一千四百五十三年，法地英人，咸被逐出法境，并复失亚贵丹地，而仅余有一加来城也。

六节　法势日强

惟时法地战事，虽暂有如是之多，然其国日盛强，有不可遏之势。缘法王权力，在其畿内，日见增盛，凡所属有之诸侯地并附近之他国地，皆多改归法王主理。当一千三百年③至一千五百年之间，法王得有布耳根底国地之大半。而当一千三百十四年，法王美容腓利，得有昔属西帝之利翁城。一千三百四十九年，法王约翰④之长子加罗⑤，以银购有非延，又名道分尼之地，故嗣此法王长子，世得称道分之号。一千四百八十一年，法王雷斯第十一⑥，又得有南界地中海之伯罗分斯地。时罗那河以东，亚勒比山以西之地，率皆为法吞并。计其间仅余一俄兰支⑦地，尚为该地之侯，自行主理，而非奈辛⑧与亚非农二地，仍属巴伯也。若法境内则除惟存有二侯爵封地外，他皆归诸法王统辖。其二侯封之地，一为法西北境之伯利丹

---

① 即特鲁瓦（Troyes），法国中东部城市，今为奥布省首府。
② 即查理七世（Charles VII，1403—1461年），又称胜利者查理或忠于职守的查理。法国瓦卢瓦王朝国王，1422—1461年在位。
③ "年"，石印本作"百"。
④ 即约翰二世（John II，1319—1364年），法国瓦卢瓦王朝第二位国王，1350—1364年在位。
⑤ 即查理五世（Charles V，1337—1381年），法国瓦卢瓦王朝第三位国王，1364—1381年在位。
⑥ 即路易十一世（Louis XI，1423—1483年），法国瓦卢瓦王朝第六位国王，1461—1483年在位。
⑦ 即奥朗日（Orange），城市名，位于今法国东南部。
⑧ 即维奈桑（Venaissin），城市名，位于法国南部，罗讷河以东。

地[1]，一为法东北境之弗兰德[2]地。（按，俄兰支地之侯后有为荷兰国与英国王者，详见下文。）

七节　瑞士与布耳根底二国

当西帝威权衰微，境土分裂为多小国，而法国日强，有并吞此诸小国之势时，乃有界法与西帝境处之二国兴起：一为瑞士同盟诸郡地，一为布耳根底公爵地也。时德地诸城，并不属他公侯之诸地方，一若上古之希腊诸国，多相与结盟，以资护助。计自一千三百年至一千四百年之间，此同盟结盟之诸郡，有后世读史人所宜详究者，即瑞士三郡，一曰乌利[3]，一曰税兹[4]，一曰温德瓦敦[5]。是三郡均界于德、布[6]、意三国相连之处，地形甚狭而多山，其人皆作德语，较诸德之他地人民，尤[7]多存有上古得以自由之俗。三郡人民皆素受斯瓦卜朝诸帝之抚育。迨其邻境哈伯斯布地之伯爵得为奥斯公时，此三郡人民不获已，起而与战，以卫其得以自由之权。当一千三百十五年，相与合战于摩耳加敦[8]（按，摩耳译桑，加敦译园，即桑园也）地，而奥斯公略伯德[9]，为瑞士三郡人所胜，其路泽那[10]与祖利革[11]以及贝耳那[12]等城，皆与瑞士联盟。时瑞士联有八郡，自号

---

① 即布列塔尼（Britanny），法国西部的一个地区。
② "弗兰德"，石印本为"弗来德"。即弗兰德尔（Flandres）。
③ 即乌里（Uri），瑞士中部较小的一个行政州域。
④ 即施维茨（Schwyz），今瑞士中部城市。
⑤ 即翁特瓦尔登（Unterwalden），瑞士中部的一个古老州名。
⑥ 即勃艮第公国。
⑦ "尤"，石印本作"又"。
⑧ 即摩尔加腾（Morgarten），瑞士东部聚格湖沿岸的小山脉。
⑨ 即利奥波德一世（Leopold I，1290—1326年），哈布斯堡王朝的奥地利及施蒂里亚公爵（1308—1326年与腓特烈三世共治）。
⑩ 即卢塞恩（Luzern），城市名，位于今瑞士中部。
⑪ 即苏黎世（Zurich），今瑞士联邦的最大城市。
⑫ 即伯尔尼（Bern），今为瑞士首都和伯尔尼州的首府，位于瑞士的中西部。

高地德族旧盟，又因税兹郡名，创立国号曰瑞士国。时在是盟中之八郡人民，皆自言此举，特恐受诸奥斯并他仇敌之欺凌①故耳。然嗣此八郡人，破诸仇敌，而其继入盟入臣者，尚不一而足。

惟时公爵主理之②布耳根底地，威权渐盛。按，此公爵，其先原与法国王同族，始受封于法境内之布耳根底地为公。嗣复得有他侯伯地甚多，如属法之弗兰德地与德帝封建侯爵主理之布耳根底地，皆渐归此公爵所辖有。当布耳根底公号善腓利③者之世，因其境地交错于诸大国之间，故善腓利亦得与诸大国之王并列。此善腓利在位五十年，计其即位于一千四百十七年④，而殁于一千四百六十九年⑤（即明永乐年至成化年之间）。嗣其子号猛加罗⑥者，与法王雷斯第十一，争为雄长，构怨于人，因有多国起而与此猛加罗为难。时瑞士八郡亦在其中。当一千四百七十六年，瑞士人与猛加罗连战于撒非地方，一胜之于革兰孙⑦，再胜之于摩拉⑧。越明年，猛加罗又败于难西地，中创而死。其国土四裂，凡公爵主理之⑨布耳根底地，归诸法国，后此德、法接壤，更无他国界于其间。时瑞士之声名大著，境地四辟，惜其人多喜受募于他国为兵，而其受募于法国者，为数尤夥。

---

① "欺凌"，石印本作"欺陵"。
② "主理之"，石印本作"之主理"。
③ 即好人菲利普三世（Philip III the Good，1396—1467年），瓦卢瓦王朝的第三代勃艮第公爵，1419—1467年在位。
④ 按："一千四百十七年"，总税务司署刻本和石印本均为此，英文本作"1419年"，经资料考证，英文本与史实相符，故应为"一千四百十九年"。
⑤ 按："一千四百六十九年"，总税务司署刻本、石印本、英文本均为此，据今资料考证，应为"一千四百六十七年"。
⑥ 即大胆的查理（Charles the Bold，1433—1477年），最后一个独立的勃艮第公爵，1467—1477年在位。
⑦ 即格兰松（Grandson），瑞士地名，在纳沙泰尔湖西南。
⑧ 即莫拉（Morat），瑞士西部城市，今纳沙泰尔州首府。
⑨ "主理之"，石印本作"之主理"。

八节　西班牙地之诸国

当回人初被逐于西班牙地时，其地尚存一回人之革拉那达国，直至一千四百九十二年，始遭覆灭。缘时西班牙地之诸国，多有互相战争之事，且亚拉根国与法国比邻，故其在法地并意大利地，皆多有交涉，而那波利地亚拉根族之诸王与安茹族之诸王，亦相与构兵，互战于亚拉根地。迨一千四百七十一年，加斯底国[①]与亚拉根国合而为一，因其时亚国王弗底难[②]，娶加国之女主伊撒贝拉[③]为妻故也。后二十一年，而革拉那达国，竟为此亚拉根[④]之弗王所灭，自是西班牙地无回国矣。未几，凡属那法耳国[⑤]之比利尼山以南地，亦为此弗王[⑥]攻取。时弗王[⑦]几得统有西班牙全地，惟仅余极西一葡萄牙国未为所得，是以后人恒呼此弗王子孙为西班牙王也。时西班牙强盛，固将有首出欧地诸国之势，而葡萄牙国，亦多创兴美善之事。如首遣人分赴海外，寻觅新地，爰立新埠于非洲并大西洋之诸岛上。似此觅地立埠最著声称之人，即葡王之子，名曰显理[⑧]，是实为欧人远出觅地立埠之始。若寻觅新地之举，则葡萄牙人创行于先，而诸国闻风继起于后。至一千四百八十六年（即明宪宗之成化二十二年），欧人始觅获望好角[⑨]地方，因而往来之印度贸易，日益兴隆。

---

① 即卷七第七节之"加斯底勒国"：卡斯蒂利亚（Castile）。
② 即斐迪南二世（Ferdinand II，1452—1516 年），阿拉贡国王（1479—1516 年在位），卡斯蒂利亚国王（1474—1504 年在位，称斐迪南五世），也是西西里国王（1468 年起，称斐迪南二世）和那不勒斯国王（1504 年起，称斐迪南三世）。
③ 即伊莎贝拉一世（Isabel I，1451—1504 年），卡斯蒂利亚女王。
④ "亚拉根"，石印本作"亚根底"。
⑤ 即纳瓦尔王国（The Kingdom of Navarre），控制比利牛斯山脉大西洋沿岸土地的欧洲王国，1620 年被并入法国。
⑥ "弗王"，石印本为"法王"。
⑦ "弗王"，石印本为"法王"。
⑧ 即亨利王子（Prince Henry，1394—1460 年），因设立航海学校、奖励航海事业而被称为"航海者"。
⑨ 即好望角（Cape of Good Hope），位于非洲西南端非常著名的岬角，多暴风雨，海浪汹涌。

此望好角地，亦葡国人首先觅获以通印度，而葡人之利益声称，咸由此得。

九节　东罗马国亡

当西欧地回人被逐，又有他回人在东欧地兴起，攻据多土，是实非旁观所能料及。时希腊人，虽再得有根斯丹典城，而较诸前东罗马朝，则若形往影留，衰微已甚，然其巴来罗哥族[1]之诸帝，犹能将拉丁人据有之根斯丹典城与后崛起之诸小国，多行削平。按，凡希腊人，遇受诸敌仇欺凌之际，则其东西二耶稣教，恒有可合为一之势。时东欧并罗马东诸省地，在在有新回族人兴起，相与为敌。此回人皆出于土耳其，而别号俄多曼族[2]，其强暴计[3]自昔撒拉孙人以后之所无。当一千三百年之前，是族回人始盛，先并有罗马诸东省[4]地。迨一千三百四十三年[5]，始于欧洲获有立足地。至一千三百六十一年，此回族中之苏勒丹名亚木拉[6]者，攻取哈德连挪伯城[7]，因建为都。是城正值根斯丹典城之西北要冲处，以致根斯丹典城之人民坐困中央，四无通路，而仅余有马其顿与希腊等大地内之数小地而已。时是族回人，强盛已极，乃不意亚洲之葱岭以西地，忽诞生一善战回主，起而摧之。此善战回主，名曰铁木耳[8]，乃与土

---

[1] 即帕里奥洛加斯（Palaiologos），东罗马帝国末代王朝（1261—1453年）的统治家族。
[2] 即奥斯曼人（Ottomans），奥斯曼帝国穆斯林米利特的分支，初居中亚，后迁至小亚细亚，日渐兴盛。极盛时势力达欧亚非三大洲，领有南欧、巴尔干半岛、中东及北非之大部分领土。
[3] "计"，石印本无。
[4] "省"后，石印本有一"之"字。
[5] "一千三百四十三年"，石印本作"一千三百四十二年"，英文本作"1343"（即一千三百四十三年）。
[6] 即穆拉德一世（Murad I, 1326—1389年），奥斯曼土耳其苏丹，1360—1389年在位。
[7] 即哈德良堡（Hadrianople），土耳其西部城市，现名埃迪尔内，曾为奥斯曼帝国首都。
[8] 即帖木儿（Tamerlane 或 Taimur, 1336—1405年），帖木儿帝国开国君主，1370—1405年在位。

耳其同族，而属回教中之施亚派[①]。当此之际，铁木耳操大威柄，性复凶横，其待诸正道回教人，与待耶稣教人相似，是以率兵往攻亚地之俄多曼国。当一千四百二年，竟得生擒该国之苏勒丹巴亚宰[②]，然铁木耳终未越海抵欧（按，此铁木耳闻明太祖定有中原，乃率兵而东拟攻中国，抵葱领西道死），加以俄多曼内乱，连兵不解，故时东罗马地之人民，得以暂息其喘。至一千四百五十三年，根斯丹典城为回教之苏勒丹，亦名穆罕默德[③]者攻取。时东罗马末帝巴来罗哥，战殁于阵，而东罗马国亡。嗣此穆罕默德，又攘有比罗奔尼苏地与德来比孙[④]帝之属地，于是土耳其代东罗马以兴，而列于欧地诸大国也。然时威尼斯人与奉圣约翰之圣兵会中人并拉丁教之他国人，犹相与存有附近亚洲与希腊地方之滨海数城并数岛地，未为土耳其人吞并。

十节　俄、波、狠三国

时欧他境，亦多有回人与之为难，其俄多曼族于尚未克有根斯丹典城之先，已得有大奴比河以南之赛非亚[⑤]与布加利亚等地，而与狠加利、波兰二国为邻。按，时狠、波二国，可号为平陆诸奉耶稣教国之保障，一若威尼斯国之号为海上诸奉耶稣教国之保障也。当一千三百九十六年，狠加利王西革门[⑥]与欧西境奉十字架之

---

① 即什叶派（Shiah），伊斯兰教中除逊尼派外人数最多的一个教派。
② 即巴耶塞特一世（Bayezid I，约1354—1403年），奥斯曼帝国苏丹，著名的军事统帅，别称"雷霆"，执政时期从1389—1402年。
③ 即穆罕默德二世（Mohamed II，1432—1481年），奥斯曼帝国苏丹，1444—1446年、1451—1481年两度在位。
④ 即卷七第十节之"德利比孙"：特拉布宗（Trabzon）。
⑤ 即塞尔维亚（Serbia），位于欧洲巴尔干半岛中部的国家。
⑥ 即西吉斯蒙德（Sigismund，1368—1437年），1411年被选举为罗马人民的国王，1433年加冕为神圣罗马帝国皇帝，还是匈牙利和克罗地亚国王、波希米亚国王。

圣兵合军，迫回人大战于尼哥波利[1]地，而为土国之苏勒丹巴亚宰所破败。至一千三百八十六年，利都完亚地之公爵名亚支伦[2]者，缘信奉耶稣，并许其民皆可入教领洗，而得娶波兰女主海德威[3]为妻，因之利、波归一，并所取有俄罗斯地，合而为一至强之国。时其子弗拉底劳[4]为狼国王，虽先曾战退土国之苏勒丹亚木拉[5]，而至一千四百四十四年，是王复与回人战于滨黑海处之法耳那[6]地，不幸败殁。惟时土族兵力，几无敌于天下，乃有一人起而遏其猖獗之势。是人名曰约翰·狼亚代斯[7]，虽独操有狼加利地之威柄，而终身未得称王。及其嗣子马题亚得[8]，即狼王位，其国东仇土族，西敌奥斯。至一千四百六十六年，波兰攻取德族圣兵会所据之西布鲁斯地。时俄罗斯国既西丧地于波兰，复东受制于蒙古，迫挟交至，动皆听命于人。然后此俄国又日渐见强盛，至一千四百七十七年始得脱彼蒙古人之轭，然尚有回人据其黑海以北之诸地方[9]，一若西班牙地回人被逐，而其革拉那达国，历几多年始行覆灭。

---

[1] 即尼科波尔（Nikopol），保加利亚北部城镇，位于多瑙河右岸。1396年曾爆发过一次大规模战役，十字军首领匈牙利国王西吉蒙德在此战败于奥斯曼帝国。

[2] 即约盖拉（Jogaila，约1348—1434年），又译亚盖洛。1377年起为立陶宛大公，1386年起为波兰国王。

[3] 即雅德维嘉（Jadowiga，1373—1399年），波兰女王，1384—1399年间在位。

[4] 即乌拉斯洛一世（Ulaszlo I，1424—1444年），匈牙利文：UlászlóI，匈牙利国王，1440—1444年在位。

[5] 即穆拉德二世（Murad II，1403—1451年），奥斯曼帝国苏丹，1421年即位，在位期间将势力扩张到巴尔干半岛。

[6] 即瓦尔纳（Varna），今为保加利亚东北部城市，位于黑海西岸。

[7] 即约翰·匈雅提（John Huniades，1387—1456年），匈牙利语：János Hunyadi。匈牙利王国特兰西尼亚总督，王国大将军和摄政王（1446—1452年），反奥斯曼土耳其战争时的英雄人物。

[8] 即马加什一世（Matthias I Corvinus，1443—1490年），匈牙利语：Hunyadi Mátyás。独立的匈牙利最后一位伟大的国王，匈牙利历史上最重要的强国领袖。

[9] "地方"，石印本作"方地"。

十一节 斯干底族之诸国

当一千三百九十七年,其为斯干底人所有之丹与瑞典、挪威三国,相与连和,合而为一,所立之约,名曰《加勒马会书》①,而推丹国女主,乃前丹国王瓦代马第三②之女,名曰马加累③,统主三国。假使果能历久不渝,实可成为欧北境最强之一国。惜未几而三国复分,时丹国已无昔年之诸多战舰,可在巴勒底海滨操大威柄。至一千四百四十八年,丹国王基利斯典第一④,乃俄敦布革族⑤人,是为俄敦布革朝,世传至今。时挪威国地,亦归此俄敦布革朝主理。近岁挪地,则改与瑞典合国。惟时斯干底人所有之丹、瑞、挪三国皆与德北境贸易素盛之数城,多构战事。此数城原号曰罕斯诸城⑥,始则相与结盟,以卫贸易,渐而成为巴勒底海滨之一强国。缘诸罕斯城之海口,贸易繁多,必资兵舰保护,是以其人尤善水战。

十二节 古学重兴

计此数百年中,欧地诸国之方言渐变,而与今时诸国方言几多近似。当挪耳曼人据有英地时,凡英言,人皆目为土语。迨

---

① 即《卡尔马条约》(Treaty of Kalmar)。
② 按:"瓦代马第三",总税务司署刻本、石印本、英文本均为此,今经资料考证,应为"瓦代马第四"。"瓦代马第三",即瓦尔德马三世(Valdemar III),丹麦国王,1326—1329年在位。"瓦代马第四",即瓦尔德马四世(Valdemar IV,1320—1375年),丹麦国王,1340—1375年在位。
③ 即玛格丽特一世(Margrete I,1353—1412年),丹麦、瑞典和挪威女王,1387—1412年在位,统一了丹麦、瑞典和挪威的卡尔马同盟。
④ 即克里斯蒂安一世(Christian I,1426—1481年),丹麦国王(1448—1481年在位),挪威国王(1450—1481年在位)和瑞典国王(1457—1464年在位)。丹麦史上奥尔登堡王朝的创建者。
⑤ 即奥尔登堡(Oldenburg),德国北部的一个贵族家族,起源于奥斯纳布吕克北部的地区。
⑥ 即汉萨同盟(Hanse),德意志北部城市之间形成的商业、政治联盟。

一千三百五十年间，英言复为英地通行之官话，然英、法二国人，则率以法文著书，多有可观。当法人辟境抵南加利地，而法语直传至地中海滨时，即前此伯罗分斯之文言，人亦皆以土语目之。其意大利地之拉丁语，渐变而为今意大利地之方言。此方言之变，乃创成于其地一大诗家，名丹低·亚利结理①者之手。惟时欧洲之希腊、拉丁诸古文学，渐次重兴。当中国赵宋南渡之际，意大利人多爱读拉丁文，而专心于时尚之格致、性理以及罗马法律等学。似此法律之学，在意大利地曾大有助益于斯瓦卞族之诸帝。俾易于服诸人民，而其时尚鲜有习希腊文者。至东罗马国势危殆，其根斯丹典城博学之士，多出避回难，迁往意大利地，而意地之希腊文重兴，既而四邻从风，流传甚速。未几，其习此希腊文之人，又多爱仿效希腊、罗马之营室、绘画、雕镂诸技艺。时欧地之文学并诸技艺，既咸取法于古，而识卓才优之士，势必屈抑不伸。加以其时意地之巴伯并诸公侯，皆争起誉古②文学与古技艺，因之人民咸乐巴伯等好古如是之专而且笃，乃于其立身治国之如何贪纵，皆置不论而如忘也。

十三节　总结

卷中所载，计自一千二百五十年至一千四百五十年。此二百年间，实东西二罗马国之季世。当东国见并于土，而西国帝乃于威权全失之际，犹得在罗马城，行升冕礼，以为之终。时欧西南境崛兴一至强回国，凡相与邻近信奉耶稣诸国，皆为之下而服属之，至西班牙地所仅存之一回国，亦被屏逐。时俄之欧地东北境，其人民亦尽逐回人，而收得以自主之权。若英法百年之战始末，亦咸具此卷内。而法日增强，盖缘其国王，多将境内诸侯及诸邻国地攘为己有，

---

① "丹低"，石印本作"丹底"。即卷八第三节之"丹低"、"亚利结理"：但丁·阿利吉耶里（Dante Alighieri）。
② "古"，石印本作"右"。

再崛起于德、法界间之二国，则瑞士存而布耳根底亡，而意大利地之民政诸城，则嗣多变归代兰德主理。按，代兰德，其爵称虽或公或侯，而实皆操有王者之威柄。外此，巴伯亦号为意地诸国中之一国王，而斯干底族诸国立约合一，未几即败。时波兰国尚号强大，而与狼加利、威尼斯二国，皆信奉耶稣诸国之保障，而为力遏土族回人之欺凌。

欧洲史略　卷九
耶稣新教源流并教战事之世

一节　今欧洲诸国之始

　　兹将进言今欧洲诸国当三百年前创正诸事之始，故所言之事，至今多尚未能完毕。至若前此东西二帝之国并东西二加利弗之国，概已破灭，名存实亡。后此所载不重论国与民，而惟专详述诸国之王族。此诸王族得国之初，有得自其父或其母而以世及者；有一人杰起，恃诸兵力，而得自昔之他国者。似此诸国，时皆削平内难，日臻[①]盛强。其得以致强之由，则多缘此诸国王，渐次将其境内人民所旧有自主之权，尽行收去，国王威柄恒盛不衰，实基于此。且时王始有常额之兵，兵始有常额之饷，咸带器械，恒惟王命是听，无时或懈，与前之寓兵于农，遇战则为兵，难平则为民者，异矣。有此一变，王皆得肆行无忌，以致诸国之议政会，率多废而不举。又他之俾此世界日新月异者，计有三端：一有印板书，则易增人之知识；一有火器，则战阵之式迥殊于前；一有置定南针之罗盘，则俾人轻于航海、寻觅新地。惟时欧地人民于故居境内，业有几多弃旧从新，乃复得知有一新世界，即今南北亚美利加[②]地也。

---

① "日臻"，石印本作"日增"。
② 即美洲（America）。

二节　更正教会

惟时变之大者，耶稣教会中事，实居其首。当一千二百年后，欧地诸国教会将有更正之形已兆。缘时有西教中人创立新说，而西教之操有权势者，率以异端目之，故凡信奉此新说者，多受投火焚毙之惨。时伯罗分斯地号亚比根西①之人，为巴伯所遣奉十字架之兵攻服。至一千四百年时（即中国明英宗朝），有波希米亚地之信耶稣人，名曰"约翰·呼斯"②，重倡新说，而奉其说者亦多为西教人所戕。迨一千五百年后，疑彼西教道理有误之人愈多，而以巴伯自谓得操诸威权，为第一不足服人之事。且新旧二罗马城，皆缘为东西二罗马帝之所都，故此二城教会中之监督，得为东西二教之首。兹则东西罗马咸已灭亡，而东西二教之威柄不宜独存，乃巴伯竟威福自如，肆行己意，贬损诸国王并诸教会应有之权。若教会中积弊之甚，易更正者，计有多端。巴伯既皆无所更正，而反日以敌御更正教会者为务。凡遇诸监督大会或诸国王于教会事，少有更正，咸为巴伯阻抑而不获行，加以时人多视西教之训人律已有与圣书及古教规，显形背戾处。计自一千五百年至一千六百年，此百年间，欧之西境人民，多自脱去巴伯之轭，是以各国教会中人，凡见会中事有与理不相符合处，皆已多率情为之更正。概而言之，时德族诸国（即今德、英、和、丹、瑞、挪等国），固已咸脱巴伯之轭，而罗曼西族之诸国（即今法、西、意、葡萄等国），则仍乐服巴伯之轭，尚未肯自脱去也。若东教，兹姑置不论者，缘时希腊并相与附近之诸地，咸归土族人主理。至俄国，此际尚未甚见有兴盛之势，故其教会无足纪者。

---

① 即卷七第十二节之"亚勒比根西"：阿尔比派（Albigenses）。
② 即约翰·胡斯（John Huss，1369—1415年），波西米亚宗教改革家和殉道士，新教改革的先驱者。

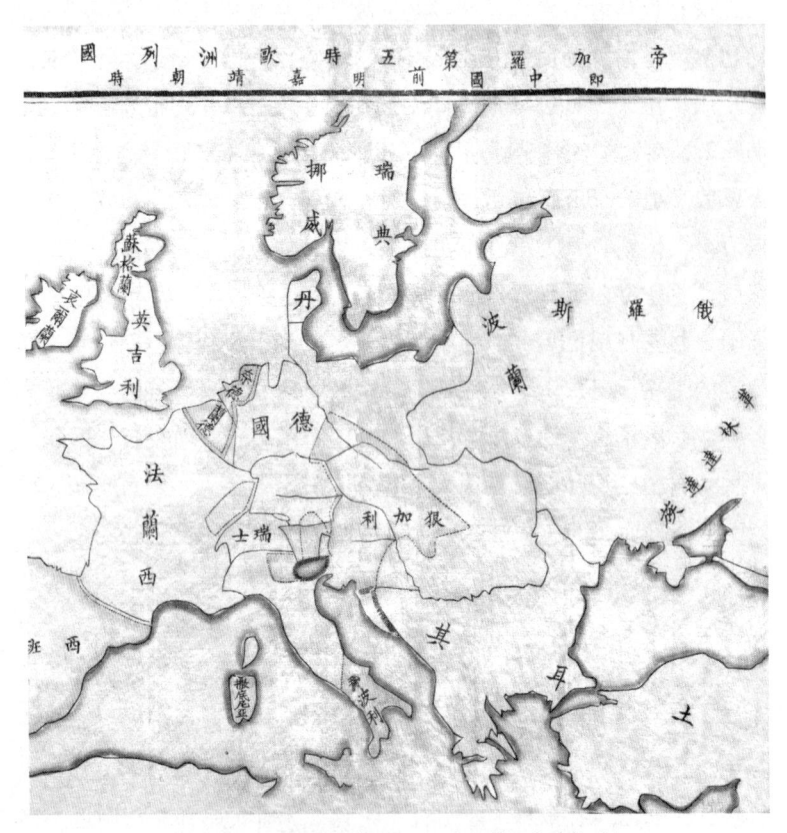

帝加罗第五时欧洲列国图（即中国前明嘉靖朝时）

三节　西班牙国强盛

　　当一千五百年至一千六百年之间，西班牙实为欧地之第一强国。计其前弗王之际，除葡萄牙地外，得独操有西班牙全地之威柄，如撒、西二岛并意地南境之那波利国地，亦皆为其所有。该王之女，名曰约亚那[1]，出嫁于奥斯公爵马西米连[2]之子腓利[3]为妻，而腓利之母即猛加罗之女，是以弗王[4]之外孙名加罗[5]者，得兼承有外祖父母并祖父母之土宇，是以西班牙国与布耳根底国以及和、比二国时号为奈德兰德[6]地，咸归属之。至一千五百十九年，德地九侯，群推立此加罗为德地之帝，号曰加罗第五。时德帝威权较欧地他诸大国，更为强盛，然大半皆袭得其外祖父母并祖父母，非缘为帝，而始得者。计此加罗第五在位三十六年，即行退让。凡所旧有之诸冠冕，概从脱弃。嗣即帝位者，为其弟弗耳底难[7]，而加罗第五旧有之地，则传于其子腓利第二[8]。计此腓利，殁于一千五百九十八年。其在位共四十二年，皆得操有欧地无匹之大威柄。当一千五百八十年，葡

---

[1] 即胡安娜一世（Joanna I, 1479—1555年），西班牙语：Juana I。阿拉贡国王斐迪南二世和卡斯蒂利亚女王伊莎贝拉一世之次女，卡斯蒂利亚女王，1504—1515年在位。
[2] 即马克西米利安一世（Maximilian I, 1459—1519年），亦译马克西米连一世。神圣罗马帝国皇帝，罗马人民的国王，奥地利大公（1493—1519年在位）。
[3] 即美男子腓力一世（Philip I the Handsome, 1478—1506年），奥地利大公，哈布斯堡王朝在西班牙的始祖。
[4] "弗王"，石印本为"法王"。
[5] 即查理五世（Charles V），西班牙国王，1516—1555年在位；神圣罗马帝国皇帝，1519—1555年在位。
[6] 即尼德兰（Netherlands），指莱茵河、马斯河、斯海尔德河下游及北海沿岸一带地势低洼的地区，相当于今天的荷兰、比利时、卢森堡和法国东北部的一部分。
[7] 即斐迪南一世（Ferdinand I, 1503—1564年），哈布斯堡王朝的奥地利大公和神圣罗马帝国皇帝（1556年起，1558年正义加冕登基），奥地利哈布斯堡皇朝的首任皇帝和匈牙利、波希米亚的国王（1526年起）。
[8] 即腓力二世（Philip II, 1527—1598年），哈布斯堡王朝的西班牙国王（1556—1598年在位）和葡萄牙国王（1580—1598年在位）。他的执政时期是西班牙历史上最强盛的时代。

萄牙地为所攻取后，至一千六百三十九年，葡萄牙始复自立成国，乃有伯拉干撒族① 人王于其地。当此腓利第二殁后，西班牙国之威势日替。盖西班牙王，皆爱威权独揽，高下在心。若有教会中人不从命者，立置重典。当其地西教始兆有更正时，即为此② 腓利第二所践灭。嗣复欲践灭和、比③ 二国地更正教会之事，其民不服，起而叛之，以致和兰等七省地，全行沦丧，而时革拉那达国所遗之诸回人，则全被逐出西班牙地。

四节　意大利地之诸战

在昔意大利地，有安茹与亚拉根二族人，互相仇杀，兹则易而为法与西班牙二国战争之事。当一千四百九十四年，法王加罗第八④ 曾统大军越意大利地，攻灭那波利国，族复失之。迨其嗣王累斯第十二⑤，则不仅倡言那波利国应为己有，且谓米兰公爵之地，亦应属于己，故此累斯既统军征服米兰地后，又与西班牙王弗耳底难⑥ 定约，平分那波利国之地。孰料至一千五百四年，弗耳底难竟遣兵攻取那波利而独有其地也。至一千五百八年，法之累王、西之弗王并巴伯茹留第二⑦ 及已选定嗣立为帝，尚未即位之马西米廉⑧，相与立盟，是曰干伯来之盟⑨。四人之定立此盟，盖亦将合兵往攻威尼斯国，

---

① 即布拉干萨王朝（Braganza Dynasty，1640—1910 年），17—20 世纪统治葡萄牙的王朝，其名称来自葡萄牙东北部的城市布拉干萨。
② "此"，石印本无。
③ "比"后，石印本有一"之"字。
④ 即查理八世（Charles VIII，1470—1498 年），法国瓦卢瓦王朝嫡系的最后一位国王，1483—1498 年在位。
⑤ 即路易十二（Louis XII，1462—1515 年），法国瓦卢瓦王朝国王，1498—1515 年在位，被称为"人民之父"。
⑥ 即卷八第八节之"弗底难"：斐迪南二世（Ferdinand II）。
⑦ 即尤里乌斯二世（Julius II，1443—1513 年），1503—1513 年在位的教皇。
⑧ 即卷九第三节之"马西米连"：马克西米利安一世（Maximilian I）。
⑨ 即康布雷同盟（League of Cambrai），亦称神圣同盟。

分有其地。惜此四人中自互相疑贰，丧厥成功，致凡所已夺据之地，几为威尼斯人尽行恢复。嗣此战事不息，值至①一千五百二十九年，始相与罢兵，是战既起于此西、法弗累二王，下迨此弗王之外孙加罗②、累王之子佛兰西第一③嗣即王位，犹日互相战争。惟时米兰之地得而复失者再，而终则西王加罗，捐米兰地，以与其子腓利。当一千五百二十五年，西、法大战于巴非亚城④下，法王成擒。至一千五百二十七年，罗马城为德人攻据，器用财贿，肆掠一空。末抵一千五百二十九年，西、法始议和罢兵，言归于好。越明年，西王加罗在波罗尼亚城，于一日中举行升帝冕礼并升意大利地之王冕礼。后兹至今，意大利地无复有行升帝冕礼者。迨加罗逊位时，意地威权咸以付与其子腓利。

五节　意地绅政与民政之诸城

当此西、法苦战时，其意地政由绅出与政由民出之诸城，威权咸就衰替。其弗罗连城易而归于美底济族人主理。该族人时被逐出境外，已而又返归城内。盖是族人战争，有胜有负，故⑤其出返无常，乃缘时法国自名为弗罗连城之友邦，而巴伯利约第十⑥与巴伯革利门第七⑦，皆美底济族人，相与竭尽心力，自卫其族。至西、法议和之年，法王告绝于弗城，其城外失大援。而巴伯乘隙与德帝连兵

---

① "值至"，石印本作"直至"。
② 即卷九第三节之"加罗第五"：查理五世（Charles V）。
③ 即弗朗索瓦一世（Francis I of France，1494—1547年），又译法兰西斯一世。法国国王，1515—1547年在位。
④ 即帕维亚（Pavia），今属于意大利伦巴第大区，位于米兰南部。
⑤ "故"，石印本为"散"。
⑥ 即教皇利奥十世（Pope Leo X，1475—1521年），1513—1521年在位的教皇。
⑦ 即克雷芒七世（Clement VII，1478—1534年），1513—1523年间担任红衣主教，1523—1534年担任教皇。

压境，强弗城之人民，迎归美底济人名亚利散大①者，立以为公。未几，美底济公名哥斯摩②者，并有民政之些那城③地，故又得有都斯加尼公④之号。此公号直留传至中朝道光年间，始废灭无闻。若时绅政之城，仅波有四：一威尼斯，一路加⑤，一日挪瓦，一散马利挪⑥。嗣此四城，惟威尼斯著大声称。缘其有阻御回人之举，而为奉耶稣教诸国之保障也。至一千五百七十年，西班牙发大队战船与威尼斯之大队战船，合攻回人大队战船于利班多⑦地之海面上，大获全胜，是为大挫俄多曼人凶锋之始。而时威尼斯仍以居伯路岛让于回人，而革利底并他诸小岛，则尚属威尼斯管辖。

六节　巴伯强预之诸⑧事

计自一千五百年后数十年间，其巴伯始则多强预意大利地之诸战事，一以为己多得土地，一以为己族中人多得土地也。时巴伯中亦多品行不端之人，如西班牙之波基亚族⑨人号亚利散大第六⑩者，实居诸无行巴伯之首。若巴伯之号为利约第十者，只缘时爱褒扬古文学并古技艺，得享盛名。然考其素行，亦未见有能超于诸无行巴伯以上处。惟时德地乃诞生一伟人，名曰马丁·路德。见西教

---

① 即亚历山德罗·德·美第奇（Alessandro Medici，1510—1537年），1530—1537年为佛罗伦萨公爵。
② 即科西莫一世（Cosimo I，1519—1574年），1537—1574年担任佛罗伦萨公爵，并在1569年担任第一代托斯卡纳大公。
③ 即锡耶纳（Siena），今意大利托斯卡纳大区城市。
④ 即托斯卡纳大公（Grand Duke of Tuscany），1569—1860年托斯卡纳地区的统治者。
⑤ 即卢卡（Lucca），意大利中部城市，位于塞尔基奥河河谷平原。
⑥ 即圣马力诺（San Marino），当今世界上袖珍国家之一，位于欧洲南部，意大利半岛东部，整个国家被意大利包围。
⑦ 即勒班陀（Lepanto），位于希腊科林斯湾西北岸的海峡。
⑧ "诸"，石印本无。
⑨ 即博尔吉亚家族（The Borgias），文艺复兴时期来自西班牙瓦伦西亚地区的贵族。
⑩ 即亚历山大六世（Alexander VI，1431—1503年），1492—1503年在位的罗马教皇。

之实多舛误也，爰一一枚举而更正之。阅时稍久，巴伯于更正教事之诸人，亦不甚专心关防。且更正教事之举，在意大利地，本自难行。盖其地人民多不过拟将教事，稍为更正一二即足。至一千六百年之末五十年时，巴伯皆端品易行，凡所应为之事，概不惮于竭尽心力，然惟凭其一己之见，而凡有与之异者，皆虐待之。当一千五百四十五年至一千五百六十三年之间（即明世宗嘉靖时），有巴伯在德兰德①地，招集教会②中诸监督，公定教中应行更正之事，咸俾画一，冀成牢不可破之基，而缘此致巴伯与定议更正教事诸人，势如水火，无复再合之望。嗣此教会始划裂为二，旧教号曰加多利加教③（即今之天主教），其新教则号曰伯罗斯丹德教④也（即今之耶稣教）。再未至一千六百年之先，旧教之又号为罗马教者，复得有前此失去之数地方，是实耶稣会人之功。此耶稣会，乃一西班牙人名罗约拉⑤者，首所创立。

七节　德国教会更正之事

德之帝，计自弗德利第三⑥后，其子马西米连⑦于得选为帝。尚未即位仍为德王时，民间已有称德王为帝之俗。然自加罗第五之后，德王实无至意大利地行升帝冕礼者。按，此马西米连，锐于求治，兴利除弊，甚著声称，至其季也。当一千五百十七年，路德始于登场讲说圣经之际，创定新旨，而德即缘诸教事，以致内乱，有大战

---

① 即特伦托（Trent），又译特伦特。古城市名，位于北意大利，阿迪杰河上游的东岸。
② "教会"，石印本作"诸会"。
③ 即天主教（Catholic）。
④ 即新教（Protestantism）。
⑤ 即圣依纳爵·罗耀拉（St. Ignatius of Loyola，1491—1556 年），西班牙人，罗马天主教耶稣会的创始人。他在罗马天主教内进行改革，以对抗马丁·路德等人所领导的基督新教宗教改革。
⑥ 即卷八第一节之"弗来德第三"：腓特烈三世（Frederick III）。
⑦ 即卷九第三节之"马西米连"：马克西米利安一世（Maximilian I）。

争。当加罗第五为诸侯选立在德帝位时，经议院人两次会议定，凡更正教事人有罚之律。此两次会议，一为一千五百二十一年在倭木斯城①，一为后此八年在斯贝页城②。惟时敬信新教之德地诸公侯并他得以自主之诸城，于二次在斯贝页城所定罚律，咸不心服，乃相与借文明意，布告四方。其文名曰伯罗底斯③（译即局中人不服此议），嗣即以是名，名诸更正教事之人。始于德地，既而遍及他处。似此缘诸教事，争战多年。直至一千五百五十五年，在奥古斯布城④另立新约⑤，凡德地新旧二教，作平等视，无少低昂，而境内公侯及他自主诸城，愿崇行新教或旧教，一任所欲，均无禁阻。惟某城某地，其人民则皆宜从该城该地所崇行之教，否则有罚，如奥斯国。惟时民之改奉新教者甚多，而公族中人，则尚咸崇信旧教。未几，其改奉新教之奥斯民，皆听从耶稣会人之激劝，而仍归奉其旧教也。后加罗第五逊位，其弟罗马王弗耳底难，嗣之为帝。惟时帝即德地之一国王，其意大利地⑥之威柄，则操于西班牙王，而布耳根底地⑦为法人吞并者，约十之八九矣。

八节　法国增强

法与西班牙二国之战，肇自意大利地。嗣此法国王与奥斯族人之为德帝或西国王者，皆连年构兵未息。时米兰与那波利二地，法皆不守，而法王佛兰西第一并其子显理第二⑧者，皆甚逼迫其国中

---

① 即沃姆斯城（Worms），位于今德国中南部的古城。
② 即施派尔（Speyer），位于德国莱茵河上游河畔的一座古老城市。
③ 即抗议书（Protest）。
④ 即奥格斯堡（Augsburg），今德国施瓦本的行政首府和巴伐利亚第三大城市，建于公元前15年罗马皇帝奥古斯都时代。
⑤ 即《奥格斯堡和约》（*Peace of Augsburg*），1555年在日耳曼民族神圣罗马帝国会议上签订的和约。
⑥ "地"，石印本无。
⑦ "地"后，石印本有一"乃"字。
⑧ 即亨利二世（Henry II，1519—1559年），法国瓦卢瓦王朝国王，1547—1559年在位。

更正教事之人，乃缘与德帝有隙，故反助德地之更正教事人并诱诸土耳其人，以与德帝为难。当一年五百五十二年，法王攻取德地三城，一曰美兹①，一曰都勒②，一曰斐耳敦③。是三城原各归一教中监督主理，而其外四周，皆罗德灵恩公爵④地也。至一千五百五十八年，德、法二国议和，言归于好。计自一千五百六十二年后，法不出兵侵并邻国者，约三十年。盖其国内有新旧二教互争事。时其新教中首出更正教事一大教长，名曰约翰·加勒分⑤，乃生于法，后又移居瑞士之其尼法城者。凡其更正教事，离诸旧教，较路德为尤远。后此作罗满西语之诸国中遇有更正教事，一以加勒分为宗，而德人亦多从而崇信之。嗣显理第二之三子，皆继为法王：一名佛兰西第二⑥，一名加罗第九⑦，一名显理第三⑧。此三法王在位，合计始于一千五百五十九年，而终于一千五百八十九年。按，一千五百七十二年，加罗第九为法王时，当存念使徒巴多罗迈之日⑨（即西历之八月二十四日），在巴黎斯城，逞大凶虐，戕杀更正教事多人，因而新旧二教，争战连年。其新教中人，众民概呼之曰瑚该挪⑩。惟时有比利尼山北那法耳地之王，为布耳奔族人名显理⑪者，出为新教之长。考此显理世系，在显理第二殁后，其三子应嗣即王位外，则此显理应为法王。故迨显理第三被刺毙时，法王

---

① 即梅斯（Metz），法国东北部城市。
② 即卷五第七节之"都耳城"：图尔（Tours）。
③ 即凡尔登（Verdun），位于今法国东北部洛林大区的一座小城市，843 年查理大帝的 3 个孙子曾在此订立瓜分查理曼帝国的《凡尔登条约》。
④ 即洛林（Lorraine），公元前 8 世纪为高卢部落占据，1766 年全部划入法国版图，今为法国东北部地区名。
⑤ 即约翰·加尔文（John Calvin，1509—1564 年），法国著名的宗教改革家。
⑥ 即弗朗索瓦二世（Francis II，1544—1560 年），法国国王，1559—1560 年在位。
⑦ 即查理九世（Charles IX，1550—1574 年），法国国王，1560—1574 年在位。
⑧ 即亨利三世（Henry III，1511—1589 年），法国国王，1574—1589 年在位。
⑨ 即圣巴托罗缪节（St Bartholomew's Day），法国的狂欢节，时间是每年的 8 月 24 日。
⑩ 即胡格诺派（Huguenots），又译雨格诺派、休京诺派。16—17 世纪法国新教徒形成的一个派别。
⑪ 即亨利四世（Henry IV，1553—1610 年），纳瓦尔（今西班牙北部的一个自治区）国王（1572—1610 年），继而成为法国国王（1589—1610 年），法国波旁王朝的创建者。

冠冕即归戴于此显理之首。惟时巴黎斯城及法境内之大半人民，明告此显理，若不改从旧教，则国人不能奉以为王，是以此显理于一千五百九十三年，改从旧教。至一千六百十年，为人刺毙，其子累斯第十三①嗣位。有旧教之加底那利②（即红衣监督）名利矢留③者相之，定制取威，王权愈固。时法实为欧地第一强国。

九节　和兰等七省自立为国

惟时西班牙国大见衰微，而其属土，则崛兴一得自主之国，即和兰也。按，前此奈德兰德地，即今之和、比二国境，原归布耳根底之公爵主理，后乃改属于西班牙王加罗并其子腓利所统辖。嗣因腓利迫诸新教，俾其人皆屈抑无所申诉，是以和兰人民咸怀愤怨。至一千五百六十八年，有那扫④地之伯爵，号讷口威廉⑤者，倡义起兵。缘此威廉兼继有俄兰支地，故得预于德地高爵之列。此俄兰支地旧属于德，而今则三面皆界于法。其先之主是地者，爵极崇重，班公侯上，仅下王一等。加之讷口威廉，实为和兰之第一流人物，故时和兰七省，咸脱去西班牙国之轭。至一千五百八十一年，和兰始自立为七省联盟之国，和兰先乃七省中至大之一省名，后因以为七省合一之国号⑥也。时其以南诸⑦省，今比利时国地，尚属腓利，

---

① 即路易十三世（Louis XIII, 1601—1643 年），法国波旁王朝国王，1610—1643 年在位。
② 即红衣主教（Cardinals），亦称枢机主教。天主教教宗治理普世教会的职务上最得力的助手和顾问。
③ 即黎塞留（Richelieu, 1585—1642 年），法王路易十三时期的宰相，枢机主教，政治家。
④ 即拿骚（Nassau），今巴哈马首都，位于新普罗维登斯岛北岸。17 世纪 30 年代是英国人的一个居民点，1660 年发展成为较大的城镇，当时称"查尔斯敦"。1690 年以英国亲王拿骚的名字命名。1729 年正式建立城市，沿用该名至今。
⑤ 即威廉一世（William I, 1533—1584 年），也称沉默者威廉（William the Silent）。荷兰奥兰治王朝的开国国王。
⑥ "一之国号"，石印本作"一国之号"。
⑦ "诸"，石印本无。

而其人民亦尚多奉旧教。至一千五百八十四年，讷口威廉为刺客刺毙，其子冒利斯①嗣位后，仍与西班牙国战争不息。至一千六百九年，和、西始立约罢兵。惟时和兰七省虽得自主，不受德、西二国之拘束，然尚号为德帝境内之国。至一千六百四十八年（即中朝之顺治五年），其国始愿与德离贰。和兰虽仅七省，境地非阔，然其人民勇敢强悍，罕有其匹②，而尤习水战，故当一千六百年至一千七百年之间，和兰实居欧地诸强国中之一。

十节　瑞士、撒非二国

时德国南境高德地之诸国合而为一，号曰瑞士。及其战胜布耳根底公名加罗者之后，威权愈盛，获新郡五，合旧所有，共十三郡。其人皆德人，语皆德语，而外此作法语与作意大利语诸地之民，亦有与瑞士联盟并或服从之者。前意大利地之诸战，瑞士八郡咸预其事。故意北境即巴底地内之底西挪郡③，为瑞士人所攻取，而俾列于瑞士同盟诸郡内。然瑞士增强，乃得自布耳根底国者居多。惟时布耳根底，仅余一撒非公爵地，尚未为法吞并。而附近亚勒比高山之以南以北，皆有属撒非公之地。兹则其④山北地，渐多⑤失去，而山南地渐多增添。若瑞士之更正教事，与德不同。考瑞士新教，乃租利革城⑥人，名资翁利⑦者之所创定。当一千五百十九年，资翁利始

---

① 即莫里斯（Maurice of Nassau，1567—1625 年），奥兰治亲王，尼德兰联省共和国执政，1585—1625 年在位。
② "匹"后，石印本有一"者"字。
③ 即提契诺（Ticino），位于今瑞士东南部的一个州，属于瑞士意大利语区。1499 年时曾被法国占领。
④ "其"，石印本无。
⑤ "渐多"，石印本作"而渐次"。
⑥ 即卷八第七节之"祖利革"：苏黎世（Zurich）。
⑦ 即茨温利（Zwingli，1484—1531 年），瑞士宗教改革家。

讲说新道。一时租利革并伯耳那①二城，及他数处地方人民，皆信心崇奉。而瑞士开国原有之三郡，则尚仍奉其旧教。未几，又有名威廉·法勒洛②者，在其尼法城宣传新教。此城与伯耳那城并他诸郡，多结有盟约。时撒非地之公，屡次出兵，往攻其尼法城。后其城得诸同盟之助，反得攘有撒非公之北境地，而撒非之南境地，亦为其诸同盟人攻取。至一千五百六十四年，其尼法城与撒非议和，将南境地，始复让还撒非。即是以观，伯耳那城与诸同盟，既得有作法语人之地，而其尼法城，仍为自主之城。时有宣传新教大著声称之加罗分③居是城内。嗣此撒非公与意大利交涉之事，较他邻国为尤多。至一千六百四十八年，瑞士诸郡始有明文以与德离，而为自主之国。

十一节　英、苏二国

时英、苏二国合而为一，然英地盛行之新教与苏地者大有不同。溯自一千四百五十年至一千五百年之间，英多战事。缘时英之王族有二，一曰约革族④，一曰兰加斯德族⑤，相与竞言英之王位，应归己族。至一千五百九年，显理第八⑥即位，是为前此有战事以来，第一无人谓其不应即英王位者。当此王在位之际，教事多有更新，而王固自不服诸巴伯约束，亦仍拘诸宣传新教人，焚毙甚众。显理第八殁，其子义德瓦第六⑦嗣。在位六年，教事之更新者

---

① 即卷八第七节之"贝耳那"：伯尔尼（Bern）。
② 即威廉·法雷尔（William Farel，1489—1565 年），瑞士宗教改革家。
③ 即卷九第八节之"加勒分"：约翰·加尔文（John Calvin）。
④ 即约克家族（House of York），金雀花王朝的旁支，1385 年建立，以白玫瑰为族徽。
⑤ 即兰开斯特家族（House of Lancaster），金雀花王朝的旁支，1362 年建立，以红玫瑰为族徽。
⑥ 即亨利八世（Henry VIII，1491—1547 年），英国都铎王朝第二位君主，英格兰与爱尔兰的国王，1509—1547 年在位。
⑦ 即爱德华六世（Edward VI，1537—1553 年），英国都铎王朝第三位君主，英格兰与爱尔兰的国王，1547—1553 年在位。

愈多。既而此义王之姊，后为西班牙王腓利妻，名马利亚①者，继弟王英。按，马利亚在位，兴复旧教，畀巴伯以再得辖制英地之权，嗣殁于一千五百五十八年。其妹以利撒伯②即位，更正教事，多从新式，复使巴伯失辖制英地之权，然所更正者，皆远不若他国之多。至苏地新教之出，较晚于英，而所更正之教事反多，盖英地教事更正于王，而苏地教事，则皆更正于民。时苏之女王马利·斯都瓦③，曾为法王佛兰西第二之妻，仍崇旧教，后为苏民迫逐出境。至一千五百六十九年，马利逃往英地，为英女王禁锢于弗德林该寨④内。越十八年，有拟戕害英女王者，而马利预闻其谋。事露，以利撒伯定马利罪，斩之。至一千五百八十八年，西班牙王腓利发大队战船，将越海攻灭英国，乃途遭飓风，船多破损，又为英之水军所败，事成画饼。惟时以利撒伯为欧地新教诸国之长，计其终身与西班牙王战事不息也。此女王殁于一千六百三年，而苏王雅各第六⑤，嗣英王位。后此法王，不复得苏助，以与英战，然英亦少衰，不复如前为欧地诸国以强盛国重视之矣。迨加罗第一⑥即英王位，未数年，即与议院诸人构有战事。至英废王以哥伦威勒⑦为护国首领，摄行王事。时英仍得⑧列于欧地诸强国内。

---

① 即玛丽一世（Mary I，1516—1558年），英国都铎王朝第四位君主，英格兰和爱尔兰女王，1553—1558年在位。
② 即伊丽莎白一世（Elizabeth I，1533—1603年），英国都铎王朝的第五位、也是最后一位君主，英格兰和爱尔兰女王，1558—1603年在位。
③ 即玛丽·斯图亚特（Mary Stewart，1542—1587年），苏格兰的统治者（1542—1567年在位），法国王后（1559—1560年）。
④ 即福特林城堡（Fotheringhay castle），也称福泽林盖城堡，位于苏格兰中部斯特林市。
⑤ 即詹姆士六世（James VI，1566—1625年），苏格兰国王，1567—1625年在位。
⑥ 即查理一世（Charles I，1600—1649年），英格兰、苏格兰及爱尔兰国王，1625—1649年在位。
⑦ 即奥利弗·克伦威尔（Oliver Cromwell，1599—1658年），英国资产阶级革命家、政治家、军事家、宗教领袖。1653年，建立军事独裁统治，自任"护国主"。
⑧ "得"，石印本无。

十二节　欧北境诸国

斯干底族三国合一之盟，至一千五百二十三年，始行泮涣。缘时兼摄三国事务者，为素号"残忍"之革利斯典第二①，是以丹与瑞典，各别选立一王，统理国事。瑞典选立之王，名曰古斯达弗·法撒②，始将路德新教，布于瑞典。惟时其改从新教，亦不甚多，与英正同。嗣瑞典之得列于欧地强国内者，盖因其国王名古斯达弗·亚多弗③者，得操有大威柄之故也。迨亚多弗殁，其女革利底那④嗣位。瑞典西垂，有开辟土宇之事。惟时丹与挪耳威二国合一，而以俄敦布革族人为王。计其王弗来德利第一⑤，即位于一千五百二十三年。计其在位十年，而丹国之路德新教，实基于此矣。至弗来德利第二⑥嗣王位时，攘有底德马善⑦之地。按，此地人民，前此皆得自由自主，与瑞士诸郡同，咸先未为邻国所吞并也。

十三节　波兰、布路斯二国

自一千五百年至一千六百年之间（即中国明中叶时），初当亚支伦族人为波兰国王时，波兰实列欧地诸强国内。乃未几，而有丧地

---

① 即克里斯蒂安二世（Christian II, 1481—1559 年），丹麦和挪威国王，1513—1523 年在位；瑞典国王，1520—1521 年在位。
② 即古斯塔夫·瓦萨（Gustav Vasa, 1496—1560 年），瑞典国王，1523—1560 年在位。
③ 即古斯塔夫二世·阿道夫（Gustav II Adolf, 1594—1632 年），瑞典瓦萨王朝国王，1611—1632 年在位。
④ 即克里斯蒂娜（Christina, 1626—1689 年），1632—1654 年间的瑞典女王。
⑤ 即弗雷德里克一世（Frederick I, 1471—1533 年），又译腓特烈一世。奥尔登堡王朝的丹麦和挪威国王，1523—1533 年在位。
⑥ 即弗雷德里克二世（Frederick II, 1534—1588 年），又译腓特烈二世。奥尔登堡王朝的丹麦和挪威国王，1559—1588 年在位。
⑦ 即迪特马尔申（Dithmarschen），德国北部的一个地区，位于今德国汉堡与丹麦的边界之间的一个县。

之辱。近数十年中，俄罗斯展有之一大新地，即多得之于波兰，嗣波兰之地日削。至一千五百二十五年，德多尼族之圣兵会云亡。缘时其会首号伯兰敦布省①之亚伯德②者，已改从新教，得东布路斯之世传公爵，以服属于波兰。未几，亚伯德又得为伯兰敦布省主，而得列于预选德帝之高爵中。既而东布路斯公，背波兰以与伯兰敦布合而成一自主之国。其在利分亚为德多尼族圣兵会旧有之地，半则先属波兰，后归瑞典，半则为该会首革德勒③所据，自立为公。至一千五百七十三年，波兰王冕，改归获选立人之首。嗣是波兰威柄，日见衰微。

十四节　俄罗斯国

俄罗斯国蹶而复振，及至于今，愈形强盛。当号为"惊人"之约翰第四④，在俄王位五十一年，是王曾攻击加散地之土族人，大获全胜，辟境直至里海为界。而俄与黑海之间，尚有都于革林⑤地之土族人，以阻俄使不得据有海口。如西班牙南境之有革拉那达诸回人，俾西班牙不得进抵南海滨同。又缘有瑞典、波兰之阻，俄复不得抵巴勒底海。时俄与欧地通商，仅得由一白海，往来贸易。再此约翰第四，又自号该撒，盖俄国王素皆愿人视己为嗣东罗马帝位

---

① 即勃兰登堡省（Brandenburg），最初由查理曼设立，今为位于德国东部的一个州。
② 即阿尔布雷希特（Albert，1490—1568年），又译阿尔伯特。东普鲁士公爵，1525—1568年在位。
③ 即戈特哈德·科特勒（Gotthard Kettler，1517—1587年），又译哥达·凯特莱。1559—1561年任宝剑兄弟骑士团团长，1559—1587年任库尔兰和瑟米加利亚公国公爵。
④ 即伊凡四世（Ivan IV，1530—1584年），俄国历史上的第一位沙皇，1547—1584年在位。
⑤ 即克里米亚（Krim），黑海北部海岸的一个半岛，毗邻近东地区两大洲的咽喉，因此历来是兵家必争之地。

者。至一千五百八十九年①，俄路利革②之旧王族灭，国多内乱。至一千六百十一、二年，乱事大定，而罗马挪③之新王族兴，后此则俄东西南之疆土日辟矣。

十五节　土耳其、狼加利二国

一千五百一年，俄多曼人为一回教新敌攻击，即新波斯国也。当昔波斯王亚达斯耳斯④时（即中国魏晋之际），有传古波斯教于其国者，因致中兴，其强几可与罗马平等。追梭非族⑤人为波斯王，有回教人传施亚派于波斯，其国亦复强盛。波斯王与俄多曼人连年构兵，凡土耳其之南北与西诸邻国，咸受俄多曼人欺凌。嗣俄多曼之苏勒丹，有素号"刚毅西林"⑥者，即位于一千五百十二年，后攻取伊及并叙利亚等地。时伊及之加利弗，自将其威柄让付土人，故俄多曼族之为苏勒丹者，得居回教正宗之首。至一千五百二十年，有号创制律法之苏雷曼⑦，嗣西林即苏勒丹位，在位四十六年。其时俄多曼人，大增威柄，当其与德帝加罗战时，缘得法王之助，故狼加利地之大半，皆为俄多曼人攻取。又进围奥斯国都威页那城⑧，嗣复尽逐

---

① 按："一千五百八十九年"，总税务司署刻本、石印本、英文本均为此，据资料考证，应为"一千五百九十八年"（即1598年）。
② 即留里克家族（Rurik），统治东斯拉夫人的古罗斯国家的第一个家族。
③ 即罗曼诺夫家族（Romanov），1613—1917年期间统治俄罗斯的家族，使俄国成为历史上最强盛的王朝。
④ 即阿尔塔泽尔西斯（Artaxerxes,？—约240年），波斯萨珊王朝的创建者，第一位"众王之王"，约226—240年在位。
⑤ 即萨菲王朝（Safavid Empire），由波斯人建立的从1501—1736年统治伊朗的王朝。
⑥ 即塞利姆一世（Selim I, 约1467—1520年），绰号"稳固的"，奥斯曼帝国从1512—1520年的苏丹，在位期间为奥斯曼帝国广开国土。
⑦ 即苏莱曼一世（Suleiman I of Persia, 1494—1566年），亦称苏莱曼大帝。在位时完成了对奥斯曼帝国法律体系的改造。
⑧ 即卷六第三节之"非延城"：维也纳（Vienna）。

罗德斯岛①之约翰圣兵会中人，至马利达岛②而困之。此马利达岛，乃前东罗马帝以与约翰圣兵会者。按，苏雷曼，为志并天下之末一苏勒丹，然其死后，土国人犹以兵定数地也。惟时土国，与东之波斯，北之波兰并狠加利二国，恒多战事。若狠加利之王冕，则计自德帝弗耳底难之后，皆归奥斯族人，世传勿替。

十六节　德地三十年之战

初自一千五百年至一千六百年，欧地诸国多更从新教。嗣自一千六百年至一千七百年，德地因而起有连三十年之战事③。惟时欧地他国，亦多有预此战事者。当一千六百十九年，是战肇兴于波希米亚地方。盖时德帝弗耳底难第二④，播虐于其地。诸新教人弗忍，起而叛之，乃别选巴拉底那⑤地之公爵名弗来德利⑥者，奉以为王。嗣此弗来之新旧二地皆失，战事遍于德地矣。始而德帝遣征信奉新教诸侯伯之兵，无往不胜。继而欧地之他新教诸国，咸出兵以援同教⑦。时丹国王革利斯典第四⑧，首先遣兵赴援，而瑞典国王古斯达弗·亚多弗，亦嗣发援同教之兵。当一千六百三十年，古斯达率

---

① 即罗德岛（Rhodes），希腊东南一岛屿。
② 即马耳他（Malta），位于地中海中部的岛国，由地中海一些岛屿组成，有"地中海心脏"之称。
③ 即三十年战争（Thirty Years' War）。
④ 即斐迪南二世（Ferdinand II，1578—1637年），神圣罗马帝国皇帝（1620—1637年在位），匈牙利国王（1618—1625年，1620年被叛乱打断）和波希米亚国王（1617—1619年，1620—1637年）。
⑤ 即帕拉丁（Palatine），德语译为"普法尔茨"。位于莱茵河边的领地。
⑥ 即腓特烈五世（Frederick V，1596—1632年），普法尔茨选侯，1610—1623年在位；波希米亚国王，1619—1620年在位。
⑦ "同教"，石印本作"回教"。
⑧ 即克里斯蒂安四世（Christian IV，1577—1648年），出身于奥尔登堡王朝的丹麦国王和挪威国王，1588—1648年在位。

师进驻德地，与德帝连战二年，屡获胜捷，后不幸战殁于吕尊[①]地，而瑞典嗣王，仍与德帝构兵不息，是要皆将拯新教人于水火。及至一千六百三十五年，法亦出兵预此战事。时法相名曰利矢留，而是战即易为愈增法强之战也。至一千六百四十八年，相与议和。时德帝为即位于一千六百三十七年之弗耳底难第三[②]，而一千六百四十三年始，即法王位之雷斯第十四[③]，其年尚幼，国事一决于其相马撒林[④]与前相利矢留。此二相皆旧教之红衣监督，在西语则名之曰加底那利，译即秉机枢[⑤]者。盖遇立新巴伯，皆须诸加底那利合议，以定其位。迨此三十年战罢议和，其条约名曰《威斯法利和约》[⑥]，载明德地之新旧二教，作为平等，无少低昂。时德国困弊已甚，威柄下移，操于诸公侯手，而法王得有德之哀勒撒斯[⑦]地，而瑞典王亦获有德之滨海数处地方，而以其地仍属于德。凡瑞典王在其地有所施为，则与德地之公侯同列。嗣此法与西班牙战，直至一千六百五十九年（即中朝顺治十六年），始相罢兵，而旧属西班牙之今比国地，计有数处让归法人。

十七节　欧洲诸国设立新埠

时欧洲滨海及有航海贸易之诸国，于东西觅有之新地方，设埠几遍，而葡萄牙国实为之首，次西班牙国，再则法、英、和兰等

[①] 即吕岑（Luzen），德国萨克森-安哈尔特州的一个镇，位于莱比锡附近。

[②] 即斐迪南三世（Ferdinand III，1608—1657年），哈布斯堡王朝的神圣罗马帝国皇帝（1637—1657年在位）；匈牙利国王（1625年起）和波希米亚国王（1627年起）。

[③] 即路易十四（Louis XIV，1638—1715年），自号太阳王，法国波旁王朝著名的国王，1643—1715年在位。

[④] 即马萨林枢机（Cardinal Mazarin，1602—1661年），法国外交家、政治家，法国国王路易十四时期的宰相（1643—1661年）及枢机主教。

[⑤] "机枢"，石印本作"枢机"。

[⑥] 即《威斯特法利亚和约》（The Peace Treaty of Westphalia），象征三十年战争结束而签订的一系列和约。

[⑦] 即阿尔萨斯（Alsace），法国东北部地区名，位于德法边境。

国继之。按，此诸国所设之埠，分有二等，一欧人于此，**惟通贸易**，如非洲、印度以及南洋群岛之诸埠是也。似此之埠，虽皆易于推辟，然欧人既不家于此，亦无后裔遗居其地。一欧人多家于此，历诸子孙，咸不复归故里，如南北亚美利加洲是也。似此之埠，后皆渐易而为或英语，或葡萄牙语，或西班牙语之新国。凡此诸新国，先皆分为其欧地本国之属土，非若古希腊人，越海立埠，率得自主，即可指期富强。若葡萄牙人之立埠于非洲滨海处，时尚在其得至望好角地之前，嗣渐东抵印度及南洋群岛。当一千五百五十年至一千六百年之间，葡萄牙人在印度据有之地，实较他国为多。至于美洲，则缘一善航海人，名哥伦布者，其本意若自欧地，直向西行，必可得抵印度。后有西班牙王，资以船只，俾之西行，乃不意其于一千四百九十二年，首得至此美洲新地。似些奉诸国王命出觅新地者，有数意大利人，如美洲，乃因意人亚美利哥·威斯布基①之名而得名。惟时西班牙②在美洲觅获新地甚多，计自一千五百十九年至一千五百三十六年之间，实西班牙人在美洲平诸土人至大之国，设官治理之时也。而南美地，则葡萄人创立一伯拉西勒国③。北美地，则多为英与法以及和兰三国之人，迁往其地，创立埠头。迨一千六百六年至一千六百七年，其英、法人之航海迁居此新地者愈多。英人首设之埠，名曰威基尼亚④，并嗣获有之新英吉利地，后皆为今日美国开创之基，而北美洲沿海处，又有和兰、瑞典二国所设之埠。至法人，则北美洲之南北与西皆有其属地，是为欧地诸国于大西洋外创开之一新世界也。故后此印度与美洲之史，概可总括于欧地诸国史内。

---

① 即亚美利哥·韦斯普奇（Amerigo Vespucci，1451—1512年），意大利商人、航海家、探险家和旅行家，美洲（全称亚美利加洲）是以他的名字命名的。
② "西班牙"后，石印本有一"人"字。
③ 即巴西（Brazil）。
④ 即弗吉尼亚（Virginia）。

十八节　格致文学

惟时民心受感，虽弃旧教，归诸新教，并得多增其学问知识，似此增诸学识①之原，则实肇自意大利地，既而流传，遍满欧洲。若拉丁语，固仍为格致文学之士所习用，而时有多国人，率各以其本国之言语文字，著史著书，为诗为赋。再时新旧二教方争，故又有以本国语字明圣道者。自一千五百年至一千六百年，其间意大利，以善绘著名之人辈出，而又与英及西班牙、葡萄牙，各有数大诗家，显名于世，若法人则仅有以文名者。时各国多旁习他国言语之人，而习意大利文字言语者为尤众。如上曾言及，当一千一百年至一千二百年，意大利人讲习罗马律例之学重兴，至是则和兰人之万国公法一学盛行，乃诸国咸以为与邻邦无论和战皆宜遵而不违之条例。其德国则缘三十年之战，并诸他战，民多失业，故诸学术皆尚未见昌盛。惟路德所译之《新约》《旧约》二书，后人奉为德语正式，故德国之高地德语盛行，而卑地德语，则咸陋视之。时欧地格致一学，有日兴之势，积而考有地与诸行星，皆绕于日之确据。虽巴伯目为异端，终不能抑此学，使之少衰，然巴伯中，亦有大裨益②于格致学之人，如巴伯号革利哥利第十三③者是已。盖西历当该撒在罗马帝位时，曾为更正，后此继起无人，历之差谬，积久愈多，直至是革利十三，始复为更正。其历先行于旧教诸国，而新教诸国，久久亦皆遵行之也。惟俄罗斯之东教人，至今仍不遵行④此历。

---

① "学识"，石印本作"学问"。
② "裨益"，石印本作"稗益"。
③ 即格里高利十三（Gregory XIII，1572—1585年），意大利人，制定了现今通用的公历。
④ "行"后，石印本无。

十九节　总结

　　是卷中所载，当新旧二教互争数十年内，其欧地诸国，因之而势强势弱，地辟地削者甚多，惟时①德帝威权，咸归于尽。惟奥斯王族中人犹承称帝不替，乃有出自奥斯派之西班牙②族兴起，为欧地至强之一王家。迨德地之三十年战，法人崛兴，代西班牙为欧地至强之一国也。时意大利地③诸国，率皆服④属于西班牙，惟威尼斯一国，尚能自主，而为阻御土族卫护⑤欧人之保障，其他号为欧人保障之诸国，如狠加利，其自主之权已失，境地大半皆为土族人攘取。余者，则为奥斯公据以自王。当新教兴隆之际，波兰国之盛强已极。迨德地之三十年战毕后，波兰亦自渐次衰弱，而别有崛起之三四强国。时英、苏虽未⑥为一，然归一王兼行主理，是为欧地人咸目二为一之一强国。和兰背西班牙以自立，则为欧地⑦新出之一强国，瑞典之兴也勃然，即得⑧列于欧洲诸强国内，而俄罗斯亦较前进步，国得立有强盛基也。至若周行地球，寻觅新地，俾世界改观，情形大异。则凡欧地航海诸国，其权力贸易，要皆蒸蒸日上。时西教分有新旧，是于国俗民风，有大关系。盖人心受此更正教事之感，因而⑨知识日增，格致文学在在盛隆，皆非前此可比者矣。

----

① "时"，石印本作"是"。
② "牙"后，石印本衍一"牙"字。
③ "地"，石印本无。
④ "服"，石印本无。
⑤ "护"后，石印本衍一"护"字。
⑥ "未"后，石印本有一"合"字。
⑦ "欧地"，石印本作"欧洲"。
⑧ "得"，石印本无。
⑨ "因而"，石印本作"固而"。

欧洲史略　卷十
法国大兴之世

一节　法渐强盛

　　惟时法之得代西班牙为欧洲第一强国者，缘其已挫德与西班牙二奥斯王族之锋，兼致德帝之地分裂为诸小国故也。至中朝之顺治十八年①，法王雷斯第十四始亲政事，其威权独揽，较前此诸法王为尤甚。至康熙四年②，西班牙王腓利第四③殁。雷斯十四缘其后为西班牙王之女也，竟弗愿其妻嫁时让地不受之前言，乃出示声称：奈德兰德国内之数地方，乃其后所当得者，应归于己。至康熙十八年④，雷斯十四攻取奈德兰德之数处地方，并旧属德帝之布耳根底地以及比散孙郡城⑤与哀勒撒斯郡属内之诸他城。嗣复遣兵往攻和兰，因和兰有与其仇国西班牙合以攻法之事。时德帝略波德⑥及德境内之数公侯，咸预此战，以与法争。雷斯十四虽逼迫法地诸新教人，然其在

---

① 即公元 1661 年。
② 即公元 1665 年。
③ 即菲利普四世（Philip IV，1605—1665 年），西班牙哈布斯堡王朝国王，号称"地球之王"，1621—1665 年在位。
④ 即公元 1679 年。
⑤ 即贝桑松（Besancon），历史古城，今为法国东部城市。
⑥ 即利奥波德（Leopold I，1640—1705 年），哈布斯堡王朝的神圣罗马帝国皇帝（1658—1705 年在位）及匈牙利和波希米亚国王，皇帝斐迪南三世的次子。

狠加利地方，则反助彼新教人以与德帝为难，又与土国联盟，结以为援。似此诸行，皆与法之前王佛兰西第一同也。当康熙十八年，议和于嫩威根①地方。约内载明，凡法所攻取诸国地，皆归法有，而雷斯十四，仍自侵扰德之边疆。至康熙二十年②，法人拱手而取德之斯德拉布城③，并法国南之亚非嫩城④。其时日挪瓦国，亦大受法人之欺凌。

二节　英、法、和兰

时有出阻雷斯十四威权者，即英与和兰，合而摈法。当中朝之顺治十五年⑤，英护国首领哥伦威勒殁⑥。国之内乱者二年。迨顺治十七年⑦，前王世子加罗第二⑧即英王位时，英已失哥公生前之威权。而加罗第二喜法之纳贿于己也，降心低首，一任法王之所欲为。计当哥伦威勒及加罗第二之世，皆常与和兰构兵。时俄兰支族长世为和兰护国首领内，有名威廉第二⑨者娶英王加罗第二之妹为妻，而其子威廉第三⑩之妻马利亚⑪，又为英王雅各第二⑫之女。当

---

① 即尼姆威根（Nimwegen），荷兰东部城市。
② 即公元 1681 年。
③ 即斯特拉斯堡（Strasbourg），位于德、法边界，法国东部重要的河港城市，是一座拥有多处名胜古迹的文化名城。
④ 即卷八第二节之"亚非农城"：阿维农（Avignon）。
⑤ 即公元 1658 年。
⑥ "殁"，石印本作"没"。
⑦ 即公元 1660 年。
⑧ 即查理二世（Charles II, 1630—1685 年），英国斯图亚特王朝国王，1660—1685 年在位。生前获得多数英国人的喜爱，以"欢乐王"、"快活王"（Merrie Monarch）闻名。
⑨ 即威廉二世（William II, 1626—1650 年），1647 年起任尼德兰各省（菲仕兰省除外）的都统，父亲死后继承奥兰治亲王称号。
⑩ 即威廉三世（William III, 1650—1702 年），1650 年任奥兰治亲王，于 1672 年任荷兰省、泽兰省执政，1689 年登基为英格兰国王。
⑪ 即玛丽二世（Mary II, 1662—1694 年），荷兰王后、英国女王（自 1689 年起）。英国国王詹姆斯二世的长女，荷兰执政、英国国王威廉三世的妻子和共治者（在英国）。
⑫ 即詹姆斯二世（James II, 1633—1701 年），1644 年被封为约克公爵，1685—1688 年是英格兰、苏格兰和爱尔兰的国王。

雷斯十四攻和兰时，威廉第三已嗣为护国首领，统军御法。至康熙二十四年①，英王加罗第二殁，其弟雅各嗣位。雅各奉旧教，又所行多与英律相背。国人逐之出境，迎其女马利亚与婿威廉第三同主英政。于是，英与和兰合以敌法。其时，欧地诸国多启兵端，而威廉第三既为英王并和兰之护国首领，又为联盟御法诸国中之谋主。至威廉在位之十年，复相与议和于累斯威革②地方。约内载明，凡雷斯十四历岁攻取之德地，除斯德拉布城仍为法有外，其他诸地咸复归之于德。计威廉第三在位十五年而殁，嗣英王位者为雅各第二之女，其名曰安③。

三节　争西班牙王位之战

计西班牙王加罗第二④，即位于中朝之康熙十四年⑤，而殁于康熙三十九年⑥，其间国势已日见衰微。及其殁后无子，因有多人起而争嗣其位。于时欧地诸他国，皆将代为靖此争端，因而屡行会盟，定有多约。阅时既久，始得相与约定：德帝之子、头等公爵加罗为西班牙王。而欧洲先时西班牙之属地，则皆为预此事之诸他国所分有。惟加罗第二殁时，遗诏立法王之孙安茹公腓利⑦为王，凡西班牙并诸

---

① 即公元1685年。
② 即里斯维克（Ryswick），荷兰地名。1697年在此签订《里斯维克协定》，结束了法国与奥格斯堡反法联盟的战争。
③ 即安妮（Anne，1665—1714年），斯图亚特王朝最后一位君主，1702—1714年在位。
④ 即卡洛斯二世（Carlos II，1661—1700年），绰号"中魔者"（El Hechizado），哈布斯堡王朝的最后一位西班牙国王。
⑤ 即公元1675年。
⑥ 即公元1700年。
⑦ 即安茹公爵菲利普（Philip, Duke of Anjou，1683—1746年），西班牙国王（称菲利普五世），1700—1746年在位，西班牙波旁王朝创始人。

境外①属地，皆归之，是以嗣创有②英、和、德、布③以及撒非五国，与法一国构兵之事。时英之名将，号马勒波罗公④者，在奈德兰德地与法人连战，皆获全胜，因而英得有地中海口之日伯拉达城⑤。至康熙五十二三年⑥之间，相与议和，立有二约：一名《乌德来德地之约》⑦，一名《拉斯达德地之约》⑧。约内载，允腓利嗣为西班牙王，并得有东西二印度之王号（西班牙所谓东印度即其亚洲之诸埠地，西印度即其美洲之诸埠地也），其日伯拉达城与⑨米挪加岛⑩，则皆改属于英。其于康熙五十年⑪即德帝位，兼嗣奥斯公位之加罗。即此二约，亦得有奈德兰德地与撒底尼亚岛以及那波利地，并米兰公地之半。其米兰所余半地并西西利岛，则为撒非公威多亚·马豆斯⑫所有。法王雷斯十四，殁于康熙五十四年⑬。时法之境土虽辟，而人民多死于战。又因雷斯十四迫诸新教中人，将国中善于织纺、勤诸工艺等众，率多逐出境外，致使前此利法之人皆为他国用，是以法之国势，反形衰弱。

---

① "外"后，石印本有一"之"字。
② "嗣创有"，石印本作"有嗣"。
③ 即勃兰登堡（Brandenburg）。
④ 即马尔伯勒公爵（Duke of Marlborough，1650—1722 年），英国历史上最伟大的军事统帅之一。
⑤ 即直布罗陀（Gibraltar），欧洲伊比利亚半岛南端的城市和港口，位于西班牙南面，扼守着大西洋与地中海的唯一通道。
⑥ 即公元 1713—1714 年。
⑦ 即《乌得勒支和约》（Treaty of Utrecht）。
⑧ 即《拉斯塔特和约》（Treaty of Rastatt）。
⑨ "与"，石印本无。
⑩ 即梅诺卡岛（Minorca），地中海西岸巴利阿里群岛（Balearic Islands）中第二大岛，属西班牙巴利阿里（Baleares）省。
⑪ 即公元 1711 年。
⑫ 即维托里奥·阿梅迪奥二世（Victor Amadeus II，1666—1732 年），萨伏依公爵（1675—1730 年）兼西西里国王（1713—1720 年在位）和撒丁王国国王（1720—1730 年在位），神圣罗马帝国大元帅，法兰西王国大元帅，意大利萨伏依王朝史上的一个关键的人物。
⑬ 即公元 1715 年。

四节　英、苏、哀三国教事同异

　　惟时英、苏、哀三国，多有彼此相关、相背之诸要事。当哥伦威勒为英之护国首领时，已以兵服苏、哀，俾合于英，为一民政之国。迨加罗第二回英即位，苏又成为一自主之国，而哀亦改为服属于英之一国也。按，苏地人民，约十之九，皆入于耶稣教之长老会。其更正教事，较英之国会为尤多，故先恒受英王加罗第二并雅各第二之逼凌。及英人选立马利亚并其夫威廉第三为王，苏人亦甚乐奉此二人为君。缘可得后此自崇其教，更无人出而阻之之利益。若哀地人民，其原奉天主教者，约十之七，是以咸甚爱戴雅各第二，而威廉第三因其叛英，迫不获已，引兵往平其地。时英议政会，创设与天主教人为难之条律，是英易新王，故英、苏二地之教会，皆得自由之益，惟哀地教会，反得缚束之苦也。迨安即英王位，至中朝之康熙四十六年[①]，英、苏复合而为一，迁苏地之议政会于伦敦，以与英议政会合。其哀地虽别立议政会，亦自服属于英。威廉第三与安皆无子。后英之君主安，殁于康熙五十三年[②]。时英之议政[③]会已定

---

① 即公元1707年。
② 即公元1714年。
③ 按："议政"下，总税务司署刻本和石印本皆有"惟时变之大者，耶稣教会中事，实居其首。当一千二百年后，欧地诸国教会将有更正之形已兆。缘时有西教中人创立新说，而西教之操有权势者，率以异端目之，故凡信奉此新说者，多受投火焚毙之惨。时伯罗分斯地号亚比根西之人，为巴伯所遣奉十字架之兵攻服。至一千四百年时（即中国明英宗朝），有波西米亚地之信奉耶稣人名曰'约翰·呼斯'，重倡新说，而奉其说者亦多为西教人所戕。迨一千五百年后，疑彼西教道理有误之人愈多，以巴伯自谓得操诸威权为第一不足服人之事。且新旧二罗马城皆缘为东西二罗马帝之所都，故此二城教会中之监督得为东、西二教之首。兹则东西罗马咸已灭亡，而东、西二教之威柄不宜独孑，乃巴伯竟威福自如，肆行己意，贬损诸国王并诸教会应有之权。若教会中积弊之甚，意更正者，计有多端。巴伯既皆无所更正，而反日以御敌更正教会者为务。凡遇诸监督大会或诸王时教会事，少有更正，咸为巴伯阻抑而不获行，加以时人多视西教之训人律已有与圣书及古教规显形背戾处。计自一千五百年至一千六百年，此百年间，欧之西境人民，多自脱去巴伯之轭，是以各国教会中人，凡见会中事有与理不相符合处，皆已多率情为之更正。概而言之，时德族诸国（即今德、英、和、丹、瑞、挪等国）固"等字，与卷九第二节部分内容重复（个别字略有不同），英文本无此部分，应删掉，故改之。

有不允入天主教者嗣王之律，乃相与推立当安生。时于耶稣教预选之德地哈挪弗耳公①教治②，为雅各第一③之外曾孙者，即英王位。

五节 德与狠加利二国

德帝略伯德第一④，即位于中朝之顺治十五年，计在位四十七年，无驾御才，以致境内诸侯，专擅无忌，威福自如。又有外助彼法王雷斯十四以与德帝战者。时德境内惟伯兰敦布与布路斯二侯封，合立成国，得列于欧地诸强国内。是国增强，实基于弗来德利·威廉⑤在位时。至康熙四十年⑥，此德利威廉之子弗来德利⑦，始自号为布国之王。迨殁，其子亦名弗来德利·威廉第一⑧者嗣位。是王晓畅戎⑨机，因而其国之兵力，愈增强盛。当康熙二十二年⑩，土耳其兵围困奥斯之都城⑪，乃为波兰王约翰⑫与罗连（即上六卷二节内之罗达令

---

① 即汉诺威选帝侯（Elector of Hannover）。汉诺威位于北德平原和中德山地的相交处。选帝侯指代那些拥有选举罗马人民的国王和神圣罗马帝国皇帝的权力的诸侯。
② 即乔治一世（George I of Great Britain, 1660—1727 年），英国国王、德意志汉诺威选帝侯，英国汉诺威王室首位国王。
③ 即詹姆斯一世（James I, 1566—1625 年），英国国王，1603—1625 年在位；苏格兰国王，1567—1625 在位。
④ 即卷十第一节之"略波德"：利奥波德（Leopold I）。
⑤ 即腓特烈·威廉（Frederick William, 1620—1688 年），勃兰登堡选帝侯、普鲁士公爵，勃兰登堡-普鲁士国奠基人。
⑥ 即公元 1701 年。
⑦ "弗来德利"，石印本作"弗来来德"。即腓特烈一世（Frederick I, 1657—1713 年），普鲁士的第一位国王，1701—1713 年在位。
⑧ 即腓特烈·威廉一世（Frederick William I, 1688—1740 年），普鲁士国王兼勃兰登堡选帝侯（1713—1740 年在位），绰号"军曹国王"。
⑨ "戎"，石印本作"兵"
⑩ 即公元 1683 年。
⑪ 即维也纳（Vienna）。
⑫ 即约翰三世（John III Sobieski, 1629—1696 年），波兰立陶宛联邦最著名的国君之一，是一位优良的军事指挥家。

加地）公爵加罗①之军所败退。其时狠加利地之土耳其人，亦尽被逐去。至康熙二十六年②，始定狠加利王位皆奥斯王族父子世及之制，届此前与土耳其之战事未息。是战肇于略波第一为帝时，而后于康熙四十四年③嗣即帝位之约瑟④，亦屡与土耳其相攻伐，至为帝，计二十九年。而殁于乾隆五年⑤之加罗第六⑥，初亦与土耳其构兵。迨康熙五十七年⑦，始相与议和。约内列明，土割赛非亚地并贝革拉德城⑧以与德也。

六节　意大利国

凡属意大利之诸国，如撒非公国，并政由绅出之威尼斯国，是皆政由己出，故史中均须为特记载。若他诸国，则咸受制于人，听命惟谨。其诸政制，今可姑置不论，而详阅《乌德雷德盟约》⑨内列明之数事，知时德帝加罗第六，所操有意大利地之威柄，几同于加罗第五。惟时撒非渐强，凡意地之战，其公必皆预闻。及和，其公必皆得增土地，如《乌德雷德盟约》内列明，撒非公威多得有米兰公地之半并得称西西利岛王也。若威尼斯已形疲弱，虽仍与土耳

---

① 即洛林公爵查理五世（Charles V，Duke of Lower Lotharingia，1643—1690 年），神圣罗马帝国元帅。
② 即公元 1687 年。
③ 即公元 1705 年。
④ 即约瑟夫一世（Joseph I，1678—1711 年），哈布斯堡王朝的神圣罗马帝国皇帝，1705—1711 年在位。
⑤ 即公元 1740 年。
⑥ 即查理六世（Charles VI，1685—1740 年），又译：卡尔六世（Karl VI）。神圣罗马帝国皇帝利奥波德一世的次子。1711 年皇帝约瑟夫一世（利奥波德的长子）去世后，继承了奥地利和神圣罗马帝国的王位。
⑦ 即公元 1718 年。
⑧ 即贝尔格莱德（Belgrade），今塞尔维亚共和国的首都，地处巴尔干半岛核心位置。
⑨ 即卷十第三节之"《乌德来德地之约》"：《乌得勒支和约》（Treaty of Utrecht）。

其兵争不休，而其威柄，实较前衰甚。计自中朝顺治二年①后②，其二十四年间③有干底亚④之战。按，干底亚前仅为革利底岛之一城名，至是岛民，虽仍名为革利底，而邻国则咸目之为干底亚岛。迨干底亚战息时，此岛改属回人主理。迨康熙二十三年⑤，威尼斯人得取有古希腊之比罗土股地。至康熙五十四年，比罗地方又为土耳其人侵据。嗣此威尼斯旧辖有希腊之诸地全失，惟仅余约年⑥等七岛并亚班亚⑦滨海之数地方而已。

七节　北欧地诸国

中朝康熙三十九年之前五十年间，瑞典仍袭其前王古斯达夫⑧骤胜之余威权未替。当顺治十七年，其《俄利法城约》⑨内列明，瑞典新得于德之诸地外，又得有利分亚地并斯干底大土股内前属丹国之诸地。嗣于康熙二十一年⑩，瑞典始傚前此十八年丹国事，立有独操国柄之王。至康熙三十六年⑪，瑞王加罗第十二⑫有英名，好大喜功，

---

① 即公元 1645 年。
② "后"，石印本无。
③ "间"后，石印本有一"乃"字。
④ 即甘地亚（Candia），现称伊拉克利翁（Iraklion），今为位于克里特岛上的希腊最大城市，同时也是克里特大区和伊拉克利翁州的首府。
⑤ 即公元 1684 年。
⑥ 即爱奥尼亚群岛（Ionian Island），又译伊奥尼亚群岛。希腊西岸沿海的长列岛群，位于爱奥尼亚海中。
⑦ 即阿尔巴尼亚（Albanian），曾经是希腊殖民地，公元前2世纪成为罗马帝国的一部分，4世纪末前后被东罗马帝国和斯拉夫人占领，1478年起受奥斯曼帝国统治。
⑧ 即卷九第十二节之"古斯达弗·亚多弗"：古斯塔夫二世·阿道夫（Gustav II Adolf）。
⑨ 即《奥利瓦条约》（Treaty of Oliva）。
⑩ 即公元 1682 年。
⑪ 即公元 1697 年。
⑫ 即查理十二世（Charles XII, 1682—1718 年），瑞典语：Karl XII。瑞典在大北方战争时期的国王。

征伐①不已。后丹、波、俄三国，将同时出兵攻之。时俄王为后大著声称之彼得第一②，而波兰自为瑞典并土耳其叠次攻击，割据多地后，至是始渐有重兴之势。当其王约翰·梭别斯基③殁后，国人即选立德地之撒革孙公，名弗来德利·奥古斯都，别号大力奥古④者，嗣波兰王位。加罗十二闻此三国皆将以兵攻己也，乃先自出师败丹，次胜俄于那耳法⑤地，末复进师攻波。至康熙四十三年⑥，瑞师迫逐大力奥斯去国，俾波兰人民别选立新君，于是斯丹老斯⑦即波王位。后此未几，而俄王大败加罗十二于布多瓦⑧地方。加罗十二尽亡其众，乃奔入土国，绕途归于瑞典。至康熙五十七年，加罗十二复统军往攻弗来德利哈勒城⑨，战殁于阵。迨其妹乌利加⑩嗣即瑞典王位，始与诸国议和。约内列明，瑞割利分亚并他多地，归之于俄。即瑞旧辖有德境内之诸地，时亦十丧其九。兼之王权见减于民，故其国势骤衰，大非昔比，而后此与波，皆不得复列于欧洲诸强国内也。

八节　土耳其国

惟时土耳其人，虽新拓土开疆，似应增盛，然究其大概，则四

---

① "征伐"，石印本作"征罚"。
② 即彼得一世（Peter I，1672—1725年），俄罗斯罗曼诺夫王朝第四代沙皇，1682—1725年在位。
③ 即卷十第五节之"波兰王约翰"：约翰三世（John III Sobieski）。
④ 即腓特烈·奥古斯特（Frederick Augustus，1670—1733年），又称奥古斯特二世，外号"强力王"。波兰国王，1697—1706年、1709—1733年两度在位。
⑤ 即纳尔瓦（Narva），现为爱沙尼亚东北部城市，位于纳尔瓦河左岸。
⑥ 即公元1704年。
⑦ 即斯坦尼斯瓦夫（Stanislaus，1677—1766年），原名坦尼斯瓦夫·莱什琴斯基（Stanisław Leszczyński）。波兰国王，1706—1709年、1733—1736年在位；洛林公爵。
⑧ 即波尔塔瓦（Poltawa），今乌克兰东部城市，波尔塔瓦州首府。
⑨ 即腓特烈斯塔（Fredrikstad），今挪威东南部海港，位于奥斯陆峡湾东岸、格洛马河口。
⑩ 即乌尔丽卡·埃利诺拉（Ulrika Eleonora，1688—1741年），1718—1720年在位的瑞典女王。

境皆见有衰微之势，是盖缘其罢诸属国选贡幼童之故也。此选贡幼童，实创始于其前苏勒丹，名巴亚宰者之世。定制，凡其属国，无论为希腊，为革拉分①，为他诸族，皆选其境内幼童之勇力出众，或心思灵巧者，传送贡来，俾习回教，皆备他日充补苏勒丹之亲军。此亲军别号曰亚尼撒利②，为土国精兵之最，是即土人假诸属国力，还以制诸属国之计。迨土人改制，其亚尼撒利一军，皆父死子继，不复强诸属国选贡幼童，以致苏勒丹麾下，既无猛士，又乏谋臣。越时未几，其诸属国咸生自主之心矣。

九节　欧人开设诸埠

时欧人皆远逾海外，创立埠头，惟日不足，而其惯行海面，如英与和兰二国，设埠尤多。在北美洲，英人设有多埠。其末一埠名教治基亚③者，创设于中朝雍正元年④，以足美地十三英埠之数。是十三英埠中，以纽约一埠为最要，然此埠创自和兰，本名曰纽奈德兰德⑤，而以纽安斯德丹⑥为首城。迨英王加罗第二，始遣兵攻据此埠，易名纽约。缘英王之弟后嗣王位，名雅各第二者，时号约公故也。凡英、法有战，则二国在美分设之埠，亦必相与构兵。当康熙五十一年⑦，于《乌德雷德之和约》内列明，法在美洲所有之亚加底

---

① 即斯拉夫人（Slave）。
② 即耶尼塞里（Janissary），又称土耳其近卫军或土耳其新军。1363年由苏丹穆拉德一世建立并于15—17世纪形成的一种特殊的征兵制度。
③ 即佐治亚州（Georgia），又译乔治亚州。英国最初在北美建立的第13个殖民地，以英王乔治二世的名字命名。
④ 按："雍正元年"，总税务司署刻本、石印本、英文本均为此，今据资料考证，应为"雍正十一年"（即1733年）。
⑤ 即新荷兰（New Netherland），纽约州以前的名字。
⑥ 即新阿姆斯特丹（New Amsterdam）。
⑦ 按："康熙五十一年"，即公元1712年，总税务司署刻本和石印本均为此，英文本作"1713"（即康熙五十二年）。经资料考证"康熙五十一年"不符合史实，应系译者误，应作"康熙五十二年"。

亚①一埠，改归属英，而为易名曰新苏格兰②。后此未几，法又于米西西比河③口，别立一埠，名曰纽俄耳凉④，而英亦创设多埠于印度地。按，时尚有葡、和、法、丹四国之商，争于印度规立埠头，间有至今尚自存者，然后皆不及英埠之多。若东印度之贸易会，创自英王雅各第一，嗣乃商务骤隆，不日即易有治国之威权。迨康熙四十年，英在印度，业设有三大埠，一加勒古达⑤，一邦贝⑥，一马达拉斯⑦。若印度以东之诸大岛，惟和兰与西班牙二国商人，多往来其间，而英商则鲜有至者。

十节　总结

见于此卷内者，为西班牙国威权衰替，境土分裂，而法出代之，以雄长于欧地。惟时法之威权日盛，几莫与京，故多国迫不得已，乃相与联盟，以遏其外侮之势。计自英王威廉第三以后，凡欧地诸国遇有互商之事，多皆取决于英，而英又在美地设有多埠，并获多土于印度地方。时德地诸帝，率皆有名无实，惟即其兼为奥斯王言，故得操奈德兰德、意大利二地威柄。又缘其有狠加利王号，攻击土耳其，亦自得有多地，继此则德地之布路斯国崛兴，操大威柄。时意大利厌厌无生气，而撒非较前为盛。若威尼斯，则仍放胆以攻击

---

① 即阿卡迪亚（Acadia），1604—1713 年法国在北美东南沿海一带的殖民地。
② 即新斯科舍（Nova Scotia），今加拿大东南部的一省，由新斯科舍半岛和布雷顿角岛组成。
③ 即密西西比河（Mississippi River），美国最大的河流。
④ 即新奥尔良（New Orleans），美国南部城市。
⑤ 即加尔各答（Kolkata），今印度西孟加拉邦首府，1772—1911 年是英属印度的首都。
⑥ 即孟买（Bombay），今印度最大城市和印度最大海港。1534 年为葡萄牙所占，1661 年转属英国，为重要的贸易中心。
⑦ 即金奈（Madras），古称马德拉斯，坐落于孟加拉湾的岸边，为今南印度东岸的一座城市。

土耳其。时土耳其虽有稍强之势,攘有新地而不为欧地诸国所惮,其瑞典、波兰,既皆遭残破,不复得与诸强国比肩。至于俄之国势,炎炎日兴,而瑞、波、土三国咸有割地、赂俄、求和之举。若文学时,则允推英、法二国为至盛也。

欧洲史略　卷十一
法与西班牙二国联盟之世

一节　法、西二国

此卷中所载，其可流传后世而不泯者，计有二事：一为俄将列诸强国内，一为奥、布①二国争长德地。而布渐兴盛，实为今日之德国基。乃时又有最要一事，即耳本族②人之为法与西班牙二国王者，皆恒相联盟以与英人争长于海外。于是三国皆在其海外诸埠处相与构兵，因而属欧相距甚远之地，多皆得失靡常，朝此暮彼。计其变事有三：一英增战舰，一英立得有印度全土之基，一则美得为自主之国也。至三国战事，始则英、法合以攻西，继则法、西合以攻英。

二节　奥斯王族

时德帝虽名存实亡，然奥斯王族，实为欧地一大关键。盖际此

---

① 即普鲁士（Prussia）。
② 即波旁家族（Bourbon），欧洲历史上曾断断续续地统治纳瓦拉（1555—1848年）、法国（1589—1830年）、西班牙（1700年至今）、那不勒斯与西西里（1734—1816年）、卢森堡（1964年至今）等国和意大利若干公国的跨国家族。

该王族尚自与布耳本王族争长未息，而所异者，时西班牙王亦易为布耳本族人为之，故布耳本族人同时有二王也。若英法联盟以与西战，则缘西王将复攻取其旧有之意大利地。有红衣监督，名亚比罗尼①者，以为之相。终之西国君臣，徒劳谋虑，一无所获。时撒非公与奥斯族之德帝加罗第六，定议将二国所有之意大利地彼此互易。嗣故德帝得兼有二西西利地之王号，而撒非公得兼有撒底尼亚地之王号也。于是岁中，加罗第六预制②传国诏书，并邀诸强国君王，列名为保，内言倘其后身殁无子，则国土咸归其女马利亚·底利撒③主理。至中朝雍正十二年④，致有波兰选王之战。此战，乃德帝与二布耳本族王，相与构兵。既而，奥斯失其在意大利旧有之地几尽。迨罢战议和，奥斯又依列明于约条内者，割二西西利地，以与西国布耳本王族之一旁支派中人，而以米兰地之半，让与撒底尼亚王。其罗连公地，则先以归前波兰王斯丹老⑤主理。待斯丹老殁后，此地即改属于法。是缘罗连公法兰西⑥既娶马利亚·底利撒为妻，故此条约，亦为列明以意大利之都斯加尼⑦地，易其国土。如是罗连公地，既为法有，在德帝固为丧⑧一属国，而奥斯王族中亦为失一属地也。奥斯当加罗第六之世，威权骤增，及其尚存，威权已去。

---

① 即阿尔贝罗尼（Alberoni，1664—1752 年），原籍意大利，西班牙外交家和国务活动家，红衣主教，1717—1719 年任国王菲利普五世的首相。
② "制"，石印本作"置"。
③ 即玛丽娅·特蕾莎（Maria Theresa of Austria，1717—1780 年），奥地利女大公，匈牙利女王，波希米亚女王（1740—1780 年在位）。
④ 按："十二年"，即公元 1734 年，总税务司署刻本和总税司署刻本均为此，英文本作"1733 年"（即雍正十一年），经资料考证，英文本正确，故应作"雍正十一年"。
⑤ "斯丹老"，即卷十第七节之"斯丹老斯"：斯坦尼斯瓦夫（Stanislaus）。
⑥ 即弗朗茨一世（Francis I，1708—1765 年），德语：Franz I。哈布斯堡-洛林皇朝的第一位神圣罗马帝国皇帝，1745—1765 年在位。
⑦ 即托斯卡纳（Tuscany），古地区名，今为意大利中部大区。
⑧ "丧"，石印本作"失"。

三节　奥、布二国

　　加罗第六崩于中朝之乾隆五年。其生前预制诏书，内明言凡其世传之地，如狠加利、波希米亚、奥斯，皆归其女马利亚·底利撒主理。于是，人咸称底利撒为狠加利地之君主。时德无帝者二年。此二年中，有操选帝权之巴法利亚公加罗[1]，自言奥斯全地，应归于己，而布国新王弗来第二，又号大弗来德利[2]者，则言奥斯之西雷西亚[3]地，宜为己属。遂不待文告往来，遽进兵攻据西雷西亚地。迨德之乱定，而巴法利亚公加罗为国人推选，即德帝位，是为加罗第七[4]。时英、和、撒三国，皆助狠加利君主。其法、西二国，则转助该君主之敌。若西雷西亚地为弗来第二所据，终未退还。然底利撒，除西雷西亚地已失外，尚存有其祖父所遗之他故土。至乾隆十年[5]，加罗第七崩。乃复推选底利撒之夫法兰西为德帝，而尊底利撒为帝后兼为狠加利地君主。时底利撒既嫔于罗连族人，故奥斯地与德帝位，皆归于罗连族[6]人。至法兰西在位之十一年[7]，有七年大战之事。此战乃布王与底利撒构兵。时助奥斯者有法、俄、波、瑞四国，而助布者，仅一英国。布助如是之寡，可愈显弗来第二善战之能。至

---

[1] 即巴伐利亚选侯查理（Charles，Elector of Bavaria，1697—1745 年），维特尔斯巴赫王朝的巴伐利亚选侯，1726—1745 年在位。

[2] 即腓特烈二世（Frederick II，1712—1786 年），亦称腓特烈大帝。普鲁士国王，1740—1786 年在位。

[3] 即西里西亚（Silesia），中欧的一个历史地域名称。在中世纪，西里西亚最先属于波兰皮亚斯特王朝，后来为波希米亚王国夺得并成为神圣罗马帝国的一部分。1526 年起，随波希米亚王国归于奥地利哈布斯堡王朝统治。

[4] 即查理七世（Charles VII，1697—1745 年），神圣罗马帝国皇帝，1742—1745 年在位。

[5] 即公元 1745 年。

[6] "于罗连族"，石印本作"维连连族"。即洛林家族（House of Lorraine），神圣罗马帝国后期（1740—1806 年）统治奥地利大公国、匈牙利、波希米亚和意大利部分公国，并于 1804—1918 年间统治奥地利帝国和奥匈帝国的家族。

[7] 即公元 1756 年。

乾隆二十七年①，俄王彼得第三②变计，改助布王。至乾隆三十年③，底利撒之子约瑟④，嗣其父即德帝位，而与其母同听国政者，计十有五年。迨底利撒薨，约瑟始得威权独揽，政治一新。按，此约瑟理国，不遵旧典，志在铲除旧弊，而性喜纷更，以致欲治而反乱，求誉而得毁。迨约瑟崩，其弟略波第二⑤嗣位，后其末帝法兰西第二⑥，则实即帝位于乾隆五十七年⑦。

四节　英国

时英以他国人为王，故恒预闻他国战事。此诸战事内，有英谋迎击，拟佐雅各第二后裔反国者之一役。盖前当中朝之康熙五十四年，法王雷斯十四于临殁之际，尚有激雅各第二之子，以应攘英王冠冕归于己首之语，然后此雅各第二之子起事，终归无成。迨法王雷斯十五⑧在位，以俄耳凉公⑨为相时，英及法平，而与德帝加罗第六，三国合兵，以攻西班牙，而西班牙王与瑞典王加罗十二，则合谋将助雅各第二之孙返国为君。至乾隆四年⑩，英民皆强其王教治

---

① 即公元1762年。
② 即彼得三世（Peter III，1728—1762年），俄罗斯帝国皇帝，1761—1762年在位。
③ 即公元1765年。
④ 即约瑟夫二世（Joseph II，1741—1790年），哈布斯堡-洛林王朝的奥地利大公，罗马人民的国王（1764—1790年在位），神圣罗马帝国皇帝（1765—1790年在位），也是匈牙利国王和波希米亚国王（1780年起）。
⑤ 即利奥波德二世（Leopold II，1747—1792年），哈布斯堡-洛林王朝的神圣罗马帝国皇帝，1790—1792年在位；匈牙利和波希米亚国王。他也是奥地利统治下的意大利的托斯卡纳大公（称利奥波多一世，1765年起）。
⑥ 即弗朗茨二世（Francis II，1768—1835年），德语：Franz II。神圣罗马帝国的末代皇帝，1792—1806年在位；奥地利帝国的第一位皇帝，1804—1835年在位。
⑦ 即公元1792年。
⑧ 即路易十五（Louis XV，1710—1774年），1715—1774年间任法国国王。
⑨ 即奥尔良公爵（Duke of Orleans），1344年开始使用的一个法国贵族爵位，以其最初的封地奥尔良命名。这一称号主要授予王室的亲王。
⑩ 即公元1739年。

第二①以与西班牙战。英相瓦勒波②知众欲之难拂也，爰与西国构兵，如争奥斯王位之战及奥、布七年之战，英皆预闻其事。此诸战内，英、法恒相为敌。至乾隆十年，前谋返英攘位者死，而其子加罗·乂德瓦③，借法人之助，泛海抵苏，舍舟登岸，号召苏之北境人民，怂使叛英，嗣与英人战于古罗敦④地方而败。是役也，英屡与法人战于海面，又战于北美洲地。英连次胜法并攻取北美洲属法之加那达⑤地。时英相威廉·比德⑥，获乍丹伯爵⑦。至乾隆二十五年⑧，教治第三⑨嗣为英王。有美洲诸英埠，叛而与英构兵，连战七年，终得自立为国之事。又有爱尔兰，名尚属英，而别立议院，亦俨自成国也。

五节　法国

雷斯十四既崩，其曾孙雷斯十五在孩提中即法王位，嗣崩于中朝之乾隆三十九年⑩。计其在位之际，增辟二地。一当乾隆三十一年⑪，波兰王斯丹老薨，其罗连公地，改属于法；一为法以兵力，并有教中三监督之地与爱勒撒斯地。此诸地皆相为邻，旧属于德，今

---

① 即乔治二世（George II of Great Britain，1683—1760 年），英国国王，1727—1760 年在位；汉诺威选帝侯。
② 即罗伯特·沃波尔（Robert Walpole，1676—1745 年），英国历史上第一位首相。
③ 即查理·爱德华·斯图亚特（Charles Edward Stuart，1720—1788 年），又称"小王位觊觎者"，老王位觊觎者詹姆斯长子，英国国王詹姆斯二世之孙。
④ 即卡洛登（Culloden），苏格兰因弗内斯郡的一处地名。
⑤ 即加拿大（Canada）。
⑥ 即威廉·皮特（William Pitt，1708—1778 年），英国辉格党政治家，首相。七年战争中英国的实际领导人。
⑦ 即第一代查塔姆伯爵（1st Earl of Chatham）。
⑧ 即公元 1760 年。
⑨ 即乔治三世（George III，1738—1820 年），1760 年登基为大不列颠国王及爱尔兰国王，至 1801 年后因大不列颠及爱尔兰组成联合王国而成为联合王国国王。
⑩ 即公元 1774 年。
⑪ 即公元 1766 年。

则咸见吞于法。时法又在意大利地方，得有前属日挪瓦城之哥西加岛。缘此岛民，愿为自主之国，乃相与推立报利[1]为君，以脱日城之轭。日城人自愿己力不足，恢复此土，爰将之让归于法。是以法人兴师，攻有其地，然法之内乱已萌。惟雷斯十五存时，形尚未显，迨其亡也，则乱事如海雾骤起，一时弥漫。

六节　西班牙国

时西班牙王腓利第五[2]在位，其国境内外咸较旧增强盛。盖缘其既丧在意大利之威权，而得专力整顿本国政治故也。若葡萄牙，则此际欧地诸国史中，尚鲜言及。惟奥、布七年战将罢时，有法、西二国合军攻葡之事，是因其为英之外援，声罪致讨，然葡终借英之助，敌退法、西二国之军。

七节　意大利国

惟时意大利之受他国欺凌，已非若上十卷内所言之甚。虽其间之诸公侯地，仍自彼此得失无常，而民政、绅政诸城，则已极形衰弱。惟至中朝之乾隆十一年[3]，其日挪瓦城之人民，忽复强盛如昔，起而将奥斯设防该城之兵，尽行逐去，而上第五节内所言之哥耳西加岛，其人民则亦群起，相与背叛日城。然计自乌城立约后，越时未几，意地人皆少得自主，不复若前之归属于他一国王，如西班牙

---

[1] 即保利（Pascal Paoli，1725—1807 年），科西嘉民族英雄，于 1755 年建立了科西嘉共和国。

[2] 即卷十第三节之"安茹公腓利"：安茹公爵菲利普（Philip）。

[3] 即公元 1746 年。

强盛时也。至乾隆十三年①，前此意地诸国变迁之事始定，其米兰公地，半为奥斯人所有，半为撒底尼亚王所得。当美底济族绝灭时，有罗连族人，名法兰西者，获有都斯加尼公之地并德国帝号，是以人咸称为法兰西第一②。迨乾隆三十年，其子略波③嗣有都斯公地后，又获袭德国帝号。当其在位之际，曾于都斯公地，多行善政。时西班牙虽未获有意地，然西国王子名加罗④者，当其未即西班牙王位之先，已得据有二西西利国地。又一王子得据有意之北境巴马公地并比亚真匝⑤公地也，是以其时有四布耳本族人之国。

八节　和兰国

和兰之衰，缘诸贸易利柄，多渐尽归于英商手之故。当争奥斯王位战之际，和兰又因助狠加利君主，致受法人攻击。迨中朝之乾隆十二年⑥，和人共立俄兰支侯为护国首领，位以世传。嗣数十年后，和兰不复得列于欧地诸强国内，继又外受布鲁斯之牵制，几不成为自主国矣。至若⑦前属西班牙，今改归奥斯之诸省人民，乃缘德帝约瑟第二⑧创立新章，以致多有背叛之事。

---

① 即公元1748年。
② 即卷十一第二节之"法兰西"：弗朗茨一世（Francis I, 1708—1765年）。
③ 即卷十一第三节之"略波第二"：利奥波德二世（Leopold II, 1747—1792年）。
④ 即查理三世（Charles III, 1759—1788年），亦称卡洛斯三世。西班牙国王，1759—1788年在位。即位前封号为帕尔马公爵（称卡洛斯一世，1731—1735年），也是那不勒斯国王（称卡洛斯七世，1735—1759年）和西西里国王（称卡洛四世，1735—1759年）。
⑤ 即皮亚琴察（Piacenza），今意大利北部艾米利亚-罗马涅地区的一座城市。
⑥ 即公元1747年。
⑦ "至若"，石印本作"若至"。
⑧ 即卷十一第三节之"约瑟"：约瑟夫二世（Joseph II）。

九节　欧北境诸国

时斯干底族诸国渐衰，与和兰同，而以瑞典为尤甚。缘瑞与俄战，至中朝之乾隆八年①，瑞割芬兰海湾以北之加来利亚②地，以与俄和。当康熙五十九年③，瑞典一国几皆政由绅出。嗣越五十二年，瑞王始复得独揽其国中威柄。时丹王亦仍威权独操，而国势尚能增盛，战舰较前愈多。其斯利斯威④公与和斯典⑤公之地，皆附于丹，然和公仍得列于德地之诸侯内，而斯利公则不然矣。

十节　俄骤增强

此卷内虽多胪列诸国沿革兴亡之事，而以俄之骤跻得列于欧地诸强国内为最要。按，俄之强盛，大半皆成于彼得第一之世。彼得第一，即位于中朝之康熙二十二年⑥，而崩于雍正三年⑦。其间四十三年，增修政治，利兴弊除，俾俄日益富强。前此俄仅有北境白海之亚干支勒⑧一海口，至彼得第一在位之十四年，始复得有黑海之亚梭

---

① 即公元1743年。
② 即卡累利阿（Karelia），今称卡累利阿自治共和国，位于俄罗斯欧洲部分的西北部。13世纪开始卡累利阿部分地区属于瑞典，18世纪中期属于俄罗斯。
③ 即公元1720年。
④ 即石勒苏益格（Duchy of Schleswig），欧洲历史上的一个公国，地处北海与波罗的海交界处，包含现今丹麦南部70公里和德国北部60公里领土的地区。
⑤ 即荷尔斯泰因（Duchy of Holstein），欧洲历史上的一个公国，位于今天德国北部的石勒苏益格-荷尔斯泰因州内以及丹麦的南日德兰郡。
⑥ 按："康熙二十二年"（即1683年），总税务司署刻本和石印本均为此，英文本作"1682年"（即康熙二十一年），经资料考证，英文本符合史实，此处应系译者误，故应作"康熙二十一年"。
⑦ 即公元1725年。
⑧ 即阿尔汉格尔斯克（Archangel），位于东欧平原的北部，北德维纳河口附近。历史上是俄罗斯重要的港口，今系俄罗斯阿尔汉格尔斯克州首府。

弗①海口，继又②攻取瑞之利分亚地，并他近巴勒底海之诸地，乃于巴勒底海滨处，建立新京，即名曰圣彼得堡③。时俄于欧地三海湾，皆有海口，而彼得第一又得分预波斯在里海处之威权，因自号为大小等俄罗斯之帝。此号一立，爰招二憾：一德地之罗马帝忌之；一境有俄民之波兰王，恐彼得有攘取俄民所居波地之意，亦忌之也。迨彼得第一崩后，俄仍强盛日增，虽屡有战争败负之事，而国势不衰。至其继嗣王位，率无定章，有时遵诸先王遗诏，有时为诸军士拥立，亦有以妇或女嗣王位者。如彼得第一崩，即其后④嗣王；后崩，即其兄女安⑤嗣位；安崩，即其女以利撒伯⑥嗣位。迨以利撒伯崩，彼得第三嗣位。乃未几，为其臣下刺毙，而迎立其妻加大利那⑦，嗣为俄王。有言彼得第三之死，其妻加大实预此谋者。计加大在位三十四年，大减土国之利权，而以增俄国之威柄并攻取蒙古，又号达达之黑海中革林土股并近黑海之诸地。时其地之达达人民亦皆归属于俄，而昔元朝成吉思帝在俄地所立之达达国亡。此事在俄史内，极其张皇，一与西班牙史内之详载驱逐回人并攻取革拉那达省地同也。

十一节　波兰国亡

当俄女帝加大利那第二⑧在位，曾大出军攻击波兰。时俄之威权

---

① 即亚速（Azof），今俄罗斯联邦罗斯托夫州城市。
② "又"，石印本作"有"。
③ "圣彼得堡"，石印本作"圣彼德堡"。
④ 即叶卡捷琳娜一世（Catherine I，1684—1727年），俄罗斯帝国女皇，1725—1727年在位。
⑤ 即安娜一世（Anna I，1693—1740年），俄国沙皇伊凡五世之女，俄罗斯帝国第四位皇帝、第二位女皇，1730—1740年在位。
⑥ 即伊丽莎白一世·彼得罗芙娜（Elizabeth I，1709—1762年），俄罗斯帝国女皇，1741—1762年在位。
⑦ 即叶卡捷琳娜二世（Catherine II，1729—1796年），俄罗斯历史上唯一一位被称为大帝的女沙皇，1762—1796年在位。
⑧ 即卷十一第十节之"加大利那"：叶卡捷琳娜二世（Catherine II）。

远届，直达至欧洲居中处。若波兰，则自中朝之康熙三十九年至嘉庆五年①，此百年中，日见衰微，而②受制于俄。俄既强制其不得更新国政，继又前后强立二波兰王。一为前大力奥古斯都之子撒革孙公，亦名奥古斯都③；一即波兰人，名曰斯丹波尼④。迨乾隆三十七年⑤，俄女帝加大第二与布王弗来⑥、狠加利君主⑦，三国联盟，分侵相与毗连之波土，据为己有。至乾隆五十八年⑧，俄、布二国又各割据一波地。抵乾隆六十年⑨，而波兰国亡，余地亦皆为俄、布、狠三国所分有。惟时计俄复得其前所失地外，并获有利都完亚地十之七八。按，利都地方，其人民率多奉东教者，以致前恒受波兰西教人之迫逼。其布国，则于其前此得有之诸德地外，又得有今之西布地，并攘有旧日波兰地之大半与利都完亚地十之二三。若奥斯国，其攘取波兰余地并有少许俄地，亦括于中。后此以来，凡欧地图内，更不见有波兰字矣。

十二节　土耳其国

当此之时，土耳其国不复为奉耶稣诸国之所惮。当中朝之雍正末年、乾隆初年之间，土、俄二国构兵，互有胜负，而土又与奥斯战，亦自胜负未分。迨土国苏勒丹，号马木第一⑩者之世，奋兵四

---

① 即公元1800年。
② "而"，石印本无。
③ 即奥古斯特三世（August III, 1696—1763年），被称为萨克森或臃肿者，1734—1763年间的波兰国王和立陶宛大公。
④ 即斯坦尼斯瓦夫二世（Stanislaus II, 1732—1798年），1764—1795年间的波兰国王。
⑤ 即公元1772年。
⑥ 即卷十一第三节之"弗来第二"：腓特烈二世（Frederick II）。
⑦ 即卷十一第二节之"马利亚·底利撒"：玛丽娅·特蕾莎（Maria Theresa of Austria）。
⑧ 即公元1793年。
⑨ 即公元1795年。
⑩ 即马哈茂德一世（Mahmud I, 1696—1754年），奥斯曼帝国苏丹，1730—1754年在位。

出，复攘有奥斯之贝革拉德地。惟与俄之女帝加大第二战，则恒败。嗣土、俄于乾隆三十九年议和，时土弃其革林土股地。未几，即为俄人所取。俄人又得有可预土之摩达非亚① 与瓦拉基亚② 二属地事之权。至乾隆五十七年，土俄再议和于亚西③ 地方。约内列明，土国退让边境，以德尼斯德河④ 为土、俄二国之界。惟时土国之苏勒丹，既不复强诸⑤ 属国选贡幼童，既而其诸属国，渐自强盛，皆有伺机起而叛土之势。彼俄人复声言将助之攻土，以速其叛，实则坐观成败，将出收渔人之利也。于是，古回教与东教二强国相争之事，复见于今。俄乃时遣诸战舰，停泊黑海，以惧根斯丹典城之人民。嗣此始复有强国奉东教者。

十三节　英得属有印度全地

惟时东印度之英公司诸埠，皆改归英为属地，而英与法在印度之战争，仍自不息。时印度地属法之第一坚城，名曰本底这利⑥。其主理此城之总统，名都伯雷⑦ 者，有筹将印度全地，皆攘归于法之心。至中朝之乾隆二十二年⑧，英将军革雷弗⑨ 率居印度英人，并⑩ 印

---

① 即摩尔达维亚（Moldavia），东欧的一个地区，位于喀尔巴阡山和普鲁特河之间，包括今罗马尼亚东北部、摩尔多瓦、乌克兰的局部地区。
② 即瓦拉几亚（Wallachia），古国名，今为罗马尼亚。
③ 即雅西（Jassy），罗马尼亚东北部城市。
④ 即德涅斯特河（Dniester River），位于欧洲境内，发源于东喀尔巴阡山脉罗兹鲁契山，流向东南，流经乌克兰和摩尔多瓦两国，最后注入黑海的德涅斯特湾。
⑤ "强诸"，石印本作"诸强"。
⑥ 即本地治里（Pondicherry），位于印度东岸的城市，濒临孟加拉湾。
⑦ 即杜布雷（Dupleix，1697—1763年），又译为迪普莱克斯、杜普勒、杜普雷。1741—1754年任法属印度总督。
⑧ 即公元1757年。
⑨ 即罗伯特·克莱武（Robert Clive，1725—1774年），英国殖民者，孟加拉省督（1758—1760年、1765—1767年）。早年曾参加英国与法国在印度的争霸斗争。
⑩ "并"，石印本作"皆"。

度友邦之士人，大胜法军与其印度之友邦兵于伯拉西①地方。后此英日增强，俨为印度地之第一强国。其他欧地之国立埠于印度者，概非英匹，而印度诸土人之国，皆次第相率归属于英。此与罗马当中国西汉时，得有沿地中海诸国地之事，正同。惟时印度威权，不操于英之执政，而操于英商公司。至乾隆四十九年②，君主特派数大臣分知印度事，以主理印度英商公司，因而英之执政，始得有辖印度之威权。计驻印度之英大臣，继革雷弗而大著声称者，名曰瓦伦·海斯丁③。迨其谢事归国，乃为英之议政下院人，呈控于议政上院，历举所行不法之事，以致讼累多年，始获释放。

十四节　美国

惟时北美洲之诸英埠，合而成作英语之一国。是缘前此凡欧地诸国，遇有战事，则其美地诸埠，亦必互相构兵。是以英、法、西班牙之三国战事，实皆与其美地诸埠，大有关系。按，北美地东滨海处之十三英埠，有法之加那达埠，邻于其北；雷西亚那埠④，邻于其西；而其南，则邻于西班牙之弗罗利达埠⑤。当中朝之乾隆二十四年⑥，英人攻取加那达埠，据为己有。迨乾隆二十八年⑦，英、法、西三国，相与立约，西以弗罗利达埠界英，而与英平分法之雷西亚那埠地。于是北美地，更无法之寸土。既而英将征税于美地之十三英埠，而十三英埠同叛。先则法人助之，嗣则西班牙⑧人又助之。至乾

---

① 即普拉西（Plassey），位于印度孟加拉地区加尔各答正北约 120 公里处的一个村庄。
② 即公元 1784 年。
③ 即沃伦·黑斯廷斯（Warren Hastings，1732—1818 年），英国首任印度总督，1774—1785 年在任。
④ 即路易斯安那（Louisiana），美国南部的州。
⑤ 即佛罗里达州（Florida），美国东南部的州。
⑥ 即公元 1759 年。
⑦ 即公元 1763 年。
⑧ "牙"，石印本无。

隆四十八年①，英与立约，此十三英埠，不复属英②，自立为国，号曰联邦，以明十三埠各有政治，不相统辖，即今之美国也。时弗罗利达埠，又为西班牙所有，而加那达埠并牛伯伦威革③与挪法斯哥底亚④以及牛分兰德⑤三埠，皆仍属于英。即是以观，其时美境南北，咸界于他国之属埠。惟其西境抵海，皆为旷土，而美人即创设多埠，以实其地。至乾隆五十四年⑥，美人自视其政治多歧之太疏不亲也，乃相与更立新章，因而其联邦之国势愈固。溯美开国之初，苦战者七年。时华盛顿，实左右之，大为美人所钦赖。迨事定，而美人即推举华盛顿为第一总统，即今所谓美国之伯理玺天德第一。

十五节　总结

是卷多载欧地诸国，所属有距欧甚远诸埠，大形更变之事。若欧地国，惟一波兰云亡，而他国咸存，然其盛衰则不一。如英、法、西班牙三国，皆尚无甚变更，而布国之兴，亦非崛起，乃仍为德人威权，由彼南族以移操于此北族者。若瑞典、和兰之衰，原为人意中事，盖其前此之盛，人民无多，而是时境土偏小，亦不大减于其盛时。外此，则卷中最⑦要之事有三：一为俄国大兴于欧地东境；一为英国得取有印度全地；一为北美地十三英埠合而自立为国也。俄之兴，既复得为欧人钦重，而所奉东教，则自东罗马灭后，已极衰微，至是亦复大行。因而凡与俄同族同教，旧属于土耳其之诸国，皆有感奋背土自主之心。若美与印度二地之变更尤多。计欧地诸国，

---

① 即公元1783年。
② "英"后，石印本有一"乃"字。
③ 即新不伦瑞克省（New Brunswick），今为加拿大三大沿海省份之首。
④ 即卷十第九节之"新苏格兰"：新斯科舍（Nova Scotia）。
⑤ 即纽芬兰省（New Foundland），位于今加拿大东北角，是加拿大最年轻的省份。
⑥ 即公元1789年。
⑦ "最"，石印本作"所"。

其乐于远赴海外,觅地立埠,既而得操有海外一极大属地权者。在此卷中,英之盛,实为古今所未有。即昔时罗马并有多国,然皆其邻邦,而西班牙海外属地,亦仅立埠而已。他若欧洲之格致学、理学以及百工技艺之术①,皆日益精进,而其国政并诸教会与诸礼让进退之仪,则皆见有弃旧从新之兆。试阅下一卷,无难知欧地诸国,于上下千年内,其国事改革,更无及于此时者。

① "术",石印本作"事"。

欧洲史略　卷十二
法国废君易为民政之世

一节　法易民政之始

兹将届前此一百年时，计法一国，实为欧地诸国之关键。缘法人喜新，以致国政无论善否，恒多纷更，而其易为民政之始，乃当中朝之乾隆五十四年。法王雷斯第十六①，举行旧章，招集境内议院诸人，咸赴法京会议。此为中国前明朝万历以后百七十年，法国未有之盛举。当会议时，人皆以法律不修之久也，乃大肆其更张，首废法王得以独操国柄之权，与各贵族并诸教会中监督教士等之利益。又废法境依前古诸国为界之诸省，分立郡县，概归②驻法京之执政统辖，即前属巴伯与德国之亚非嫩等诸小地方，亦皆改属于法。此新律定，而③法王权轻，降而听命于民。后三年，法人复弑其王，而国内大乱，党人四出，惨杀无辜，不可胜纪。后人因名为朝不保夕，万人惧死之年也。迨乾隆六十年，法乱少戢，政教亦少近情。至嘉庆四年④，而军帅拿波伦⑤崛兴，又将法之新律，重行纷更。按，拿波

---

① 即路易十六（Louis XVI，1754—1793 年），波旁王朝第二个被处死的国王，1774—1792 年在位。
② "归"，石印本无。
③ "而"，石印本作"王"。
④ 即公元 1799 年。
⑤ 即拿破仑·波拿巴（Napoleon Bonaparte，1769—1821 年），法语：Napoléon Bonaparte。也称拿破仑一世。

伦之生，乃在哥耳西加地方，原为意大利人，而哥地前此为法攻取，故拿波伦亦即为法人。惟时拿波伦独操法柄，以根苏利自号。越五年，复自立为法帝，是法政多更，乃终为一人独操国柄之基也。

二节　法易民政之诸战

法自易而为民主政之后，即与欧地诸国，多有战事。当雷斯十六尚未被弑之先，法已与德、布二国构兵。迨雷斯被弑后，法又与英战。直至中朝之嘉庆二十年①，法与诸邻国之战争始息。其间欧地诸国，因之国势亦多变迁。时有数地方，业为法人攻取。又有数国名曰自主，实②皆服属于法。惟时战事孔多，分数等第，其初战暂止于嘉庆三年③。其间法人战于奈德兰德地，又战于来那河上并意大利地方。当法人之战于意大利也，拿波伦之威名始著。时法得有属奥斯人之奈德兰德地，嗣又得有撒非与别门④二地方。后此奥斯帝⑤与法总统定议，相与分有威尼斯地，既而威尼斯城不克自立，乃归于奥斯人主理。若约年诸岛，则为法人所得。时法又进攻伊及。当嘉庆三年，瑞士已折属于法。越明年，法又与德、俄二国交兵。至嘉庆七年⑥，拿波伦始自号根苏利，以与德和。约内列明，来那河以西之诸德地，皆归法有。又明年，法、英亦在亚缅城⑦议和，然未几，而法与诸国之兵端复兴。

---

① 即公元 1815 年。
② "实"，石印本作"要"。
③ 即公元 1798 年。
④ 即皮埃蒙特（Piedmont），今意大利西北的一个大区。
⑤ "帝"，石印本作"地"。
⑥ 按："嘉庆七年"（1802 年），总税务司署刻本和石印本均为此，英文本作"1801 年"（嘉庆六年），经资料考证，英文本为正确。"嘉庆七年"疑为译者误，故应作"嘉庆六年"。
⑦ 即亚眠（Amiens），又译阿棉或亚棉。法国北部城市。

三节　拿波伦为帝十年中事

时法民已永忘其旧，心意日新，于是拿波伦乃宣言，己为上嗣大加罗之一帝。当中朝之嘉庆九年①，拿波伦乃至法京之大教堂内，手取帝冕自加于首。越明年，拿波伦复②即意大利之北境地，别立为国，而以米兰为都城，行升戴意王冕礼，因自号为意大利王。又明年，再与英构兵。嗣此英、法兵争者九年，直至拿波伦退位，战事方息。按，此战之始，英、法各以水军相见于达拉法加③之海湾，法人大败。而后七年内，拿波伦战胜攻克欧西境地，几皆归属于法。拿波伦乃多立其亲属为王，裂④地分疆，惟其所欲。计其最盛之时，法得有来那河以西之德地、和兰地、比利时地，以及意地大半与亚底亚海以东之诸地。于是拿波伦以其妹婿木拉⑤为那波利王，其弟约瑟⑥为西班牙王，而德地诸侯封，咸服听拿波伦之命惟谨。迨嘉庆十七年⑦，拿波伦帅师攻入俄国，逾年无功而还。时德地人乘机以叛，与拿波伦战于雷伯西⑧地。惟时德之人民，仍获自主，而英之军帅威令敦⑨在西班牙连岁攻战，已拯西、葡二国人得出于约瑟之手。嘉庆十九年⑩，诸国联盟率兵分入法境，进逼法京，迫拿波伦去法帝位，

---

① 即1804年。
② "复"，石印本无。
③ 即特拉法尔加（Trafalgar），位于西班牙西南部的海港，在直布罗陀海峡西端。
④ "裂"，石印本作"制"。
⑤ 即若阿尚·缪拉（Joachim Murat，1767—1815年），法国军事家，拿破仑一世的元帅（1804年起）。曾任贝尔格和克莱沃公爵（1806年起），后成为那不勒斯国王（1808—1815年在位）。
⑥ 按："弟"，总税务司署刻本和石印本均为此，据考证，应为"兄"。即约瑟夫·波拿巴（Joseph Napoleon Bonaparte，1768—1844年），法兰西第一帝国皇帝拿破仑的长兄。
⑦ 即公元1812年。
⑧ 即莱比锡（Leipzig），位于德国东部的莱比锡盆地中央，魏塞埃尔斯特河与普莱塞河的交汇处。1813年，此地成为拿破仑战争中著名的莱比锡战役的主战场。
⑨ 即威灵顿（Wellington，1769—1852年），拿破仑战争时期的英军将领，第二十一位英国首相。
⑩ 即公元1814年。

而迁之王于额勒巴岛①，别选雷斯十六之弟号雷斯十八②者为法王。明年，拿波伦由额勒巴返法，与英、布二国战于比国之瓦德路③地而败。英人执之，流于圣希利那岛④，守之以兵。是岛在赤道南，居非、美二洲南境之中，后拿波伦竟死于此。时法与诸国立有二约，一立于法京，一立于非页那城⑤。约内列明，前此法所攻取之地，皆让还于失地诸国。计时法境广狭，无甚大异于未易民政前也。

四节　德帝废坠

际此计法之外，欧地诸国之更张，惟德为甚。盖时罗马帝、德帝之称号，久皆废置无闻。即拿波伦自号法帝，而佛兰西斯第二⑥亦不称德帝，而自号奥斯世传之帝，可知"德帝"二字不存于人心已久。当中朝之嘉庆十年⑦，拿波伦与奥、俄二国，战于奥斯得利⑧地，大获全胜，因而德地诸侯多背奥帝，自联为来那河之同盟国，相与尊拿波伦为都护⑨，以服从之。时德地有三侯爵，咸自称王，一巴约耳那⑩，一撒革孙⑪，一威典布⑫。越明年，佛兰西第二辞帝位而不居，嗣无复选立罗马帝之事。然佛兰西第二退守本国，犹自号曰奥斯帝

---

① 即厄尔巴岛（Elba），意大利中部托斯卡纳大区西边海域的一个岛屿。
② 即路易十八（Louis XVIII，1755—1824年），法国国王，1814—1824年在位；法国波旁王朝复辟后的第一个国王。
③ 即滑铁卢（Waterloo），位于比利时首都布鲁塞尔以南大约二十公里的镇。
④ 即圣赫勒拿岛（Saint Helena），南大西洋中的一个火山岛。
⑤ 即卷六第三节之"非延城"：维也纳（Vienna）。
⑥ 即卷十一第三节之"法兰西第二"：弗朗茨二世（Francis II）。
⑦ 即公元1805年。
⑧ 即奥斯特里茨（Austerlitz），位于今捷克境内，是一个离维也纳120公里的村庄。此地于1805年12月2日发生了奥斯特里茨战役。
⑨ 即保护人（Protector）。
⑩ 即巴伐利亚（Bavaria），位于今德国东南部的联邦州。
⑪ 即萨克森（Saxony），位于今德国东部的联邦州。
⑫ 即符腾堡（Wurttemberg），位于今德国西南部的州。

也。其年拿波伦大破布军于页那①地，而布属有之德地愈蹙，其波兰地为拿波伦裂封撒革孙王，号曰瓦扫公②地。至嘉庆十四年③，拿波伦与奥战于瓦革兰④地，大败奥军，而奥境之西南地，皆为法有。至嘉庆十六年⑤，仅余奥、布二国。若他德地，则有属法者，有听命于法者。后三年，德民群起相与背叛拿波伦，其地诸侯知众怒之难犯也，亦皆从民之欲以脱法轭。迨拿波伦败灭，德地诸侯及得自主之诸城，相与联盟，而以奥帝为盟主。时奥、布、英、和、丹五国，皆缘属有德地，咸预此盟。如英属有德之哈挪弗耳⑥地，乃缘诸地公爵，皆已称王，是以英君主，亦得有哈挪弗耳王之号。

五节　意大利地之诸国

前此意地诸国，盛衰靡常，既而有数国归入法之版图，又有数国为属于法之民政国。迨拿波伦之世，则皆易而为属法之王政国矣。当拿波伦最强时，意之全地统归所辖有。嗣复以罗马之巴伯号彼约第六⑦者自随，入居法境。若西西利与撒底尼亚之王，则咸存不废。盖其立国岛上，故英得以战舰卫护之也。嗣此直至拿波伦破败后，其巴伯始复得有主理罗马之威权，而西、撒二国王，亦复得旧有所属有⑧之意地，然前此民政诸国⑨，率皆泯灭。惟一至小之国号散马利

---

① 即耶拿（Jena），位于今德国西南部的城市，曾是1806年普法激战的战场。
② 即华沙公国（The Duchy of Warsaw），古国名，曾为法兰西第一帝国的属国。
③ 即公元1809年。
④ 即瓦格拉姆（Wagram），位于奥地利维也纳城东北的城市。
⑤ 即公元1811年。
⑥ 即汉诺威（Hanover），位于莱纳河畔，今德国下萨克森州的首府。
⑦ 按："彼约第六"，总税务司署刻本和石印本均为此，英文本作"彼约第七"。据资料考证，英文本正确，总税务司署刻本和石印本应为译者误。"彼约第六"，即庇护六世（Pius VI，1717—1799年），意大利籍教皇，1775—1799年在位。"彼约第七"，即庇护七世（Pius VII，1742—1823年），意大利籍教皇，1800—1823年在位。
⑧ "有"，石印本无。
⑨ "诸国"，石印本作"之国"。

挪①者，犹自政主于民。时别门国，得属有日挪瓦城。其米兰与威尼斯二城并相与附近地，合而易名为郎巴底-威尼斯②，以服属于奥国。是意大利地，裂而皆为一人独操威柄之诸侯国，其间惟奥斯为大，而为诸国首。他则撒底尼亚，为稍美善。盖撒国威柄，虽亦独操于王，而其王则本国人自为之也。

六节　西、葡二国

当先为西西利王，后为西班牙王，号加罗第三③之世，国势复盛。迨加罗第四④嗣位，值法民变。时其国始则有攻法之势，末乃与法合而攻英及葡萄牙二国。迨英败法之水军于达拉法加海湾时，西之战舰，亦同见败于英。既而拿波伦仍迫使西王去位。又于中朝之嘉庆十二年⑤，获彼西王之子弗底难⑥而囚禁之，别立己弟⑦约瑟为西班牙王。后西国忠义之士，结英为外援，相与群起叛法。至嘉庆十九年，弗底难始得返国，嗣西王位，乃尽废约瑟新章，政从其旧。时葡萄牙地，亦为法有，不时有法将率军往来，梭巡防护，而葡王约翰第六⑧航海逃往南美地，自立为伯拉西勒地之王。其葡地旧民，则与英、西二国连军战法，将必尽逐其人出境而后已。

---

① "散马利挪"，石印本作"散马利那"。
② 即伦巴第-威尼西亚王国（Kingdom of Lombardy and Venice），位于意大利北部的古王国，建立于19世纪中期，根据欧洲列强在维也纳会议中所做出之协定而建立。
③ 即卡洛斯三世（Charles III，1716—1788年），西班牙语：Carlos III。波旁王朝的西班牙国王，1759—1788年在位。
④ 即卡洛斯四世（Charles IV，1748—1819年），西班牙语：Carlos IV。波旁王朝的西班牙国王，1788—1808年在位。
⑤ 即公元1807年。
⑥ 即斐迪南七世（Ferdinand VII，1784—1833年），又译费迪南七世。西班牙国王，曾两次在位，分别是1808年3月—1808年5月、1813—1833年。
⑦ 按："己弟"，此处错误同卷十二第三节，应为"己兄"，即拿破仑的哥哥约瑟夫·波拿巴。
⑧ 即若昂六世（John VI，1767—1826年），葡萄牙王国国王，1816—1826年在位。

七节　奈德兰德国

考奈德兰德南境，其先属西班牙，后属奥斯主理之诸省地。当中朝之乾隆末年，业皆改属于法。又数年，而其北境数省，号和兰地者，亦为法之属国。迨拿波伦以其弟雷斯①为和兰王，既复废之，而和地②归入法之版图。至欧地之和议大定，而和兰七省与比利时之诸省，合立成国时，俄兰支威廉③实为之王。按，此威廉亦缘有路孙布革④地之公爵，而得列于德地同盟者。

八节　瑞士国

瑞士旧经联盟之十三郡，计至中朝之嘉庆三年，法攻瑞士，其盟始行解散。惟时瑞士旧所属有之西境诸城，咸得自主，乃法人非止不悦王与绅主政也，兼亦不甚以昔之民政为然。爰强瑞与此诸城，合为民政国，且为立盟，号曰希勒非底⑤。嗣瑞与此诸城，又皆渐不得自主，俨若属法之诸县，至其尼法及他近法之多城，则竟次第并入法国，是以瑞人愈滋不悦。迨嘉庆八年⑥，拿波伦悔祸，乃复立瑞士为自主之同盟国，代定新章，俾时其所属有之诸地人民，咸与瑞人同等，概名曰瑞士郡，以合瑞士旧有之十三郡为二十二郡。然诸

---

① 即路易·波拿巴（Louis Bonaparte，1778—1846 年），拿破仑的三弟，拿破仑征服欧洲后，被封为荷兰国王。
② "和地"，石印本作"和兰"。
③ 即威廉三世（William III，1817—1890 年），尼德兰国王和卢森堡大公，1849—1890 年在位。
④ 即卢森堡（Luxembourg），城市名。位于欧洲西北部，被邻国法国、德国和比利时包围。
⑤ "希勒非底"，石印本作"西勒非底"。即海尔维第共和国（Helvetic Republic），亦称赫尔维蒂共和国。法国大革命后在瑞士联邦的领域上建立的一个子共和国。1798 年成立，1803 年解散。
⑥ 即公元 1803 年。

郡政治终皆未能画①一，而前并入于法之其尼法及他多城，兹皆仍归列于瑞士诸郡内也。

九节　英、爱二国

当法国易为民政，奋兵四出，侵诸邻邦之际，英恒预与法战。迨亚缅城立约后，英、法战事始得少息。时英男爵、水师提督名尼罗孙②者，大挫法水师锋。而英之总统陆师提督威令敦公爵，又连败法陆师，俾西、葡二国，获脱法轭。当中朝之嘉庆三年，爱尔兰人相与叛英。越二年，爱之议政院复移合于英。惟时英既兼辖有③爱、苏、威等地，乃易国号曰兼有爱地之④大伯利丹⑤。而英君主，亦始自废其法王号（是王号始于一千四百二十年在德雷地方立和约后）。至嘉庆二十年，和议大定。其间英于欧地拓有之新疆甚寡，仅获有地中海之马利达⑥地与北海滨之黑利哥兰⑦地。时约年诸岛，合而自成一民政国，而英军分屯其国边郡以为之卫。若距欧甚远处，则英得有之新地极多。即印度当英总统哥那瓦利⑧与威利斯利⑨二人驻守时，其地之入英版图或为英属者，约已十之六七，外则澳大利亚地之英

---

① "画"，石印本作"划"。
② 即霍雷肖·纳尔逊（Horatio Nelson，1758—1805年），英国18世纪末至19世纪初的著名海军将领及军事家，在1805年的特拉法尔加战役中，击溃法国及西班牙组成的联合舰队，在战事期间中弹阵亡。
③ "有"，石印本无。
④ "之"后，石印本衍一"之"字。
⑤ 即大不列颠和爱尔兰联合王国（The United Kingdom of Great Britain and Ireland）。
⑥ 即卷九第十五节之"马利达岛"：马耳他（Malta）。
⑦ 即黑尔戈兰（Heligoland），今为欧洲北海东南部德国岛屿，属石勒苏益格-荷尔斯泰因州。
⑧ 即查尔斯·康华里（Charles Cornwallis，1738—1805年），英国军人及政治家。美国独立战争之后曾出任印度总督以及爱尔兰总督。
⑨ 即理查德·韦尔斯利（Richard Wellesley，1760—1842年），英国政治家，威灵顿公爵的兄长。任马德拉斯邦督和孟加拉总督（1797—1805年）时，大大扩展了英国的殖民帝国。

埠尤多。再前此欧地诸国，连年构兵，而英得有法、西、和三国之埠，为数甚繁。如非洲南境之好望角地、印度洋之锡兰地、南美洲之圭亚那地，皆改属英。后于嘉庆十八年、二十年①之间，英、美忽有违言，及和议成，而诸国疆土皆如其旧。

十节　斯干底族之诸国

惟时丹、瑞、挪三斯干底族国，其君民咸大有变乱。当法易民政之际，瑞典王古斯达弗第三②，复得有独操国政之威柄。后此瑞王于中朝之乾隆五十七年，为人刺毙，嗣其位者号曰古斯达弗第四③。乃至嘉庆十二年，复为其民废逐去位，而瑞人复自遵用民得预闻国政之旧章。当此二古斯之世，皆常与俄构兵。在古斯第四时，失其旧所属有之芬兰地。迨后瑞王号加罗第十三④者无嗣，国人乃相与选立一法国军帅贝那多⑤为之世子。迨嘉庆十八年⑥，德诸地兵起，咸与法为难，而瑞典因属有德地，故爰命世子贝那多帅师⑦助德，以与其旧君拿波伦战。时丹反助法，迨拿波伦破败，诸国议和，乃夺丹所属有之挪耳威地，以与瑞典，抵补其前失芬兰地之缺。然挪地人民咸不乐合于瑞典，乃自更立加益于民之新章，请于诸国将选立丹国世子为挪地王。诸国弗允，议定瑞、挪永以一王主理。挪人从之，

---

① 即公元 1813—1815 年。
② 即古斯塔夫三世（Gustav III，1746—1792 年），1771—1792 年间任瑞典国王。
③ 即古斯塔夫四世·阿道夫（Gustav IV Adolf，1778—1837 年），1792—1809 年间任瑞典国王。
④ 即查理十三世（Charles XIII，1748—1818 年），又译卡尔十三世（Karl XIII）。1809—1818 年间任瑞典国王。
⑤ 即贝尔纳多特（Jean-Baptiste Bernadotte，1763—1844 年），法国陆军将领，瑞典和挪威国王，1818—1844 年在位。
⑥ 即公元 1813 年。
⑦ "帅师"，石印本作"率师"。

奉瑞典王为己王，而仍自立国，遵行新章。时瑞典将波米拉尼[1]地让归于丹，后丹即以此地，而易有布国之伦布革[2]地也。如是瑞典旧有之巴勒底海以东、以南，壤地全失。惟斯干底之一大土股，均归瑞典一王统治。

十一节　俄与波兰二国

当俄之女帝加达利那第二崩，其子保罗[3]嗣位。缘保罗素有狂易之疾，后迨中朝之嘉庆六年[4]，竟为人刺毙。按，其为帝时，始则与奥联盟，合兵攻法，末与法和。及其子亚利散大[5]嗣为俄帝，不与法人构兵者四年。至嘉庆十年，俄复与奥合以攻法，既而拿波伦战胜奥、布二国而求和于俄，相与立约于底西德[6]地，于是俄、法二国，暂罢战者六年。此六年中，俄攻取瑞典之芬兰地，又战胜土耳其，大拓疆土，直至大奴比河为俄界，嗣复攘有波斯一大段地。至嘉庆十六年[7]，法复以兵侵俄，于是俄与欧地诸强国协谋以废拿波伦。迨和议大定，约内载明，以瓦扫公爵地并奥所属有波兰地之半为波兰国。虽政教咸得自主，而服属于俄。如挪地之听命于瑞典，若波兰之波孙地，则别[8]归属于布。惟时亚利散大自称兼波兰王号之俄帝，

---

① 即波美拉尼亚（Pomerania），中欧的历史地域名称，今属波兰，位于德国和波兰北部，波罗的海南岸。
② 即劳恩堡（Lauenburg），国名。故地在今德意志联邦共和国东北部石勒苏益格-荷尔斯泰因州境内。
③ 即保罗一世（Paul Ⅰ，1754—1801年），俄罗斯帝国皇帝，1796—1801年在位。
④ 即公元1801年。
⑤ 即亚历山大一世（Alexander I，1777—1825年），保罗一世之子，罗曼诺夫王朝第十四任沙皇、第十任俄罗斯帝国皇帝，1801—1825年在位。
⑥ 即提尔西特（Tilsit），今称俄罗斯苏维埃茨克。
⑦ 按："嘉庆十六年"，即公元1811年。总税务司署刻本和石印本均为此，英文本为"1813年"（嘉庆十八年），经考证英文本正确，此处应系译者误，故应作"嘉庆十八年"。
⑧ "别"，石印本作"仍"。

而波兰旧都仍得为自主之城，有俄、布、奥三国于约内签名画押①，为之保护。

十二节 土耳其国

土耳其国之苏勒丹西林第三②，即位于中朝之乾隆五十四年。至嘉庆十二年，其国人废之。而马木德③即苏勒丹位，嗣殁于道光十九年④。惟时土国之敌，非止俄、法而已，即其属国人民，无论为信耶稣、为奉回教者，咸愿起而得以自主。至其距土京较远之诸地重臣，亦皆有自王之意，人心瓦解，是与昔二加利弗末世之国势正同。计希腊西北近亚底亚海之亚巴尼亚⑤地内，其信耶稣之苏利人与回人名亚利巴沙⑥者，咸拒土命。而其西北门底尼罗⑦地之耶稣教人，则永未为土属。至近大奴比河之赛非亚地人，先常叛土，经土人以兵平定其地。既而又叛，自立为国，然仍服属于土。若伊及地之马米路革军⑧，已脱土之轭，得以自主。时俄人惟以扇诱⑨土民叛乱为事，而于土民奉东教者，扇诱尤力。

---

① "画押"，石印本作 "画约"。
② 即塞利姆三世（Selim III，1761—1808 年），奥斯曼帝国苏丹，1789—1807 年在位。
③ 即马哈茂德二世（Mahmud II，1785—1839 年），奥斯曼帝国苏丹，1808—1839 年在位。
④ 即公元 1839 年。
⑤ 即卷十第六节之 "亚班亚"：阿尔巴尼亚（Albania）。
⑥ 即穆罕默德・阿里（Mohamed Ali，1769—1849 年），19 世纪奥斯曼帝国的埃及总督，埃及阿里王朝的创建者。
⑦ 即黑山（Montenegro），今为亚得里亚海东岸上的一个多山国家，位于巴尔干半岛西南部。15 世纪时意大利人称该地为 "门的内哥罗"，意即 "黑色的山"。1711 年后，与俄罗斯帝国结盟。1851 年，又成为世俗公国。
⑧ 即马穆鲁克（Mamelukes），亦译弥洛克人或马木留克。中世纪时服务于阿拉伯哈里发的雇佣兵，主要效命于埃及的阿尤布王朝。后来，随着哈里发的势微和阿尤布王朝的解体，逐渐成为强大的军事统治集团，并建立了自己的布尔吉王朝，统治埃及达三百年之久。
⑨ "扇诱"，石印本作 "煽诱"。

十三节　美洲诸国

　　北美洲之美国所创设新章，直至法易民政之年，始得大行于境内。其伯理玺天德第一华盛顿，既才德兼优，知人善任，而嗣继其位者，又率皆伟人。其间固能大拓西疆，增置多郡。当中朝之嘉庆八年，美之执政以金购有前西班牙让归于法之雷西亚那地。时美北境诸省畜奴之事，皆已禁止①。惟缘与英构兵二年，以致其国势之隆，少形阻抑。当法兵散漫于西班牙境地，时凡属西班牙之美地诸埠，皆有乘机仿诸英埠，自立为国之心。至嘉庆十五年②，墨西哥与直利③二西埠地，同起叛西，既而墨地仍为西国所恢复。迨嘉庆二十五年④，墨人又叛，而比鲁人⑤亦于是年叛西，自立为国。至若西印度群岛内，半属西班牙，半属于法之亥底⑥一岛，亦同叛法与西，各自合而成国。以上所言，美洲之诸地方多有变易，如亥底与⑦墨西哥立国之初，皆为民政。嗣乃师法之有拿波伦，其白黑二族人，各立一帝，后缘事多难行，复易而为民政。时美地前属西班牙之诸埠地，咸为民政国。惟一前属葡萄牙埠地，名伯拉西勒者，则为立有帝之国也。

十四节　总结

　　即上以观，乃未及三十年，而欧地诸国事势变易之多且速，实为往古所未有。试于大地间一详察考，更有如其时法国之刊削旧章，

---

① "禁止"，石印本作"止禁"。
② 即公元1810年。
③ 即智利（Chile），今为位于南美洲西南部、安第斯山脉西麓的国家。
④ 即公元1820年。
⑤ 即秘鲁人（Peruvians），南美洲秘鲁居民的总称。
⑥ 即海地（Hayti），位于加勒比海北部的一个岛国。
⑦ "与"，石印本作"墨"。

不问善否，概从拚弃，惟日求新者耶。法既如是而因之兴起，诸邻邦咸形欣慕，率行仿效。时法陋制之去者固多，而善政因之以亡者，亦复不少，加以政皆创行未久即多变易。然计其自易为民政以来，终属害少利多，而欧地贪暴之风，亦皆少戢，不若前此之盛也。再当法幸兵乐战之世，实为德、意二国，立一后此各复合成大国之基。迨法之战事大息，疆域如故，仍得奉其旧君之后裔为王，惟其政治、风俗皆易而从新。至于德，则其帝畿与境内诸侯封，皆漫然易为同盟之国，而其中以布、奥二国为最大，力敌势均，故恒不免于战。若西、葡二国，亦得奉其旧君之后裔为王。其意大利地，仍自分裂为数小国，而其国事则奥人皆强预闻①。其瑞士诸郡人之贵贱品伦，均行除废，合而为一平等之同盟国。其奈德兰德地之南北数省，业自合为一国，其斯干底地方，瑞典虽失其旧有之芬兰地并德地，而前素合于丹之挪耳威地人民，兹则改奉瑞典王为己王。是斯干底地之诸国，变易最巨。他则②俄罗斯之疆地日辟，波兰虽复得③立为国，然仍属于俄，而土耳其之疆地④日蹙，虽所属有奉耶稣教之诸国，有叛与否，然其筹脱土轭则一也。

---

① "预闻"，石印本作"与闻"。
② "他则"，石印本作"则他"。
③ "复得"，石印本作"得复"。
④ "疆地"，石印本作"地疆"。

欧洲史略 卷十三
德意诸小国复各联合之世

一节 欧地诸国近今世势略述

考今日之欧地诸国，其政教变易实不亚于前卷内数十年之要且多，然今诸国变易较异于前。盖缘近日人各自亲其族，故诸国率多谓宜以同族人所居地为国界，而族与方言咸同之人，亦皆[①]愿合而为一国。如德、意二国，皆分于昔而合于今，尤为显著。至若天下久安，必将易而多有战争之事，然近岁诸国争战兵数，固皆较前倍多，而决胜负于一朝，亦无前此旷日持久弊也。惟法，于今虽不得如前为诸国战争之关键，若有欲洞悉欧地东西诸处变易之士，则须先识其时之法事本末。兹将即今前六十年内欧地诸国之变易，一详言之，自必宜以法近年之诸多变易，列居于首。

二节 法国近事

当拿波伦败灭，雷斯十八即法王位，爰立尊律之新章，而时法人，亦有愿仍遵未立民政以前尚用白旗时之旧章者。嗣雷斯十八之

[①] "皆"，石印本作"各"。

弟加罗第十①，实为在浪斯城②升戴王冕，及自称法王之末一人也。迨中朝之道光十年③，加罗第十下诏，中多与律相背之事。国人不服，起而叛之，相与逐此加罗于法境外，别举王族中之俄耳凉城公爵名雷斯·腓利④者，易号为法人之王（是为民选立所上王⑤号），再定新章，而其民所得有自主之权愈多。计雷斯·腓利为法人王，共十八年。其间有拿波伦同母弟之子号雷斯·拿波伦者，再兴祸乱。其初次成擒法之执政，宥而释之，嗣又被获，乃将之囚禁于一寨内，既而潜逃。迨道光二十八年⑥西历之二月，雷斯·腓利亦为民逐出境，法复易为民政之国。至六月，而尤喜民政执见太偏之诸法人，起而为乱，法帅加法聂⑦往征服之。时国人以加法聂新立此大功，多欲仿美国华盛顿故事，选立加法聂为法国伯理玺天德第一，然已有人潜召雷斯·拿波伦至法，而法人举书雷斯·拿波伦名，较举书加法聂名者为多。爰立雷斯·拿波伦为伯理玺天德，期满四年，即行退位，且俾立谨守民政律章，毋得擅更之誓书。后此雷斯·拿波伦自食其言，乃于咸丰元年⑧，强散国中之议政会，分遣亲军，驻守衢巷。时有多人，皆为火枪轰击，枉死于道路间。而雷斯·拿波伦，自改限满十年为期之伯理玺天德。越明年，复自号为法人之帝，得全有其伯父拿波伦盛时之荣耀也。

---

① 即查理十世（Charles X，1757—1836 年），法国波旁王朝的末代国王。
② 即兰斯（Reims），位于今法国东北部的城市。
③ 即公元 1830 年。
④ 即路易·菲利普（Louis Philip，1773—1850 年），1830—1848 年间的法国国王，法国奥尔良王朝唯一的君主。
⑤ "上王"，石印本作"王上"。
⑥ 即公元 1848 年。
⑦ 即路易-欧仁·卡芬雅克（Louis-Eugene Cavaignac，1802—1857 年），19 世纪法国政治家、军事家。1848 年被任命为阿尔及利亚总督。
⑧ 即公元 1851 年。

三节　法诸战事

如上所论次法国三王之世，皆无甚大战事。惟非洲北境与法遥遥相对之亚热利国①，其民多习为海盗，苦诸商旅。法人灭之，即其地立法埠。时罗马城改立民政，正与法同，而法反出兵搅阻，以代彼巴伯防护罗马。迨雷斯·拿波伦自称法帝，告于众曰：法为帝国，实不宜以战争为亟务②。观此言，似有允其民休息之意，既而乃与俄、奥、布三国，相继构兵。当中朝之咸丰四年③，俄与土耳其战，而法、英合以攻俄。至咸丰九年④，奥与撒底尼亚人构兵，法复出兵攻奥。故定和议时，撒底尼亚人乃割所余有布耳根底地内之尼斯⑤与撒非二省归之于法。至同治九年⑥，欧地流言，有布国王族中，不久将有一人为西班牙王者。法因以罪布，出兵侵之。时德地诸国，咸起而与布同仇，攻入法境，连胜法军，进围法京巴黎斯城。法人屡败不振，弗获已，乃以旧属于德之爱勒撒斯地并罗连公地之半赂德罢兵，而法不复得以来那河为界。时法又易而为民政之国。缘前此战时，法帝雷斯·拿波伦为德人擒获，法京人闻之，即废雷斯·拿波伦之帝号，别行选立前法王雷斯·腓利之相名迭亚⑦者为伯理玺天德，以与德和。乃未几，巴黎斯复为法之党人⑧，闭诸城门，相与据守，致法之执政，不获已，乃复以兵攻取此城。至同治十三年⑨，法人选立麦

---

① 即阿尔及尔（Algiers），今阿尔及利亚首都，位于阿尔及利亚北部。旧为海盗王国，常与欧洲强国抗争。
② "亟务"，石印本作"急务"。
③ 即公元1854年。
④ 即公元1859年。
⑤ 即尼斯（Nice），今法国东南部港口城市，濒临地中海。
⑥ 即公元1870年。
⑦ 即梯也尔（Adolphe Thiers, 1797—1877年），法国政治家、历史学家，奥尔良党人。1871—1873年为法兰西第三共和国总统。
⑧ 即巴黎公社成员（Member of the Paris Commune）。
⑨ 即公元1874年。

马汗①为伯理玺天德，期满七年，即行退位。

四节　德复合一

当中朝之嘉庆二十年，德地诸公侯，更立新盟。后固多自背所允其众臣仆，得有利益之言，然大有渐合为一之势。至嘉庆二十三年②，布国谋立一赋税会③。乃未几，德地诸国，多附入此会。其会例内，有无论何项货物，凡往来于德地者，均免征税，而惟征诸出入德境之货。至道光二十八年，德地奥、布等国，皆有民变。故时德人，有全境共立一帝，选诸议员，合立一议政院之议。迨同治五年④，奥、布构兵，其德地诸小国，各有所助，既而布胜。议和时，前此德地诸国之盟会废坠，而屏奥俾不得列于德地之诸国内，如哈挪非耳⑤等小国，则咸合于布，于是德地北境诸国，共立一北德盟会⑥，而以布为此盟会长。迨德、法构兵，即德地南境诸国，亦入于北德盟会中。至进围法京巴黎斯城之际，德境诸国并诸自主城之君，共集于前法王一离宫内，奉上帝⑦号于布王威廉⑧。凡前此德地之并入于法者，兹皆仍归属于德。于时除奥国外，德地复合于一⑨，是为自中国南宋末，德地无帝。近二十年，继复数百年未有之盛。按，时德地诸国，咸遵旧章，各立有议政会，而德帝为之共主，且别立一

---

① 即麦克马洪（MacMahon，1808—1893年），法兰西第三共和国第二任总统，1873—1879年在位。
② 即公元1818年。
③ 即关税同盟（Zollverein 或 Customs union）。
④ 即公元1866年。
⑤ 即卷十二第四节之"挪弗耳"：汉诺威（Hanover）。
⑥ 即北德意志邦联（North German Confederation），1867年4月16日成立，由德国北方22个邦国组成。
⑦ "上帝"，石印本作"十帝"。
⑧ 即威廉一世（William I，1797—1888年），普鲁士国王，1861—1888年在位；德意志帝国第一任皇帝，1871—1888年在位。
⑨ "于一"，石印本作"为一"。

德地全境大议政会。

五节　意复合一

　　当中朝嘉庆二十年至道光二十八年之间，意大利地民多背叛，而为奥人所设防兵并所立诸公侯钳制，旋起旋灭。惟其撒底尼亚人，虽未能得自主，然上下情意相通，君民一体。当道光十一年①，加罗亚贝德②于都林城③即撒底尼亚王位，而巴伯第九④，则即位于道光之二十六年⑤。考其即位之初，大有除弊兴利，精求治理，不阻民俾使自主之心。至道光二十八年，意地人民皆起而与国政为难，乃于西西利地别立一王，不复与那波利地联而为一。其罗马与威尼斯二城，亦皆政主于民，而米兰人亦咸不愿属于奥。惟时加罗亚贝德与奥构兵。越明年，加罗在挪法拉⑥地战败，自退让撒底王位，于是巴伯与诸世爵，咸复返其故都。时意地前此自主诸国，鲜有不受奥、法之欺凌，而降心低首，听命惟谨者。惟撒底尼亚王威多·以马内利⑦，克遵旧章，以理其国。至咸丰九年，奥与撒战。而法之拿波伦⑧助撒，且告以凡意地，计自亚勒比山，直至亚底亚海，其间奥人，必代尽行逐去。嗣此奥虽大败，尽失其旧有之郎巴底地，然尚得保有

---

① 即公元 1831 年。
② 即查尔斯·艾伯特（Charles Albert，1798—1849 年），1831—1849 年间任意大利萨丁尼亚国王。
③ 即都灵（Turin），今意大利第三大城市，皮埃蒙特大区的首府。
④ 即庇护九世（Pope Pius IX，1792—1878 年），1846—1878 年间任教皇，领导教廷 32 年。
⑤ 即公元 1846 年。
⑥ 即诺瓦拉（Novara），城市名，初为古罗马殖民地，曾先后属于米兰、奥地利和萨伏依，今为意大利西北部城市。
⑦ 即维克托·伊曼纽尔二世（Victor Emanuel II，1820—1878 年），萨丁尼亚-皮埃蒙特国王，1849—1861 年在位；意大利统一后的第一个国王，1861—1878 年在位。
⑧ 即拿破仑三世（Napoleon III，1808—1873 年），法兰西第二共和国总统，法兰西第二帝国皇帝。

威尼斯全境，而撒则将其尼斯、撒非二省，割而归之于法。时二西西利，业皆为意民乐从之善战人名加利巴底①者，攻服其地，相率而归属于威多·以马内利。其他意地人民，莫不乐于为撒属者。惟巴伯借法之助，尚有主理罗马一城之权。至咸丰十一年②，撒王得有意大利王之号。至同治五年，布、奥构兵，意王助布。后议和，奥以威尼斯地归之于意。越四年，法为德攻，法爰撒其前遣防护罗马之兵自助，而意王乘机取有罗马，建以为都。即此以观，是撒虽有失阿勒比山外地之忧，而有得意全境之乐，亦足以偿其所失者矣。

六节　奥、马、波三国

当中朝之嘉庆二十年，欧地诸国和议大定后，其前称德帝号佛兰西斯第二之马加王佛兰西斯第一③，仍兼辖有奥斯马加以及属奥之波兰等地。至道光十六年④，此佛兰第一薨，弗耳底难第五⑤嗣位，而前此波兰新国，归于俄帝统理。迨道光五年⑥，俄帝亚利散德⑦崩，尼哥拉⑧即俄帝位。时俄、波⑨有难归一帝主理之势，缘俄常阻波不得遵其旧章故也。迨⑩道光十一年，波人叛俄，而为俄所败，复定有其

---

① 即加里波第（Garibaldi, 1807—1882 年），意大利爱国志士及军人。
② 即公元 1861 年。
③ 即卷十一第三节之"法兰西第二"：弗朗茨二世（Francis II）。
④ 即公元 1836 年。按："道光十六年"，总税务司署刻本、石印本、英文本均为此，据资料考证，应为道光十五年（1835 年）。
⑤ 即斐迪南一世（Ferdinand I, 1793—1875 年），奥地利皇帝（1835—1848 年），匈牙利和克罗地亚的国王（1830—1848 年），伦巴第-威尼斯国王（1835—1848 年）和波西米亚国王（1835—1848 年，称斐迪南五世）。
⑥ 即公元 1825 年。
⑦ 即卷十二第十一节之"亚利散大"：亚历山大一世（Alexander I）。
⑧ 即尼古拉一世（Nicholas I, 1796—1855 年），1825—1855 年在位的俄罗斯帝国皇帝。
⑨ "波"后，石印本有一"实"字。
⑩ "迨"，石印本无。

地，凡波之旧章，尽从废弃。至同治二年①，俄帝亚利散大第二②之世，波人又叛，俄乃灭之，收其地而入俄之版图。当波二次叛俄之间，其革拉高城③，业于道光二十六年让归于奥。嗣此波无寸土，而马加人民，则复得有自主之利益也。后此道光二十七八年间④，奥、马二地，咸有民变之事，于是弗底难第五自辞退位，其奥帝号，既让归于佛兰西·约瑟⑤，而马加人则谓此番退让，证以我国之律大有不合。故未几，而马加即自⑥改立为民政之国，奥人攻之，兼请俄国出兵为助，复攘有其地，设兵防守。直至奥、布构兵议和时，马人始得自立为国，而与奥人共尊佛兰西·约瑟为帝，遵马国律。于同治六年⑦，佛兰西·约瑟行升戴马加王冕礼，于是马、奥大和。惟属奥之诸他地人民，终皆不免有怨其君之心也。

七节　西、葡二国

西班牙国，当弗底难第七⑧返国复位时，民多背叛，将强此弗王第七，遵用前此利民之诸新章。至中朝之道光二年⑨，弗王第七假法国兵之助，始得将诸新章尽行废除。迨道光十三年⑩，弗王第七薨，

---

① 即公元1863年。
② 即亚历山大二世（Alexander II，1818—1881年），1855—1881年在位的俄罗斯帝国皇帝。
③ 即克拉科夫（Cracow），城市名，位于波兰南部，维斯瓦河上游两岸。建于700年前后，是中欧最古老的城市之一。
④ 即公元1847—1848年。
⑤ 即弗兰茨·约瑟夫一世（Francis Joseph I，1830—1916年），亦译弗朗茨·约瑟夫一世。19世纪到20世纪初中南欧洲的统治者，以建立奥匈帝国的功绩为世人熟知。
⑥ "即自"，石印本作"即有"。
⑦ 即公元1867年。
⑧ 即卷十二第六节之"弗底难"：斐迪南七世（Ferdinand VII）。
⑨ 即公元1822年。
⑩ 即公元1833年。

其弟加罗①与其女伊撒贝拉②争西王位。时加罗得有北境巴斯革人之助，乃相与构兵国内者七年。至道光二十年③，伊撒贝拉之王位已定，战事始息，既而又多有民变之事。至同治七年④，伊撒贝拉为其民所废，逐使出境。越二年，西班牙人民共立意大利王之子亚马斗斯⑤为王。至同治十一年⑥，亚马斗斯辞西王位，归其本国，于是西班牙改立民政，祸乱频兴。至光绪二年⑦，其民复迎前女王伊撒贝拉之子亚勒分梭⑧，立以为王，而有前加罗之孙亦名曰加罗⑨者，窃据北境，以与此亚王为难。时西班牙境外余有之埠，仅只一二。而其古巴一埠，亦复与本国不甚亲睦，然至今犹属于西。至若葡萄牙，则国多内乱。当嘉庆二十年⑩，欧地诸国和议大定后，其前此出居所属有之伯拉西勒国葡王约翰第六，仍安居伯拉国者数年。是为欧地国王，往驻美地，仍主理欧地本国事之始。至道光二年，伯拉西勒与葡分，而自立为国，然较美地之自立诸国，少有不同。缘既改定利民之诸新章，而仍奉约翰第六之子名比德罗⑪者，为伯拉西勒帝。及比德罗嗣为葡王时，即自辞位，以葡萄牙让与其女马利亚⑫，而以伯拉西勒与其子

---

① 即唐·卡洛斯（Don Carlos，1788—1855年），斐迪南七世之弟，借用禁止女性为王的《撒利克法》与伊莎贝拉二世争夺王位，自称卡洛斯五世。
② 即伊莎贝拉二世（Isabella II，1830—1904年），波旁王朝的西班牙女王，1833—1868年在位。
③ 即公元1840年。
④ 即公元1868年。
⑤ 即阿玛迪奥一世（Amedeo I，1845—1890年），西班牙萨伏依王朝国王，1870—1873年在位。
⑥ 按："同治十一年"，总税务司署本和石印本均为此，英文本为"1873年"（即同治十二年）。经考证，"同治十一年"不合史实，"同治十二年"为正确时间。
⑦ 按："光绪二年"，总税务司署本和石印本均为此，英文本为"1875"（即光绪元年），经考证"光绪二年"不合史实，而"光绪元年"为正确时间。
⑧ 即阿方索十二世（Alfonso XII of Spain，1857—1885年），波旁王朝的西班牙国王，1875—1885年在位；西班牙女王伊莎贝拉二世之子。
⑨ 即小唐·卡洛斯三世（Don Carlos III，1848—1909年），老唐·卡洛斯之孙。
⑩ 即公元1815年。
⑪ 即佩德罗一世（Pedro I，1798—1834年），巴西第一任皇帝，1822—1831年在位；1826年3月10日至5月28日兼任葡萄牙国王，称佩德罗四世。
⑫ 即玛丽亚二世（Maria of Portugal，1819—1853年），葡萄牙女王，1834—1853年在位。

比德罗①。是将此二地王冕,分加于其子女二人之首。未几,而伯拉西勒,竟得为南美洲之第一盛国。若葡萄牙,则国有内乱。盖缘比德罗既立其女马利亚为葡国王,而身相之,摄行王事。厥弟米贵勒②弗顺,于道光八年③,自称葡王。至道光十二年④,国人咸以马利亚宜即葡王位,爰相与逐米贵勒于境外。后此,葡地乱事频兴,然率皆无关轻重。

八节　奈德兰德南北诸郡

前此奈地诸郡,合立为国,而势不能久。缘其北境,为脱西班牙轭,业经多年之和兰七郡,而南境,则前属西班牙后改属奥之奈地,此其南北二境人民之语言、风俗,均各不同,而所奉之教亦异。故当中朝之道光十年,其南境人民背约,国分为二。北境和兰七郡,仍为俄兰支族人主理。而南境,则易号为比利时国,别立德地公爵之后裔,撒革孙族人名略波德⑤者为王。嗣略波德之子即比王位,亦名曰略波德⑥。后和、比二国,民乐太平,实此各立国章,以限其王有诸威权之效。而其间乃缘路升布革公之地,和、比小有争端。和王本为德地盟会中人,得有此路升地。而诸他国,咸言路升地应得有自主权,爰相与拥护路升之地,归为自主。

---

① 即佩德罗二世(Pedro II,1825—1891年),巴西第二任皇帝,1831—1889年在位。
② 即米格尔一世(Miguel I,1806—1866年),葡萄牙布拉干萨王朝君主,1828—1834年在位。
③ 即公元1828年。
④ 即公元1832年。
⑤ 即利奥波德一世(Leopold I of Belgium,1790—1865年),比利时的第一位国王,执政时期从1831—1865年。
⑥ 即利奥波德二世(Leopold II of Belgium,1835—1909年),1865年继承父亲利奥波德一世成为比利时国王。

九节　瑞士国

瑞士一国，计自中朝之嘉庆二十年，诸国和议大定后，其境地四界，无甚出入，亦未与他邻邦构兵。惟国多内乱，政教不一。当道光十一年，瑞士诸郡，自起争端。迨争息之时，瑞士人民更得有预闻国政之利益。至道光二十七年①，瑞士之奉耶稣教人与信天主教人构衅。越明年，瑞士患诸郡之过疏而不亲也，乃仿美国之制，更定律章，以为瑞士一统之国②政章。惟不推立伯理玺天德③，而以七人同听国政，然合此七人所操威柄，较之一伯理玺天德，犹有不如。迨同治十三年，瑞士又行更定国章，其诸郡威权，较前少减。而听政七人之威权，则较前增多也。

十节　斯干底族诸国

瑞典、挪耳威二国，计自中朝之嘉庆二十年，诸国和议大定后，其政治皆无甚更易，王以世传，而二国仍奉一贝那多族人为王。惟律章则各遵其国之旧。近者，瑞典更正国章数条，而废其前此阻民随意信从诸教之禁。若丹之政治，更易甚多。计至道光二十八年，犹为一人独操威柄之国。迨弗德利第七④者即丹王位，始自减除威柄，别立专章，俾民咸得预闻国政。乃缘二公爵地，与邻国构兵。其二公爵地，一名和斯典，原为德同盟地之一，人皆德族；一名斯雷斯威⑤，未预德盟，其人则南为德，而北为丹。至咸丰元年战息，

---

① 即公元 1847 年。
② 即瑞士联邦。
③ "伯理玺天德"，石印本作"巴伯玺天德"。
④ 即弗雷德里克七世（Frederick VII，1808—1863 年），最后一个丹麦君主。
⑤ 即卷十一第九节之"斯利斯威"：石勒苏益格（Duchy of Schleswig）。

而此二公爵地，仍为丹有。迨同治三年①，革利斯典为丹国王，别有战事，而将此二公爵地，分让于奥、布二国。后二年，奥、布兵争。及罢战议和，二公爵地，咸归于布。而约内列明，其斯雷北境丹人所居之地，嗣必归丹。然至今，布人犹未践此诺也。迨同治十三年，丹始将其人皆得预闻国政之章，恩施于所属有之冰山岛民②。

十一节　俄、土、希三国

近岁俄罗斯与③土耳其二国，恒多战事，而土之兵败地削，国计日蹙。当中朝之道④光元年，希腊人起而叛土。时希腊地之希腊人与亚巴尼亚人，恃有属土之数他国与欧地客民之咸允助己也，爰距土之命，谋得自主。至道光七年⑤，土国苏勒丹马木，请伊及境地之统帅名穆罕默德·亚利⑥者，出兵助征希腊。时亚利之兵，极称强盛，希人大惧，恐其不敌，乃有英、法、俄三国以兵助希。是年英、法、俄三国水军，合攻土之战舰于那法利挪⑦地方，毁之，既而法又将驻希之伊及军士，尽逐出境，俾彼希人得以自主。盖希腊为上古名邦，故诸强国皆乐为之助。时希人自立德地巴法利亚王之幼子俄多⑧为王。至同治元年⑨，俄多被废。希人别立丹国世子教治⑩，嗣其王位。越二年，英将其约年诸岛，让归希腊主理。若俄、土当道光八年构

---

① 即公元1864年。
② "民"，石印本作"氏"。
③ "与"，石印本无。
④ "道"后，石印本衍一"道"字。
⑤ 即公元1827年。
⑥ 即穆罕默德·阿里（Mohamed Ali，1769—1849年），19世纪奥斯曼帝国的埃及总督，埃及阿里王朝的创建者。
⑦ 即纳瓦里诺（Navarino），今称希腊皮洛斯湾，位于伯奔尼撒半岛西南部。
⑧ 即奥托一世（Otto I，1815—1867年），1832年被选为近代希腊王国的首任国王。
⑨ 即公元1862年。
⑩ 即乔治一世（George I，1845—1913年），1863—1913年间任希腊国王。

兵，俄人获有微利。后此土又与伊及大启兵端，连年不息。至道光二十一年①，伊及几得为自主之国，土不能制。至咸丰四年，俄、土又战，而英、法、撒三国助土。越二年，议和。其俄界不复得至大奴比河，与时法界不得至来那河同也。惟时附近大奴比河以北之二省，一摩达非亚，一瓦拉基亚，相与合而为一自主之国，不复属于土。至光绪元年，土西北属境之波斯尼②地并和兹哥非那③地人民同叛土，临以兵，未下。后经诸强国定议④，土不得有此二地，咸俾自主。时俄于北亚洲，攻取霍罕⑤等回部，并得自中朝以及无主之地甚多，而其帝亚利散大，乃立释昔多田人所畜作苦诸奴为平民之律，后此帝竟为乱民以药火轰崩也。

十二节　大伯利丹与爱尔兰合国

至兹英国宜纪之事，半为国中议院增修法律，半为人民远赴海外创设埠头。计英与欧地诸国，自中朝之咸丰四年，曾与俄构兵外，至今未有战事。其号大伯利丹之英、苏、威等众，固皆同意同心，日增亲密，而爱尔兰民，虽合于英，而常怀怏怏。经执政多人拟俾英、爱一家，无少岐视，乃爱民怨英之怀抱，终似不除，时形叛背⑥。按，英之海外诸埠，如在美、非二洲以及澳大利亚等地方者，率皆由英给与国章，俾立议院，几于自主。当道光十七年⑦，北美洲

---

① 即公元1841年。
② 即波斯尼亚（Bosnia）。
③ 即黑塞哥维那（Herzegovina）。位于原南斯拉夫中部，介于克罗地亚、塞尔维亚和黑山三个共和国之间，和波斯尼亚简称"波黑"。
④ 俄国与土耳其于1878年签订《圣斯特法诺条约》，其中规定：土耳其承认波斯尼亚和黑塞哥维那获得自治。
⑤ 即浩罕（Kokand），亦名敖罕。中亚地区的封建国家，与我国新疆西部接壤。主要居民为乌兹别克人，其次为塔吉克人、吉尔吉斯人和哈萨克人。
⑥ "叛背"，石印本作"背叛"。
⑦ 即公元1837年。

之英埠号加那达者，其间之法人背叛。既而加那达日强，复与相附近之他英埠联盟。于是英允其合立成国，而选派一英国大员，往总理之。再前此于嘉庆十一年①，英始有禁各埠贩奴之律。至道光十三年，又有各埠畜奴之禁。时英在印度，威权大盛，增有数省地方。至咸丰八年②，有印度军士叛英之事，迨平定后，其印度威柄，不复操于英商，而改属于英君主。故英君主得有印度大皇帝之号。若英之远有海外诸埠并诸属地，而欲泯去争端，实难，如近日英于亚洲之中国与波斯国，非洲之亚比西尼亚国③与亚山底国④，皆有战事。即是以观，可知近年来，英预欧地事较前少，预天下事较前多也。

十三节　美洲诸国

际此北美洲之美国政治，多有变易，而亦愈见兴盛。如其西境，直抵太平洋⑤滨，业已增置数省。按，美国近岁，其出兵境外，惟与邻邦墨西哥曾一构兵，后墨国以其德革撒省⑥，让归于美。而美之征伐最重大者，则莫若其南北分争之一事。是战，计兴于中朝之咸丰十一年，嗣至同治四年⑦始息。推原其故，盖即缘畜黑人为奴。时美国之北诸省，此风久息，而其南诸省，尚属盛行，南北以此竟致失和。当咸丰十年⑧，美国南北诸省，分举伯理玺天德。既而北境诸省所举之灵根·亚伯拉罕⑨，得即大位。其南境诸省，自惭输退。于是

---

① 按："嘉庆十一年"，总税务司署刻本和石印本均为此，英文本为"1807年"（即嘉庆十二年），经考证"嘉庆十一年"不符合史实，"嘉庆十二年"为正确时间。
② 即公元1858年。
③ 即阿比西尼亚（Abyssinia），埃塞俄比亚的旧称，位于非洲东北。
④ 即阿尚提（Ashantee），又译阿善提。非洲的一个土著王国，位于几内亚湾沿岸。
⑤ "太平洋"，石印本作"大平洋"。
⑥ 即得克萨斯（Texas），美国南方最大的州。
⑦ 即公元1865年。
⑧ 即公元1860年。
⑨ 即亚伯拉罕·林肯（Abraham Lincoln，1809—1865年），第十六任美国总统。

南境之南加罗利那省①人，首叛旧盟。既而南境之诸他省，起而和之，乃相与别立代非斯②为伯理玺天德。于是南北争战者四年，后南境诸省兵力不支，始行输款请和，遵用旧章，复合为一。时其畜奴一事，则南北通禁矣。当同治元年，英、法、西三国，皆有与墨西哥相争之事。其英、西二国，旋与墨和，而惟法出军，侵入墨疆，强立奥国皇宗子公爵，名马西米连③者为墨帝。墨人不顺。至同治六年，墨之伯理玺天德茹瓦雷④，大胜马西米连而枪毙之。嗣此南、北二美洲地，除伯拉西勒国尚立有帝外，则更无有一人，居上独操威柄之国也。

十四节　总结

即是以观，则自中朝之道光初年来，欧洲之大局变易，较前尤甚。至近三十年中，则其局态之变易极矣。法人三次自强，欲为欧地之第一雄国，然皆无成，而卒为敌摧，竟获一前此绝无之甚败。若德之与意，则皆复合境内诸小国，而各成一强大之国。奥人既绝德、意二国之交，而与马、加合国，亦渐强大。瑞典、挪威，虽各立国，而合奉一人为王，故其富强日增。至于俄与波兰，势难强合，因之大启兵端，而波兰云亡。丹国计自丧失其南境之二公爵地后，国势大衰。他则奈德兰德地，分而为和兰、比利时二国。若土耳其，则境地四削，疆域日蹙，而希腊乘机脱土之轭，得以自主，其附近

---

① 即南卡罗莱纳（South Carolina）。
② 即杰佛逊·汉弥尔顿·戴维斯（Jefferson Hamilton Davis，1808—1889年），美国军人、政治家，于美国内战期间担任南部美利坚联盟国首任，也是唯一一任总统。
③ 即马西米连诺一世（Maximilian I，1832—1867年），本是奥地利大公，1864年4月10日在法国皇帝拿破仑三世的怂恿下，接受了墨西哥皇位，称墨西哥皇帝马西米连诺一世。
④ 即贝尼托·华雷斯（Benito Juarez，1806—1872年），又译胡亚雷斯。墨西哥民族英雄，曾五次出任墨西哥总统。

大奴比河之赛耳非亚①等国与非洲之伊及国,亦皆几于尽脱土轭。俄罗斯之强盛,虽经英、法、意三国,迭次攻击阻抑,而国势不衰,且于亚洲北境,获有多土。至于近日诸洲地上,其作英语人,如英之诸埠以及美国,势皆蒸蒸日上。按,百年前法易民政之初,欧地诸国,咸获利益,皆渐富强。迨近六十年中,则强者益强,而弱者益弱,甚者竟底灭亡。即昔著名之大国,并自主之诸大城,亦在所不免,良可嘅也!然观今欧地诸国政治,较前适宜,民皆愈得自主,而百工技艺,日异月新,信为上世之所未有,亦盛矣哉!

---

① 即卷八第十节之"赛非亚":塞尔维亚(Serbia)。

原书专名与当今通行译名对照表
（按原书所涉专名的汉语拼音顺序排列）

	原书专名	当今通用译名	英文
A	哀丢斯	弗拉维·埃蒂乌斯	Flavius Aetius
	哀多利	埃托利亚同盟	Aetolian League
	哀尔兰岛	爱尔兰岛	Ireland
	哀圭族	埃魁人	Aequi
	哀勒撒斯	阿尔萨斯	Alsace
	哀利尼	伊琳娜	Irene
	哀斯基路	埃斯库罗斯	Aischulos
	安（俄国）	安娜一世（俄国）	Anna I (of Russia)
	安（英国）	安妮（英国）	Anne (of England)
	安达基大	安塔赛达斯	Antalcidas
	安底哥挪（将军）	安提柯一世	Antigonus I
	安底哥挪（马其顿王）	安提柯三世	Antigonus III
	安底亚城	安条克	Antioch
	安底亚古	安条克三世	Antiochus III the Great
	安敦尼·奴	安敦尼·庇乌	Antoninus Pius
	安敦尼族	安敦尼王朝	Antonine Dynasty
	安多尼	马克·安东尼	Mark Anthony
	安吉利族	盎格鲁人	Angle
	安茹公腓利	安茹公爵菲利普	Philip, Dukes of Anjou
	奥古斯布城	奥格斯堡	Augsburg
	奥古斯底奴	坎特伯里的圣奥古斯丁	St. Augustine of Canterbury
	奥古斯都	奥古斯特三世	August III
	奥利连	奥勒良	Aurelian
	奥利留·安敦	马尔库斯·奥勒里乌斯	Marcus Aurelius
	奥斯	奥地利	Austria
	奥斯得利	奥斯特里茨	Austerlitz
	奥斯马加	奥地利	Austria
B	巴巴类	蛮族	Barbarian
	巴伯	教皇	Pope
	巴伯第九	庇护九世	Pope Pius IX
	巴伯革利门第七	克雷芒七世	Clement VII
	巴伯利约	教皇利奥三世	Pope Leo III

续表

原书专名	当今通用译名	英文
巴伯利约第十	教皇利奥十世	Pope Leo X
巴德利先族	贵绅	Patricians
巴德利亚	宗主教	Patriarch
巴德温	鲍德温一世	Baldwin I
巴底海	波罗的海	Baltic Sea
巴底亚民	帕提亚人	Parthian
巴法利亚公加罗	巴伐利亚选侯查理	Charles, Elector of Bavaria
巴非亚城	帕维亚	Pavia
巴革达德城	巴格达	Baghdad
巴拉底那	帕拉丁	Palatine
巴拉底那山	帕拉蒂尼	Palatium
巴来罗哥族	帕里奥洛加斯	Palaiologos
巴勒底海	波罗的海	Baltic Sea
巴利斯丹	巴勒斯坦	Palestine
巴米耳	帕米尔	Pamir
巴斯革语	巴斯克语	Basque
巴斯革族人	巴斯克人	Basque
B 巴斯勒城	巴塞尔	Basel
巴图	拔都	Batu
巴西	波斯	Persia
巴西勒第二	巴西尔二世	Basil II
巴亚宰	巴耶塞特一世	Bayezid I
巴约耳那	巴伐利亚	Bavaria
巴云	巴约讷	Bayonne
邦贝	孟买	Bombay
保罗	保罗一世	Paul I
报利	保利	Pascal Paoli
北德盟会	北德意志邦联	North German Confederation
贝叠耳	普瓦捷	Poitiers
贝耳那	伯尔尼	Bern
贝革拉德城	贝尔格莱德	Belgrade
贝利革利	伯里克利	Pericles
贝利撒留	贝利萨留斯	Flavius Belisarius
贝那多	贝尔纳多特	Jean-Baptiste Bernadotte
奔多	本都	Pontos

续表

原书专名	当今通用译名	英文
本贝	格涅乌斯·庞培	Gnaeus Pompeius
本底这利	本地治里	Pondicherry
比宾	丕平	Pippin
比德罗（比德罗之子）	佩德罗二世	Pedro II
比德罗（约翰第六之子）	佩德罗一世	Pedro I
比德那	彼得那	Pydna
比革底族	皮克特人	Picts
比利尼	比利牛斯山	Pyrenees
比鲁	皮洛士	Pyrrhus
比鲁人	秘鲁人	Peruvians
比伦加耳	贝伦加尔二世	Berengar II
比罗奔尼苏	伯罗奔尼撒	Peloponnese
比罗比达	佩洛皮达斯	Pelopias
比撒城	比萨城	Pisa
比散典	拜占庭	Byzantium
比散孙郡城	贝桑松	Besancon
比推尼	比提尼亚	Bithynia
比西得拉多	庇西特拉图	Peisistratos
比亚真匝	皮亚琴察	Piacenza
彼得第三	彼得三世	Peter III
彼得第一	彼得一世	Peter I
彼约第六	庇护六世	Pius VI
别门	皮埃蒙特	Piedmont
冰洲	冰岛	Iceland
波基亚族	博尔吉亚家族	The Borgias
波利族	波兰人	Pole
波米拉尼	波美拉尼亚	Pomerania
波尼法斯第八	卜尼法斯八世	Boniface VIII
波斯弗罗海峡	博斯普鲁斯海峡	Strait of Bosporus
波斯尼	波斯尼亚	Bosnia
波希绵族	波希米亚人	Bohemians
伯耳加摩	帕加马	Pergamon
伯耳那	伯尔尼	Bern

续表

	原书专名	当今通用译名	英文
B	伯耳秀	伯尔修	Perseus
	伯加摩	帕加马	Pergamon
	伯拉代亚	普拉提亚	Plataea
	伯拉多	柏拉图	Plato
	伯拉干撒族	布拉干萨王朝	Braganza Dynasty
	伯拉西	普拉西	Plassey
	伯拉西勒国	巴西	Brazil
	伯兰敦布省	勃兰登堡省	Brandenburg
	伯利便族	平民	Plebeians
	伯利丹	大不列颠岛	Great Britain
	伯利丹地	布列塔尼	Britanny
	伯利多耳	大法官	Praetor
	伯利斯	布雷斯	Bresse
	伯鲁都	布鲁图斯	Marcus Junius Brutus
	伯罗代斯丹	新教	Protestant
	伯罗底斯	抗议书	Protest
	伯罗分斯	普罗旺斯	Provence
	伯罗斯丹德教	新教	Protestantism
	布多瓦	波尔塔瓦	Poltawa
	布耳本族	波旁家族	Bourbon
	布耳多	波尔多	Bordeaux
	布耳根底	勃艮第公国	Burgundy
	布耳根典人	勃艮第人	Burgundian
	布加利亚人	保加利亚人	Bulgarian
	布加利族	保加利亚	Bulgaria
	布路斯族	普鲁士人	Prussians
	布王弗来	腓特烈二世	Frederick II
	布王威廉	威廉一世	William I
C	成吉思可汗	成吉思汗	Genghis Khan
	赤须帝	红胡子	Barbarossa
D	达达	鞑靼	Tatar
	达拉法加	特拉法尔加	Trafalgar
	达利乌	大流士一世	Darius I the Great
	达伦屯城	他林敦	Tarentum

续表

原书专名	当今通用译名	英文
大伯利丹	大不列颠和爱尔兰联合王国	The United Kingdom of Great Britain and Ireland
大俄多	奥托一世	Otto I
大弗来德利（布国）	腓特烈二世（普鲁士）	Friedrich II（of Prussia）
大圭尼	老塔克文	Tarquin the Elder
大基亚	达契亚	Dacia
大基安族	达契亚人	Dacians
大加罗	查理曼大帝	Charlemagne
大加罗·奥古斯都	查理·奥古斯都	Charles Augustus
大力奥古	腓特烈·奥古斯特	Frederick Augustus
大马色城	大马士革城	Damascus
大尼族	丹麦人	Dane
大奴比河	多瑙河	Danube
代非斯	杰佛逊·汉弥尔顿·戴维斯	Jefferson Hamilton Davis
代久斯	德修	Decius
代兰得	僭主	Tyrant
代撒利国	色萨利	Thessaly
代约多利	弗拉维·狄奥多里克大帝	Flavius Theodoric
代约多修帝	狄奥多西一世	Theodosius I
丹底·亚利结理	但丁·阿利吉耶里	Dante Alighieri
丹多罗	恩里科·丹多罗	Enrico Dandolo
道鲁斯山	托鲁斯山	Taurus
道路斯山	托鲁斯山脉	Taurus Mountains
德多尼语	日耳曼语	Teutonic
德多尼族	日耳曼族	Teutonic
德革撒省	得克萨斯	Texas
德拉西	色雷斯	Thrace
德拉旃	图拉真	Trajan
德来比孙	特拉布宗	Trabzon
德兰德	特伦托	Trent
德雷城	特鲁瓦	Troyes
德利比孙	特拉布宗	Trabzon
德利耳城	特里尔	Trier

D

续表

	原书专名	当今通用译名	英文
D	德罗亚城	特洛伊	Troy
	德摩比来	温泉关	Thermopylae
	德尼斯德河	德涅斯特河	Dniester River
	德知语	德语	German
	底比留	提比略·克劳狄乌斯·尼禄	Tiberius Claudius Nero
	底比留·革拉古	提比略·格拉古	Tiberius Sempronius Gracchus
	底伯耳河	台伯河	Tiber
	底德马善	迪特马尔申	Dithmarschen
	底革利斯河	底格里斯河	Tigris River
	底米丢	德米特里一世	Demetrius I
	底米多革利	泰米斯托克利	Themistocles
	底莫斯底尼	德摩斯梯尼	Demosthenes
	底西德	提尔西特	Tilsit
	底西挪郡	提契诺	Ticino
	迭亚	梯也尔	Adolphe Thiers
	丢多修	狄奥多西一世	Theodosius I
	丢革利典	戴克里先	Diocletian
	都伯雷	杜布雷	Dupleix
	都耳城	图尔	Tours
	都护	保护人	Protector
	都基底底	修昔底德	Thucydides
	都勒	图尔	Tours
	都林城	都灵	Turin
	都鲁斯城	图卢兹	Toulouse
	都斯加尼	托斯卡纳	Tuscany
	都斯加尼公	托斯卡纳大公	Grand Duke of Tuscany
	多来朵城	托莱多	Toledo
	多利卖	托勒密一世	Ptolemies I
	多利族	多利亚人	Dorian
	多米颠	图密善	Domitian
E	俄达非斯	盖乌斯·屋大维	Gaius Octavius Augustus
	俄德曼	奥斯曼	Uthman ibn Affan
	俄敦布革族	奥尔登堡	Oldenburg
	俄多（巴黎斯城）	巴黎的厄德	Odo of Paris

续表

	原书专名	当今通用译名	英文
E	俄多（希腊）	奥托一世（希腊）	Otto I (of Greece)
	俄多第二	奥托二世	Otto II
	俄多第三	奥托三世	Otto III
	俄多曼族	奥斯曼人	Ottomans
	俄多瓦革	奥多亚克	Odoacer
	俄耳凉公	奥尔良公爵	Duke of Orleans
	俄兰支	奥朗日	Orange
	俄兰支威廉	威廉三世	William III
	《俄利法城约》	《奥利瓦条约》	*Treaty of Oliva*
	俄林都	奥林特斯	Olynth
	俄路利革	留里克家族	Rurik
	俄马耳	欧麦尔·伊本·哈塔卜	Umar ibn al-Khattab
	俄米亚德	倭马亚王朝	Umayyad Caliphate
	俄斯干	奥斯坎人	Oscan
	额勒巴岛	厄尔巴岛	Elba
F	法底马	法蒂玛	Fatima
	法底米朝	法蒂玛王朝	Fatimid Caliphate
	法耳那	瓦尔纳	Varna
	法兰革人	法兰克人	Frank
	法兰根	法兰克尼亚	Franconia
	法兰根亚省	弗兰肯	Franken
	法兰西地	法兰西亚	France
	法兰西第二	弗朗茨二世	Franz II
	法兰西第一	弗朗茨一世	Francis I
	法利连	瓦莱里安	Valerian
	法伦底年	瓦伦提尼安一世	Valentinian I
	法伦斯	瓦伦斯	Valens
	法撒利亚	法萨罗	Pharsalus
	法之党人	巴黎公社成员	Member of the Paris Commune
	法之拿波伦	拿破仑三世	Napoleon III
	方伯	总督	Governors
	防卫圣殿之圣兵会	圣殿骑士团	Knight Templar
	非弗	采邑	Fief
	非利比	腓立比	Philippi

续表

原书专名	当今通用译名	英文
非奈辛	维奈桑	Venaissin
非尼基族	腓尼基人	Phoenicians
非延城	维也纳	Vienna
非页那城	维也纳	Vienna
肥加罗	胖子查理	Charles the Fat
腓利（奥斯）	美男子腓力一世（奥地利）	Philip I the Handsome (of Austria)
腓利（法国）	腓力六世（法国）	Philip VI (of France)
腓利·奥古斯都	腓力二世·奥古斯都	Philip II of Augustus
腓利第二	腓力二世	Philip II
腓利第四	菲利普四世	Philip IV
腓利第五	菲利普五世	Philip V
腓利第一	腓力一世	Philip I
斐耳敦	凡尔登	Verdun
分族	芬族	Fin
芬族	芬族	Fin
奉约翰圣号之圣兵会	圣约翰医院骑士团	The Knights of St. John Hospitaler of Jerusalem
佛基人	佛西斯人	Phocian
佛兰西·约瑟	弗兰茨·约瑟夫一世	Francis Joseph I
佛兰西第二	弗朗索瓦二世	Francis II
佛兰西第一	弗朗索瓦一世	Francis I of France
佛兰西斯第二	弗朗茨二世	Francis II
佛罗西	沃尔西人	Volscian
弗达勒	封建制	Feudalism
弗德利第七	弗雷德里克七世	Frederick VII
弗德利第三	腓特烈三世	Frederick III
弗德林该寨	福特林城堡	Fotheringhay castle
弗底难（西班牙）	斐迪南七世（西班牙）	Ferdinand VII (of Spain)
弗底难（亚拉根）	斐迪南二世（阿拉贡）	Ferdinand II (of Aragon)
弗底难第七（西班牙）	斐迪南七世（西班牙）	Ferdinand VII (of Spain)
弗耳德海湾	福斯湾	Forth Firth
弗耳底难（德帝）	斐迪南一世（神圣罗马帝国皇帝）	Ferdinand I (Holy Roman Emperor)
弗耳底难（西班牙）	斐迪南二世（西班牙）	Ferdinand II (of Spain)

续表

	原书专名	当今通用译名	英文
F	弗耳底难第二	斐迪南二世	Ferdinand II
	弗耳底难第三	斐迪南三世	Ferdinand III
	弗耳底难第五	斐迪南一世	Ferdinand I
	弗耳底难王	费尔南多三世	Fernando III
	弗加	尼基弗鲁斯二世·福卡斯	Nikephoros II Phokas
	弗拉底劳	乌拉斯洛一世	Ulaszlo I
	弗拉非恩族	弗拉维家族	Flavius
	弗来德	弗兰德尔	Flandres
	弗来德第三	腓特烈三世	Frederick III
	弗来德利（巴拉底那）	腓特烈五世（帕拉丁）	Frederick V（of Palatine）
	弗来德利（布国）	腓特烈一世（普鲁士）	Frederick I（of Prussia）
	弗来德利（赤须帝）	腓特烈一世（神圣罗马帝国皇帝）	Frederick I（Holy Roman Emperor）
	弗来德利·威廉	腓特烈·威廉	Frederick William
	弗来德利·威廉第一	腓特烈·威廉一世	Frederick William I
	弗来德利第二（丹与挪耳威）	弗雷德里克二世（丹麦与挪威）	Frederick II（of Denmark and Norway）
	弗来德利第二（西帝）	腓特烈二世（神圣罗马帝国皇帝）	Frederick II（Holy Roman Emperor）
	弗来德利第一	弗雷德里克一世	Frederick I
	弗来德利哈勒城	腓特烈斯塔	Fredrikstad
	弗兰德	弗兰德尔	Flandres
	弗罗利达埠	佛罗里达州	Florida
	弗罗连城	佛罗伦萨	Florence
	弗罗瓦族	瓦卢瓦家族	Valois
	赋税会	关税同盟	Zollverein
G	嘎喇加拉	卡瑞卡拉	Caracalla
	该古河	凯库斯河	Caicus
	该撒（称号）	恺撒	Caesars
	该撒（人名）	盖乌斯·尤利乌斯·恺撒	Gaius Julius Caesar
	该由	盖乌斯	Caius
	该由·格拉古	盖约·格拉古	Gaius Sempronius Gracchus
	干伯来之盟	康布雷同盟	League of Cambrai
	干德布利教堂	坎特伯里教堂	Canterbury Cathedral

续表

原书专名	当今通用译名	英文
干底亚	甘地亚	Candia
干纽德	克努特大帝	Canute the Great
刚毅西林	塞利姆一世	Selim I
高地德知语	高地德语	High German
哥德	哥特族	Goth
哥多法	科尔多瓦	Cordova
哥弗利	戈弗雷	Godfrey of Bouillon
哥拉底连济	里恩佐	Rienzo
哥拉斯免族	花剌子模人	Khwarezmians
哥林多	科林斯	Corinth
哥伦威勒	奥利弗·克伦威尔	Oliver Cromwell
哥罗非斯	克洛维一世	Clovis
哥摩都	康茂德	Commodus
哥那瓦利	查尔斯·康华里	Charles Cornwallis
哥斯摩	科西莫一世	Cosimo I
哥西加	科西嘉岛	Corsica
革德勒	戈特哈德·科特勒	Gotthard Kettler
革拉分	斯拉夫人	Slave
革拉高城	克拉科夫	Cracow
革拉那达	格拉纳达	Granada
革拉尼哥	格拉尼卡斯	Granicus
革拉苏	克拉苏	Marcus Licinius Crassus Dives
革来哥利	格列高利一世	Gregory I
革来哥利第七	格列高利七世	Gregory VII
革来西	克雷西	Crecy
革赖哥利第二	格雷戈里二世	Gregory II
革赖哥利第三	格雷戈里三世	Gregory III
革兰孙	格兰松	Grandson
革老底（四帝之一）	克劳狄一世	Claudius I
革老底（异族人）	克劳狄二世	Claudius II
革老底姓	克劳狄家族	Claudia Family
革勒底语	凯尔特语	Celtic
革勒底族	凯尔特人	Celt
革雷弗	罗伯特·克莱武	Robert Clive

续表

原书专名	当今通用译名	英文
革雷苏	克洛伊索斯	Croesus
革哩底岛	克里特岛	Crete
革利底岛	克里特岛	Crete
革利底那	克里斯蒂娜	Christina
革利第九	格列高利九世	Gregory IX
革利哥利第十三	格里高利十三世	Gregory XIII
革利门德第五	克雷芒五世	Clement V
革利门第七	克雷芒七世	Clement VII
革利门第三	克雷芒三世	Clement III
革利斯典第二	克里斯蒂安二世	Christian II
革利斯典第四	克里斯蒂安四世	Christian IV
革林地	克里米亚	Krim
革略巴达	克莉奥帕特拉七世	Cleopatra VII
革略米尼	克莱奥梅涅斯三世	Cleomenes III
根丹底挪波之城	君士坦丁堡	Constantinople
根德国	肯特	Kent
根拉德（东法兰革）	康拉德一世（东法兰克）	Conrad I (of East Francia)
根拉德（法兰革人）	康拉德二世（法兰克尼亚）	Conrad II (of Franconia)
根拉德（西帝）	康拉德四世（神圣罗马帝国）	Conrad IV (Holy Roman Emperor)
根拉德第三（西帝）	康拉德三世（神圣罗马帝国）	Conrad III (Holy Roman Emperor)
根斯丹典（丢革利典之后）	君士坦丁大帝	Constantine I The Great
根斯丹典（利约之子）	君士坦丁五世	Constantine V
根斯丹典城	君士坦丁堡	Constantinople
根斯丹典第六	君士坦丁六世	Constantine VI
根斯丹丢	君士坦提乌斯二世	Constantius II
根斯丹斯城	康斯坦茨	Konstanz
根斯丹兹城	康斯坦茨	Konstanz
根苏利	执政官	Consul
《古尔阿尼经》	《古兰经》	*Koran*
古烈（巴西国王）	居鲁士二世	Cyrus II of Persia
古烈（巴西王子）	小居鲁士	Cyrus the Younger

G 列

续表

	原书专名	当今通用译名	英文
G	古罗敦	卡洛登	Culloden
	古斯达夫	古斯塔夫二世·阿道夫	Gustav II Adolf
	古斯达弗·法撒	古斯塔夫·瓦萨	Gustav Vasa
	古斯达弗·亚多弗	古斯塔夫二世·阿道夫	Gustav II Adolf
	古斯达弗第三	古斯塔夫三世	Gustav III
	古斯达弗第四	古斯塔夫四世·阿道夫	Gustav IV Adolf
	妫水	阿姆河	Amu Darya
	贵勒弗人	圭尔夫派	Guelf
H	哈伯斯布朝	哈布斯堡王朝	Habsburg Dynasty
	哈伯斯布族	哈布斯堡家族	House of Habsburg
	哈得连挪波	哈德良堡	Hadrianopolis
	哈德连	哈德良	Hadrian
	哈德连挪伯城	哈德良堡	Hadrianople
	哈罗德	哈罗德·葛温森	Harold Godwinson
	哈米加	哈米尔卡·巴卡	Hamilcar Barca
	哈尼巴利	汉尼拔·巴卡	Hannibal Barca
	哈挪非耳	汉诺威	Hanover
	哈挪弗耳	汉诺威	Hanover
	哈挪弗耳公	汉诺威选帝侯	Elector of Hanover
	海德威	雅德维嘉	Jadowiga
	亥底	海地	Hayti
	亥斯丁	黑斯廷斯	Hastings
	罕斯诸城	汉萨同盟	Hanse
	和美耳	荷马	Homer
	和挪留	霍诺里乌斯	Flavius Honorius
	和斯典	荷尔斯泰因	Duchy of Holstein
	贺很道分族	霍亨斯陶芬家族	House of Hohenstaufen
	黑利哥兰	黑尔戈兰	Heligoland
	狠加利	匈牙利	Hungary
	狠尼族	匈奴人	Hun
	后布尼革之战	第二次布匿战争	The Second Punic Wars
	瑚该挪	胡格诺派	Huguenots
	火袄教	琐罗亚斯德教	Zoroastrianism
	霍罕	浩罕	Kokand

续表

原书专名	当今通用译名	英文
基安族人	达契亚人	Dacians
基贝林人	齐伯林派	Ghibellin
基法伦亚	凯法利尼亚岛	Kefalonia
基该罗	马库斯·图留斯·西塞罗	Marcus Tullius Cicero
基利斯典第一	克里斯蒂安一世	Christian I
济米斯基	约翰一世·齐米斯基斯	John Tzimiskes
加比多利山	卡比托利欧山	Capitoline Hill
加大利那第二	叶卡捷琳娜二世	Catherine II
加底那利	红衣主教	Cardinals
加底斯城	卡迪斯	Cadiz
加多	马尔库斯·波尔基乌斯·加图	Marcus Porcius Cato
加多利加教	天主教	Catholic
加耳达俄	迦太基	Carthage
加耳令族	查理	Charles
加法聂	路易-欧仁·卡芬雅克	Louis-Eugene Cavaignac
加来利亚	卡累利阿	Karelia
加勒古达	加尔各答	Kolkata
《加勒马会书》	《卡尔马条约》	*Treaty of Kalmar*
加利巴底	加里波第	Garibaldi
加利弗	哈里发	Caliph
加利人	高卢人	Gaul
加利亚地	高卢	Gaul
加列奴	加里恩努斯	Gallienus
加罗（安茹）	安茹的查理	Charles I of Anjou
加罗（伯罗分斯）	卡洛一世（普罗旺斯）	Charles I（of Provence）
加罗（法国）	查理五世（法国）	Charles V（of France）
加罗（前加罗之孙，西班牙）	小唐·卡洛斯三世（西班牙）	Don Carlos III（of Spain）
加罗（西班牙）	唐·卡洛斯（西班牙）	Don Carlos（of Spain）
加罗（西班牙王）	查理五世（西班牙）	Charles V（of Spain）
加罗·马德勒	查理·马特	Charles Martel
加罗·义德瓦	查理·爱德华·斯图亚特	Charles Edward Stuart
加罗第八	查理八世	Charles VIII
加罗第二（西班牙）	卡洛斯二世（西班牙）	Carlos II（of Spain）
加罗第二（英国）	查理二世（英国）	Charles II（of England）

续表

	原书专名	当今通用译名	英文
J	加罗第九	查理九世	Charles IX
	加罗第六（德帝）	查理六世（神圣罗马帝国）	Charles VI（Holy Roman Emperor）
	加罗第六（法国）	查理六世（法国）	Charles VI（of France）
	加罗第七（德帝）	查理七世（神圣罗马帝国）	Charles VII（Holy Roman Emperor）
	加罗第七（法国）	查理七世（法国）	Charles VII（of France）
	加罗第三	卡洛斯三世	Charles III
	加罗第十	查理十世	Charles X
	加罗第十二	查理十二世	Charles XII
	加罗第十三	查理十三世	Charles XIII
	加罗第四	卡洛斯四世	Charles IV
	加罗第一	查理一世	Charles I
	加罗分	约翰·加尔文	John Calvin
	加罗分加国	加洛林王朝	Carolingian Dynasty
	加罗利那省	南卡罗莱纳	South Carolina
	加罗亚贝德	查尔斯·艾伯特	Charles Albert
	加那达	加拿大	Canada
	加散城	卡散	Kasan
	加斯底国	卡斯蒂利亚	Castile
	加斯底勒	卡斯蒂利亚	Castile
	加秀	卡西乌斯	Gaius Cassius Longinus
	迦南族	迦南人	Canaanite
	监督会	大公会议	Ecumenical Councils
	教治（希腊）	乔治一世（希腊）	George I（of Greece）
	教治（英国）	乔治一世（英国）	George I（of Great Britain）
	教治第二（英国）	乔治二世（英国）	George II（of Great Britain）
	教治第三（英国）	乔治三世（英国）	George III（of Great Britain）
	教治基亚	佐治亚州	Georgia
	戒弗城	基辅	Kiev
	金伯利族人	辛布里人	Cimbri
	居比路	塞浦路斯	Cyprus
	居伯路岛	的黎波里伯国	The County of Tripoli
K	柯斯罗斯（奴矢耳反）	库思老一世，阿奴细尔汪	Khosrau I，Anushirvan
	柯斯罗斯（奴矢耳反之孙）	库思老二世	Khosrau II

续表

	原书专名	当今通用译名	英文
	拉伯族	拉普人	Lapp
	拉分那城	拉韦纳	Ravenna
	拉芬那坚城	拉韦纳	Ravenna
	《拉斯达德地之约》	《拉斯塔特和约》	*Treaty of Rastatt*
	拉翁城	拉昂	Laon
	拉族	拉普人	Lapp
	来比都	马尔库斯·埃米利乌斯·雷必达	Marcus Amilius Lepidus
	来恩	莱昂	Leon
	来那河	莱茵河	Rhine River
	来散德	吕山德	Lysander
	兰加斯德族	兰开斯特家族	House of Lancaster
	郎巴底人	伦巴第人	Lombards
	郎巴底－威尼斯	伦巴第－威尼西亚王国	Kingdom of Lombardy and Venice
	浪斯城	兰斯	Reims
	老布路斯族	古普鲁士人	Old Prussia
	雷伯西	莱比锡	Leipzig
L	雷斯（东法兰革）	童子路易（东法兰克）	Louis the Child (East Francia)
	雷斯（法王）	路易九世（法国）	Louis IX (of France)
	雷斯（拿波伦弟）	路易·波拿巴	Louis Bonaparte
	雷斯（虔诚者，法国）	路易一世（法国）	Louis I (of France)
	雷斯·腓利	路易·菲利普	Louis Philip
	雷斯第六	路易六世	Louis VI
	雷斯第七	路易七世	Louis VII
	雷斯第十六	路易十六	Louis XVI
	雷斯第十四	路易十四	Louis XIV
	雷斯第十一	路易十一世	Louis XI
	雷斯十八	路易十八	Louis XVIII
	雷斯十五	路易十五	Louis XV
	雷西亚那埠	路易斯安那	Louisiana
	累斯第十二	路易十二	Louis XII
	累斯第十三	路易十三世	Louis XIII
	累斯威革	里斯维克	Ryswick
	利班多	勒班陀	Lepanto

续表

	原书专名	当今通用译名	英文
	利都完亚族	立陶宛人	Lithuania
	利古利族	利古里亚人	Ligurian
	利加（德王）	康沃尔公爵理查（德意志）	Richard, 1st Earl of Cornwall Richard (of Germany)
	利加（英王）	狮子王理查一世（英国）	Richard I (of England)
	利矢留	黎塞留	Richelieu
	利翁城	里昂	Lyon
	利约	利奥三世	Leo III
	灵根·亚伯拉罕	亚伯拉罕·林肯	Abraham Lincoln
	鲁久赛斯丢	绥克斯图	Sextius Lateranus
	路昂城	鲁昂	Rouen
	路多弗	鲁道夫一世	Rudolf I
	路耳河	卢瓦尔河	Loire River
	路加	卢卡	Lucca
	路加年	卢卡尼亚	Lucania
	路利革	留里克	Rurik
	路斯城	图卢兹	Toulouse
L	路孙布革	卢森堡	Luxembourg
	路泽那	卢塞恩	Luzern
	吕泽布	卢森堡	Luxembourg
	吕泽布朝	卢森堡王朝	Luxembourg Dynasty
	吕尊	吕岑	Luzen
	略波	利奥波德二世	Leopold II
	略波德（比利时）	利奥波德二世（比利时）	Leopold II (of Belgium)
	略波德（德帝）	利奥波德（神圣罗马帝国）	Leopold I (Holy Roman Emperor)
	略波德（撒革孙族人）	利奥波德一世（比利时）	Leopold I (of Belgium)
	略波第二（德帝）	利奥波德二世（神圣罗马帝国）	Leopold II (Holy Roman Emperor)
	略伯德（奥斯公）	利奥波德一世（奥地利）	Leopold I (of Austria)
	略伯德第一	利奥波德	Leopold I
	略尼达	列奥尼达	Leonidas
	伦布革	劳恩堡	Lauenburg
	罗伯·威斯加	罗伯特·圭斯卡德	Robert Guiscard Hauteville
	罗达耳	洛泰尔二世	Lothar II
	罗达令加	洛泰尔王国	Lotharingia

续表

	原书专名	当今通用译名	英文
L	罗德灵恩公爵	洛林	Lorraine
	罗德斯岛	罗德岛	Rhodes
	罗连公爵加罗	洛林公爵查理五世	Charles V, Duke of Lower Lotharingia
	罗罗	哈拉尔一世	Harald I
	罗马国苏勒丹	罗姆苏丹国	Sultanate of Roma
	罗马挪	罗曼诺夫	Romanov
	罗满西语	罗曼语	Romance
	罗母卢斯	罗慕洛	Romulus
	罗那河	罗讷河	Rhone
	罗约拉	圣依纳爵·罗耀拉	St. Ignatius of Loyola
	罗知耳	罗杰二世	Roger II
M	马达拉斯	金奈	Madras
	马丁第五	马丁五世	Martin V
	马加	马扎尔	Magyar
	马加累	玛格丽特一世	Margrete I
	马加王佛兰西斯第一	弗朗茨二世	Francis II
	马拉顿	马拉松	Marathon
	马勒波罗公	马尔伯勒公爵	Duke of Marlborough
	马利·斯都瓦	玛丽·斯图亚特	Mary Stewart
	马利达岛	马耳他	Malta
	马利亚（葡萄牙）	玛丽亚二世（葡萄牙）	Maria II (of Portugal)
	马利亚（威廉第三之妻）	玛丽二世（英国）	Mary II (of England)
	马利亚（西班牙王腓利妻）	玛丽一世（英国）	Mary I (of England)
	马利亚底利撒	玛丽娅·特蕾莎	Maria Theresia of Austria
	马留	盖乌斯·马略	Gaius Marius
	马米路革	马穆鲁克	Mamelukes
	马木德	马哈茂德二世	Mahmud II
	马木第一	马哈茂德一世	Mahmud I
	马尼西亚	马格尼西亚	Magnesia
	马纽勒	曼努埃尔一世·科穆宁	Manuel I Komnenos
	马其顿王腓利	腓力二世	Philip II of Macedon

续表

	原书专名	当今通用译名	英文
	马撒利亚城	马萨利亚	Massalia
	马撒林	马萨林枢机	Cardinal Mazarin
	马赛拉	马萨利亚	Massalia
	马题亚得	马加什一世	Matthias I Corvinus
	马西米连（奥斯）	马克西米利安一世（奥地利）	Maximilian I（of Austria）
	马西米连（墨西哥）	马西米连诺一世（墨西哥）	Maximilian I（of Mexico）
	马西米廉（奥斯）	马克西米利安一世（奥地利）	Maximilian I（of Austria）
	马西尼撒	马西尼萨	Masinissa
	麦马汗	麦克马洪	MacMahon
	满弗来德	曼弗雷德	Manfred
	曼底内亚	曼提尼亚	Mantinea
	冒利斯	莫里斯	Maurice of Nassau
	美底济族	美第奇家族	Medici
	美基奈城	迈锡尼	Mycenae
	美加利	米卡勒	Mycale
	美加罗波利	麦加罗	Megalopolis
M	美罗文朝	墨洛温王朝	Merovingian Dynasty
	美容腓利	腓力四世	Philip IV
	美西尼	美塞尼	Messene
	美兹	梅斯	Metz
	门底尼罗	黑山	Montenegro
	猛加罗	大胆的查理	Charles the Bold
	猛狮之显理公	狮子亨利	Henry XII the Lion
	米底大底第六	米特拉达梯六世	Mithridates VI
	米底亚底	米太亚得	Miltiades
	米贵勒	米格尔一世	Miguel I
	米加罗	米海尔八世	Michael VIII
	米兰城	米兰	Milan
	米挪加岛	梅诺卡岛	Minorca
	米梭波达米	美索不达米亚	Mesopotamia
	米西西比河	密西西比河	Mississippi River
	摩达非亚	摩尔达维亚	Moldavia
	摩耳加敦	摩尔加腾	Morgarten

续表

	原书专名	当今通用译名	英文
M	摩拉	莫拉	Morat
	墨耳西亚族	麦西亚人	Mercian
	墨克城	麦加	Mecca
	木拉	若阿尚·缪拉	Joachim Murat
	穆罕默德	穆罕默德二世	Mohamed II
	穆罕默德·亚利	穆罕默德·阿里	Mohamed Ali
N	拿波伦（军帅）	拿破仑·波拿巴	Napoleon Bonaparte
	那波利城	那不勒斯	Naples
	那耳奔省	纳旁高卢	Provincia Narboniensis
	那耳发	涅尔瓦	Nerva
	那耳法	纳尔瓦	Narva
	那耳西	纳尔西斯	Narses
	那法耳国	纳瓦尔王国	The Kingdom of Navarre
	那法利挪	纳瓦里诺	Navarino
	那扫	拿骚	Nassau
	奈德兰德	尼德兰	Netherlands
	讷口威廉	威廉一世	William I
	嫩威根	尼姆威根	Nimwegen
	尼该亚	尼西亚	Nesia
	尼哥波利	尼科波尔	Nikopol
	尼哥拉	尼古拉一世	Nicholas I
	尼哥米底城	尼科米底亚	Nicomedia
	尼罗	尼禄·克劳狄乌斯·恺撒	Nero Claudius Ceasar
	尼罗孙	霍雷肖·纳尔逊	Horatio Nelson
	尼斯	尼斯	Nice
	牛伯伦威革	新不伦瑞克省	New Brunswick
	牛分兰德	纽芬兰省	New Foundland
	纽安斯德丹	新阿姆斯特丹	New Amsterdam
	纽俄耳凉	新奥尔良	New Orleans
	纽奈德兰德	新荷兰	New Netherland
	奴满底亚城	努曼提亚城	Numantia
	奴米底亚	努米底亚王国	Numidia
	奴矢耳反	阿奴细尔汪	Anushirvan
	挪敦伯兰族	诺森伯利亚人	Northumbrian

续表

	原书专名	当今通用译名	英文
N	挪耳曼地	诺曼底	Normandy
	挪耳曼族	诺曼人	Norman
	挪法拉地	诺瓦拉	Novara
	挪法斯哥底亚	新斯科舍	Nova Scotia
	懦加罗	傻瓜查理	Charles the Simple
O	欧伯拉底河	幼发拉底河	Euphrates river
P	平原德知语	平原德语	Low German
Q	其尼法城	日内瓦	Geneva
	前布尼革之战	第一次布匿战争	The First Punic Wars
R	日伯拉达城	直布罗陀	Gibraltar
	日挪瓦	日内瓦	Geneva
	茹德族	朱特人	Jute
	茹连	朱利安	Julian
	茹连姓	朱利安家族	Julia Family
	茹留第二	尤里乌斯二世	Julius II
	茹斯底年	查士丁尼一世	Justinian I
	茹瓦雷	贝尼托·华雷斯	Benito Juarez
	瑞底	瑞典人	Swedish
	若非安	约维安	Jovian
S	撒贝连族	萨贝利人	Sabellian
	撒比尼族人	萨宾人	Sabine
	撒底尼亚	撒丁岛	Sardinia
	撒非	萨伏依	Savoy
	撒革孙	萨克森	Saxony
	撒革孙族	萨克森人	Saxon
	撒根多斯	扎金索斯岛	Zakynthos
	撒拉丁	萨拉丁	Saladin
	撒拉米岛	萨拉米	Salamis
	撒拉孙族	撒拉逊人	Saracen
	撒马	扎马	Zama
	撒撒尼底族	萨珊	Sassanid
	塞勒茹族	塞尔柱人	Seljuk
	赛底木·赛威路	谢普提米乌斯·塞维鲁	Septimius Severus
	赛非耳亚	塞尔维亚	Serbia
	赛非亚	塞尔维亚	Serbia

续表

	原书专名	当今通用译名	英文
	赛挪芬	色诺芬	Xenophon
	三十年之战事	三十年战争	Thirty Years' War
	散马利挪	圣马力诺	San Marino
	散尼底族	萨莫奈人	Samnite
	扫那河	塞纳河	Seine
	山南加利	山内高卢	Cisalpine Gaul
	山外之加利省	山外高卢	Transalpine Gaul
	善腓利	好人菲利普三世	Philip III the Good
	圣伯那德	圣伯纳德	Bernard of Clairvaux
	圣雷斯	路易九世	Louis IX
	圣希利那岛	圣赫勒拿岛	Saint Helena
	施亚派	什叶派	Shiah
	十字架之战	十字军东征	The Crusades
	使徒巴多罗迈之日	圣巴托罗缪节	St Bartholomew's Day
	税兹	施维茨	Schwyz
	斯贝页城	施派尔	Speyer
	斯丹波尼	斯坦尼斯瓦夫二世	Stanislaus II
S	斯丹老	斯坦尼斯瓦夫	Stanislaus
	斯丹老斯	斯坦尼斯瓦夫	Stanislaus
	斯德拉布城	斯特拉斯堡	Strasbourg
	斯耳革斯	薛西斯一世	Xerxes I
	斯干底分族	斯堪的纳维亚人	Scandinavian
	斯拉分族	斯拉夫人	Slav
	斯雷斯威	石勒苏益格	Duchy of Schleswig
	斯利斯威	石勒苏益格	Duchy of Schleswig
	斯瓦卞族	士瓦本家族	House of Swabia
	四帝统治	四帝共治制	Tetrarchy
	苏格底族	苏格特人	Scots
	苏拉	路西乌斯·科尔涅利乌斯·苏拉	Lucius Cornelius Sulla
	苏勒丹	苏丹	Sultan
	苏勒丹西林第三	塞利姆三世	Selim III
	苏雷曼	苏莱曼一世	Suleiman I of Persia
	梭非族	萨菲王朝	Safavid Empire
	梭佛革利	索福克勒斯	Sophocles
	梭革拉底	苏格拉底	Socrates

续表

	原书专名	当今通用译名	英文
T	提多	提图斯	Titus
	天凭加罗	秃头查理	Charles the Bold
	铁木耳	帖木儿	Tamerlane or Taimur
	土股	半岛	Peninsula
	土族	土库曼人	Turkoman
W	洼利斯	瓦利斯	Wallis
	瓦代马第三	瓦尔德马三世	Valdemar III
	瓦德路	滑铁卢	Waterloo
	瓦革兰	瓦格拉姆	Wagram
	瓦拉基亚	瓦拉几亚	Wallachia
	瓦勒波	罗伯特·沃波尔	Robert Walpole
	瓦伦·海斯丁	沃伦·黑斯廷斯	Warren Hastings
	瓦扫公	华沙公国	The Duchy of Warsaw
	歪德海岛	威特岛	Wight
	宛大利族	汪达尔人	Vandal
	《万军言旋实录》	《远征记》	*Anabasis*
	望好角	好望角	Cape of Good Hope
	威典布	符腾堡	Wurttemberg
	威多·以马内利	维克托·伊曼纽尔二世	Victor Emanuel II
	威多亚马豆斯	维托里奥·阿梅迪奥二世	Victor Amadeus II
	威基尼亚	弗吉尼亚	Virginia
	威勒弗	韦尔夫家族	Guelf
	威勒施族	威尔士	Wales
	威利斯利	理查德·韦尔斯利	Richard Wellesley
	威廉·法勒洛	威廉·法雷尔	William Farel
	威廉比德	威廉·皮特	William Pitt
	威廉第二	威廉二世	William II
	威廉第三	威廉三世	William III
	威令敦	威灵顿	Wellington
	威尼底民	威尼斯人	Venetian
	威斯巴先	韦帕芗	Vespasian
	《威斯法利和约》	《威斯特法利亚和约》	*The Peace Treaty of Westphalia*
	威斯根底族	维斯孔蒂家族	Viscontis
	威页那城	维也纳	Vienna
	维廉	征服者威廉	William the Conqueror

续表

	原书专名	当今通用译名	英文
W	维廉·路甫斯	威廉二世	William II
	伟伊	维伊城	Veii
	温德瓦敦	翁特瓦尔登	Unterwalden
	温德族	维内德族	Wend
	温西斯劳	文西斯劳斯	Wenceslaus
	倭木斯城	沃姆斯城	Worms
	《乌德来德地之约》	《乌得勒支和约》	*Treaty of Utrecht*
	乌耳班	乌尔班六世	Urban VI
	乌利	乌里	Uri
	乌利加	乌尔丽卡·埃利诺拉	Ulrika Eleonora
	乌摩伯连族	翁布里人	Umbrian
X	西标（将军）	大西庇阿	Scipio Africanus
	西标（西标之继孙）	小西庇阿	Scipio Aemilianus
	西非勒	塞维利亚	Sevilla
	西革利	西库尔人	Sicel
	西革门	西吉斯蒙德	Sigismund
	西革门德	西吉斯蒙德	Sigismund
	西国王子加罗	查理三世	Charles III
	西加尼民	西坎人	Sican
	西雷西亚	西里西亚	Silesia
	西鲁哥	塞琉古	Seleucid
	西鲁哥斯	塞琉古一世	Seleucus I
	西米底族	闪米特人	Semites
	西挪	弗拉维·芝诺	Flavius Zeno
	西挪贝	西诺佩	Sinope
	西撒革孙族	威塞克斯人	Westsaxon
	希别斯	希庇亚斯	Hippias
	希德伯兰	希尔德布兰德	Hilldebrand
	希拉革	希拉克略	Herakleios
	希拉基利	塞琉西亚	Seleucia
	希腊革利石柱	赫拉克勒斯石柱	Pillars of Hercules
	希勒非底	海尔维第共和国	Helvetic Republic
	希利尼族人	希腊人	Greek
	希罗多都	希罗多德	Herodotus
	显理	亨利四世	Henry IV

续表

	原书专名	当今通用译名	英文
X	显理（葡王之子）	亨利王子（葡萄牙）	Prince Henry（of Portugal）
	显理第八	亨利八世	Henry VIII
	显理第二（德帝）	亨利二世（神圣罗马帝国皇帝）	Henry II（Holy Roman Emperor）
	显理第二（法王）	亨利二世（法国）	Henry II（of France）
	显理第二（英王）	亨利二世（英国）	Henry II（of England）
	显理第六	亨利六世	Henry VI
	显理第七	亨利七世	Henry VII
	显理第三（德帝）	亨利三世（神圣罗马帝国皇帝）	Henry III（Holy Roman Emperor）
	显理第三（法王）	亨利三世（法国）	Henry III（of France）
	显理第三（英王）	亨利三世（英国）	Henry III（of England）
	显理第四	亨利四世	Henry IV
	显理第五（德帝）	亨利五世（神圣罗马帝国皇帝）	Henry V（Holy Roman Emperor）
	显理第五（英王）	亨利五世（英国）	Henry V（of England）
	显理第一（东法兰革）	亨利一世（东法兰克）	Henry I（of East Francia）
	显理第一（英国）	亨利一世（英国）	Henry I（of England）
	些那城	锡耶纳	Siena
	新苏格兰	新斯科舍	Nova Scotia
	休加贝德	希尔德贝尔特一世	Childebert I
	休加比德	雨果·卡佩	Hugues Capet
	叙巴利城	锡巴里斯	Sybaris
	叙拉古撒城	叙拉古	Syracuse
Y	雅底加	阿提卡	Attica
	雅各第二	詹姆斯二世	James II
	雅各第六	詹姆士六世	James VI
	雅各第一	詹姆斯一世	James I
	亚巴尼亚	阿尔巴尼亚	Albania
	亚巴斯	阿拔斯	Abbas
	亚巴西底	阿拔希德族	Abbasids
	亚班亚	阿尔巴尼亚	Albanian
	亚比根西	阿尔比派	Albigenses
	亚比罗尼	阿尔贝罗尼	Alberoni
	亚比西尼亚国	阿比西尼亚	Abyssinia

续表

	原书专名	当今通用译名	英文
Y	亚波罗神庙	阿波罗神庙	Appollo Temple
	亚伯达拉曼	阿卜杜勒·拉赫曼一世	Abd ar-Rahman I
	亚伯达拉曼第三	阿卜杜拉赫曼三世	Abdulrahman III
	亚伯德（奥斯地公爵）	阿尔布雷希特二世（奥地利公爵）	Albert II（Duke of Austria）
	亚伯德（伯兰敦布）	阿尔布雷希特（勃兰登堡）	Albert（Brandenburg）
	亚伯德（德王）	阿尔布雷希特一世（德意志）	Albert I（of Germany）
	亚布比革	艾布·伯克尔	Abu Bakr
	亚达罗	阿塔罗斯一世	Attalus I
	亚达士耳	阿尔达希尔一世	Ardashir I
	亚达斯耳斯	阿尔塔泽尔西斯	Artaxerxes
	亚大罗	阿塔卢斯三世	Attalus III
	亚刀弗	阿陶尔夫	Athaulf
	亚底拉	阿提拉	Attila
	亚底亚海	亚得里亚海	Adriatic Sea
	亚耳比拉	阿贝拉	Arbela
	亚耳利斯城	阿尔勒	Arles
	亚耳息	阿尔萨息一世	Arsaces I
	亚非利加省	阿非利加行省	Africa
	亚非嫩城	阿维农	Avignon
	亚非农城	阿维农	Avignon
	亚分梭	阿方索十世	Alfonso X
	亚分梭第六	阿方索六世	Alfonso VI
	亚该安族	亚该亚人	Achaean
	亚该亚	亚该亚同盟	Achaean League
	亚干支勒	阿尔汉格尔斯克	Archangel
	亚哥斯	阿哥斯	Argos
	亚革典	亚克兴	Actium
	亚革耳	阿卡	Acre
	亚圭丹族	阿奎丹人	Aquitanian
	亚贵代那地	阿基坦	Aquitaine
	亚基斯	亚基斯四世	Agis IV
	亚加底亚	阿卡迪亚	Acadia
	亚加丢	阿卡迪乌斯	Flavius Arcadius

续表

原书专名	当今通用译名	英文
亚加门嫩	阿伽门农	Agamemnon
亚拉伯族	阿拉伯人	Arabs
亚拉多	亚拉图	Aratos
亚拉根国	阿拉贡王国	Kingdom of Aragon
亚拉利革	阿拉里克一世	Alaric I
亚勒比	阿尔卑斯山	Alps
亚勒比城	阿尔比	Albi
亚勒比根西	阿尔比派	Albigenses
亚勒分梭	阿方索十二世	Alfonso XII of Spain
亚勒弗烈	艾尔弗雷德大帝	Alfred the Great
亚利	阿里·伊本·艾比·塔利卜	Ali ibn Abi Talib
亚利安语	雅利安语	Aryan
亚利安族	雅利安人	Aryan
亚利巴沙	穆罕默德·阿里	Mohamed Ali
亚利多法尼	阿里斯托芬	Aristophanes
亚利结理	但丁·阿利吉耶里	Dante Alighieri
亚利三太城	亚历山大城	Alexandria
亚利散大（俄国）	亚历山大一世（俄国）	Alexander I (of Russia)
亚利散大（马其顿）	亚历山大大帝（马其顿）	Alexander the Great (of Macedonia)
亚利散大（美底济）	亚历山德罗·德·美第奇	Alessandro Medici
亚利散大第二	亚历山大二世	Alexander II
亚利散大第六	亚历山大六世	Alexander VI
亚利散德	亚历山大一世	Alexander I
亚利散德第三	亚历山大三世	Alexander III
亚利散太城	亚历山大城	Alexandria
亚连教	阿里乌教派	Arianism
亚留斯	阿里乌	Arius
亚马斗斯	阿玛迪奥一世	Amedeo I
亚美利哥·威斯布基	亚美利哥·韦斯普奇	Amerigo Vespucci
亚美利加地	美洲	America
亚米尼亚国	亚美尼亚王国	Armenia
亚米纽	海尔曼	Hermann
亚缅城	亚眠	Amiens

Y

续表

	原书专名	当今通用译名	英文
Y	亚木拉（回族中之苏勒丹）	穆拉德一世	Murad I
	亚木拉（土国之苏勒丹）	穆拉德二世	Murad II
	亚尼撒利	耶尼塞里	Janissary
	亚奴弗	阿努尔夫	Arnulf of Carinthia
	亚热利国	阿尔及尔	Algiers
	亚仁古德	阿金库尔	Agincourt
	亚山底国	阿尚提	Ashantee
	亚梭弗	亚速	Azof
	亚西	雅西	Jassy
	亚支伦	约盖拉	Jogaila
	耶路斯冷	耶路撒冷	Jerusalem
	耶稣教	基督教	Christianity
	页那	耶拿	Jena
	伊巴美嫩达	伊巴密浓达	Epaminondas
	伊贝罗	伊庇鲁斯	Epirus
	伊比连族	伊比利亚人	Iberian
	伊伯罗河	易北河	Elbe
	伊德瓦	忏悔者爱德华	Edward the Confessor
	伊都斯干族	伊特拉斯坎人	Etruscan
	伊革伯德	爱格伯特	Egbert
	伊及	埃及	Egypt
	伊利挪耳	阿基坦的埃莉诺	Eleanor of Aquitaine
	伊撒贝拉（弗王第七之女）	伊莎贝拉二世（西班牙）	Isabella II（of Spain）
	伊撒贝拉（加国之女主）	伊莎贝拉一世（西班牙）	Isabel I（of Spain）
	伊扫利亚地	伊苏里亚	Isaurian
	伊梭	伊苏斯城	Issus
	以利撒伯（俄国）	伊丽莎白一世·彼得罗芙娜（俄国）	Elizabeth I（of Russia）
	以利撒伯（英国）	伊丽莎白一世（英国）	Elizabeth I（of England）
	义德瓦第六	爱德华六世	Edward VI
	义德瓦第三（英王）	爱德华三世	Edward III
	义德瓦第一	爱德华一世	Edward I
	意吕利亚	伊利里亚	Illyria

续表

	原书专名	当今通用译名	英文
	因挪孙德第四	教宗英诺森四世	Pope Innocent IV
	音贝拉多	大元帅	Imperator
	音挪孙德第三	英诺森三世	Inncocent III
	犹利比底	欧里庇得斯	Euripides
	幼米尼	欧迈尼斯二世	Eumenes II
	于罗连族	洛林家族	House of Lorraine
	约耳革城	约克	York
	约革族	约克家族	House of York
	约翰（波兰王）	约翰三世（波兰）	John III Sobieski（of Poland）
	约翰（法王）	约翰二世（法国）	John II（of France）
	约翰（英王）	约翰王（英国）	King John（of England）
Y	约翰·狠亚代斯	约翰·匈雅提	John Huniades
	约翰·呼斯	约翰·胡斯	John Huss
	约翰·加勒分	约翰·加尔文	John Calvin
	约翰·梭别斯基	约翰三世	John III Sobieski
	约翰第六	若昂六世	John VI
	约翰第十二	约翰十二世	John XII
	约翰第四	伊凡四世	Ivan IV
	约年	爱奥尼亚群岛	Ionian Island
	约瑟（德帝）	约瑟夫一世（神圣罗马帝国）	Joseph I（Holy Roman Emperor）
	约瑟（底利撒之子）	约瑟夫二世（神圣罗马帝国）	Joseph II（Holy Roman Emperor）
	约瑟（拿波伦兄）	约瑟夫·波拿巴	Joseph Napoleon Bonaparte
	约瑟第二	约瑟夫二世	Joseph II
	约亚那	胡安娜一世	Joanna I
	乍丹伯爵	第一代查塔姆伯爵	1st Earl of Chatham
	知勒伯利	希尔德里克三世	Childeric III
	直利	智利	Chile
	朱古耳达	朱古达	Jugurtha
Z	兹哥非那	黑塞哥维那	Herzegovina
	资翁利	茨温利	Zwingli
	自矜派	什叶派	Shia
	租利革城	苏黎世	Zurich
	祖利革	苏黎世	Zurich

西学略述

光绪丙戌仲冬
总税务司署印

序一

总税务司赫君以《格致启蒙》之书十六种，属儒者艾君约瑟译为汉文。既成以书，来索序余。惟古神圣兴物，以前民用曰形，曰象，曰数，曰器，曰物，皆实有其事，非虚构，其理也，通天地人乃谓之儒，童子就学教以书数，穷理精艺，实基于此。自此意微，遂以浮华无实之文字，汩没后生之性灵，乃率天下相出于无用矣。泰西之学，格致为先，自昔已然，今为尤盛。学校相望，贤才辈出，上有显爵，下有世业，故能人人竞于有用，以臻于富强。此书十六种，即麻密纶大书院原本也。其理浅而显，其意曲而畅，穷源溯委，各明其所由来，无不阐之理，亦无不达之意，真启蒙善本。艾君之妙笔与赫君之盛心，并足不朽矣。赫君在华综司关榷三十年，勤能公廉，闻于中西，于华固相习也，而与余相知尤久。今岁谒假将回国，而是书适成，属为弁言，使问相继，其用意殷肫，弥为可念。余自治兵，迄于建节，迭任南北洋大臣，往在江表，就制造局译刊西学书，大小数十种，既来畿甸，创设各学堂，延西国教习，以诲良家子弟之聪颖者，途径渐辟，风气渐开，近复有博文书院之设，而赫君之书适来，深喜其有契余意，而又当其时也。孟子曰：能与人规矩，不能使人巧。如此则能使人巧矣！孔子曰：民可使由之，不可使知之。平叔训为百姓，能日用而不能知圣人言。凡民正以儆学者，此与民斯为下之民正同。盖谓民可不知学者，则不可不知也。若元晦所训是圣人欲民之愚矣，是老氏之旨也，非圣人意也。同治初，同文馆教习丁君韪良成《格致入门》一书，五台徐侍郎惊为闻所未闻，使及见此，更不知若何叹赏矣……

钦差大臣、太子太傅、文华殿大学士、直隶总督、一等肃毅伯李鸿章撰。

序二

《记》曰："辟①如行远必自迩，辟②如登高必自卑。"老氏亦云："合抱之木，生于豪③末；九层之台，起于累土；千里之行，始于足下。"盖天下事业、文章、学问、术艺，未有不积小以高大，由浅近而臻深远者。泰西之学，条别派分，更仆难数。学成而精至者，大抵撼风霆而揭日月，夺造化而疑鬼神。方其授学伊始，往往举孩提之童所能言能知，匹夫愚妇所不屑道者，笔之为塾钞，编之为日课，耆彦师姆谆复道之，不以粗浅为耻，翻④以躐进为戒。其向学易而为学有次第，此泰西学者之所以众多，学而成名者亦因是而济济焉。试举一二端明之。论光色之学曰："白者诸色皆备，黑者诸色皆无。"诸色皆备，则不复受色，故以色着白纸，常推而拒之，显露于纸上；诸色皆无，则能受众色，故以色着黑纸，常纳而入之，隐于⑤纸中。夫绘白纸而显露，绘黑纸而隐晦，此孩提之童所能言能知，匹夫愚妇所不屑道者也，然泰西学士，由此理以证日质之所有，辨虹霓之七色，窥

---

① 同"譬"。
② 同"譬"。
③ 同"毫"。
④ "翻"，石印本作"反"。
⑤ "隐于"，石印本作"于隐"。

玻璃之三角，定藻绘之彰施，考影相之宜忌，其学无穷极焉。又论寒热之学曰："五金传热，毛羽不传热。"投铁杖一端于火，火外之铁邃不可执；焚兽皮将尽，而未尽者仍可执，此传热不传热之证也，狐貉足以御寒，非狐貉①能生热也，惟其不传热，故能护藏人身本有之热。夫投铁杖与兽皮于火，可执不可执之别，此亦孩提之童所能言能知，匹夫愚妇所不屑道者也。然泰西学士由此理以考求太阳地心之②热力与一切机器键辖，火轮舟车蒸汽③生力之大凡，稽化学生克之源，察冷热涨缩之理，储水银、铸钢鼓以制寒暑之表、风雨之针。五纬彗孛、地球月轮，借摄力以环日；地火震山，空阳生飓，循定轨以行灾。推测之眇④，通乎神明，其学亦无穷极焉。所谓积小以高大，由浅近而臻深远者，非其效欤！总税务司鹭宾赫君择泰西新出学塾有用之书十有六种，属英国儒士艾先生约瑟译成华文，书成，问叙⑤于予。予尝忝持使节，躬莅欧洲，每欲纂辑见闻，编为一帙，事务纷乘，因循不果。今阅此十六种，探骊得珠，剖璞呈玉，选择之当，实获我心。虽曰发蒙之书，浅近易知，究其所谓深远者，第于精微条目，益加详尽焉耳，实未始出此书所纪范围之外。举浅近而深远寓焉，讵非涉海之帆楫，烛暗之灯炬欤！古称"通天地人为儒"，又曰："一物不知，儒者之耻。"儒岂易言！发轫于此书，就性天之所近，更著研耽之力，其于专门之学，殆庶几乎！《尔雅》训诂之文，《急就》奇觚之字，贾、董、扬、班于是乎兴。吾人而有志于西学，则虽以《尔雅》《急就章》视此编焉，可也。

诰授建威将军、管理三库事务大臣、帮办海军事宜大臣、总理各国事务衙门大臣、户部右侍郎兼管钱法堂事务、世袭罔替一等毅勇侯兼一云骑尉世职、湘乡曾纪泽劼刚氏撰。

---

① "非狐貉"，石印本无。
② "之"，石印本无。
③ "汽"，石印本为"气"。
④ "眇"后，石印本有一"非"字。
⑤ "叙"，石印本作"序"。

序三

　　西学之入中国也，自吾乡徐文定公始也。文定与利氏、龙氏、邓氏、罗氏，潭思研精，由算术而天文，而火器，而兵机，而盐策，而屯田种植，而泰西水法，无不镕其精思，以入中法，不为九流二氏之游刃于虚务，征实以裨民，用意至美也。嗣是西学条流弥繁，著述弥广，不有以钩其元，提其要，取其长，去其短，则其利用卫生之本指，且将湮晦，而勿章抑中西之邮①未尝不通也。大辂本于椎轮，制兵兴于师蚁。一夫之技不足惊流俗，经十器师之心手，相传而遂成国工矣。夫方诸取水，阳燧取火，非化学之类乎？车指南，圭测影，鼓记里漏刻时，非钟表之类乎？磁引针珀拾芥，非电学之类乎？张衡作地动仪乃四游赤道之前规，杜预作连机碓，即龙尾恒升之高矩不宁，惟是公输之木鸢，葛侯之流马，王镇恶之自行船，则衍之为火轮舟车矣。魏武之车发石，蜀相之弩连珠，则衍之为炮弹矣。推之，若周官有矿人玉工，管子记铜山三百、铁山三千，则矿学之原也。区田之书，齐民之术，则种植学之原也。墨子经说有洼镜突镜二义，则作远镜法之原也。然则西法之权舆于中法，岂特周髀玉鉴哉。艺术之相师如木与木相摩，则然一器而工聚焉，则弥

---

① 同"由"。

精一业而世守焉,则弥邃民日用之而不察其所自始,拘方之士诧以为创见,则愚屏以为不当学,则又隘矣。总税务司赫君雅好深湛之思虑,夫中西术艺之学之不相通也,乃属英国儒士艾先生约瑟翻译《格致启蒙》之书十有六种。其类别有多端,曰地学者,近中术之形法家;曰植物学者,近农家,曰身理学者,当入之医家,曰化学者,近中之黄冶、技巧两家,曰推步学者,中之天官家,而地志则中之舆地家、史家也。其度数形名之繁赜与中法时若不相合者,而研求物理之朔,则奥窔殆无不可通也。将以裨考工制器谈方舆者之用,不亦取之者多术,应之者无穷乎。刻既成,问序于余,因略述事务原始为览者进一解焉,盖犹是文定博采潭搜之微意也夫。

时在光绪十四年戊子孟冬嘉定廖寿恒序。

叙

名世者圣，称述者贤。所以启迪生民，嘉惠后学。事虽创，若仍旧言，历久而愈新，此大地有国莫不皆然者也。至于代变时迁，一兴一革，来今往古，有异有同，倘弗[1]溯其原[2]，更孰悉其委。且欲得奇材[3]于后日，惟务求善教于兹时。迩者中西敦睦，不限舟车，商使互通，无分畛域。故得交相择购利生致治之书，咸译以本国文字，借便披研，盖亦借助他山之一道也。余司译于总税署，经本署总税务司赫君择授，以泰西新出学塾适用诸书，俾于公牍之暇译以华文，抵今五载，得脱稿告成十有六种。而其中之博考简收者，一曰《西学略述》。依诸原本[4]者十五，曰《格致总学启蒙》，曰《地志启蒙》，曰《地理质学启蒙》，曰《地学启蒙》[5]，曰《植物学启蒙》，曰《身理启蒙》，曰《动物学启蒙》，曰《化学启蒙》，曰《格致质学启蒙》，曰《天文启蒙》，曰《富国养民策》，曰《辨学启蒙》，曰《希腊志略》，曰《罗马志略》，曰《欧洲史略》。近将辑付剞劂，爰弁

---

[1] "弗"，石印本作"勿"。
[2] "原"，石印本作"源"。
[3] "材"，石印本作"才"。
[4] "依诸原本"，石印本作"依原诸本"。
[5] "曰《地志启蒙》，曰《地理质学启蒙》，曰《地学启蒙》"，石印本无。

数言于《西学略述》一书之首。若夫即指见月,举隅反三,是[①]则有望于学者矣。

光绪乙酉孟冬,总税署司译,英人艾约瑟自识。

[①] "是",石印本无。

西学略述总目

西学略述　卷一　训蒙 / 245

西学略述　卷二　方言 / 253

西学略述　卷三　教会 / 262

西学略述　卷四　文学 / 272

西学略述　卷五　理学 / 283

西学略述　卷六　史学 / 294

西学略述　卷七　格致 / 310

西学略述　卷八　经济 / 324

西学略述　卷九　工艺 / 334

西学略述　卷十　游览 / 354

原书专名与当今通行译名对照表 / 361

西学略述　卷一
训蒙

字母

　　泰西训蒙之道，要皆始而教之熟习字母。缘泰西典籍累千万轴，其间文字，皆由字母合成，非如中国，文字千万，而音义亦殆有千万之繁。计今除朝鲜、日本、安南[①]等国之文字，尚多同于中国以及满蒙文字，惟依字头外，其他诸国，皆莫不遵用字母离合而成，为语言之记志。夫酌用字母之人，闻物名而别其音，根于耳而形诸目。嗣则连画数音之号，以为所属物名之记志，而字母之数，则各国率有多寡，或为二十四五，或为三十四十不等，简而易识，便于诵记，以授童蒙，不旷日即皆可习熟。然分识字母之要，既务熟正其音，尤贵通会其合而成言之术。

拆习字母

　　凡字母皆不仅宜识其状，习其名，又须究明其正音为何。缘上下千余年间，其言之字母同，而音已迥异者甚多。如此言之，首一

---

① 即越南的古称。

字母，而移置于他言之首，音或不同。再若言之中间同一字母，而音亦多不相袭。至若列居言尾之字母，则其有音无音，尤宜辨晰。是皆非暂习即能之事，皆学者所宜存心，而时加玩索者也。

字母在泰西诸国，率有殊异。缘诸国之人民言语，其音要多不同故耳，而学者于他国字母，其音复大殊于本国者，尤宜留意。盖恐遇有彼国之人，与尔谈时，尔依其国之字母，而仍以尔本国音出之，恐难使之喻也。似此取各字母，拆习分读，学者①莫敢忽视，恐书函往来间有谬误，且无论朗诵何文，使值地名或人名，稍属罕见者，如未纯熟于拆读字母之法，诚恐有讹于音，而不免致闻者之粲然也。至若字母分节，长短悬殊，短仅二三字母，自成一节而已，长则至有可截分六七节之多者，以之训蒙，亦必由二节即成一言者始。

启蒙读本

凡泰西新出之拆习字母诸书，作者原取便于训蒙，故皆必以一言，仅合以二字母，即可成一物名为始。继乃读以三字母，合一物名之言，而其物之若禽若兽，皆即仿图刻印，于是一言之上，仅堪供五六岁之幼童玩察也。至旁列图说，其中诸言，亦以三字母相合为率，庶使幼童②易读易晓。嗣而一言成为物名之字母，渐由四而五而六，以次递加。其间仿绘物形，即物成章之文，皆同上式。又间有歌诗，或为可信口而吟，或以之称颂上帝，或畅言草木，或详诵禽鱼。至于此书，分有五六等第，其所选诗文类，皆名家著述，以是教授幼童，可使于嬉戏之年，已多识成人之语也。

追习读书计③有三要：一则须熟识字母，连书成言之音义；一则

---

① "学者"，石印本作"学元"。
② "幼童"，石印本作"上童"。
③ "计"，石印本无。

当对人朗诵之时，务使音韵清贯，庶旁听者入耳，即可了然；一则如目前有书，能即遵依成规，诵以俗语。此三者，即初习读书之三要也。

书法

书虽小道，而列居六艺之一。如泰西作字，其笔墨书法，均异于中国，兹略述之，以为学者之一助。如其笔无论为钢或为鹅管，下端末处，要皆强锐而双义，以便作字时，使所蘸取之墨水，即沿义流下，无少凝滞。其作字佳与不佳，惟视执笔之合法与否。凡初学大草书者，以右手执笔，轻若拈花，右肘尖宜与案平，忌侧引身倚压手上，置纸当胸务正，而以左肱曲卧案傍，防纸动移，右肘则恒与案边直交，俨若十字，继乃徐徐自左而右，至笔上端尽处，宜与右肩头遥对①，拇指顶宜对食指之上节纹，腕平附案小指作斜立势，使小指顶轻依纸上，似此纯熟。于进习小草时，则先习横画平线，如泰西乐谱，次习曲线诸画。俟皆能信手回环，无不与著名善书人逼肖，方可究辨字形结构互异之故，笔画纤肥相生之奇也。

地理

地理一学，如论大海之洋洋，旷野之寂寂，林木森茂而无蹊，雪山矗出于云表，皆足使学者畅悦心目，然欲习地理，则必宜解明之事有六：一当使明地图，所分东西南北之方位；一推测地之远近，须先为酌立；一准如以人每一点钟行十里为准，自无难推而至于千百万里之遥；一凡地理书中所论之江山、河海、土角、土腰等处，

---

① "遥对"，石印本作"讨"。

皆宜即其所已知者，推而明之，如小湖可作一大海视是也；一当明绘地图例用之号志，如图小圈为城，凸曲线为山，平曲线为河，或海岸诸式；一如地理书中，分论之平陆原隰分水界山以及大河，并其旁入之各支流，浸占地面、广狭诸理，皆宜明晰。一如《地球全图》，经纬其间之早暮时差，即原于周天三百六十度，而每十五度为一点钟之候也。

十二	十一	十	九	八	七	六	五	四	三	二	一	
二十四	二十二	二十	十八	十六	十四	十二	十	八	六	四	二	
三十六	三十三	三十	二十七	二十四	二十一	十八	十五	十二	九	六	三	
四十八	四十四	四十	三十六	三十二	二十八	二十四	二十	十六	十二	八	四	一百四十四方算数表
六十	五十五	五十	四十五	四十	三十五	三十	二十五	二十	十五	十	五	
七十二	六十六	六十	五十四	四十八	四十二	三十六	三十	二十四	十八	十二	六	
八十四	七十七	七十	六十三	五十六	四十九	四十二	三十五	二十八	二十一	十四	七	
九十六	八十八	八十	七十二	六十四	五十六	四十八	四十	三十二	二十四	十六	八	
百零八	九十九	九十	八十一	七十二	六十三	五十四	四十五	三十六	二十七	十八	九	
百二十	百一十	一百	九十	八十	七十	六十	五十	四十	三十	二十	十	
百三十二	百二十一	百一十	九十九	八十八	七十七	六十六	五十五	四十四	三十三	二十二	十一	
百四十四	百三十二	百二十	百零八	九十六	八十四	七十二	六十	四十八	三十六	二十四	十二	

泰西不以珠算而以心算，如上表式，最便初学，实足为习算婴孩之一助。凡婴孩皆心静神专，授以此表。若能使熟诵于口，必将终身不忘。其法竖读起自二行，如一二为二，二二为四，三二为六，依是而读，至于表末。

音乐

泰西之诸小儿女，日多以鼓琴歌诗为事。凡琴诗鼓歌之际，其音轻重高下，各有所合。如儿女之音，皆轻且高；男子年及盛壮，则音重而下。音乐实基于人。今泰西洋琴，计分四十九牌或五十六牌不等，其甚轻清而高者，固非儿女音之可及，而极重浊者，亦倍下于盛男之音。如分有四十九牌之洋琴，其间以条分宫、商、角、徵之诸牌，上下清浊，皆各计有七等。鼓者循牌抚按，其条分之精，较之歌者尤为详细。再，每一正牌外，多有二副牌，副牌之音，较之正牌，高下各可使差至半。外此又有节奏之缓急迟速，约分有五六等，故亦须向琴谱中，详为分析。初习琴者，固宜对此谱而鼓；初习诗者，亦宜依此谱而歌。琴谱分析高下，如是微奥，习者若多忽而不察，则不足以悦闻者之耳。如四人同歌取诗一也，依谱一也，而其音虽高下轻重不一，仍皆能秩然不紊。今有父母子女聚室习歌者，不论长幼，以一人坐而抚琴，众皆傍立抗声高歌。初学琴诗，每日只率习一点钟之侯，久久自必纯熟。

调习童孩耳目及手

设牢缚幼童一手，使不少动，如是半载，此手必废，可知人身之脏腑肢骸，其间气血，皆时时任其流运为宜。故凡幼童，即恒使辨色以习目，辨音以习耳，辨弄方圆曲直诸玩物以习手。盖泰西之教育童孩，计由二岁以至八岁，皆必先酌使之精其耳目与手，类别科分，约有四五十等，如教以树艺花木、编制席笼、绘画图样诸戏皆是。

强健幼童肢体

凡幼童可多任其出嬉，恣览山水花卉木石等类，和其肢体，以防疾病。故幼童每日至少亦须一次出游。在男子，固可任其攀援树木，超越沟渠。若泰西女子，原不裹足，固免受此形近刖刑之惨。即其俗重细腰，亦不可结束过紧，傥必务饰美观于外，而更不问其内伤与否，果益耶？果无益耶？

反本思源

凡为人子者，无不知父母之宜孝，兄弟之宜亲，君之宜忠，长之宜事。然尤有极尊宜敬畏者，在上帝是也，故须使知宜晨昏祈祷，以求上帝之恩祐，庶得正心绝欲，荡涤恶习，自在从容安然，而入于至善之途也。似此之论，泰西各国，无问官民，凡有治人之责者，多以是为训蒙不易之法。

婴塾

古者中国童年八岁，始入小学。今泰西婴塾之设，凡生足十八月之幼孩，及年尚未逾八岁者，皆为立有教育之法，其法①乃由德国人之名额伯邻②者创始。至中国之嘉庆年间，流传入英，而建于伦敦城内。此塾立有专章，故英人威得斯宾③又为著书，详定德国婴塾，皆择立于花木繁茂之园内。其程课则半坐授于塾之内，半游示于塾之外也。似此婴塾，最著名于泰西各国。

---

① "法"，石印本无。
② 即奥贝尔林（John Frederick Oberlin，1740—1826年），全名约翰·弗里德里希·奥贝尔林，法国慈善家、教育家，于1769年创办了欧洲第一所幼儿学校。
③ 即塞穆尔·怀尔德斯平（Smuel Wilderspin，1792—1866年），19世纪上半叶英国幼儿学校的著名领导人。

义塾

　　泰西绅富诸人，怜贫家子女，幼而失学，长而无成也，故多相率出资，创立义塾。其定章，凡遇有送子女入此塾者，例取半费，其余半费，则由存塾公项，代为支补。有人谓此法诚美矣，而惜其尚多缺如，不可不早为区处，俾无遗憾。计其犹未尽善者三事：一义塾无多也。盖缘绅富固难随地皆有，而有处亦未能皆爱育人材。若国家能拨发帑金，多建义塾，庶可使贫家子女，无欲学莫从之戚，一贫家子女均宜入塾也。若国家能遍喻通国，凡贫不能延师课读之家，子女及年，皆送入义塾，不可听其游惰，以致老大无成，违者即量罚示警。一义塾子女，年各不齐，师之教授，须有差等也，如识字读书，习音学算，以及忠君孝亲之道，敬畏上帝之方。一师百徒，势难兼顾。若能择派徒中之年学较优者，分教幼童，则塾无旷课，师逸功倍矣。论者之言如此，凡有国家者，皆不可不以储育人材为急务也。

富强由兴学校

　　近自中国之嘉庆年间，欧洲诸雄国皆多方立塾，争以储育人才为急务。是以四民之业，妙奥日增。即彼执殳之士，幼而学道，长而知方，技艺既精，恪从上命。在昔德败于法，退修其政，专以育才为本，文武并重。后数十年而德竟大败法人，富强至今。惟时邻疆皆[①]虞己国久，或处[②]于德之下也，故皆竞新其政令，立不学之禁，以励其民。是以荷锄居肆之家，鲜或不学。即今英国公私在塾

---

① "皆"，石印本无。
② "处"后，石印本有一"皆"字。

之童,数倍于昔。近日本国皇,力遵行泰西新政垂二十年,除民间公立之义塾不计外,即其都邑内外,为国家所建之书院,已约有学生二百万人之多,所学皆宗本西法,如医学、方言学、翻译学① 皆有专塾。至于女塾,近亦设有多处。观日本之举措如此,是有欲与欧洲诸雄国并列之心明矣。

---

① "学",石印本无。

西学略述　卷二
方言

言语未易考原

　　言语者，心之声，本乎自然，无待有学于外。如二人相晤之际，要皆有怀欲吐而彼此终可互达者，则缘此言语往反足通其情之故耳。夫目可代语，未始不亦堪示意，然以较诸朗宣于口之言，无乃过于简隐，故凡人之情也，意也，志也，虑也，要皆假此言语，以喻于人，辨议祈许，闻者均自了然。至欲溯究原始，上考鸿蒙，则太古无史书文字，更将何从而稽知之。

详言语今富于古之原

　　世有圣贤，则人之所知者日博。所知日博，则言语因之亦必日多。后人复踵前人之言，而扩充之，是以愈日形繁富。如自有人创习天文一学，世即增无数特属论天文之名目言语；自有人创究医药，品味草木，世即增无数特属论药味之名目言语；自有人创精贸易一事，世即增无数特属论贸易之名目言语。至若万方之国，皆可获非其土产之物，识非其土产之名，若无贸易往来，胡克臻此？
　　人即所日见之诸物，而辨其色，别其状，形容于口，以为此色状之名者言语，已奚止万千。再即如一人之身，其五官四肢，动静作息，由是而生有之，活字已难枚举，久乃字之活者渐多，用同于虚。惟时此字旧义，别有新活字出，以补其缺，似此字之代谢无穷。泰西人著有多书，以资征考。今计其足供潜玩者，约数十卷。

能言与否为灵性有无之证

英国人之名罗革①者言，禽兽知营巢穴，而不知栋宇之佳，知食而不知火食之益，知爱子而不知谢上帝之恩，即其不能如人之以言语相通，可识其皆不同于人之有灵性也。今详察禽与兽，皆大异于人。如犬知人之击己，而弗知击己人之意有美恶。此即其心不能别②是非之明证，又何能创立言语，以为明表心意之用，而传至久远哉？即以能言与否，为人畜判然之界域也。可至于禽兽，亦有能效人言者，是不过仅识其然，而终难尽其变。

辨识土语为考方言之助

诸国言语率难为之条分清晰，盖因诸国各有其乡音土语，变幻不可胜穷，且即一国而论，自古迄今，其语音变还③，已不知凡几。故昔德国有人名雷伯尼④，常寓书于俄国之君彼得⑤，内言亚细亚洲，

---

① 即约翰·洛克（John Locke，1632—1704年），17世纪英国著名的政治思想家、哲学家和教育思想家。
② "别"，石印本作"则"。
③ "变还"，石印本作"变迁"。
④ 即莱布尼茨（Leibniz，1646—1716年），全称戈特弗里德·威廉·莱布尼茨（Gottfried Wilhelm Leibniz），德国近代哲学家、杰出的数学家、数理逻辑的创始人。
⑤ 即彼得一世（Peter I，1672—1725年），俄罗斯罗曼诺夫王朝第四代沙皇，1682—1725年在位。

沿北诸地之属于俄者，其间边幅辽阔，人民散处，语音驳杂，多异少同。若尔能遣人周行其地，访其土语乡音及诸文字，笔志成书，必于方言一学，大有裨益。雷伯尼之言如此，设各国皆果能如是考稽，则其加惠于方言学家者，诚非浅鲜。不然，则诸有志于方言一学之士，结伴周游，自行采访，著书尤为确实。

字原出于图画

近世泰西诸国之字，皆祖于斐尼基[①]文。是谓字母，原夫斐尼基文之所自出，则图画为之先，嗣乃从省变。近今之字母，详斐尼基文，其一为א，乃象牛也；其二为ב，乃象室也；其三为ג，乃象驼也；其四为ד，乃象门也。按斐尼基门字，乃三音合而成文，读若大雷德，如 为其首一字母之音，惟读若大而已。凡遇文中有宜读若大、若地、若舵、若度等音者，皆可以相代。即是可知，凡字母皆始本于图象物形，久久即变为记音之号识。至于图画，在埃及地传行最久，是与古埃及国相终始。若巴比伦创始未久，即省如今字母形矣。

图画之作，原以备志言语，故各即物之名，以为名，嗣乃避繁从省，由渐而变。埃及与巴比伦文字，皆创始于图画。即中国文字创始时，亦为数无多。至其初，或即中国人自造，或由近西处传来，要皆无从论定。

笔墨考

上古人以铁或竹木细梃，挖画木石，及未经入火之泥砖上以为

---

① 即腓尼基（Phoenicia），大约相当于今黎巴嫩地域。该地区城邦林立，以推罗、西顿、乌加里特等为代表。

号志。中古人乃易以竹木细梃，蘸取有色诸料物，画皮为书。若纸则创自埃及国，其初惟层剥水生植物之皮，取以为纸。嗣因剥植物皮不足给用，乃有移居埃及亚利散太城①之希腊人，筹及截取此植物全株，捣治制而为纸。当东汉之世，法始传入中国，蔡伦首行仿制，以代练帛，竟获流名至今。而埃及造纸以后，亦常刮取灯烟，创制挺墨。缘后人改尖削鹅管，蘸用水墨，作书甚便，故尔挺墨中废。

数目号字考

今泰西所用以代数，如1、2、3、4、5、6、7、8、9、10②诸号字，近有人考得，是皆由梵文数目，名之首一字母，脱化而出者。若上古之希腊并希伯来人，皆各依其字母等次，作为数目号字。惟罗马人则一以I，二以II，三以III，四以IV，五以V等式，作③为数目号字。即今象画于时辰钟与时辰表面之上者是也。至泰西近用之数目号字，本于印度，由亚拉伯人④传至欧洲。其书画简易，故能盛行至今。或言中国所用之数目号字，皆与形⑤似，且并作右行，岂汉张骞奉使西域时之所流传耶？

言分九类

凡泰西言语，率有虚实之不同。约而计之，可分九类：一区指字类，如"彼"、"此"等字是也。二实字类，如"犬"、"马"等

---

① 即亚历山大城（Alexandria），今埃及的最大海港和全国第二大城市。
② "10"，石印本作"0"。
③ "作"，石印本无。
④ 即阿拉伯人（Arabs）。
⑤ "形"后，石印本有一"相"字。

字，言时须有授受动静等义。中国则别加一字于实字之前，后泰西则即其言而增减其字母也。三助实字类，如"高"、"下"、"美"、"恶"等字。四代实字类，如"你"、"我"、"他"等字。五活字类，如"方"、"向"，则恒言有打人、人打、自打自之殊情形，则恒言之。如是"打"至止复加"傥"字，或"既"字，以及"可"字与"情"、"愿"等字。泰西皆多即本言而惟少增减其字母时候，则恒言有过去、未来、现在之不同处。六虚字类，如"徒"[①]、"然"等字。七实字前后之虚字类，如山上山下之"上"、"下"等字。八分合之虚字类，如"兼"、"但"等字。九叹辞字类，如"吁"、"嗟"诸字是矣。

言学四范

一凡言之音声，贵乎清亮。若学者未克臻是，则师宜训之，使改至于作书之时，即各依其国之通行字母而书。

一言分九类，而实、活二字类尤为繁要。实字尾末之字母，恒多变易，而各国率不相袭。如拉丁实字计有五式，列作五行，每行变体有六。德国实字，则计有三式，列作三行，每行变体有四。至若中国之"于"、"与"、"内"、"外"等字，亦如泰西助实字变体之用。活字界分愈富，如详见上章之"打"字是也。

一言文则字句皆有断连分合前后之定式，义例繁多，而各国率有不同。如中国之言"吃饭"，而蒙古则云"饭吃"。凡言之互相颠倒者，皆宜归列于此范下。

一言诗则皆有酌押韵脚部，分长短音、别清浊之等第也。

---

① "如'徒'"，石印本作"徒如"。

印度及欧洲方言考

考厥印欧生民之初，皆聚处于葱岭以西高原之上，其地今名为巴米耳①，嗣有出迁于印度地②者，即今四《韦多》书，并佛经梵文，即彼等首所创变之语言。继有出迁往波斯地者，爰行创立敬火之教。迨三之出迁，散居于英法各地间者，为革勒底族③。其往居于意大利地者，创变言语是谓拉丁。今法兰西、意大利、西班牙、葡萄牙四国方言，皆本拉丁而出者也。继复有多人出居于意吕利亚④，而希腊地亦有多人迁往居焉。惟时又分有斯拉分尼族⑤，迁居于俄及德国以南之地，今俄人皆其后裔。德族则迁居于英，于德以及瑞典三国之地。考今英、德、瑞典三国方言，皆同出于德族。

如上所言，皆近由泰西方言学家殚竭精力、旁证冥搜而得者。

西米底族⑥考

西米底者乃由挪亚⑦第二子⑧之名变音而出者也。西米底族⑨原居今巴西国之西，当欧伯拉底⑩及底革利斯⑪二河之间。近由考方言

---

① 即帕米尔（Pamirs），中国古代称"不周山"、"葱岭"。
② "地"，石印本无。
③ 即凯尔特人（Celt），欧洲大陆阿尔卑斯山以北地区最早兴起的史前民族。
④ 即伊利里亚（Illyria），古地区名。在今欧洲巴尔干半岛西北部，包括亚德里亚海东岸及其内地。
⑤ 即斯拉夫人（Slav），主要分布在欧洲东部和东南部的民族。
⑥ 即闪米特人（Semite），又称闪族人或闪姆人、塞姆人。
⑦ 即诺亚（Noah），传说《圣经》中的一个人物。
⑧ 按："第二子"，据资料考证，应为"诺亚长子闪（Shemu）"。
⑨ "族"，石印本无。
⑩ 即幼发拉底河（Euphrates）。
⑪ 即底格里斯河（Tigris）。

家，将是一族分而为三大族：一亚拉伯族，后之回教①即出于其中。又有一族，亦出于亚拉伯族者，名曰阿比西尼②，今散处于红海西南地者是也。一犹太并斐尼基族，其人所遗最古之书，即今之《旧约》书。又亚非利加洲③北滨海数处之各洞中石上，并间由土内掘获之古碑碣，多有昔斐尼基人留刻之文字。一亚兰族，今巴比伦及尼尼微等处，其荒陇断埂间，多有掘得昔用以建覆宫庙之旧瓦残砖，而上之刻有文字者，尚可依稀辨识，为亚兰人之所遗。即中国唐世之景教，碑中列有今叙利亚之文字，亦其类也。

土满蒙考

昔周之玁狁、汉之匈奴、唐之突厥，皆土族也。其一言率皆以二言并合而成，上者明意指下者为语助，如清语之笔帖式。笔帖译书式，则有④音无义，为语助辞是也。今亚细亚洲之满蒙、朝鲜、日本，以及俄属地方之人民言语，率皆如是者，盖缘其先皆出于土族也。是族之人性多喜动，不立学教，建城邑，捷足善走，日逐游牧以为生。其今之有学教、城邑，皆慕邻国而仿为之，非能自行兴创。近泰西方言家，略为分定族类⑤：一东胡，乃昔统满洲女直之总名；一蒙古，即前之元朝；一突厥，其间回鹘，并今之土耳其，皆与同族类；一朝鲜、日本；一南印度之得拉非典族⑥九种。

---

① "回教"，石印本作"回人"。
② 即阿比西尼亚（Abyssinia），埃塞俄比亚的旧称。
③ 即非洲（Africa）。
④ "则有"，石印本作"有则"。
⑤ "族类"，石印本作"类族"。
⑥ 即达罗毗荼人（Dravidian），又称德拉维达人。主要分布在印度、斯里兰卡和巴基斯坦。

藏缅暹越考

是本一族，而散居于今西藏、缅甸、暹罗、越南等地，嗣乃中分为二：一为暹越，其语皆单节，如中国，而颠倒出之，若"胜地"则作"地胜"，"好人"则作"人好"。其他之类似者，不可殚述。然暹罗重佛，故其言复多杂有梵语。越南则自秦汉以来，中国人流寓其地者甚众，故今其言半多华语，音分四声，近于中国。一为藏缅，凡中国云南、四川等处，山民之罗罗种类皆与同族，其语皆单节，虽四声尚未全备，如中国而皆略有其端，且不复有所颠倒，如"好人"而作"人好"者矣。兹考四声之所由起，盖缘其初所用字母之音，遇于狭隘，久乃渐次推广，而别出有四声也。

方言分有三类

经方言家详稽各国方言，意可创分三类。惟当其搜证之时，其十言中，五言尚存有原义，五言已失其原义也。故兹即准诸言之原义存否，而类分之一类为未失其原义之言，一类为合二言为一新言，一存原义，一失原义，而幻为助语之辞。如今中国方言，呼"旗"作"旗子"，"旗"仍原义，"子"失原义，而幻为助语辞矣。一类为合二言为一新言，而二言之原义均失。

非止二言可合为一新言也，即三言四言，亦无不可合为一新言，然皆不及二合为一之多。

一言皆尚仍原义，皆作单节，如中国之言是也。一首之一言，仍其原义，复续多言，去其原义，而为上一言之助语辞，其间分有三节、四节不等，如满蒙之言是也。一二言合一原义，或已均失，即古之梵文，并今英、德等国方言皆是。

言语原起

稽古家穷究言语之所原起，略有三说。一谓言语本人性中所固有，如饥而求食，渴则觅饮，啸侣呼朋，缘创立言语，以达其意，此乃内得之自然，非有所戕贼而强作于外者也。一谓言以名物，皆古人互商所酌定，如今用以量正时刻，或表与钟之面上数目号识，以及船只升用之信旗，皆预先酌定，方可通行无碍。一谓人言皆本师于物之音，如"牛"字音近于牛鸣，"猫"字音近于猫鸣，轮"字"之音要亦不外于车声隆隆而生者也。至又有言车声者，或曰毂毂，或曰辘辘，是皆人听之别，再昔人制物，物多自有其音，而即以其音为物之名者甚繁，如弓矢鼓钟皆是。

方言各国是否一原

方言家有言人生之初，分有多族，族各自创言语，以通情意。方言之殊，端由于此。嗣乃分久而合，渐归于一。又有言，上古言语互通，本无同异。后人民之荡析离居者，多风气隔阻，是以各方语言亦皆否变。今试即此二说而折衷论之，如印度欧洲之众，近已经方言家考有确据。谓是出于一族，更无疑义。至谓西米底族，亦与印度欧洲诸人，同出一族，则方言家以为未能考有确据，实难臆断。此论似是恐非，盖今固未有确据可证，而后又焉知不别出有可证之确据也？

西学略述　卷三

教会

混沌开辟

上古有人言天地万物要皆永存不毁，无始无终，是乃即物之原质微点而言，为理学家之论也。又有言天地万物皆为一全能主之所造，如犹太教、耶稣教、回教同有此论。又有言天地万物，皆为天神中诸最尊天神之所造，如印度之婆罗门教所言，梵天造物是也。又有言天地万物乃二神之所共造，如波斯之火祆教所言一善神理阳，一恶神理阴是也。又有言天地万物，乃皆自然而生，如中国宋儒所谓万象皆本于太极是也。

主理世界真宰

昔理学家有谓天有真宰，而不下主理世界者。有谓天有真宰，正以下主理世界者。而世人则皆信天有真宰，下主世界，然言多同异，如犹太教、耶稣教、回教诸人，皆言有一独一真宰主理世界，启佑万物、赏善罚恶。复有诸多天使，恭承其命惟谨。至若古希腊、罗马、印度、巴比伦、伊及等教之人，则言凡天地水风，以及日月万物皆有天神分司而主理之。兹考书之《伊训》①篇中，有"上帝不常，作善降祥，作不善降殃"之警。而孔圣亦复有"得罪于天无所祷也"之答。凡此皆可与犹太诸教所言，主理世界，惟一独一真宰之说，互相印证。

鬼神

鬼神为世人之所崇信，则皆以为必有。而理学家竭精殚虑，终以目不得见其状，则独以为必无。然毕竟大地之众，谓无鬼神者盖寡，谓有鬼神者实多也。其言有鬼神之人，派分有二：一则如古希腊、罗马、印度等教则有定十二大天神者，有男有女，其居在天，统理万物。其他位职较卑之神，更不胜数，亦皆有男有女，分理万物。凡山河、动植诸物以及人身百骸，莫不有神主理。其以为天上，惟有一独一尊神，余皆为其服役之诸天使，恭承其命者，则犹太、火袄、耶稣、回人等教皆同此论。

神名为诗人所幻立

近泰西人，有考古诸国教所言著名诸神，何以均有父母、兄弟、夫妇、儿女、眷属、姻亲，井井无紊，皆俨若史中之列传然者，何耶？爰究其始，殚虑竭精久之，方悉神名②，初皆得诸诗人之感讬。而诗人则本诸世俗之风谣，缘世人率多见夫日丽风飘、云升雨降之类，皆爱为幻立名字，借作歌谣也。而日之昼夜出没，尤易兴感，故讬言旭照，为一女神，名约斯③者之所司。斜晖为一男神，名底多

---

① 即《尚书·伊训》。
② "神名"，石印本作"神明"。
③ 即厄俄斯（Eos），黎明女神。

努[1]者之所职。是男女二神，相为夫妇。即此以观，则凡考稽古希腊罗马等书，遇有言分主万物之男女诸神概多，可作如是解也。

较诸教同异

近百年内，泰西创有较比一学，如方言家，则须旁通他国之言语；医学家则须旁通禽兽之骨体也。立行数十年，大著功效。至于教会，何独不然。如教会则皆宜为别其异同，考其隆替，崇何鬼神，遵何条诫，援本证末，即委溯源。似此一学，乃由英国牛津书院，近年所聘较诸方言教习，德人名马斯·米勒[2]者之所发明。马公素多识梵文，而于较诸方言，尤其深嗜。近日此学倡兴，固不乏相与切错之人矣。

开教诸圣

上古各国之教传者盖寡，殆难溯其源委。迨中古圣人出，而史书具，始能信而有征，如犹太教，则以摩西创定律法，著有《创世》等记，为圣人以大卫，造制诗篇为圣王。希腊教，则以梭革拉底[3]为圣人；罗马教则以前王弩玛[4]之能创定律法，勘正祭仪为圣人；印度教，则以佛之能空诸色相为圣人；波斯教则以梭都诗得[5]为圣人；耶

---

[1] 即梯托诺斯（Tithonus），黎明女神的爱人，特洛伊王子。
[2] 即马克斯·缪勒（Max Mueller，1823—1900年），德裔英国东方学家、宗教学家，尤擅佛学。
[3] 即苏格拉底（Socrates，公元前469—前399年），古希腊著名的思想家、哲学家、教育家。
[4] 即努马（Numa Pompilius，公元前753—前673年），全名为努马·庞皮留斯，罗马王政时期第二任国王。
[5] 即琐罗亚斯德（Zoroaster，公元前628—前551年），波斯雅利安人，琐罗亚斯德教的创始人。

稣教，则以耶稣，乃上帝之圣子降世[①]，为救世圣主；回教则以穆罕默德为圣人。以上诸教之圣，或创定律法，明扬天理，或勘正祭仪，俾民礼神。虽去取各有不同，要皆才德出众，聪明俊伟之人也。

诸教圣书

印度婆罗门教之四《韦多》[②]书为最古，其书古皆口传。至中国之春秋时，印度创有文字，方笔于册，竟莫知其书所自始。而彼教中人，则直谓为梵天诏世之语也。犹太教之《旧约》书，共分三十九卷，为摩西诸圣之所著。印度之佛书，为佛诸大弟子之所著。波斯火祆教之《孙大威达》[③]书，为其国人梭都诗得之所著。希腊、罗马二教之《西比利尼》[④]书，多载预言，为其国许多善卜妇女之所著。耶稣教之《新约》书，二十七卷，为马太保罗诸圣徒之所著。回教之《哥拉尼》[⑤]书，为穆罕默德假托天使加伯烈[⑥]言之所著。

各教所论处世之宜

教既不同，故其所论处世之宜亦异。如犹太教，则以万事空而

---

① "降世"，石印本作"救世"。
② 即《吠陀》（Veda），又译为韦达经、韦陀经、围陀经等，是婆罗门教和现代的印度教最重要和最根本的经典。
③ 即《阿维斯塔》（Avesta），伊朗最古老的文献。
④ "西比利尼"，石印本作"西北利尼"。即《西维拉占语集》（Sibylline Books），一本预言集或智慧女性西维拉（Sibyllae）的命运占卜书。后来，罗马所有重要的宗教祭祀条文都被称作《西维拉占语集》。
⑤ 即《古兰经》（Koran）。
⑥ 即加百列（Gabriel），又译加百利。他被认为是上帝之（左）手，是负责为神传递信息的天使长。

又空,又言寅畏上帝,守其诫命。为世人当尽之大端佛教,则以人生于世,如沈苦海,欲求彼岸,须登慈航,方入寂灭。希腊、罗马二教,则以凡人之养己,皆务宜耳目聪明,心身交泰,爱国皆务宜①见危致死②,惟命是从,至于敬畏鬼神,乃其国俗。耶稣教则以上帝创造世界,乃借以尝试世人之善恶,以为末日审判之本,而复降生圣主。耶稣以善导人,而使其得离旧恶也。回教之以末日人魂,皆受审判,多与耶稣教同,惟将耶稣列归诸圣,而以穆罕默德为真主之钦使。

灵魂不死

耶稣教③书中,所言人生之灵魂,既异于身,身有时死,而灵魂则无时或死。若婆罗门教之四《韦多》书中,则未言及。而轮回之说,载于佛教书中。是当中国西周时,印度始有灵魂不与人身同尽之论也。至于伊及国之古教,旧言人之灵魂永生,且受审判。迨后,其教传至希腊,皆详见于和美耳④之诗中。近巴比伦地方,有掘获古砖者,其上刊有文字,递经多人辨识,知其时亦有灵魂永生之说。且言人之生死分界,而居生前之身,处于阳世,死后,则灵魂归于阴世中矣。犹太教之《旧约》书中,有生命树食之,而得永生等语。耶稣教之《新约》书中,言末日人复生后判定善恶,即有永乐、永苦之别,尤为详尽。回教之《哥拉尼》书中,言多本诸《旧约》《新约》,故其人亦皆深信灵魂不死之理。

---

① "皆务宜",石印本作"宜务宜"。
② "致死",石印本作"致命"。
③ "教",石印本无。
④ 即荷马(Homer),古希腊盲诗人,生平和生卒年月不可考。

六道轮回

昔希腊创著国史之希罗多都①曾言，轮回一说，起于伊及。其论以人死则灵魂去，皆必另托他物而生，凡地水风三界之毛类、鳞类、羽类诸虫之身无不遍历。迨三千年数满一周，始复得生为人云云。此论甚为古希腊创教之卜大哥拉②，与其时诸著名文人之所钦服。卜公尤信三千年数满一周，始复得生为人之时。其姓名亲眷，夭寿穷通，较三千年前无毫发异，是与罗马诗人威公③所言之果逐因生，周而复始，皆为不得已而然者，同义。伊及、印度地隔非遥，当中国周昭王时，犹太人多有由红海驶舟，往赴印度贸易。时彼地沿海习舟之诸邦，皆较大于犹太，其往印度贸易者必尤繁夥。据是而言，则印度轮回之说，或即其时得闻于诸商人者耶。

末日复生

按佛教书中，其六道轮回，有诸天宫地狱，世人牲畜之分，而不言有末日，以及众人同日复生听受审判之事。至于犹太教之《旧约》书，则无轮回之说。而有长眠于地下者，其数甚众，必苏而起得永生者有之，受永辱者有之等语。见于《但以理书》中，其书出当中国之战国时。而耶稣教《新约》一书，则详言天地末日，人皆复生，由耶稣宣判善恶各有其报，或得永生，或得永死。若火祆教，例每届年终五日，皆为亡者之灵魂祈祷。回教书，亦多言灵魂不死，

---

① 即希罗多德（Herodotus，约公元前 484—前 425 年），公元前 5 世纪的古希腊作家、历史学家，著有《历史》。
② 即毕达哥拉斯（Pythagoras，约公元前 580—约前 500 年），古希腊数学家、哲学家。
③ 即维吉尔（Vergil，公元前 70—前 19 年），奥古斯都时代的古罗马诗人，有《牧歌集》（*Eclogues*）、《农事诗》（*Georgics*）、史诗《埃涅阿斯纪》（*Aeneid*）三部杰作。

待至末日同受宣判也。

幽冥之神

古伊及国人所奉有一大神，号曰"俄西利斯"①。相传此神，曾缘怜救下民，降世一次，后死复生，主治幽冥，人死，灵魂要皆归其审判。彼以为善，则此人灵魂，立登天堂；彼以为恶，则此人灵魂即堕地狱。若祭司肯为一恶人祝谢祈祷，求出地狱，而得蒙此神俯允者，即从宽宥，是以亡者子孙，竞辇金帛，输于祭司，使为其亲求出地狱。昔摩西久居伊及，似此恶俗，当必为其习闻习见，而所创著之《创世记》②诸书，何以更无一字言及。意者欲警后人而反恐惑后人耶？希腊、罗马、巴比伦三国人民，皆传信③伊及之说，而其敬畏主治幽冥之神，则别为创立名号。佛教书中，则以幽冥中操此审判灵魂之权者，为阎罗王。而印度之婆罗门教，先于佛教，而亦皆敬畏阎罗王。至若耶稣教人，谓此言要为虚妄。盖无论阴阳幽明，皆统归于一独尊无二之上帝所主治也。

佛教分有南北

佛教分有南北，而无论其书之为经、为律、为论，率皆多异少同。如中国、日本、朝鲜、西藏诸国地方之北教中，所号为观音、文殊诸大菩萨，而居于锡兰、缅甸、暹罗等处之南教，则皆无此名称，且其诸寺院所奉之像，止于如来及其诸大弟子与廿诸天而已。是佛教约在汉明帝前已分为二。迨李唐时，佛教人皆为婆罗门教人，

---

① 即奥西里斯（Osiris），埃及神话中的冥王。
② "《创世记》"，石印本作"《创世之》"。
③ "传信"，石印本作"传言"。

逐出印度，故尔佛教四传，所至之国，各即将其携出之经文，晨昏讽诵，以为功德。南教佛书，尚属如来生时印度之土音。若北教佛书，则与婆罗门教四《韦多》书之梵文同。近岁，日本僧人有往赴欧洲各大书院，习各技艺，究正梵文者。

火祆教原

波斯国①（即巴西国）之西北省名米太②者，溯其古俗，礼拜日月七星与地水火风以为神。而日与火，尤所尊奉。其间司祭诸人，概号曰"马基"③。而七星别有七色，故其国都亦内外列城七层，而每一层城则仿涂以一星之色也。至寓大宛之波斯人梭都诗得④所立之教，则除拜和摩斯达一神外，他神概皆不许其徒崇奉。当中国李唐之世，西京等处，有所谓火祆教者。"祆"字说文，解作胡神。又曰关中谓天为祆，是"祆"字与"神"字同义，如佛教之有廿诸天也。火祆乃波斯古教，当梭公改立教时，而火祆一教犹盛，故奉之者，仍自不乏其人。是即佛经所谓外道拜火，名火祆教者是也。迨隋唐之际，回人并有波斯国土⑤，逐火祆教。惟时火祆教人率皆奉其圣火，奔往印度地方居住，至今犹自拜日与火不衰。

犹太教

当北宋之世，犹太教人已多流寓入于中国，即今河南地方，所

---

① "国"，石印本无。
② 即米底（Medes），公元前7—前6世纪伊朗高原西北部的奴隶制国家，公元前550年臣属于波斯。
③ 即麻葛（Mages），祆教祭司，在古代伊朗社会生活中占有重要地位。
④ "梭都诗得"，石印本作"梭所诗得"。
⑤ "土"，石印本作"士"。

号为"挑筋教"者是也。此盖缘《创世记》中，载有雅各筋伤腿瘸之事，故其教人每食畜类，必弃其大腿跟上之筋。在中国，以此名教，所以自别于回教也。昔耶稣及其十二弟子皆犹太人，缘将更立新教，而犹太诸民率多不从，仍皆尊奉《旧约》一书，并摩西所遗祭献应行之礼。迨东汉明帝末时，罗马国人攻取耶路撒冷城，尽逐犹太教人。其人率多流离失所，而奉教之心不衰。今东西各大洲，皆寓有犹太教人，建立礼拜堂，不设偶像。每值氐、女、胃、柳之[①]日，即群往堂中礼拜上主。

耶稣教分东西

耶稣教人所奉之《新约》一书，原本希腊文字，后其徒奉以四出，各即所至之国，依其方言、文字，译以示人。迨中国李唐之末，耶稣一教分有东西。凡祈祷上帝、宣传福音，其一切之言语文字，东教则仍用希腊，西教则改用拉丁。缘时西教之主教人，自谓为天下耶稣教人之首，又创立新律，凡主教及传教诸人，概禁娶妇。又言圣神感人，乃兼奉圣父、圣子之命而来，及有炼狱之说。东教则言，圣神感人，乃惟奉圣父之命，而亦无炼狱之说。今东教盛行于俄、土、希腊、伊及诸国，而西教则盛行于法、意、奥、日之诸国也。

西教复分为二

当中国前明正德年间，西教又自分为二。缘彼时西教之罗马主教人，号曰教皇。而诸国君民，率多不服，言国家威柄，自有国君

[①] "之"，石印本作"星"。

主理，似非主教人所宜过问者。再如，不许人观《新、旧约》书，乃言恐人误解。又言人民皆宜依从教会中之道理，规模而行，无须更读圣书。时有德国人名路德①者，大不然之，据言圣书至正人所宜从，若教会中之道理规模，难保尽善。此言一出，德人多甚钦服。时教皇又出有免人罪帖，而就买之者，嗣复可分售于众。于是路公力攻其非，倡背其命。即有多国君民，和之而起，创立耶稣新教，以自异于罗马旧教。迨前明，罗马旧教始入中国，而自创教名曰"天主教"。计今耶稣教则盛于德、英、丹、瑞等国，天主教则盛于法、意等国。

礼②拜

古希腊、罗马、巴比伦、印度等教，其拜神皆立有祭司，主献祭唱赞祈祷诸事。至犹太教，则立有祭司、职司，早暮献祭于圣殿，且每七日一次礼拜，名曰安息。至日皆群聚一堂，祈祷讽诵《旧约》及诸颂主之诗，末复申以劝诫堂中诸人之论，或即讽诵人自言，或转请他人代说。若耶稣教兴自中国后汉之世，其安息、祈祷、讽诵、劝诫皆无改乎犹太教之旧规。惟所奉之书，则多有《新约》一册。安息则移于耶稣复生之日也。自罗马人攻取耶路撒冷，圣殿残毁。犹太教人不复献祭而唱赞祈祷，皆其教中人自为之。耶稣教原无献祭之事，每逢礼拜日，惟虔诚祈祷劝诫，泰西诸国，要皆如此，益俗非浅。回教人叩拜真主之时，亦皆自诵其经，后亦申以诫人之语。

---

① 即马丁·路德（Martin Luther，1483—1546年），16世纪欧洲宗教改革倡导者，基督教新教路德宗创始人。
② "礼"，石印本无。

西学略述　卷四

文学

西诗考原

　　上古泰西各国，惟希腊国之文风为最盛。如格致、性理、诗赋诸学，皆自其国之所兴起。其人民昔皆分大小部落，各有君长。至中国周初时，希腊有一瞽者，名曰和美耳，最长于诗。其生平著作惟时已脍炙人口，后人为之校定成集，计其大者，分有上下二部，每部各二十四卷，中皆详咏希腊国人时与邻境构兵，而希腊人多好勇，以独身挑战为能等事。虽其言多奇诡，而义皆终归于正。固未足称史，而实开作史之先。即后人之著作篇什，下而至于农歌、戏剧等文，皆祖之。迨和美耳殁后数百年，时小亚细亚西滨海处毗连海岛，计有七城，其间人民皆争言所居之城为和美耳之故里，则和美耳之名芳可知矣。

希腊学传至罗马

　　当中国周末时，罗马人拟设永不更易之律例，先遣人赴希腊国，采访各地律例，后方将本国者定准。及汉初，罗马国日益强大，希腊文学亦传遍彼地。罗马富厚之家，每家可延一希腊师长，训其子弟，专门教言谈，教性理者①亦不乏人。读希腊国书籍，并习其诸般技艺，凡彩画、油漆、勒石、刻木、造宫室殿宇之法种种俱备。复有作诗赋、文词、弹唱、歌舞，俱以希腊国者，是则是效，故于汉时罗马国诗家、史家、诸文学辈，凡大有闻望者，无不奉希腊之法则为依据也。自兹以后，希腊、罗马二国之书籍传遍泰西各国，比户捧读，希腊文学，借罗马人之书，大有裨益于世道也。

欧洲诗文创始旧约

希伯来人，当中国周初之际，有犹太国王名大辟②者，才识英卓，兼善讽咏。其诗，要多礼拜用以赞谢上帝之辞。至若义取辨论，乃别一诗派，如《约百记》③。其诗共计四十二章，乃作四人辨，难以推论，世人遭遇祸患之所由起，首尾呼应，俨若一气呵成者。其他义多比兴，皆作夫妇相慕悦之辞，则如雅歌。若诸先知书中，载有歌谣，以预言后世之祸福吉凶，几同目睹。外此，又有摩西所著之《创世记》与《出埃及》等书，并历代先知所著之列王等记。计摩西所著之《创世记》并律例等书，始而包罗天下，万有以立言，末乃特就希伯来人而作论《旧约》，为泰西最古之书。故后此欧洲之诸著名诗文家，率多依傍《旧约》为蓝本也，今泰西人有作如是论者。

词曲

泰西诸国皆重词曲，而创始于希腊。缘各国人既皆爱音之娱耳，

---

① "者"，石印本无。
② 即大卫（David，公元前1011—前971年），公元前10世纪以色列联合王国的第二任国王。
③ 即《约伯记》（Job）。

亦复欲多识前言往行，畅悦心目，是以其各国各城之人民，皆相率集赀，建立戏场。时招致善此之人，俾登台献技。其词分有二类：一为诙谐，使人发笑不禁；一为凄惋，使人堕泪而不自知也。希腊民俗尚诚，故倍觉易欣易感。凡歌优，每班皆约有十数人。而科白于台前者，不过三二人，余皆分司歌与吹弹之事。其戏目，如《驶海觅珍裘》①《七英攻城》②，皆取象古人遗迹而损益之。在希腊旧传之词曲，皆昔著名诗家所作。句之长短，皆有定式，不得少有紊乱。惟时希腊人民，每值会集赛跑之年，迨赛跑已毕，复公推文人所作之词曲、乐谱，均臻至善者，即以冠冕加于其人之首，以为宠锡。至其戏场之中，台旁座皆以石雕成，今犹存遗数处，分见于其城之内外。

口辩学

上古欧洲各国王权轻，而会长权重，故时各城皆立有民会。凡遇国家将更定法律，及有战争、课税、命使、通商诸大政，必先召集国人聚议，而以事理详明，辞旨条畅，极为众所钦服者之言，定其行止。似此为众钦服之人固半，由其才识之高卓亦半，由其能以唇舌胜人也。后人因记集此等言论，编次成书。若争讼、理讼、国断、会断，皆为分条别类，以供学者之揣摩，是亦文学中之一类。在昔希腊有一著名善于辩说之人，名曰底莫提尼③，今犹存有其最为④高妙之一议论。缘其宣言于众，自谓应得有荣身之冠冕，凡谓其不应得而与之敌者，终皆为其所胜。嗣复有一拉丁人，名基该罗⑤者，

---

① 即悲剧《美狄亚》（*Medea*）中"伊阿宋和金羊毛"（Jason and the Golden Fleece）的故事。
② 即《七将攻忒拜》（*The Seven Against Thebes*）。
③ 即德摩斯梯尼（Demosthenes，公元前384—前322年），古雅典雄辩家、民主派政治家。
④ "为"，石印本无。
⑤ 即西塞罗（Marcus Tullius Cicero，公元前106—前43年），全名马库斯·图留斯·西塞罗，古罗马著名政治家、演说家、雄辩家、法学家和哲学家。

最称善言，且此人不止长于辩说，即所著作之性理诸书，亦甚繁富。

古今诗分有韵无韵

　　昔犹太、希腊、罗马诸国之诗，率不押韵，非若近日泰西诗之多作韵语也。然至希腊、罗马之时，诗句长短，已有定式。如和美耳及威耳吉利①诸人，其诗每句分六部，每部作二节、三节不等。若第一、二、三、四诸部，其间或二长，或一长二短，仅可随意参错。至于第五部，则一长二短。第六部则二长。千篇一律，不容谬误。若夫词曲中之科白，则每句六部，每部皆一短一长。以一句言其二节、六节、十节，皆为歌音重顿之处。今之泰西诗人无师古者，故各国新出之诗，其格式皆多至十数。每句或八节，或十节，或十二节，或十四节不等，而末复多协以韵，取悦人耳。

伊底罗诗

　　伊底罗②义近于诗之有赋，故凡咏人咏物，言景言情，以及题墓志哀诸诗，胥归此类。泰西盛行十四句之诗，而意大利与西班牙以及英人，尤喜为之。如今著名于英国之《牧童歌》③《四季诗》④《女师诗》⑤及《礼拜六晚农夫归家之状》⑥《生民流落荒寂无人之村》⑦诸篇

---

① "威耳吉利"，即卷三"六道轮回"一节之"威公"：维吉尔（Vergil）。
② 即田园诗（Idylls）。
③ 即《牧歌》（Ecologues），作者是维吉尔。
④ 即《四季歌》（The Seasons），作者是汤姆逊（James Thomson，1700—1748年）。
⑤ 即《公主》（Princess），作者是丁尼生（Alfred Tennyson，1809—1892年）。
⑥ 即《佃农的星期六之夜》（The Cotter's Saturday Night），作者是彭斯·罗伯特（Robert Burns，1759—1796年）。
⑦ 即《荒村》（The Deserted Village），作者是奥利弗·哥尔德斯密斯（Oliver Goldsmith，1728—1774年）。

什，并久见重于世外。又有著名诗人米罗敦①所作之《忧》②《喜》③二诗，尤为脍炙人口。近英国诗家名德尼逊④者，遵伊底罗体成诗一部，名曰《古帝王伊底罗》⑤。其书一出，时人即无不争以先睹为快。

哀诗原

哀诗多悼惜亡人之作，或伤情于殡殓之际⑥，或感怀于墟墓之间⑦。推原其始，创自希腊。其诗有定式，每句皆分五部与六部相循环。如首句六部，次句则五部；首句五部，而次句则六部也。一句五部，分有上二下三。上二部之每部节数，或一长二短或二长。下三部之首部为二长，其二、三部则皆二短一长。昔希腊、拉丁之人，多有由为哀诗而著名者。今读其诗，率皆使人能悲、能恐、能愤、能慕，或长歌以当泣，或三复而兴嗟。凡勒诸墓石之诗，皆取此法为之，以其感人尤易而且深也。

希腊士人⑧奉九女神

昔希腊人敬奉鬼神中有九女，号曰慕赛⑨，事之尤谨。相传九女

---

① 即约翰·弥尔顿（John Milton，1608—1674年），英国诗人、政论家，代表作有《失乐园》《复乐园》《快乐的人》和《幽思的人》。
② 即《幽思的人》(L'Allegro)。
③ 即《快乐的人》(Il Penseroso)。
④ 即丁尼生（Alfred Tennyson，1809—1892年），维多利亚时期的著名诗人，主要作品有诗集《悼念集》、独白诗剧《莫德》等。
⑤ 即《国王之歌》(Idylls of the King)。
⑥ "际"，石印本作"间"。
⑦ "间"，石印本作"际"。
⑧ "士人"，石印本作"土人"。
⑨ 即缪斯（Muse），希腊神话中主司艺术与科学的九位古老文艺女神的总称。

为姊妹行，同居于阿伦卜斯山①上。每值群神会食之时，则此九女和歌以侑之。在人间，则分司文明之事。九女座皆平列。首座②左执简，右把笔，主增慧于咏事诗人。二座③则座前展书一卷，主增慧于作史文人。三座④执笛，主骚歌。四座⑤执剑，以葡萄叶绕首，主哀曲。五座⑥执琴，主舞曲。六座⑦左执琴，右持琴拨，主演谱慕悦之词。七座⑧面作思暮色，主步虚游仙诸诗词。八座⑨执杖，向一球作指势，主天文。九座⑩执牧杖，戴假面具，以五加皮绕首，凡调笑诗词及牧歌，皆其所主，是以泰西遇出有著名善于诗文之人，众即言其获诸慕赛之默佑。其初民皆崇信，争趋若鹜。后人自悟其非，更无过而问之者，而慕赛默佑之言，今仍不废。

闺秀诗原

当中国周室东迁之初，希腊闺秀名撒弗⑪者，工于小诗，分有九卷，率多咏新婚并慕悦以及称赞神鬼之辞。其诗皆思致缠绵，情意真挚，易于使人兴感，允足为小诗之冠。评者咸谓，其音节和平，如味之有甘，理旨条畅，如清水中鱼头之历历可数也。旧传，撒弗后因爱悦一人，而不见答，恚，由高崖自投于水而死，然书传不载，疑好事者之所为。惟惜其诗多散失，不然则昔希腊妇女之性情装饰，

---

① 即奥林波斯山（Olympus），坐落在希腊北部，古希腊人尊奉为"神山"。
② 即卡拉培（Calliope），主管雄辩和叙事诗。
③ 即克利奥（Clio），主管历史。
④ 即欧忒尔佩（Euterpe），主管音乐。
⑤ 即墨尔波墨涅（Melpomene），主管悲剧。
⑥ 即忒尔普西科拉（Terpsichore），主管舞蹈。
⑦ 即埃拉托（Erato），主管爱情诗。
⑧ 即波林妮娅（Polyhymnia），主管颂歌。
⑨ 即乌拉妮娅（Urania），主管天文。
⑩ 即塔利亚（Thalia），主管喜剧。
⑪ 即萨福（Sappho，约公元前630—约前592年），古希腊著名的抒情女诗人，一生写过很多情诗、婚歌。

皆必有可征者在。

论说

泰西日出之新闻纸，例皆载有论说。夫论说之出，起于上古，而自新闻纸盛行后，其著作论说者，日益增多。昔希腊、罗马之人，论说甚富，惜今多散失，罕得流传[1]。当中国前明之际，意大利国有二人均以善著论说，见称于世。而法人之门但[2]并拉伯路野[3]，亦皆善著论说。惟时复有英人名备根[4]者，素精格致，间作论说，甚为人所推许。至国朝之康熙年间，英国著作论说之人倍盛，如亚地逊[5]及斯底罗[6]二人，尤称巨擘，皆日作一论说出印，同新闻纸发售，人皆争购。中多论本文学，而讥当时之富贵诸公，粗鄙无文，闻者耻之，因而英之文风丕振。其后数十年，著作论说之家，别有月出一册，或季出一册者。

野史

泰西旧传，野史有韵，其作者姓名无闻，而中多上古群雄攻取战争之事，后各国著野史者皆祖之。当中国李唐之际，回教方炽，西侵欧洲，横行肆杀。惟时所出之野史极多，凡敬信耶稣佩十字架，战没疆场之人，野史中皆极其称扬，兼多采列历代传教先圣之舍生

---

[1] "流传"，石印本作"伯传"。
[2] 即蒙田（Montaigne，1533—1592年），法国文艺复兴后期人文主义思想家、散文家。
[3] 即弗朗索瓦·拉伯雷（Francois Rabelais，1490—1553年），代表作为《巨人传》。
[4] 即弗朗西斯·培根（Francis Bacon，1561—1626年），英国文艺复兴时期最重要的散文家、哲学家。
[5] 即约瑟夫·艾迪生（Joseph Addison，1672—1719年），英国散文家、批评家。
[6] 即理查德·斯梯尔（Richard Steele，1672—1729年），英国散文家、剧作家。

卫教，并爱人如己诸实事。迨近百五十年间，泰西新出之野史尤盛。当中国之嘉庆、道光年间，有英人名瓦德·斯哥德①者，所著野史有本。据旧史增减成书者，不作奇语，皆言人逐日共见共闻之事，而其辞则要皆高妙，使人喜阅。如遇论绘画，虽善画者亦皆服其精奥，人争效之。故近世所出野史，无昔人惟多捏造，千神百怪之习，而皆即今人之性情，好尚而演述之。

长诗盛行考

自中国元明以来，泰西各国，皆竞兴长诗，无论用韵或不用韵，一遵和美耳与威耳吉利所作之旧式为准，其诗则多咏新旧二约书之故事。当元朝之际，有一意大利人，名曰丹低②，深明世故，兼善立言，所著长诗一集，中分三卷：上卷"地狱"，中卷"炼狱"，下卷"天堂"。其诗皆佳，而于描写绝望人之自怨自尤，如晨钟时，凡旅客、舟人同得猛觉，其或欣或感之情，更为淋漓尽致。迨前明则有英人米勒敦③，著长诗十二卷。当其一二卷告成而丧明，余皆彼所口述而倩其二女代书之也。故其于第三卷中，极赞有光明之荣美，而合上下诸卷，则皆详咏亚当被逐出离乐园之事。大意言，亚当犯罪，出离乐园，皆由于撒但。撒但本为天使，缘罪被逐于帝，乃聚诸被逐天使于地狱，议复此怨，嗣相与洩言于亚当，夏娃诱使犯罪，而被逐也。近泰西各国人，咸重此丹低与米勒敦之诗，每一捧诵，皆不啻子之闻《韶》，三月不复知肉味矣。

---

① 即沃尔特·司各特（Walter Scott，1771—1832年），英国历史小说家、诗人。
② 即但丁·阿利吉耶里（Dante Alighieri，1265—1321年），简称但丁，13世纪末意大利诗人，以长诗《神曲》留名后世。
③ "米勒敦"，即卷四"伊底罗诗"一节之"米罗敦"：约翰·弥尔顿（John Milton）。

近世词曲考

近泰西各国盛行之词曲，其原盖创始于教会。当中国唐宋朝，天主教兴于欧洲。惟时人多妆点《福音书》诸故事，谱为词曲，以授伶人登场排演。至其中间有诙谐、哀怨等词，率皆兴自中国前明时。若西班牙人，一名罗伯·非加[①]，一名加罗·地伦[②]。法人，一名哥内罗[③]，一名拉先[④]。兹四人者，皆善作哀怨凄凉之语。而法人摩列耳[⑤]，则善作诙谐嬉戏之辞。法人制曲，尚本希腊古曲[⑥]旧例。凡时日情形景地，皆不得更易。时又有英国一最著声称之词人，名曰筛斯比耳[⑦]。凡所作词曲，于其人之喜怒哀乐，无一不口吻逼肖。加以阅历功深，遇分谱诸善恶尊卑，尤能各尽其态，辞不费而情形毕露，如谱一失国之王，虽多忧戚而仍不失其居位时之气度也。

印售新闻纸考

当中国前明之嘉靖年间，新闻纸始创自意大利国之威尼斯城时，其国尚禁印出售。惟许传抄，以一人中立朗诵，众皆环立静听。凡听者，例每人出钱一枚。德国效之，乃任人印售，而不禁。至天启

---

① 即洛卜·德·维加（Lope de Vega，1562—1635 年），西班牙剧作家，西班牙民族戏剧的奠基者，代表作《羊泉村》。
② 即卡尔德隆·德·拉·巴尔卡（Caldern de la Barca，1600—1681 年），西班牙戏剧家、诗人，《人生如梦》是其代表作。
③ 即皮埃尔·高乃依（Pierre Corneille，1606—1684 年），法国古典主义戏剧的奠基人，《熙德》是其代表作之一。
④ 即让·拉辛（Jean Racine，1639—1699 年），法国古典主义悲剧家的代表。
⑤ 即莫里哀（Moliere，1622—1673 年），原名让·巴蒂斯特·波克兰（Jean Baptiste Poquelin），法国著名剧作家，17 世纪中叶古典主义喜剧的创建者。
⑥ "古曲"，石印本无。
⑦ 即威廉·莎士比亚（William Shakespeare，1564—1616 年），英国文艺复兴时期伟大的剧作家、诗人，代表作有《罗密欧与朱丽叶》《哈姆雷特》等。

时，英国方创立新闻纸，例每七日印售一次。嗣法国有一医士，爱说新闻，每至病家，辄向病者述之，叠叠不倦，犹以难家喻①而户晓也，乃将所闻见刻印出售，嗣此新闻纸之流传愈广。迨中朝康熙五十年②，英始征新闻税。每张税银一分，嗣渐增至每张税银七分半。至道光年，复减至每张税银二分。近则二十余年，新闻纸概免征税矣。按新闻纸之获利，在代登告白与出售张数之多，而其所派远赴各处探听新闻，并绘图之诸人，费亦甚巨。

德国诗学

德国诗学，近百十年间，方大著名于欧洲。初德人勒星③，始以诗名，兼擅词曲。迨中朝嘉庆之初，其国之世落耳④与哥底⑤，皆善于诗，而世落耳尤喜描写古人忠孝义烈之事。所著词曲，如铺演创立瑞士国时最著英名之《威廉·德勒》⑥遗迹诸书，均历历如绘，闻者莫不兴起，是以德人皆爱披读。至于哥底，素称博学。其诗虽较晚出，而名则高驾出于勒、世二人之上。当其幼时，即爱习音乐、绘画、格致、方言诸文艺，长而愈精。所著之《缶斯德》⑦一书，最为著名。其大意乃讬言有一少年，始而癖爱博异，是究是求，嗣乃易辙改弦⑧，终日惟恣情纵欲，而沈溺于逸乐中也。哥底寿逾八十，遇后进有所函问，辄手自裁答，无少厌倦。德国文学之盛，实多出于其诱掖之功。

---

① "家喻"，石印本作"家谕"。
② 即公元1711年。
③ 即莱辛（Lessing，1729—1781年），德国启蒙运动时期的剧作家、美学家、文艺批评家。
④ 即席勒（Schiller，1759—1805年），德国18世纪著名诗人。
⑤ 即歌德（Goethe，1749—1832年），18世纪中叶至19世纪初德国著名的思想家、小说家、剧作家、诗人。
⑥ 即《威廉·退尔》（William Tell），席勒的著名诗剧。
⑦ 即《浮士德》（Faust）。
⑧ "易辙改弦"，石印本作"改弦易辙"。

翻译

　　凡人著作，要皆即其本国之言语文字而用之，故能脉络周通，辞句警炼。然天下之义理无穷，而一国之载籍难备，势不得不借助于他国有益之书。又苦其方言既异，字画亦殊，故复须兼深通彼我文义之士，一一译出，以公众览。但彼我文义，其中龃龉难合之处实多，是以翻译所成之书，皆不免有左支右吾之句也。佛教流行东土，其经皆本梵文，而各即所至之地，译以方言，以便使人传诵。近如耶稣教之新旧二约，已译有方言二百余种凡翻译一道，首重明顺平易①，而不失②原文之义。有言翻译，皆宜仅依原文字句，而不可使少有增减颠倒者。若然，则非止文理不通，亦且读难成句。至若翻译诗歌，其难尤倍。

评论

　　泰西诸国，凡书坊接有讬其印售之新书，例印毕即取多本，分寄送新闻纸，并月报、季报各局。而各局主人，即以分赠所识诸文人，供其披阅。受者阅毕后，乃作文一篇，以评论是书，逐段之善否，印向新闻纸中，以博众觅。如评论皆谓是书纯美无疵，则书必速售。似作此评论之士，多有假他人书旨，以发挥其一己之心意者。近日所出之此等评论，其文笔率多高妙，言简义尽，爱读者实繁有人。是评论自居文学之一，有不可易视者矣。

---

① "平易"，石印本作"乎易"。
② "不失"，石印本作"失不"。

西学略述　卷五
理学

理学分类

考理学初创自希腊，分有三类：一曰格致理学，乃明征天地万物形质之理；一曰性理学，乃明征人一身，备有伦常①之理；一曰论辨②理学，乃明征人以言别是非之理。惟时各理学家之大著名于世者，后其徒或即以师名名学，如希腊之阿斯多底③理学与伯拉多④理学，及由伯拉多理学所出之新伯拉多理学是也。或即以地名名学，如约年⑤理学是也。近法国之代加德⑥理学、德国之雷伯尼兹⑦理学并干德⑧理学、英国之备根理学并奈端⑨理学，皆以人名，而苏格兰

---

① "伦常"，石印本作"常伦"。
② "辨"，石印本作"辩"。
③ 即亚里士多德（Aristotle，公元前384—前322年），古希腊哲学家、教育家。
④ 即柏拉图（Plato，公元前427—前347年），古希腊哲学家、思想家、教育家，亚里士多德的老师。
⑤ 即爱奥尼亚群岛（Ionian Island），亦译"伊奥尼亚群岛"。希腊西岸沿海的长列岛群，位于爱奥尼亚海中。
⑥ 即德尼·狄德罗（Denis Diderot，1713—1784年），18世纪法国的启蒙思想家、唯物主义哲学家、作家。
⑦ "雷伯尼兹"，即卷二"辨谙土语为考方言之助"一节之"雷伯尼"：莱布尼茨（Leibniz）。
⑧ 即伊曼努尔·康德（Immanuel Kant，1724—1804年），德国著名哲学家，德国古典哲学创始人。
⑨ 即艾萨克·牛顿（Isaac Newton，1643—1727年），英国著名的物理学家、哲学家、天文学家。

理学则以地名。至若法人弓德①所立者，则号曰真际理学。

希腊七贤

当中国周朝匡定二王之时，希腊出有七人，世称"七贤"，皆善理学。其首一人，名他里斯②，精于天文。在周匡王四年③之日蚀度候，皆先为他里斯测定无讹。故即治国之才而论，则他里斯无以逾彼六人。至若格致并算学，在希腊实推此他里斯为创兴之祖。他里斯常言，格致一学，须究得真实确据，方能明示于人，又言万物皆生于水，如植物之实，生必中湿。惟湿能生热，可为万物皆生于水之据，是与他之言物生于火，物生于气者，皆大相径庭也。又言，物各有神，故能自动，如水与磁石，无不皆然。考此他里斯，盖约年理学派中之创首人也。

约年理学派

希腊理学先盛行于小亚细亚西滨海之约年地方，计有二百一十二年之久。惟时希腊人，列居此土，而以理学著名者甚多。如他里斯则以为，万物皆生于水，而安那西米尼④则言，万物原质永存，更无限量，而要非人耳目所及觉，且物之有原质，正如人之有灵魂也。

---

① 即奥古斯特·孔德（Auguste Comte，1798—1857年），19世纪法国著名哲学家，实证主义和社会学的创始人，被尊称为"社会学之父"。
② 即泰勒斯（Thales，公元前625—前547年），古希腊哲学家、自然科学家。
③ 即公元前609年。
④ 即阿那克西美尼（Anaximenes，约公元前570—前526年），古希腊哲学家，阿那克西曼德的学生。

至于丢几尼^①，则言万物得各^②遂其生于一大地之上，其初必有一灵性，更无限量之造物者，为之位置也。而希拉革雷都^③则言，世界为永生不死之物，为具有灵性之火，故其间万物有生有克，正反相生。又有一人，名曰安那西满^④，则直谓凡物之有生有动，皆有所受之本，此本无终无始而永存。若假以物名之，是即一无限量之物。迨后混沌开，冷热行，而天地成。嗣此百余年，又有一名阿拿撒哥拉^⑤者，言物质常存，而有神有形，神纯而全，形显而顽。有形无神，则必莫能动焉。

希腊理学一变

梭格拉底者，乃昔希腊最著名善于理学之人也，惟^⑥时希腊理学为之一变。计其殁于中国周安王之三年^⑦，生时在亚典城^⑧聚徒教授，惟^⑨以去伪存诚，为格致之急务。其言以诚与诚合无间，彼此苟能识得诚之源头，其人自必好善，故一时浮夸之士，无不遭其诋呵。又常自谓有一神，时时训诲而约束之。而其所谓神者，即指人之良知、良能而言也。迨其年已高迈，徒众愈繁，大犯众怒，乃相与群起而控之于官。讼言是，人不奉国制，应祀诸神，兼之造作新神名字，

---

① 即第欧根尼（Diogenes，约公元前412—前324年），古希腊哲学家，出生于一个银行家家庭，犬儒学派的代表人物。
② "得各"，石印本作"各得"。
③ 即赫拉克利特（Heraclitus，约公元前540—前470年），古希腊哲学家，爱菲斯学派的代表人物。
④ 即阿那克西曼德（Anaximander，约公元前610—前545年），古希腊唯物主义哲学家，据传是泰勒斯的学生。
⑤ 即阿那克萨戈拉（Anaxagoras，公元前500—前428年），古希腊哲学家，原子唯物论的思想先驱。
⑥ "惟"，石印本作"唯"。
⑦ 即公元前399年。
⑧ 即雅典（Athens）。
⑨ "惟"，石印本作"唯"。

以诱惑诸后生。于时众共证成其罪，饮以杯鸩而杀之。乃梭公当饮鸩之际，犹自慰其徒友，欣望来世，掷杯含笑而暝。梭公生前不自著书，殁后，其徒乃各依所闻列述多篇，以行于世。

希腊理学三要

伯拉多者，乃梭格拉底之高足弟子也，文艺冠绝一时，其所著理学诸书中，多讬为其师与人论辨①之语，大抵言理学三要：曰至诚，曰至美，曰至善。如学者果能即理而求，其至诚、至美、至善之所在，则自必受益无穷。又言有一永存之神，是曰上帝，其至诚美善更非人思议所能②及。伯拉多尤③辩于口，且多喜，即有形之美，以明无形之善。善实与爱相连，缘其能达美善之蕴。故时之生徒学士，无不乐闻其论说也。伯拉多著书甚富，其言人之心意性情，皆贵中和。缘天赋人以性，本无少有过与不及之处，而其品第人行之书，尤为精奥。后之品第人行者，珍视其书，与采金人之珍视矿穴等。

希腊理学大成

阿斯多底，又为伯拉多之高弟。其解释物理之实中求是，务绝虚伪，较其师为尤慎。如伯公之论物凡理所必有，而更无疑义者，例可列入于书。而阿公则必俟物经目而理，已考证详明者，始载于书中。加其学博识超于口辩④，格致、经济、医算、史重、诗文，并

---

① "辨"，石印本作"辩"。
② "能"，石印本无。
③ "尤"，石印本作"又"。
④ "辩"，石印本作"辨"。

品第、人行诸学，皆能登堂入奥，且复自创立理辩[1]学，无限量物学与鸟兽虫鱼学，以惠后人。惟时正值马其顿国全盛，其王乃命王子名亚利散大[2]者，尊之为师。迨中国唐宋间，阿公之名大著于欧洲全土。其书几家传而户诵矣。迨后德之路德、英之备根，皆极攻诋其书之短，而阿公之名少衰，今人则多爱阅其书，名亦复盛。

希腊理学三英

昔当中国战国之际，希腊复有三特出之人，皆能研明理学，创教授徒[3]。一名底摩革利都[4]，喜学好游。先至伊及，从师习几何算法，继而周游于印度[5]、巴西诸国，著述甚富，年八十始返其故里。其言以万物皆具有不复可分之同式原质微点，又言物之有，乃皆永有而固不能生有也，是以天地并无混沌，亦无开辟。至于人之有识有知，其运此灵机之神，乃一小圆火点。嗣之者则名意比古路[6]，其言以人之增识增德，皆为增福，故人生能自求增福足矣。又言万物虽各虚实相半，然所本而生之原质，要皆为不可复分之微点。又言天有多神，而更不造物，不理世界，惟[7]优游自在而永存。继又有名赛挪[8]者，实创立斯多亚学[9]。迨罗马而大行，为其徒者[10]要皆致力以习其理

---

① "辩"，石印本作"辨"。
② 即亚历山大大帝（Alexander the Great，公元前356—前323年），马其顿帝国国王，亚历山大帝国皇帝。
③ "授徒"，石印本作"受徒"。
④ 即德谟克利特（Democritus，约公元前460—前370年），古希腊伟大的唯物主义哲学家。
⑤ "印度"，石印本作"即度"。
⑥ 即毕达哥拉斯（Pythagoras，约公元前580—约前500年），古希腊数学家、哲学家。
⑦ "惟"，石印本作"唯"。
⑧ 即芝诺（Zeno，约公元前336—约前264年），古希腊哲学家。
⑨ 即斯多葛哲学学派（The Stoics）。
⑩ "者"，石印本无。

辩^①、口辩^②及诸文学，至其论别万物，各有形有质，与此万物形质所自出之原物，而人视此万物各具有美观条理，是即上帝造物之确据。

波斯理学考

梭都诗得，即波斯国人也，初创教于葱岭之西，乃当中国春秋之世。惟^③时波斯古教渐就废堕，彼乃一起而考修之。其言以上帝有二：一善，一恶。善者理阳，名曰和·摩斯达^④；恶者理阴，名曰亚利·瞒^⑤。皆具有创造万物之能，故物莫不兼有阴阳善恶，而所赖以生者，则莫重于天之四时，地之水火也。凡属和摩斯达之使者，皆欲调四时而和水火；属亚利瞒之使者，皆欲毁四时而灭水火。又言光为和摩斯达之象，暗乃亚利瞒之体。今拜日奉火一教，即此梭公所创立。嗣五百年，波斯人摩尼^⑥，乃敬奉耶稣教者。其著书训徒，虽取证于新旧二约，而仍不免有阴阳二主之说。迨后天主教祖，名奥古斯典^⑦者出，乃大肆攻诋其非。

教会中理学

奥古斯典，其先乃罗马国人。当中国东晋时，生于亚非利加洲，迨老，方能笃信耶稣，即入教会。其言以人行善恶，及所得善恶之

---

① "辩"，石印本作"辨"。
② "辩"，石印本作"辨"。
③ "惟"，石印本作"唯"。
④ 即阿胡拉·马兹达（Ahura Mazda），古伊朗神话中的至高神和智慧之神，全知全能的宇宙创造者。
⑤ 即安哥拉·曼纽（Angra Mainyu），古伊朗神话中的黑暗主神，一切罪恶和黑暗之源。
⑥ "摩尼"，石印本作"磨尼"。即 Mani，生卒年为 216—274 年，摩尼教的创始人。
⑦ 即奥勒留·奥古斯丁（Aurelius Augustinus，354—430 年），古罗马帝国时期天主教思想家，欧洲中世纪基督教神学、教父哲学的重要代表人物。

报，皆为上帝所预定。嗣此教会中人之讨论理学者，一遵其说，皆无异词。迨至中国赵宋时，教会愈盛于欧洲，而教会中人之留心于理学者亦愈多。计其中最著声称之人名曰亚圭那[①]，其辨别伦常善恶诸理之书，多有可观。如言人爱上帝与人是皆理之当然，若少存冀福之心，则非理矣。至英人敦·斯哥都[②]，甚不足于此奥公，而其立论，亦多与亚公大有迳庭处。如凡人意见大有谬差，闻者皆不可过于苛责，而遽指为违背明教也。盖其人之意见如是，故作如是言。在我辈为辨正之则可，若苛责之则不可。

物序原于道序

当中国前明鼎革之际，有法国人名戴加德[③]者，深明算术，而尤精于代数一学。当其生及十九岁时，即立志束书，不复观览，独自澄心静虑，默识潜摩，欲以推明此万物始有之原。久久乃言诸行星绕日，皆如急流中之盘涡[④]。嗣其徒马伯兰什[⑤]仰祖其说，而言万物之序，皆本于道。夫道之有序，皆上帝之所条分。若人果能爱遵此道序，是谓[⑥]之德。故德者，即爱遵此道序之谓也。凡人行合于道序为是，而不合于道序为非。使此一人所行，较彼一人，尤合道序，则此一人之德，为优于彼一人矣。推而极之，惟上帝之德无穷，而人之爱上帝亦宜无穷也。考马公之论如此，而其理恐有未备，何则？缘人行高下，如惟以道序为衡，诚恐未足勉人于至善。夫诲人莫先

---

① 即托马斯·阿奎纳（Thomas Aquinas，约1225—1274年），中世纪经院哲学的哲学家和神学家。
② 即邓斯·司各脱（Johannes Duns Scotus，约1265—1308年），中世纪苏格兰经院哲学家。
③ 即勒奈·笛卡尔（Rene Descartes，1596—1650年），法国著名的哲学家、物理学家、数学家、神学家。
④ "盘涡"，石印本作"盘弦"。
⑤ 即马勒伯朗士（Nicolas Malebranche，1638—1715年），天主教教士、神学家、唯心主义哲学家。
⑥ "谓"，石印本作"为"。

于征明善恶之悬隔,永自分途,与即人之情欲,而启其好善恶恶之心,方能使人有所惩劝,惜哉!马公始终皆未常为之征明也。

世美无加

昔德人雷伯尼兹精于算术,兼善理学。其言以为,有理者有力,凡事之宜行不宜行,皆视乎理之当然与否也。是以孳孳为善之人,其爱人爱物,惟恐不及,大有如渴如饥之意,且义即智者之仁,而爱者则以他人得福为悦者也。申而言之,若能以人之乐为己乐,则所爱者博,而无复少有利己之心。至于上帝之创立此世界,要皆已臻至美,更①无可加。缘当开辟之初,上帝即于瞬息间,造有无数杳焉无形浑然自成之圆质点,而其间能力率各不同,是为化成万物之体。夫物莫不有此某某质点,相辅而不相挠。是皆上帝所预定,得不谓此世界,已臻至美,更无可加者乎?

罗革心学考

罗革,英国人也,著有一书,最为详辨。如论人心主思,而思究为何物?思之所及,堪凭与否,而思所及之界限,究在何处?是以乃即人心思之所及,分为三类,一曰格致,乃测明有形无形之诸物,皆实如何。一曰伦常,以明夫人所当行之理。一曰言语,要皆即人之所知、所学而命之之名也,或默以自识,或明以告人。嗣有名伯耳革利②者,言有形之物,皆本于无形。又言惟心为物,其他皆幻。至若休末③,则复演此伯公之说以为非,止有形之物为幻,而宇

---

① "更",石印本作"要"。
② 即乔治·贝克莱(George Berkeley, 1685—1753 年),英国唯心主义哲学家。
③ 即大卫·休谟(David Hume, 1711—1776 年),苏格兰哲学家、经济学家、历史学家。

宙间无一非幻，实不能使人得有所少据者也。考休末之为人，无理不见有可疑之处。

三能十二思范说

德人干得①，生当中朝之乾隆年间。缘彼有慨于时人之不虚心考稽，而多自是或多旁疑也。故其立论，要皆力诋自是之非，而明言有可疑之理，亦有决无可疑之理，爰创三能十二思范之说。三能：一觉能，一识能，一道心能也。觉者，入自耳目为思之质；识者，出自心意为思之范，夫耳目所觉之质，皆必有其处。其时至心意所识之范，要可分为十二而复以四类统之：一独数；二众数；三全数，是为几何之类；四实；五不实；六界限，是为若何之类；七本末；八体用；九推抵二力，是为彼此之类；十能；十一有；十二不获已，是为情形之类。至若道心，则永自清明浑然天理，是保是存，凝而为一。如以己体言，即为灵魂以外，象言即为万物，以善之元长美实无极言，即为上帝也。

辨行善有无求福

凡诸有善行之人，迹同衷异，或惟知善之当行，而安行之者有之，或冀夫行善有福，而勉行之者有之。夫勉行善以冀福，是其生前善行，皆将视为殁后天堂之阶也。如英国人备礼②，尝言行善之人，为能顺上帝之旨，故理必获福于后日。非之者云，善，本人性之固有，是善乃人分所当为，如君子之怀刑，原非怵于刀锯而始然也。

---

① "干得"，即本卷"理学分类"一节之"干德"：伊曼努尔·康德（Immanuel Kant）。
② 即威廉·佩利（William Paley，1743—1805年），英国基督教新教神学家、哲学家。

嗣有名本丹①者，亦英国人，其言以人行之向善违恶者，要贵知善可益人，而恶可损人，故能遏抑情欲，而杰然立于天地之间矣。非之者曰："杀敌者勇往无前，缘其胆气兼优也。"若谓此乃彼先逆料，不力战必死，故能致命，则恐未②尽然。盖使今有一极无胆气之人，当其临敌自知必死，加之将帅励以敌忾之义，亦必无勇往之心也。

苏格兰理学

苏格兰人理得③，其幼时溺于昔人谓物形皆幻，等于浮泡等说。迨长，乃稍闻物实非幻之理，既而知其信然，大翻前议，爰自创一从众之学。其论以人能悉此万物之形，半由目察，而半由心测。至今众皆甚是此言，庸可背而别起异说耶。如目以司见，而所见者无一非物真实之形；耳以司闻，而所闻者亦无一非物真实之声也。嗣有法国人哥拉得④，常教授于巴黎斯城中，大扬理得之学。其徒古桑⑤，虽于理得之学亦有会心，而尤钦服德国人干德之学。据古桑之见，以理学一道，不可拘于一隅，务宜博证旁求，方为公允。后又有苏格兰人斯都瓦得⑥，生平尊尚理得之学，亦间有为更正之处，如广集群思，而易名为考人性固有之各能力学也。至伯伦⑦，乃于理得之学，大肆非诋，复为更名曰人心自觉之学。

---

① 即杰里米·边沁（Jeremy Bentham, 1748—1832年），英国法理学家、功利主义哲学家、经济学家。
② "未"，石印本作"非"。
③ 即托马斯·里德（Thomas Reid, 1710—1796年），英国哲学家，苏格兰学派的创始人。
④ 即鲁瓦耶-科拉尔（Paul Royer-Collard, 1763—1845年），亦译为罗耶-科拉尔，法国政治家、哲学家。
⑤ 即维克多·孔辛（Victor Cousin, 1792—1867年），法国唯心主义哲学家、历史学家、教育改革家。
⑥ 即杜加尔德·斯图瓦尔特（Dugald Stewart, 1753—1828年），苏格兰哲学家，苏格兰常识学派的代表人物之一。主要著作有《人类哲学原理》《道德哲学纲要》等。
⑦ 即托马斯·布朗（Thomas Brown, 1778—1820年），苏格兰学派的著名代表，联想主义心理学的主要发展者。

是非原起

人皆自知己分所应为之事，当其为之之时，是固欣欣而非多悒悒。此是非之心，中儒则谓为天所赋予，而泰西耶稣教，则谓为上帝所赐者也。近斯本赛耳[①]则言，是非之原乃起于人。缘人皆是有福益己者为是，无福益己者为非，古今相承，是非之原起，不过如是而已。如一人事皆遂心，自觉畅悦，则由耳目诸官循脑气筋而达于脑，心神获安，即以征是，而反之则非矣。斯公此论，泰西人然之者盖鲜，皆以为是非本原于人之心，而辨别善恶之准也，是为福之本非乃祸之原，何得本末倒置而竟使后来者居上耶？

理学析分为二

近英国善言理学之人，自应以斯本赛耳为首。如其曾将人学而确可知者与确不可知者，析分为二。其所谓确可知者，皆万物外见之粗质，而万物之精微，则确有不可知者在也。夫万物精微，本亦一物，而无形无体之可见，及其化成万物，皆已昭昭于人之耳目，故格致家得诸见闻而测知之。至若圣教中之所言上帝，格致学之所论原质，虽非人思力所能知、能测，而要皆实有更无疑义，且万物化成既皆原于此，无形可测之一物则此一物为本，而万物为末，明矣。似此为本之无形一物，而具有成诸有形物之能力，故其变幻无端，生育万物。夫即为本无形一物，乃悉其有成诸有形物之能力，如此则已属于可测知者矣。

[①] 即赫伯特·斯宾塞（Herbert Spencer，1820—1903 年），英国哲学家、社会学家。

西学略述 卷六
史学

史学考原

上古希腊无史,惟多著名演说故事之人,皆口述往古诸事,俾人听记。嗣乃有数人相继而起,创著国史,荣名至今。泰西后学,仰而师之,如今中国文人之俯首于班、马也。其史例于详记希腊一国外,至与希腊邻境之敌国友邦,亦略将其风土、君民诸大端,备行收载。约计希腊创著国史之人,一为希罗多都,缘其曾周游多国,问政访俗,并皆征诸故老之所流传,典籍之所采录,返至希腊①,兼证以昔所见闻,而作史九卷。一为都基底底②,其史乃即当时希腊境内,诸城称兵,互相攻击,竭虑殚精,以详考其间战争诸事而作也。至若伯路大孤③所著之史,则择取希腊与罗马伟人之彼此才德伯仲、功业相侔者,如或皆长于治国,或皆善于治军,皆两两相较,分为立传,考定优劣,以示后人。

---

① "希腊",石印本作"希国"。
② 即修昔底德(Thucydides,约公元前460—约前400年),古希腊历史学家。
③ 即普鲁塔克(Plutarch,约46—120年),罗马帝国早期希腊传记作家和伦理学家,其传世之作为《希腊罗马名人传》。

释古文以识古史

泰西文字,创于埃及。其文初多象形,继乃益以谐声。由汉以来失传,能辨识者乏人。迩来德法英意四国,人才辈出,广搜其石柱、石椿、石室,并古墓洞所镌之古文,探讨的[①]确译,而为西国语言者已不乏[②]也。嘉庆年间,寻得一三种语言合璧碑[③],详慎对校,奉希腊国古文为依据,细察得彼二种文字之意矣。先于其国王名讳中得来,呼其何等文,为何等音韵之端倪,由渐而于他碑室等石面,寻究得其古文意,故可渐明埃及国古昔历代帝王之事迹也。且其帝王之陵塚工程浩大,修为方形高台,叠累十重于其陵塚之底间量度之,每面阔七十五丈,高四十八丈,此最大之一塚也。间亦有较小者,时至今日犹存有六十余处也,四方往观者仍不乏。

泰西诸国推埃及最古

埃及地势,跨居尼禄河两岸,河水含带泥沙,岁岁漫溢淤积,致成沃腴肥壤,树艺五谷极良。濒河之地,引河水[④]灌溉,从不得甘霖,亦不形旱荒。国中以农事为本,民因之而富,国亦因之而强矣。上古文字并化学,即始于其国,并精于各种操作宫室,墓塚之雕镂[⑤]石工极雅致精密。

坚信死后灵魂永存。葬死之规,以香料夹杂布疋,重重裹死者遍体,冀其不致朽溃也,并谓人终之后,有一查考其言行善恶之神

---

① "的",石印本无。
② "语言者已不乏",石印本作"语英意四国人"。
③ 即罗塞塔石碑(Rosetta Stone)。
④ "水",石印本无。
⑤ "雕镂",石印本作"广铅"。

明，以定其应居苦境，应居乐地。彼国石文载者，曾有人译成之一书，专论人殁后，依规矩应若何经理。往古埃及全地，有时分为诸国，有时合为一国，有时自专征伐，启辟疆宇，有时附庸他国，听人节制。至唐时，回教人据其全地，遂至① 一衰不兴矣。泰西考察之家，以埃及国为文学之祖、格致之原，不禁生有今昔之感也！

国富无常

　　天下万国之势，盛极必衰，乱极必治，理固然矣。如巴比伦国，为古昔最富强者也。溯其致富之由，即缘其地西与欧洲毗连，东南接壤印度，来往之商贾，凭其地为转运，兼以其本地人民素业织绩与炮制金银铜铁等。出售者有哈喇、大呢绒锦、毡毯等货，并精于琢磨宝石、玉器等事。五谷杂粮，亦可转运至外国各地。由失自主权来，纵有几及千载之隆盛，终亦不能无衰也。生植嘉谷之沃土，变而为满铺茂草之荒野；林林总总之乡区，易而为② 冷冷落落之村墟。斯时考古之家，适彼者不乏，即于既倒塌之土石堆中，搜取有文字之瓦砾石块，带往泰西各国博物院收存，以俟识其文者③ 译而知其精于文学，勤于贸易，以及古帝王之实事也。

巴比伦古迹

　　上古巴比伦城，规模宏大，城垣一周，足百有八十里。兹时徒存若许丘墟故址矣，犹伯拉底河④ 串城过，四野尽平原畴，昔土脉极

---

① "至"，石印本作"致"。
② "为"，石印本无。
③ "文者"，石印本作"者文"。
④ 即幼发拉底河（Euphrates River），西南亚最大河流，全长约 2800 千米。

膏腴，农事最盛，浚若许沟洫，引水灌田。文学盛行于通国，喜于卜占，凭之以决未来休咎。周初时，国富兵强，乐于战争。《旧约》书由"创世记"至"但以理"，载巴比伦侵犹太之事，不乏精求天文，测日月星丽天度数时刻之璇玑、玉衡、刻漏等器，即①彼国倡始制造并定出各星宿之呼称②，传于各国。东周时，日辟土地，兼并接壤之若许国。至周景王时，即耶稣前五百三十八年也，为巴西国古烈王所袭取，由是见属于巴西。

非尼基人多立埠头

非尼基人旅居③于地中海东滨，推罗、西顿二城，喜经商于远方。以利巴嫩④山木造船，将陆路运来之印度货，载往他处。曾至各地寻矿洞，炮炼金银铜铁锡，运赴他处出售。伊等并于其海中，恒渔得可染紫色之鱼，并于埃及国内学来造玻璃法，以传往他处，亦将文字、音乐，并礼神之一应事故，传至希腊。工于法制硫磺、白矾，且于海外采得琥珀，复将锡与铅合兑成白铜，以土料拂拭绒呢、毛货等起光泽，并配合成有造瓷器，与各他等物用之土黩。伊等夜间乘船行海面，以北辰星居之方位为驾驶之准，常道出地中海西口。至距英国近之海岛测探锡矿于各处，设立行栈，遣人寄居，经理商务。凡织绩、造玻璃、书写字以及各种技艺中极嘉善之制造法，凭伊等即传遍各地也。

---

① "即"，石印本作"巴"。
② "呼称"，石印本作"称呼"。
③ "旅居"，石印本作"旋居"。
④ 即黎巴嫩（Lebanon），位于亚洲西南部地中海东岸。

巴西分郡设牧

当孔子之时，巴西国与其所属之地，统分为一百二十七郡。溯乎其先属于亚述，至古烈王[①]肇兴，乃创为自主之国，并扩充其土宇直达小亚洲西海滨。凡叙利亚、犹太、巴比伦、亚述均隶其版图，东南开疆至印度。其子干布西[②]并攻取埃及。至大利乌王[③]分国，为百有二十七郡。赋税征租之法，行于通国，与希腊国构兵，屡败绩。曾有一役，兵数足五百万，内分步兵百有七十万，马兵八万，战舰一千二百艘，及大见辱于希腊，乃寖以衰矣。各郡所设之守牧，宛如中国各省督抚权势，亦相若国中所行之拜日火教。嗣流传至印度、蒙古，以及中华，而其国则终为希腊王亚利散大所灭。

希腊国据有亚洲西南境

于亚利散大即父位为马其顿王时，希腊通国之民公恳其整师旅，攻击巴西国为报复也，亚利散大遂侵占西印度国地亚洲之西南境。若巴西国十年中，俱归其版图。希腊国[④]人散居各处，于汉张骞未至大宛之先，其国王亦希腊人。吞并国之最强大者，一叙利亚，一埃及。希腊之国制、文学、奇巧、技艺亦传于各处。其天文学、算法、理学，并营造宫室之法，俱传至印度。当夫彼时印度盛行佛教，故绘画雕刻之事，即留传彼地，更延及相近之诸国。希腊兴盛历二百

---

① 即居鲁士二世（Cyrus II of Persia，约公元前 600—前 530 年），古代波斯帝国的缔造者（公元前 550—前 529 年在位）、波斯皇帝、伊朗国父。
② 即冈比西斯二世（Cambyses II，？—前 522 年），波斯阿契美尼德王朝国王，公元前 529—前 522 年在位。
③ 即大流士一世（Darius I the Great，公元前 558—前 486 年），波斯帝国国王，公元前 521—前 485 年在位。
④ "国"，石印本无。

载，继乃为罗马国①所灭。而希腊人之散处于四方，服官于罗马者不乏，所习之文学、格致学诸般技艺，仍传遍于各地。

一城操天下权

　　罗马都城建于耶稣降生前七百五十三年，即周平王时也，跨居低伯耳河②两岸，相继为王者七人。至周敬王十一年③时，遂废王不复立矣。选举二统领理国政，呼之为根苏利④，惟富民贫民屡有争论。及耶稣前四百五十一年，商定律例十二款，勒之碑树于行人孔多之宽阔处⑤。后此罗马治国之法制禁令，即奉此为依据。议立者历数百年之久，与接壤邻国逞干戈，意大利国之全境由渐而均为其有矣。亚非利加洲北鄙，有加耳大俄国⑥极强盛，罗马国曾与构兵三次。及汉景帝时，罗马人克灭其城，收为己之属国。是时希腊地、叙利亚地，已隶罗马版图。至汉宣帝、元帝时，并法地、英地、西班亚⑦地、埃及地，均为罗马国所统辖。至是时，奥古斯都⑧登皇帝位，地中海周围，巴西国西之各国，无思不服，即《后汉书》所言四百余城小国，数十之大秦国也。

① "罗马国"，石印本作"罗国马"。
② 即台伯河（Tiber），又称特韦雷河。意大利中部河流。
③ 即公元前 509 年。
④ 即执政官（Consul），古罗马重要官职，负责统帅军队，指挥作战。
⑤ "行人孔多之宽阔处"，石印本作"行孔多之宽阔处人"。
⑥ 即迦太基（Carthage），北非古国，位于今突尼斯境内。
⑦ 即西班牙（Spain）。
⑧ 即屋大维（Gaius Octavius Augustus，公元前 63—公元 14 年），罗马帝国的开国君主，统治罗马长达 43 年，被尊称为"奥古斯都"（Augustus）。

亚洲民即居欧洲地

当耶稣降生前四百年间,有加利族①人侵犯罗马地,复有德多尼族②来侵。是二族人皆原生于亚洲,其间不知阅几百千年,或因接战败奔,或因饥荒乏③食,纷纷西迁者,有法兰革族④、绥威族⑤、撒革孙族⑥、马哥满族⑦、亚利马尼族⑧、哥低族⑨、宛大利族⑩、阿兰族⑪。各族人犯欧洲境时,罗马国甚强盛,深可将伊等战败,第以数百年之久,来去无常。迨罗马强不及前,边防稍有未周,即有处失去土地为若辈所有矣,终至客民多于土民,散遍于欧洲各地。兹时之英人、德人、丹人、瑞典人,皆其各族之后裔也。即《史记》《前汉书》《后汉书》详加校对,知哥低或即月氏。奄蔡,后汉已改为阿兰聊,或即阿兰绥威,或即西夜撒革孙,或即塞,或即莎车。初时无何文字,

---

① 即高卢人(Gauls),古代罗马人对凯尔特人的称谓。主要指高卢地区(今法国、比利时、卢森堡、荷兰南部、意大利北部、瑞士西部)的凯尔特人。
② 即日耳曼人(Teutonic),亦称条顿诸民族。指使用印欧语系中日耳曼诸语言的任何一个民族。
③ "乏",石印本作"之"。
④ 即法兰克人(Frank),历史上居住在莱茵河北部法兰西亚(Francia)地区的日耳曼人部落的总称。
⑤ 即苏维人(Suevi),指日耳曼民族的部族集团,包括马科曼尼、夸迪、赫尔蒙杜里、森农和朗哥巴底等部族。转引自 http://en.wikipedia.org/wiki/Suevi。《简明不列颠百科全书》第七卷,第490页。
⑥ 即萨克森人(Saxon),又译撒克逊人。日耳曼蛮族之一。最早征服了现在德国的西部地区。后来一部分与盎格鲁人、朱特人先后征服了低地、不列颠,但更多的萨克森人则留居在今德国西部地区。
⑦ 即马可曼尼人(Marcomani),公元前100年后定居在美因河流域的日耳曼部落。
⑧ 即雅利安人(Aryan),又译亚利安人。不是一个单一的民族,而是对雅利安语系下的印欧各民族的总称。
⑨ 即哥特人(Goth),又译哥德人。日耳曼人的一支,分为西哥特人(Visigothi)、东哥特人(Ostrogothi)、高提哥特人(Gaothigothi)、瓦哥特人(Vagothi)。
⑩ 即汪达尔人(Vandal),日耳曼人的一支,曾在罗马帝国的末期入侵过罗马,并以迦太基为中心,在北非建立一系列的领地。
⑪ 即阿兰人(Alan),即古奄蔡,指占据黑海东北部和西伯利亚西南部的寒温带草原游牧民族。

无何屋宇，人皆幕处，继乃渐习希腊、罗马，并诸他国之律例、文学而造房舍①。时至今日而成极富强之国矣，既为由亚洲迁往者，其亦有②中国上古及周秦汉时之体制礼仪否耶？

海舶周觅新地考原

当中国前明之成化年间，有意大利国人名哥伦布者，常走谒欧洲各国君，备言海舶东驶将往印度，而中间阻有红海岸之陆地，颇费周折。地体本圆，今若转而西驶，未常不可有直达印度东岸之水程。若能以舟粮见资，浮海西行，必当有以报命。时人多不信重其言，久之。至孝宗宏治五年③，方得西班亚国君助以小板船三只。哥伦布自遵其素所悬揣应有新地之方，即日开行。不逾年，而驶入群岛，彼以为是即印度之东岸，故至今犹相承以西印度群岛名之也。既而，彼又觅获南亚美利加洲之地。按哥伦布之才智明决，要皆出人头地，故能见事不惑，创此浮海周觅新地之举。嗣复有一意大利国人，驾舟沿行于南亚美利加洲之东北滨海诸④处，返至欧洲，向人传述，人皆嘉其精详，故即以其名名此新地曰亚美利加。若今美人所居及英属之北亚洲地，乃由英国人名加波德⑤者之所觅获。

---

① "房舍"，石印本作"房屋"。
② "有"，石印本无。
③ 即公元1492年。"宏治"本为"弘治"，为乾隆帝讳。
④ "滨海诸"，石印本作"滨诸海"。
⑤ 即约翰·卡伯特（John Cabot，约1450—约1498年），意大利航海家，1497年奉英王亨利七世之命，进行找寻西北航道的探险航行。

天主教权势盛衰始末

当中国东晋之咸和五年[1]，罗马国皇名根斯丹典[2]者，始择筑一新城，于亚欧二洲相毗连处，即以己名名之曰根斯丹典城，而迁都之，以资控制，且以耶稣所立之圣教为国教，继此嗣皇世相遵守。迨唐肃宗之世，法王伯宾[3]奄有今意大利国之全土，而以昔罗马旧城，并相与附近之地，升天主教之总教人号巴伯[4]者，使为世守。嗣而天主一教日益尊盛，而巴伯竟[5]有教皇之目，权势几驾出于欧洲各国皇、国王以上者，近数百年。惟时非之者固多，而附之者亦众。迨今意国之君，抚有意大利国境地，而即罗马旧城为都，彼教皇权势大减，迥非昔比，仅得自理其教中之事而已。

古西帝大加罗[6]

当诸族攻灭罗马之初，虽相与分居欧地，而纲纪未立。迨法兰西王大加罗，乃东取今之德地，东南取今之意大利地，而西南复构兵于诸回人。嗣大加罗即西帝位时，乃天主教之教皇为之膏首祝福，权势皆与古罗马皇相侔。计加王生平杀人无算[7]，而有治国整军之才，正定法律，与民更始。缘其时民多愚蒙，加王乃为创建天主教之秀

---

[1] 即公元330年。
[2] 即君士坦丁一世（Constantine I the Great，272—337年），罗马帝国皇帝，君士坦丁王朝的开朝皇帝，306—337年在位。
[3] 即丕平（Pippin，714—768年），751—768年间在位的法兰克国王，查理曼大帝的父亲，加洛林王朝的创建者。
[4] 即教皇（Pope）。
[5] "竟"，石印本作"意"。
[6] 即查理大帝（Charlemagne，742—814年），亦译作查理曼。法兰克王国加洛林王朝国王（768—814年），800年由教皇利奥三世加冕于罗马。
[7] "无算"，石印本作"无数"。

士院，又即会堂之旁设立幼塾以化育之。时居今德地之诸族人民，最称凶悍，嗣此日渐驯服，皆加王循循善诱之功也。

议政院废君

昔英国君名札利斯①者，常构兵于西班亚国，爰命议政院措备军需，而②议院诸人答曰："兹有数事，若君能俯允，军需自可无烦圣虑"，而所言数事则首即拟贬损君权也。君怒，罢议如是者三，而议院诸人愈形强项。君乃自行简人四出征税，不复过问议院诸人，且当开议之时，有一人言尤不逊，君亦使人拘而置之于狱。嗣此君不与议院相闻者八年，后又诏开议院，而议院诸人即控君素宠信之二臣，于诸执法大员前讯明，后二臣立被斩决。惟时君乃与议院诸人治兵相攻，如是数载，而君战败，乃奔投苏格兰③军中，而苏军即派人将之送还于英。于是将之监禁数年，后为执法大员议定其罪而斩之，而议院之权亦衰。时国家政柄，尽归入于英帅哥伦威勒④之手。

法国更易新政

当中朝⑤之乾隆五十年间，法国君纲不振，政柄下移。其王族世禄之家，以及教会中操权诸人，皆侵渔下民，以致赋敛烦苛，监税尤重，而议政之院，竟从封禁。民既怨诸朝贵，与操教权人之困

---

① 即查理一世（Charles I, 1600—1649 年），1625—1649 年间任英格兰、苏格兰及爱尔兰国王，英国历史上唯一一位被处死的国王。
② "而"，石印本无。
③ "苏格兰"，石印本作"苏兰"。
④ 即奥利弗·克伦威尔（Oliver Cromwell, 1599—1658 年），英吉利共和国护国主，英国政治家、军事家、宗教领袖。
⑤ "中朝"，石印本作"中国"。

己也，而尤疾首于总揽监税之人，乃相与群起作乱，攻杀其君与后。而朝贵并操教权诸人，亦多骈首就戮，政治一新。嗣此十有一年，皆暂为民主之国，后民众又自公立一帝，名曰拿波伦①，素号知兵。计其在位十年，更定法律有足多者，而终一败涂地，逊位奔英。时诸友邦，乃公立前王之子为法君。嗣此，主法国者，或帝或民，时有更易。至中朝同治十二年②，法为德败，易为民主，相安至今。

德国帝号

当中国唐代、德二宗之际，德地皆属法兰西王大加罗管辖。迨加王之孙雷斯③，受有法德诸地，实为第一创有德国之君。及雷君将死，自分其国为三，而遗命三子，各君一国，乃未几，三国复合为一。时德地人民，不乐与法众同戴一帝。爰于法皇族中，公选一人，立之为帝。嗣此德帝皆由诸侯王中公推代立。至中朝嘉庆间德为法所败，时德帝逊位，归国改称④奥皇。按当赵宋太祖之时，德君得有今意大利地，遂即帝位于罗马旧都，因自号罗马皇，而称众预推定代其帝位之人，曰罗马王也。至中朝同治年间，德人大败法人。德之诸侯王毕集于法京城外之一离宫内，公推布君即皇帝位，不复袭罗马皇之虚名，更号德皇，且以旌武功也。

---

① 即拿破仑·波拿巴（Napoleon Bonaparte，1769—1821年），法兰西第一帝国的缔造者。历任法兰西第一共和国第一执政（1799—1804年），法兰西第一帝国皇帝（1804—1815年）。
② 即公元1873年。
③ 即日耳曼人路易（Louis the German，806—876年），巴伐利亚公爵（818—855年）和东法兰克国王（840—855年）。
④ "归国改称"，石印本作"归改国称"。

意大利开国始末

昔意大利国境内，计有许多小国，分居其地。当罗马崛兴时，意地之诸小国皆并于罗马。迨罗马破灭有哥低与郎巴底①二大族，分据意地后，皆归于法兰西王大加罗管辖。加王死，意地亦复分裂。有割据平地数城，而自立为国者；有屯聚大山谷中，而自立为国者。就其中之强盛者言，则以教皇之国，与挪满族②所居之西西利地方称最。外此如威尼斯国、弗罗连国③、日挪瓦国④，皆为民主之国。而贸易特盛时，凡航海贸易多威、日二国之人。常由伊及等国之海口转贩印度，及中国之货，运回欧洲出售。至中朝咸丰末年，意地诸民，皆欲复合为一国以自强。时其西北国君有名威多·以马内利⑤者，素有美誉，为众心之所向服，后威君渐次出兵，吞噬诸国，而奄有意国之全土也。

欧人始开有南北美洲地

当前明之世，欧洲之西班亚人，始觅获西印度群岛，乃未几，复得今墨西哥与秘鲁等国之地。时其地土人，亦有军械，惟无火器。

---

① "郎巴底"，石印本作"郎巴低"。即伦巴第人（Lombards），亦译伦巴底人。古代日耳曼人的一支，起源于今瑞典南部。
② 即诺曼人（Norman），公元8—11世纪向欧洲大陆各国进行掠夺性和商业性远征的日耳曼人。
③ 即佛罗伦萨共和国（Republic of Florence），成立于1187年，意大利中部城市国家。
④ 即热那亚共和国（Republic of Genoa），意大利西北部城市共和国，大约在1100年开始建立，至1805年被拿破仑统治下的法国吞并。
⑤ 即维克托·伊曼纽尔二世（Victor Emmanuel II, 1820—1878年），1849—1861年为撒丁王国国王，意大利统一后的第一个国王（1861—1878年）。

而西班亚人，火器既精，军皆竞进，故能终胜土人，而攘有其地。嗣葡萄亚人随西班亚人，至南洲东滨海处之伯拉西勒①地方，创立堡埠。继而英人规取北洲之北境，踞为属地。而法人则规取北洲之南境，踞为属地。迨中朝乾隆年间，北洲英地人民，皆不愿服役于英，乃自立为民主之国，国号曰美，推华盛顿为第一伯理玺天德②，总统美政。至中朝嘉庆年间，西葡二国属地之人民，亦皆照仿美式，纷自立国，而各推一伯理玺天德总统国政也。

俄立国辟土原委③

当中国唐宣、懿二宗之世，俄地一人，名曰路利革④，长于水战，曾应俄众之请戡定祸乱，因而自王于俄。迨宋太宗、真宗时，希腊教始传入俄境，举国崇奉。南宋末，蒙古崛兴，俄国为所残破，故路嗣王降列藩服，与其诸侯王，皆服属于蒙古主也。至中国之前明中叶，俄众始将蒙古人尽逐出境，仍立故路王嗣子为主，定都于磨斯瓜城⑤，治律讲武，上下相安。后其嗣王不理政事，万机废弛，终为波兰国人所房。惟时俄众乃公推一罗马挪族人，名米加勒⑥者为君。方将波兰暨瑞典二国兵众，尽逐出境。迨米君孙彼得第一⑦，内则习兵训艺，外则开埠通商。俄日以强，于是始蚕食邻国，西灭波兰⑧，西北攻取瑞典境地，南侵土耳其，东尽收有亚细亚洲极北边土，

---

① 即巴西（Brasil），今南美洲最大的国家。
② 即总统（President），共和制国家最高行政国家元首的名称。
③ "辟土原委"，石印本作"开有一委"。
④ 即留里克（Ryurik，约830—879年），俄罗斯留里克王朝的创立者，862—879年在位。
⑤ 即莫斯科（Moscow），今俄罗斯联邦首都。
⑥ 即米哈伊尔一世（Michael I，1596—1645年），俄罗斯帝国沙皇，罗曼诺夫王朝的开创者。
⑦ "彼得第一"，即卷二"辨识土语为考方言之助"一节之"彼得"：彼得一世（Peter I）。
⑧ "波兰"，石印本作"破兰"。

遂称雄国，近年，俄皇为叛人以最毒之药火轰崩，太子亚利第三①嗣立，日夜勤忧，惟以安民为务。在位二年，方始备礼登极，民情欣戴，可冀为一令德之君也。

欧人航海通商立埠

凡立国之道，贸易愈盛，则技艺愈精，人民愈众，保大丰财，不外乎此。当中国唐宋之世，回人于亚细亚与亚非利加二洲滨海地方，及他处，皆立埠通商，兼俾土人习学新艺。迨前明中叶，忽有欧洲人出于回人不意起而与之争为雄长者，乃今之葡萄亚也。时葡人沿亚非利加洲西滨海诸处，直至印度及南洋群岛，在在立埠通商，讲习新艺，遇有理事回官梗命，即逐出境。而西班亚则逾越美洲，以得有吕宋群岛，通商立埠。和兰则分割南洋群岛，与印度南之西兰②地方，以及非洲之南滨海角处，立埠通商。嗣此英法二国之人，皆驾船驶至印度，建立堡埠③，置兵守卫。今则印度全地附于英者④，已几十之九矣。

拿波仑成败始末

历考法人立国以来，其号称善战之人，则推拿波仑为巨擘。当法国改为民主之时，而拿公始得渐操兵柄。后法军屡败奥军于意大利境内，据有意大利北鄙地。时拿公二十八岁，实总其任。嗣复统

---

① 即沙皇亚历山大三世·亚历山德罗维奇（Tsar Alexandre III，1845—1894年），俄罗斯帝国皇帝（1881—1894年在位），亚历山大二世次子。
② 即斯里兰卡（Sri Lanka），旧称锡兰。印度南面的一个较大的岛屿。
③ "堡埠"，石印本作"埠头"。
④ "者"，石印本无。

军驻于伊及，与叙里亚二国地，将欲进取印度诸国，不意其战舰，为英国战舰沈毁。拿公知难而退，收军返国。于是法众欣戴，奉以为主。继又胜奥师于马伦哥城。迨中朝之嘉庆八年^①，拿公始即帝位。惟时天主教之教皇，亲为祝冕，后一年复伐奥，大获全胜。时奥俄连兵御法，故俄人亦败。又二年，复战胜布国。后列国同仇，合兵敌法，大破法军。时拿公不复为法众所容，自投于英。英人放之于赤道南一小岛上，六年而死。

英人获有奥洲全土

当中朝乾隆年间，英人古革^②奉命驾船驶至奥大利亚洲，沿洲查视，嗣知其地广且腴，物阜材多，爰即耳目之所闻见，详为图说，返棹回呈于英国君主。于是英众咸争拏舟而往，猎物取材得利^③颇厚。嗣复知其地多金矿，去者愈夥。后英国议政院，议将减死之犯发往奥洲，以实其地。乃缘民情弗悦^④，罢而不行。迨中朝道光年^⑤，四处赴奥掘金之人，较初开矿时众逾十倍，贸易日畅。英人因即其地划分数省，每省皆立有议政院。时英方失北亚美利加之北境属地，而适获有此奥大利亚地，亦足以相补。

英文诸史

凡以英文著史之人，计其间之杰出者甚多。如英人休摩^⑥所著

---

① 即公元1803年。
② 即詹姆斯·库克（James Cook，1728—1779年），18世纪英国杰出的航海家和探险家，海军上校，第一个登上澳洲的西方人。
③ "利"，石印本无。
④ "弗悦"，石印本作"不悦"。
⑤ "年"后，石印本有一"间"字。
⑥ "休摩"，即卷五"罗革新学考"一节之"休末"：大卫·休谟（David Hume）。

《英史》①,则叙载清真兼之雅正。基本②所著《后罗马史》③,则器度雍容,亦复华丽。近又有马高来④者,其所著之《后英史》⑤,则字句警炼,几于突逾前人矣。至于美人则贝斯哥德⑥,著有《西班亚初定今墨西哥与秘鲁二国地记》⑦。班哥罗夫⑧著有《美史》⑨。摩德利⑩著有《和兰开国记》⑪,皆能详明通博,不愧作家。兹考摩班二公所著之史,概于民主之国,三复其政治焉。

---

① 即《英国史》(History of Great Britain)。
② 即爱德华·吉本(Edward Gibbon,1737—1794年),近代英国杰出的历史学家,代表作是影响深远的史学名著《罗马帝国衰亡史》。
③ 即《罗马帝国衰亡史》(The History of the Decline and Fall of the Roman Empire)。
④ 即托马斯·麦考莱(Thomas Babington Macaulay,1800—1859年),19世纪英国政治家、历史家、文论家。
⑤ 即《英国史》(History of England)。
⑥ 即威廉·H. 普雷斯科特(William Hickling Prescott,1796—1859年),19世纪美国著名的历史学家。
⑦ 即《墨西哥征服史和秘鲁征服史》(History of the Conquest of Mexico and History of the Conquest of Peru)。
⑧ 即乔治·班克罗夫特(George Bancroft,1800—1891年),美国历史学家、政要。著有10卷本《美国史》,被誉为"美国历史之父"。
⑨ 即《美国史》(History of the United States)。
⑩ 即约翰·洛思罗普·莫特利(John Lothrop Motley,1814—1877年),美国伟大的史学家和外交家。
⑪ 即《荷兰共和国的兴起》(The Rise of Dutch Republic)。

西学略述　卷七

格致

天文

近泰西诸天文家，以时人多误谓大地块然不动，而日月星皆绕地自东而西，运行于天。至若日月之蚀，彗星之现，即妄意其为示人以灾祥也。故竭力发明地球，恒自向东旋运。每自转一周，以成昼夜，绕日一周，以成年。而地行轨道，适当日月之间则月蚀。如月行轨道，适当日地之间而日蚀也。彗星计有二类，一绕日如行星，可测知其嗣逾几多年而复见；一离日行去，则莫知其能复回与否矣。是皆略无关乎人事之吉凶。泰西当中国前明之世，始创有千里镜。惟时各国天文家之知识，骤增如绕诸行星之月有多寡，皆能了然，见于目前。近日窥天之器逾精，又有一至精奇器，可窥取日与恒星之诸色象及其中别有数十道黑线。高下不一，横列于其间。此每一黑线，即其中之一气质，显示于人也。天文家之所考所证，日进如此，岂非好学文人所乐而闻之者哉？

质学

质学乃论物之质与性，为格致中最要之一学。如论力有摄引力、黏合力，以及性异之物，合而为一之力，又有助力诸器，如天平与举重杆皆是也。又论定质，缘何因热而幻为流质、气质，以及物动，历时久暂并物颤，而音分有宫、商、角、徵、羽，其所以然之理。又论物之所以有冷、有热、有光、有电之故，此学当教授生徒时，所需奇器，如助力诸器，以及寒暑风雨之表，吸水运风之具，皆不一而足。

地学

近日泰西诸国之格致学，要皆精益求精，蒸蒸日上，如考地壳面之土石损益成毁，大胜往昔。缘今地学家，考此地壳面土石，以今证古，如即近日火山出火之形状，而究其流液诸质，当上古所成为何类之石层。即近日雨雪冰雹之剥蚀，而究其顺河淤下诸质，当上古所成为何类之石层。扩类以求，则上下千万年间，地面所有之诸石层，皆不难明其所自成也。复即沿海诸滩，察其上下，有渐高渐低之别与间，缘地震其土石开裂，或陷或凸，可悟此小大岛洲，其初高出海面与前诸洲岛，复沦于海，亦必如是。又如诸石层中间，现有鸟兽虫鱼草木等迹，昔人多相与惊怪，以为天所生成。今经格致家考，知是皆当石初孕时，所杂于其中之物，石成而迹不泯，原非奇异，世人亦可自释其疑矣。

动物学

泰西昔人之论动物，共为列作飞、走、虫、鱼四类，理有未惬。今人亦为分四类，则皆即动物质体而言，如狗、虾、蜗牛、海燕是己。凡验此四类，其脑气筋，皆与其质体并重。缘动物之闻见生育、饮食、呼吸，均归本于脑气筋也。四类一为有脊骨者，如狗，而人、兽、禽、鱼统括于中，是皆质体多双，左右分列，其脑气筋率皆极细极繁，上下充盈于首及脊骨之内；一为可节分者，如虾，而蜂、蝇、蝎、虱统括于中，是皆肢分多节，前后联属，其脑气筋率皆作诸小团，始作两行，后则合如一线，而不及第一类者之细繁也；一为柔体者，有有壳、无壳之分，如蜗牛之与蚂蟥，其脑气筋率皆作数小团，或数小线；一为有生命而无知识者，如海燕，是更无脑气筋而质体率若轮辐普[①]天之下，盖无出此四类外之动物。

金石学

金石泥沙等类，均宜依化学家法分试，其或为一原质之所成者，或为几原质相合而成者，外此兼宜悉为何性、何状。昔格致家为之分类，立有多名如土类、鉴类、燃类、金类等辨。今则共分七质：一气质，要惟轻[②]、硝[③]二气居多；一水质；一炭，并含有炭之质；一硫磺质；一反酸与土，或与某类强水合成之鉴质；一土石质；一金质。大地万物，其体皆不出于此七质所合成，而金石家，即物体以察其质，皆分有无定棱与状同罗纲或轮辐，以及点点如列星，层层如积纸，并别有如筋、如线、如球、如内肾、如乳头之别。至于诸种光色，亦各有异，如金之光色不同于玻璃，珠之光色不同于丝及金刚石也。

电学

凡物之质体内莫不皆有电气，而或隐或现，率各不同。近中朝

---

① "轮辐普"，石印本作"轮普辐"。
② 即氢气（Hydrogen）。
③ 即氮气（Nitrogen）。

乾隆年间，美国人名弗兰革林①者，始创立此一学。电气之生，率分多类：有二物相磨而生之电，有二性异金类合化而生之电，有加热于红铜与倭铅等金而生之电，有磁石自生分有南北之电。至于动物体中有内含电气盛者，触物即发，如雷鱼、雷鳝之类，尤为显著。近格致家有言，光、热、电三者，皆缘于一最精之气，摇颤而生，然尚未得其确据。惟考明诸电爆发②星星之火，均同无异，而有人收取③雷鱼之电，试得其有能将一水分为轻、养④二气之功用。

化学

化学之要，首以详究诸物内皆有几多原质，并其原质之各分数多寡，以及物与其诸原质之性何若，并诸原质相合相离之性，又皆何若也。是以地壳面上，无论为动，为植，为石，为土，皆为设法，依式测验。如水须识其中之热，减至何度而成冰，加至何度而成气。当中朝乾隆年间，英人加芬底矢⑤始知有轻气。迨伯理斯理⑥嗣复查获养、硝、炭强⑦三气，而养气实缘伯公多加热于丹砂，见其气起有异因，而收于器内，详细查验，以告于人。后有法人名曰拉非洩⑧，复创查获养、硝砂⑨、炭强三气，相合成风。而金刚石与炭同质，亦此拉公所创查获者。

---

① 即本杰明·富兰克林（Benjamin Franklin，1706—1790年），美国著名的政治家、物理学家，杰出的外交家及发明家。
② "爆发"，石印本作"爆取"。
③ "收取"，石印本作"收发"。
④ 即氧气（Oxygen）。
⑤ 即亨利·卡文迪许（Henry Cavendish，1731—1810年），英国化学家、物理学家。
⑥ 即约瑟夫·普利斯特里（Joseph Priestley，1733—1804年），英国著名的化学家及神学家。
⑦ 即二氧化碳（Carbon Dioxide）。
⑧ 即安东尼·拉瓦锡（Antoine Lavoisier，1743—1794年），法国贵族，著名化学家、生物学家，被后世尊称为"近代化学之父"。
⑨ "硝砂"，即卷七"金石学"一节之"硝"：氮气（Nitrogen）。

天气学

凡风、雨、霜、露、雹、雪、虹、霓①，皆为天气幻成之形。天气寒暑，而涨缩疏密及压力增减，均一与其中之硝、养诸气无异。计周此地球之天气，其厚有百二十里或百五十里不等，天气动即成风，风亦有溜。若值寒暑有定之处，而是风是溜，亦自有定。至水气结而为云，云逐风飞，为热所致。日光经历空气，遵曲线道，下至地面，缘天气上下诸层，有疏有密，日光透过，处处皆有微差。至若日初出与欲没时，其体大而光敛者，乃日体上下界边处之光差不同，所遵曲线愈甚不能平入于人目也。迨午，则其体反小而光明者，乃缘其直入人目，空气较薄，而作曲线少也。每届日暮，野花争艳，黄红紫绿诸色，异样鲜新，是皆日中白光所含有之诸色，缘②值光差而现者也。

光学

自奈端查获回光③及光差诸理，爰立光学，嗣而借其光学之功，复更制一至精之千里镜。考千里镜，则当中国前明万历初年，英人与和兰人，皆已有用之者，究未悉创始于何人。迨万历三十七年④，意大利人加利略⑤闻他国造有千里镜，遂师心自用，创制一具，以铅为筒，筒之本末两端各置一镜，本端为映大镜，末端为取像镜，使之遥遥相照。加公以此镜，即于是年测得木星，环有四月，及土星

---

① "霓"，石印本作"电"。
② "缘"，石印本无。
③ "光"，石印本无。
④ 即公元1609年。
⑤ 即伽利略·伽利雷（Galileo Galilei，1564—1642年），意大利数学家、物理学家、天文学家。

上有一光带。昔人以光为无质之物，近有英人雍姓[①]，言光质为气流，有层波如水，其行极速，无能与之比拟者，诸格致家皆以其言为信。然又有丹国人罗美耳[②]，查得光每分时行三千万里，是日光下射八分时，即至此地球面上。

重学

当中国秦政之世，希腊人亚奇默德[③]创立重学。缘亚公以一处处停匀之杆，置当其中倚点处。嗣复权取重无少差之二物，分悬于杆之两端，而其相离中倚点处，远近如一，则杆平且静，更不少见有攲动处。重学之理实推亚公一杆为先著鞭者。时西西利国滨海建都，与邻国构怨相攻，邻国遣兵驾巨舟进逼城下，人皆汹惧。王命亚公制械抵御，亚公乃依重学之法，制大铁钩一具，钩取敌船，举而覆之，由是亚公重学之名大著。迨前明时意人加利略，考得物当由高坠下，历几分时至几多里数，是缘地之吸力所得速率。至于考获两物相撞之理者，为英人瓦利斯[④]。考获时辰钟摆左右动摇之摆线理者，为和兰人海根斯[⑤]。考获抛物，并水与液质流动，以及物相摄引力之理者，为英人奈端。

[①] 即托马斯·杨（Thomax Young，1773—1829 年），英国医生兼物理学家，光的"波动说"的奠基人之一。
[②] 即奥勒·罗默（Ole Romer，1644—1710 年），丹麦天文学家。
[③] 即阿基米德（Archimedes，公元前 287—前 212 年），古希腊伟大的哲学家、百科式科学家、数学家、物理学家、力学家。
[④] 即约翰·瓦利斯（John Wallis，1617—1703 年），英国数学家、物理学家。
[⑤] 即克里斯蒂安·惠更斯（Christiaan Huygens，1629—1695 年），荷兰物理学家、天文学家、数学家。

流质重学

创立重学之希腊人亚奇默德,复考流质重学,著有一书。内言如盛水器中,其从各方向来压于各点之力相等时,水必静而不动。迨中国前明崇祯末年,意人多利遮里①,乃潜究水何以能沿吸水管而上行,因得缘吸水管中风气,先经人以法取去,其间水面既无压力阻碍,而管之四外井水皆有风气下压管中之水,自必有上行不止之势。外此风雨表,亦是多公之所创制。嗣而英人奈端,考究诸他质物,游行于流质内,有何隔阻之理。法人巴斯加勒②,创制压柜,以一斤之力,能起举四百斤之物,其法亦由流质压力各点相等而悟出者。

气质重学

意大利国之弗罗连城,当中国前明崇祯年间,立一格致会。其会中人查有气质缘热加涨之说。继遵是说,而创制寒暑表。至中朝顺治之世,英人拜勒③与法人马略德④,同测获寒暑无变之时,其风气疏密与压力有恒比例。迨康熙末年,泰西人造有水气引水及诸用水气⑤之他器,而物动于风气中,皆有何阻碍,其确数则为奈端所查获。嗣又有人查获火药,经燃其内诸气质之体涨,较大于原体三百

---

① 即埃万杰利斯塔·托里拆利(Evangelista Torricelli, 1608—1647 年),意大利物理学家、数学家。
② 即布莱士·帕斯卡(Blaise Pascal, 1623—1662 年),法国数学家、物理学家、哲学家、散文家。
③ 即玻意耳(Robert Boyle, 1627—1691 年),英国物理学家、化学家。
④ 即马略特(Edme Mariotte, 1602—1684 年),法国物理学家和植物生理学家。
⑤ "水气",石印本作"力气"。

倍。当乾隆三十四年①，英人瓦得②始创制以水气运机之器。嘉道之间复有人查获水气涨力共③几何数，今则铁路周通，轮船遍海，耕织之繁多，借机器以倍其利，可知气质重学，为益非细。

身体学

泰西考究身体一学分二大类：一曰阿那多米④，译言剖截乃割裂死物肢体，详察其内外筋骨、皮肉、脏腑、经络并脑气筋等质之形状；一曰非西由罗机⑤，译言生物之学，乃论呼吸出入、气血周流并饮食辅养之所宜。至若阿那多米，又自分三小类：一分究周身之各肢体，如手足胸腹等处，皆为详细解明；一合究周身之或汁或筋或骨，如乳汁、胆汁、脆骨、津核与血等类，皆为详细解明；一身有疾病，以上所言之肢体汁筋与骨或有变异于常，皆为详细解明。

较动物体学

动物体学，以人为本，乃医学家之要务。而较动物体一学，乃备查取人身诸体，遇有难解之处，仅可即诸物体而比较之以征明其理。动物种类数万，皆宜互较其身体而考定之也。近代有法国人名举非也⑥者，研精此学最著名于泰西诸国。所谓即动物质体，为分四类，实此举公所创始。举公详考古石中动物遗迹，与今动物质体之

---

① 即公元 1769 年。
② 即詹姆斯·瓦特（James Watt，1736—1819 年），英国发明家。
③ "共"，石印本作"其"。
④ 即解剖学（Anatomy）。
⑤ 即生理学（Physiology）。
⑥ 即乔治·居维叶（Georges Cuvier，1769—1832 年），法国动物学家，著名的古生物学者。

同异。又即是石中遗迹，而常谓造化主之造物，要皆有序。今考最古之石，无物遗迹可见，迨考次于此者，方见有植物遗迹，至动物遗迹之见于石中者，较晚于植物。然动物之生，亦自有序。柔体之物，如蜗牛、蚂蟥等类，其生最先，次生爬虫鳞介，如龟蛇鱼鳄等类，又次生飞禽走兽，末乃生人。

身理学

瑞士国人哈勒耳[①]，其生当中朝康熙年间，甚非前诸医士，惟以重化二学，明人身中之理，爰自创立身理学，以发诸前人所未发。如言生物之生，则有死，则无者，其至理有二：一有知觉，一能舒缩。而知觉为脑气筋之所司，舒缩乃肌肉之所职。脑气筋之无舒缩，犹肌肉之无知识也，且生物一体内外，其舒缩久暂，各有不同。如人心左下房，其间肉壁舒缩，历时最久。次则膈膜与肠，至助人行立坐卧之肌，皆上统于脑气筋而退听其命。是以舒缩，皆暂而不能久，且血无论行于经络与心，其运力不上统于脑气筋，而常散居于舒缩肌内。故凡生物虽已沉睡，其若心、若膈膜舒缩仍自如常。哈公之论如此，是以今日身理一学考取益精，而要皆以哈公之论为之发端。

植物学

当中国前明中叶，侨寓英京[②]之和兰国人罗贝勒[③]，首创有《草

[①] 即阿尔布雷希特·冯·哈勒（Albrecht von Haller，1708—1777年），瑞士杰出的生理学家，被称为"近代生理学之父"。
[②] "英京"，石印本作"英国"。
[③] 即罗贝尔（Matthias Lobel，1538—1616年），亦译洛贝利乌斯。荷兰植物学家。

木原委类分》①一书。至前明鼎革时，英人格路②复创以显微镜，窥分植物枝干内之经络质体以及其花之为雄为雌。迨中朝康熙年间，英人赖氏③，乃即草木实中之仁双、仁单，以及永不著花三类，共成《植物纲目》④一书。若瑞典人邻奈⑤，专心动、植、金、石等学皆逐一详为分类，虽引证渊博，实人罕及，而亦多见偏之处。如其论辨植物，惟准草木花中须数多寡以之分类，是大不然。凡植物皆宜即其根、株、皮、干、枝、叶、花、实，详考异同，方可为之分类。嗣有法人如秀⑥遵上赖公之说，著《本植物原性纲目》⑦一书，此本植物原性之理，今世盛行而中多与邻公之言相反。后又有德人哥底⑧素善于诗，常著书言花之有须有瓣，皆为其叶之所化始，而人莫之信，久乃服其精确。

医学

泰西医学，创自伊及。惟多取吐及攻下之剂，且以头目牙腹，并不外现之症，分为五科。希腊医学，亦先本师法于伊及。时其国人哀斯古拉伯⑨，以善医名，迨死，民多谓其成神，相与出资建祠，而以其子若孙主司祠事，世世为医。凡人有病，至哀公祠内，而其后人，即视病者症之重轻，付以药饵。然平心而论，希腊医士实应

---

① 即《植物学志》(*Plantarum seu Stirpium Historia*)。
② 即格鲁（Nehemiah Grew，1641—1721 年），英国植物学家。
③ 即雷约翰（John Ray，1628—1705 年），英国植物学家，第一个使用解剖的方法区分各种不同的植物和动物的人。
④ 即《植物志》(*Historia Plantarum*)。
⑤ 即卡尔·冯·林奈（Carl von Linne，1707—1778 年），瑞典博物学家。
⑥ 即安都因·劳伦·戴·裕苏（Antoine Laurent de Jussieu，1748—1836 年），法国植物学家。
⑦ 即《植物属志》(*Genera Plantarum*)。
⑧ 即约翰·沃尔夫冈·歌德（Johann Wolfgang von Goethe，1749—1832 年），18 世纪中叶至 19 世纪初德国和欧洲最重要的作家、诗人。
⑨ 即阿斯克勒庇俄斯（Asclepius），亦译阿斯克雷庇亚斯。古希腊神话中的医神。

推希波拉底^①为巨擘。希公生当中国春秋末时，其所著遗之书，计七十有二册，今则放失者多。如其《医学箴言》^②一书，古今为之注释者，共一百三十七家，其法针灸兼施，不惜流血。至中国西汉时，亚利散太地方之医士，始创行剖截死人肢体，以便详察。而中国唐宋间，则回教人医学之精，闻于天下。今医家新学之所盛行，盖缘中国前明末时，英人哈斐^③测得人身血脉，顷刻间皆已周行全体之确据故也。

几何原本学

此学为希腊人所创立，如他利斯^④与布大哥拉^⑤，皆精此学，乃古今人所共推仰。传言布公初求得句股三角形，其体三边，分长三尺、四尺、五尺。假向三边以上各立一方，则二小方必与一大方相等。惟时自谓得有神助，遂杀百牛而献祭焉。嗣是求此学者日众，法愈精微。至耶稣未生之前三百年，有希腊人名曰欧吉利德^⑥，所著《几何原本》一书，计分有十五卷，后亡其末二卷。今是书之十四、十五二卷，乃后人所续补也。此书首卷为凡例、为共论、为界说、为三角形，二卷为方，三卷为圆，四卷为圆与各边形内外相切，五卷为比例，以下诸卷，各有指归。欲悉其详，原书俱在。是为泰西诸国学徒必读之书。缘无论天文、动植、制造、武备诸学，要皆须此《几何原本》一书，以为之助。

---

① 即希波克拉底（Hippocrates，公元前460—前370年），古希腊伯里克利时代的医师，被西方尊为"医学之父"。
② 即《希波克拉底誓言》（*Hippocrates Oath*）。
③ 即威廉·哈维（William Harvey，1578—1657年），英国17世纪著名的生理学家和医生，发现了血液循环的规律，奠定了近代生理科学发展的基础。
④ 即泰勒斯（Thales，约公元前624—约前547年），古希腊时期的思想家、科学家、哲学家。
⑤ 即毕达哥拉斯（Pythagoras，约公元前580—约前500年），古希腊数学家、哲学家。
⑥ 即欧几里得（Euclidean，公元前330—前275年），古希腊数学家。

算学

近泰西笔算,率多以号字志数,其法自左而右一一横书。十则于一字号末加一〇①,百则于一字号末加二〇〇②,盈千累万,以次递加。如号字六七,即六十七。二〇③即二十,三〇七即三百零七也,此与中国之珠算同理。昔德人雷本尼④,曾言有入居中朝北京之传教人,与之函论中国之八卦,即中国上古之算数号字。泰西自创有代数,算学大盛。嗣而微分与积分继出,尤极精妙。然入算塾习算之诸生徒,亦皆必兼习经商所需之算术。所可慨者,天下万国,度量衡之长短、多少、轻重,各有不同,算术因之亦各有异,若能万国衷于一是,可免如今算术之繁。

代数学

英人棣·么甘⑤著有《代数》⑥一学,近英之传烈亚力译以华文,兼作一序,弁于卷首。考当中国六朝时,希腊人丢番都⑦以此学名世,而印度人亦多精于此学者,然究未识或希腊,或印度之所创始,惟印度代数实善于希腊。今泰西各国所行之号数字,右行横书,十百千万,号皆同一,是亦创自印度人也。至泰西代数一学,乃天方国人穆罕遍谟撒得⑧自印度传布欧洲,西人习便,流行至今。迨中

---

① "一〇",石印本作"一画"。
② "二〇〇",石印本作"二画"。
③ "二〇",石印本作"六七"。
④ "雷本尼",即卷二"辨识土语为考方言之助"一节之"雷伯尼":莱布尼茨(Leibniz)。
⑤ 即德·摩根(Augustus de Morgan,1806—1871年),英国数学家。
⑥ 即《代数学基础》(Elements of Algebra)。
⑦ 即丢番图(Diophantus,约246—330年),古希腊亚历山大学后期的重要学者和数学家。
⑧ 即阿尔·花剌子模(Al-khwarizmi,约780—约850年),波斯著名数学家、天文学家、地理学家。

国前明嘉靖末，法人肥乙大①始创定以字代数，嗣而代数一学，日益精微。凡欲习此学者，须先明加减乘除，方可指示。欲习微分或积分等学者，又须先明此学，以次进求。此学初入中国名曰"借根方"，后伟烈氏译华文时，与华士李善兰酌商，因更名之曰"代数学"。

历学

犹太名博学士概曰"拉比"②。昔犹太国历，由拉比考定者，乃本《旧约》书。而上溯创造天地之年纪为历首。若罗马都城，建于中国周平王十九年③，而罗马国人则即以是年，纪为历首。其希腊国俗，每四年群集赛跑一次，因纪为历，是则始于中国周幽王之六年④。至若敬信耶稣之诸国，自中国汉晋以至于今，率皆以耶稣降生之年纪为历首。夫历学之设，原备取便⑤于农民，而有识之士则言，各国纪历，无不农商两便。缘登列帐簿，非年月日无以别其先后。历学之难，惟在日月行有迟速之不齐，而泰西各国之历，一本节气而不本于月之朔望。如夏至必居于六月之二十一日，冬至必居于十二月之二十一日。计四年仅闰一日，中国则五年有闰月二，似于官禄民租，皆有未甚便者在也。

---

① 即韦达（Francis Vieta，1540—1603 年），法国数学家，著有《数学纪要》。
② 即 Rabbi，有时也写为辣彼。犹太人中的一个特别阶层，既是老师，也是智者的象征。
③ 即公元前 752 年。
④ 即公元前 776 年。
⑤ "便"，石印本无。

稽古学

泰西稽古一学,乃即昔人遗迹,以考其时之风俗体制,如中国以鉴别钟鼎石鼓等类,为博古是也。前时稽古之士,惟考希腊与诸罗马,近则人皆殚力竭思,以广稽各国洪荒之世,如犹太地之西南,有古时以色列民出伊及所经之红海。近有法人掘获《旧约》书中所载,昔法老苦役以色列民所筑兰塞一邑之旧基,其间之断石残砖,犹刻有法老名字,依稀可辨。自中朝道光年间,旧罗马地方,立有一稽古公会,既而各国诸城多仿行之者。其会每岁定期群集某处,或数十人,或数百人不等。至时中推数人,将其处某某往古遗迹,皆为文句读,俾人听,继乃结伴分觅,乐而忘疲,是学之益,一以使己之识见日有加增,一以使古迹流传不至泯灭。

风俗学

风俗一学,乃近泰西格致家所草创。原以备征诸荒岛穷边,其间土人,更无文字书契,莫识其始者皆可即其风俗,而较定其源流也。此学起于好游之人,或传教之士,深入荒岛,远至穷边,见有人民衣食皆异,兼之言语难通,无缘咨访。似此日记既富,要皆返国印售。格致家取而为之,互参慎选,勒部成书。皆各即其婚食丧祭讳算起居,以测定其或为今盛于昔,或为昔盛于今。如算十为盈数,人所习知,乃竟有以七或五与六为盈数者,然皆宜究其前人,有以十为盈数否也。近英人鲁伯格[①]与戴乐耳[②],皆喜查访此学,大著声称。

[①] 即约翰·卢博克(John Lubbock,1834—1913年),英国考古学家、生物学家和政治家。
[②] 即泰勒(Edward Burnett Tylor,1832—1917年),英国最杰出的人类学家,英国文化人类学的创始人。

西学略述　卷八

经济

富国

当中朝乾隆年间，英人斯米得[①]为苏格兰地方书院中之性理教习，著有一书，内专详论富国之本，甚为时人所称许。盖昔人论富国之原，或言多聚货财，或言广辟土地，而斯公概以为非，而惟以民勤工作，为富国之本。其言曰，国俗尚勤，复多机巧，凡有碍于商贾之政，国家皆为铲削无遗，如是必器物坚好，贸易流通，将不求富而自富也。又言富亦非多金银之谓，凡人生之不可缺者，若能民皆家给户足，是即富国。凡君相率宜听民自谋生财之道，莫为遏止。而国家利在通商，切不可禁闭口埠以自囿。倘违以上诸言，则其国所受之损，恐非鲜浅。

租赋

国用之出，由于租赋，而其要端有六，皆为君相者所宜留心

[①] 即亚当·斯密（Adam Smith，1723—1790年），英国著名的经济学家，经济学的主要创立者，《国富论》是其代表作。

也。一国用分民，贫富取之于民，民宜欣供而不怨。民财要皆资保于国，国宜竭力而无疑。二应征租赋之数。责完租赋之时，概有定章，俾民遵守，不可月更岁改，以致纷纭。三责纳租赋，宜择农隙，随到随收，银钱两便。四富国富民，最患中饱报官，输库经费宜少。五租税之公，宜先除其本，后乃计其所得之利，百分中定取几分。六国用惟倚租赋，恐有不足，别自立税征商，亦无不可，然以合于舆情，使民由之而不知之，方为贵也。再凡民日用不可缺之货，宜少征税，如麦、如盐；非民日用不可缺之货，宜多①征税，如烟如酒。

英征麦税始末

昔年英国诸麦皆严禁出口，恐民食之不足也。不禁进口，谓可以平麦价也。嗣后民间机杼日盛，百货兴隆，工匠诸人，均获大利，而麦价如常。农多失望，相与群诉于议政院，请严禁他国麦艘进口，庶俾英农自擅其利。惟时议政院允如所请，出示禁麦进口。考三百年前，英议政院有人言，英地麦价昂贵，而利则多见夺于贩麦之商，爰拟章程，诸城人皆自食其地所产之麦。凡未给与准其贩麦执照者，皆不许运出所居城之四境。后又为麦酌定一极昂之价，倘尚未逾此价额，则概不许由他国来之麦艘入口。迨中朝道光十年②，议政院又以麦价必俟逾此额，所伤实多，爰定入口麦税十九等。每麦一石，价值银十两，以下例皆税银四两，麦价递增，税银递减。若迨每麦一石，价值银十八两时，则例仅税银五钱。今则粮商运货，进英口岸，无论米麦，更无纳税之说，是盖始于中朝道光之二十六年③也。

---

① "多"，石印本作"货"。
② 即公元1830年。
③ 即公元1846年。

英征百货税则

当中国前明末时，英之国用不足，议政院建言征收本境所酿梨、麦、苹果诸酒税，民多不悦，意谓此皆土产，又属本境自酿，非运自他境者，比今乃一体征税，是国家显视己国之民，与邻国民等。而议政院则有人谓，凡自他国运载进口之酒，例皆征税，而本境民所自酿者，即不征税，亦必不自少减其价。其酒既与进口者同价，则税宜与进口者同征，否则恐业免征于民之他税。乃缘国用不足，势必复征，民仍不得沾国实惠。又有人言本国征税于酿酒等处，如使吏往征，则恐吏惧，有损于国，将禁其业主更用新法，而大有害于业主也。迨中朝道光年间，始除免糖与玻璃、胰皂、砖瓦等税。所征者，惟造麦酒之料，并烧酒与纸而已。后又拟定，无论何人，欲贩烟酒等类，计有二十种，皆须预行报明，请有执照，方许开设，每年按其生意赢绌，分别征税。

富民

生民致富其术有四：一曰，分工作。各执一艺，心意精专，积久生巧，时省工倍。二曰，裕资本。资本既裕，佣人自多，如是则不难分工执艺，兼创应用新巧机器。器灵工精，而货价反廉于旧，其售必速。佣人执器既利，货必易成。货成愈多，佣值必倍。货售既速，佣人愈多。三曰，广贸易。远近货物，有无易通。如英国较寒，不宜酿造葡萄酒，故皆购运于法及西班亚等国。而棉布，惟英之工精价廉，他国人皆乐于购取。四曰，运货宜速，运费宜省。运速费省，货值必平。商易出售，民易收买，商民皆利，国亦易饶。如中国北京，民皆以煤代薪，而煤价昂贵，真可号为乌金。其弊即由如三枚钱之实煤，须七枚钱之运费。

国债

当中国南宋之宝佑五年[1],意大利地方之据有威尼斯城之某统领,缘构兵希腊,国用不足,因创设银局,贷银于民,押付执照。照内注明,每银百两。按年付息,银四两,其执照兼听原主转售,此泰西国贷民债付息之始。惟时出货国债之诸富民,公立一官银号。通行银票,有携轻之便,无平兑之烦,有益无碍,商民赖之。此官银号立逾六百余载,直至中国嘉庆二年[2],威尼斯国为法人所灭,始行闭歇。若英国官设银局,创始于中朝康熙之三十三年[3]。亦缘国用不足,税弊百端。惟时国贷民银四百八十万两,每百两按年付息八两。局费每年一万二千两,亦由国家措付官银号,备办银票,公出公入,盛行至今。

钱制

上古聚货为市,以有易无,金银铜皆为货,一体交易,更无等差。中古始次其贵贱,别为三品,又嫌有轻重真伪之烦,爰分铸制为钱,专备交易。各国钱体多圆面印图样,并或载明铸成之年,皆颁自官例,禁私铸。凡持钱买物,价值大者以金论,次者以银论,末者以铜论。若价值极巨,则论以金银等票。计自中国前明时,泰西人民,多赴南北亚美利加二洲,开采金银,逐年运回欧洲。至中朝道咸年间,复觅获美国金山,及奥洲新地,其间金矿尤旺,欧洲亦因之而金愈多。然此上下三百年,而欧洲金银价值,终未见有甚廉之时者,何耶?盖缘金银既富,贸易愈充,业大费多,理无足怪。

---

[1] 即宝佑五年,公元1257年。
[2] 即公元1797年。
[3] 即公元1694年。

河防

防河之道，宜先即河之上游旁凿湖池，以资蓄洩而杀其势。如瑞士国南，皆重冈复岭，河水下流异常迅速，而从无淹没之患者，乃缘有五六大湖，分列于冈岭东西与北。若中国长江上下之有洞庭、鄱阳等湖为之蓄洩，此治河者所宜师也。计法有七人，皆专即旁开湖池，以备水之蓄洩，立论最为擅名于世。至于建筑河堤，固宜坚厚，以备河流冲突，而堤上尤宜使人通行无碍，兼备木椿薪苇，及防堵塞水孔料物。凡相筑岁常漫溢之河堤，其术大抵有二：一逼近河身兴筑，计至水涨及极高度，亦不能逾而止，是乃河岸面狭脚坚处，宜筑之堤也；一远离河身兴筑，以少洩河陡涨猛触之势，是乃河岸面阔脚松处，宜筑之堤也。有治水责者尚慎即此二者而变通，以行之可也。计泰西诸国，其筑堤防河之术，首以德、法、和兰三国为至善（近则美国人之治其米西西比河[①]也，其河道之折曲者数处，皆深通掘其底使归于直，两岸夹筑坚堤，俾束河身，使窄河流自疾，以较前此治河诸法尤善，是以其国人咸谓以此法治河实为得要。然考二十年前英人治大奴比河[②]口亦以此法）。

海防

滨海崖石，其属于华刚等类者，质性皆坚。然海潮时至巨浪排冲，其崖石亦不免日有损剥。是宜外以坚石筑壁，壁下别砌一状，若一靴之曲堤，而计其长逾其高四十倍。似此堤顶，尤宜铺以坚石，兼开有通水之沟，以资捍御。至若一秒时行迨七丈与踊逾高矶，计

---

① 即密西西比河（Mississippi River），美国最大的河流。
② 即多瑙河（Danube），仅次于伏尔加河的欧洲第二大河。

上至十五丈之巨涛，则其来水之多，力之猛，皆非人之所能测度。犹幸凡有此巨涛之处，其沿岸上下崖石质，皆坚实。至于岸根石脚，恒苦于退浪剥削。护此之道，宜测其间水力大小，重筑一与下滩漫接之卧堤，可免此患。假使滨海崖石松脆，则别有卫之之法。在若滨海为土，亦可护以土堤，斜正狭阔，一皆相势兴筑。

法国经济始末

当中朝康熙初年，法之户部大臣哥罗伯耳[①]，有富国以贸易为本之论。故其为政，首重保安本国诸商。嗣有医员该斯奈[②]，睹其国之民生穷困，赋税无常也，爰论著一书，讽诸当道，欲使永除内地省界之征，且听谷麦贩行本国各地而勿禁。迨其殁后数年，法大臣都耳哥[③]竟除内地省界税额，并罢禁谷麦贩行本国各地之条。考该公所著书内，要皆不外乎垦土为生财之本，而以商人经营自肥，无益于国。又分国之人民，列为三类。一庄头，并治田佣人，所以耕收谷麦；二地主；三工匠及诸仆夫之属，所食谷麦，皆出于庄头，及诸治田佣人。如果地辟农勤，即地征租，国用自足。时法众皆是其论，故有履勘地亩之事。今详该公意在重农轻商，欲富其民，而先忽除货物出入口岸之利柄，其失显然易见。迨中朝嘉庆时，法人赛者弥[④]本英人斯米得所著之书，言贸易随时盈缩之故，其论一畅，而该氏之学中衰。

[①] 即让-巴普蒂斯特·柯尔贝尔（Jean-Baptiste Colbert，1619—1683年），法国政治家、国务活动家。
[②] 即弗朗斯瓦·魁奈（Francois Quesnay，1694—1774年），法国"重农学派"的创始人和重要代表。
[③] 即安·罗伯特·雅克·杜尔哥（Anne Robert Jacques Turgot，1727—1781年），法国杰出的古典经济学家，18世纪后期重农主义理论卓越的贡献者。
[④] 即让·巴蒂斯特·萨伊（Say Jean Baptiste，1767—1832年），法国资产阶级庸俗政治经济学的创始人。

意国经济始末

考意大利人,当中朝康雍之际,其以经济素裕自命者,所论皆同于法,即中一人名曰非利①,常论米兰一城,计曾属西班亚辖理者二百年。惟时市井率多凋弊,盖缘西班亚人立法未善,而条例多偏也。嗣非公自著一书,内极言谷麦贩行各地不税之便。嗣有名法斯哥②者,著有一书,以究论如何可免国有乞丐。后又有加·拉·角利③著书,言西西利一岛,昔素号称腴壤。当罗马立国时,此岛固有罗马老仓之目。今所出竟不敷本地之民食也,何故?欲救其敝,宜以除谷麦贩行本境各地之禁为首。至于并准载运出口与否,是在执政诸人,随时酌办。若近日意人觉亚④,则言国家宜修治路途,以便行旅;分立法司,以省讼费。创建大公书院,多集书史,纵人入览勿禁,以及博物植医诸学,皆须加意整顿,嘉惠学者。

筑路

昔罗马人所筑之路及今越二千年,尚有⑤数处如常完好,通行无碍,则当时工作之坚美可知。兹考其路,率铺以石相接处。无论圆方,多皆恰合无缝。间有微缝,则填以灰石,而下又先以碎石及缺砖破瓦诸物,筑入地内为基。路皆中高,人行于上,而车马则皆

---

① 即佩德罗·韦里(Pietro Verri, 1728—1797年),意大利政治经济学家、改革家,著有《政治经济学沉思录》《米兰史》。
② 即乔瓦尼·巴蒂斯塔·瓦斯科(Giovanni Battista Vasco, 1733—1796年),意大利经济学家,反对行会,主张贸易自由,著有《论行乞的原因和消除这种现象的方法》。
③ 即乔·里·卡尔利(Gian Rinaldo Carli, 1720—1795年),意大利经济学者,重商主义的反对者,著有《货币和意大利造币制度》。
④ 即梅尔奇奥雷·希奥亚(Melchiorre Gioia, 1767—1829年),意大利北方作家,主要从事经济研究。
⑤ "尚有",石印本作"尚未"。

旁行于下。至今泰西诸国所筑之路，率多平直①，皆约高出于两旁平地。其路每计至十丈，面斜足尺，即可备诸雨水下流。若十丈之路，而斜面已至三十五尺者，尚无碍于车马通行，过此则多有不宜者矣。此路下皆平铺碎石为基，乃复以人力敲击。俾无重及六两之石块，排覆于上，一任车压马踏。中微高而旁皆渐下，以便雨水流赴于沟，大凡其路之两旁皆有通沟故也。

船制

昔希腊罗马之人，创制舟舰，率皆两旁置桨荡运。当中国前明，法与西班牙之船，尚有以桨荡运者。如隆庆时，威尼斯与土耳其构兵，其战舰皆以桨荡运。万历之际，英国共计有篷行战舰四十二只。嗣而英、法、和兰三国，皆搜觅新法，改制战舰，更相夸耀。每值有争战，凡遇掠获敌人巧式船只，即行运回本国，转俾工匠，使之依式仿制。迨中朝乾隆末年，英京伦敦，立有制船新论公会。其会例如有能独运巧思，著一制船新论，而微妙高出于众者，则酬以奖赏若干。嗣此船制之精，日胜一日。及至咸丰末年，伦敦又创设一会，凡善论重学，及制船法者，均多喜入此会。而每岁择其论之尤善者，发印出售。惟时又有瑞典人扎波瞒②，著一制船新论，大获声誉。

---

① "平直"，石印本作"平置"。
② 即弗雷德里克·查普曼（Frederick Chapman, 1721—1808 年），瑞典著名的造船专家、海军军舰设计师、海军上将。

火车铁路

　　凡营造火车铁路，较马车路所费实多。缘地面高下不一，有须绕行之处。而火车迅速，势难旁转，故必铲高填下穴山桥沟，以及建驻火车公所之处。即其中之穴山一役，尤非易易。如势不获已，必先遣素善地学之人，往察其间之石层何若，泉脉何若，然后量山计工，刻日兴作。而穴道中常苦黑暗与湿，故又必向上多穿露天直穴，取明通风，然终于传达电线，多有阻碍，是以遇高不至八丈之山，则穴之不若分之之为便也。当其开凿之际，凡所应运填山外凹处之砂石，如其程远仅十丈，运以步车；远逾十丈，运以马车；远逾一里，则将备修火车路之铁轨条，暂①假旁置，以引运之。凡砂石经人开凿运填他处，其体加涨约较大于其②原体四分之一，而新路之上下两旁，务宜③多开泄水之沟，最为紧要。考泰西铁轨一法，创始于中朝康熙年间。以木为胎，上直铺钉平厚铁片，而方向无定。人多患其不便，后乃改为近日所用车轮旁倚铁轨法。

户口

　　昔罗马稽民户口之法，例使其人详书己之年岁外，并其妻子奴仆之名及各若干岁财产，计有多寡，皆登列纤细无遗，末作誓言，以为无欺之据。倘后查获其中有藏匿隐瞒之实，则尽没其所有，仍笞其人。而官卖之为奴，其立法若是之酷，乃缘国家皆凭其人自书者征税故也。至于近日英国稽民户口之法，每一户付与户口单一纸，亦例使其人详书如上。户口以百分计，合英境之六十一大城中，当

---

① "暂"，石印本作"其"。
② "其"，石印本作"暂宜"。
③ "宜"，石印本无。

中朝嘉庆时，其间居民计约有百分中之二十四分。至咸丰年间，则其间居民已计约有百分中之三十五分也。兹将英民册内之数，匀分有二：一劳力而得食者，一不劳力而得食者。其劳力而得食者，又中分为二：一则如儒、如医、如商、如兵；一则别分五类，每类人数皆在百万上下：一仆婢、二织工、三衣匠、四农夫、五治田杂作佣人。无分男女如工之一道，宜男为者一千零五十七种，宜女为者七百四十六种。泰西之法，各国皆至十年即合计民数多寡登册，而如上考较一次也。

西学略述　卷九
工艺

绘事

泰西绘事始于伊及。当中国商朝之时，伊及人皆盛尚绘事，凡房壁石棺以及刀剖蒲片，莫不绘诸动植之物，灿然可观。如欲绘一壁，必先涂以石灰石膏，嗣方胶和诸色绘画，以免脱落。迨中国春秋末时，希腊人之以绘事擅名者尤多。惟时始获悉，画之有明暗阴阳，故凡所画，无论鬼神、男女，其彩色皆视若高凸于纸之上。至宋元之际，意大利人乃改以油代胶，即其中有一人名曰拉发夜[①]，绘事精妙，冠绝古今。所画则率多新、旧二约书中故事，如绘诸获善报之人，使人望而生羡心也，又为人传真其神貌，无一不逼肖者，加以布景超妙，位置适宜，诸名画家，无出其右。今其遗法，已遍行欧洲之各国矣。

雕刻石像

考以石雕刻人物诸像，其初盖始于抟蜡及若以石膏或以土泥，

[①] 即拉斐尔·桑西（Raffaello Santi，1483—1520年），常被称为拉斐尔（Raphael）。意大利著名画家。

抟作人像，入火炼之，俾坚如石。昔罗马国俗，概喜以蜡肖其若祖若父之像，列奉于中庭。然时伊及国人，率以牛鱼等物为神，已先有以石雕成之诸像，多极精妙。至若希腊国俗敬信鬼神，而以为鬼神①形状要皆与人无二，故竟觅美石，即中国之号为汉白玉者，雕诸神像，奉以祠宇，一若印度人民之以土塑佛，与诸菩萨而严奉之也。近泰西诸国刻像之石，皆以意大利之加拉拉②地方所产为最美，而像则以希腊人所雕者为极佳。按今奉西各国，其博物院中诸石像，无不推古希腊人所雕为第一。若希腊人非底亚斯③，其灵心妙手，今古无匹，尤喜以石雕诸鬼神之像，见者立生敬畏，莫不肃然。惜其著名遗刻，今皆荡无存者。惟英国博物院中仅有古亚典城之巴底嫩大女神庙壁所嵌石平面上诸像，实为非公手雕。今详察所雕其人之五官四肢、凸凹长短巨细等处，皆与生人无毫发异，则非公之揣摩精到，概可想见。

营建宫室

欧洲诸国上下数千年以来营建宫室，其制历代皆多更易。古人穴居于山，仅避风雨，嗣乃渐刻穴之两旁石壁，作诸人物形状以美观瞻，继之又久，人民才识愈益开充，始则土阶茅茨，既而画栋雕梁。考昔希腊人以石制宫室，其间要皆多列石柱，多镂花纹，故时营建宫室之匠，即此镂穿石柱之人。营建宫室法，通于算，而《几何原本》点、线、三角、方、圆诸形之学，创自希腊，是以营建宫室之善，亦首推希腊也。近泰西诸国，营建宫室，其制半遵希腊、罗马遗法，门户层层，其上或平或圆，以象洞顶半遵。当中国赵宋

---

① "而以为鬼神"，石印本无。
② 即卡拉拉（Carrara），意大利中北部城市。
③ 即菲狄亚斯（Pheidias，约公元前480—前430年)，古希腊著名雕刻家、画家、建筑设计师。

时，所建耶稣会堂遗法，则其上撮以象林头。昔当耶稣未降生以前，有罗马人威得路斐[①]，善论营建宫室制度，今其遗书十卷，人犹遵守奉若指南。

作画要诀

当中国前明正统年间，有意大利国数人，创著作画之书，内言作画，其要须先悉光、算二学，庶免差误。凡画作向平面，于若纸若壁之上，欲使其远近高下，秩然不紊，人物位置，各得其宜者，务先求明光学家，所言诸物面点，皆有光射作直线入人目中，与算学家言诸物直射光线，皆末合尖角来入人目同理。如人目见一树，乃此树自本至末间权纵横，其面点皆如其形射作光锥，来入人目。若有二人并立而视，所见物同，而物之光锥来入人目者，更无一同也。如人居暗室，试于壁上向外透穿一孔，窥诸壁外之物，复于己目与壁孔之间隔一玻璃片，而以所见壁外诸物一一皆描画于此，玻璃片上如能映取无差，可明诸物面点皆如其形作光锥来入人目之理，是亦皆本于算，详列如左。

一凡人视物，其上下两端中间之角大小，率由该物离人近远之度，近则视大，远则视小。

一凡视物愈斜，则其间之角愈小，愈正则其间之角愈大。

一凡布画人如欲其间诸物之近远斜正，皆得其当，宜合上二则方位推研精详，方无错误。此论与中国之工笔界画一法最近，而写意一法，即括于中，神而明之是在学者。

[①] 即马可·维特鲁威（Marcus Vitruvius Pollio，约公元前 75—前 25 年），公元前 1 世纪古罗马著名的建筑学家，著有《建筑十书》。

镌金

《旧约·出伊及记》第二十八章，内有铸兼金为匾，以镌印法镌字于上等语。观此，则当中国商朝太庚之时，欧亚二洲界相毗连处，已有镌金之说。观此则知彼等能镌字于兼金其法，为得自伊及更无疑义。且昔伊及送亡，多有以镌字之兼金器物并殓入石棺者。若希腊人，则以镂画地图于黄铜板上，为其镌金之始，而印度人买卖地土所镌之契，亦以黄铜。今英京尚藏有当中国西汉时，印度人买卖地土一黄铜契也。迨中国宋元之际，凡欧洲诸国大会堂内，遇葬一生前名望素著之人，例即将其遗容与其事迹略述并深镌于一黄铜板上，以防践灭，既而当棺平嵌地面。至前明成化间，泰西始创印书籍，而镌金之法一变，爰皆反镌，以便刷印。

创雕木板印诸花样

当中国前明初，雕木板印之法，始西流传欧洲诸国。惟时之法国君主首创一玩具，若中国叶子戏，雕木板印以备娱乐。其间色状有二：一为象诸物形，一为数目号志。其数目号志者，名号志叶计共四付。此戏未久，即大行于欧洲全土。盖缘传印既速，为价甚廉之故也。嗣而多有依《新约》书中之诸故事，雕板传印，悬作画图。今欧洲板印之画，其最古者为中国前明永乐时板印《耶稣幼倩人负渡河》[①]一图，原为黏饰书帙内面用者。考泰西诸国，当创雕木板，印诸书籍时，其间多杂印有图画。未几，活字板兴，其始以笔画著名者，见雕木板印所出无穷，遂亦投笔捉刀，尤易精妙，因而欧洲板印之艺益隆，如近诸新闻纸内，多间有画图在。

---

① 即《圣·克里斯托夫》(St. Christopher)。

雕蚀钢石

　　钢板或雕以刀，或蚀以药，其法一皆如铜钢质坚，较胜于铜，故板印率多出千百纸而后弊。凡拟刀刻，则宜取用柔质之铜，俟成可别以法，使其加坚。蚀玻璃法，先向玻璃一面遍涂以蜡，后于蜡上以针挖刺，作诸花样。惟时将硫磺强水，倾于其上，复取紫石英精所成之强水，散斟花样间。越二时许，倾去，并蜡刮画，别拭以松香油，则其上之花，焕然呈①露。若镌刻宝石花样，有凸有凹。在昔希腊、罗马、希伯来诸国盛时，其镌刻宝石花样多凹。缘时富人爱以之饰衣或指上，兼作印记用也。其石如红砂、青碧、紫宝石、黑玛瑙，皆是或以钢制刀锥等器刻之，或以铜末夹有金钢石诸器刻之，而金钢石末尤宜以油蘸涂刀口，为助刻宝石之用。近则创机状若旋床，横施刻刀，以石附，近为工甚速。其刻刀形式不一任人临时酌用之也。至若诸石凸刻花样，泰西古今人皆重之，如今奥京非也那②与法京巴黎斯二城之博物院中所存二千年前之凸花石玩甚多。考古人爱以凸花石玩饰酒杯，今意大利人则以红质白章之凸花石玩为最贵。

刨雕金质板印诸花样

　　欧洲雕铜板印之法，约创兴于中国前明正统景泰时，或云始于德邦，或云始于意大利国，均无确据。惟时金工坊内，有刀镂银板，即其凹处，均填以白银与铅制成之黑色料物，使其色可有明暗之别。似此刀镂银板，工匠多先屡以柔土和水抟泥，择填入银板凹处内，

---

① "呈"，石印本作"成"。
② 即维也纳（Vienna），位于多瑙河畔，神圣罗马帝国、奥地利帝国、奥地利共和国的首都。

俟燥，取下，以便详察美恶。继复镕化硫磺，倾于此泥模面，既而上复加灯煤与油，以辨其明与暗，要皆何若后有意大利人，始创上加水湿之纸，木杖滚压以取图样法也。当正统年间，德人始有以黑色料物填入铜板凹处印画之事，时或有德人越入意大利国境内授以此法。今英京伦敦博物院中，收贮德意及他诸国之铜板，所印图画极其繁富。

铜板增妙

当中国前明中叶之际，德人都雷[①]精于绘画，以至刻石雕铜，皆能创发前人所未发，至于取用化学家药，以助剥蚀铜面一法，实肇自都公，故其雕铜尤擅今古妙手。和兰人亦多精此艺，其间著名人林伯兰得[②]素长于油画。每出一纸，人争购之，嗣而改秉铁笔[③]，雕铜板印，亦复异常生动。至若英国雕铜板印，始于中之清初，然犹须向邻国聘请工匠。至乾隆时，英人始能自行捉刀而多喜雕作山水等状。不数年，习此之人艺益精，进堪与邻国并驾齐驱。如和加耳得伤[④]，国人之相尚以奢也，因自作画多张，尽情描写有伦有次，手镌于铜板上印售讽世，其间人物神彩无不生动，人竞珍之。

[①] 即阿尔布雷特·丢勒（Albrecht Durer，1471—1528 年），生于纽伦堡，德国画家、版画家及木版画设计家。
[②] 即伦勃朗·哈尔曼松·凡·莱因（Rembrandt Harmenszoon van Rijn，1606—1669 年），简称伦勃朗，欧洲 17 世纪最伟大的画家之一，也是荷兰历史上最伟大的画家。
[③] "铁笔"，石印本作"镴笔"。
[④] 即威廉·荷加斯（William Hogarth，1697—1764 年），英国著名画家、版画家、讽刺画家和欧洲连环漫画的先驱。

制石印法

　　石印法，惟先以油质物勾画石面，嗣取化学诸药，重行点染，非如木铜钢诸板之须雕镌也，故取印木板墨涂于凸，取印铜钢诸板墨填于凹。至若石印墨则平涂，而石印之石，计诸国所产，以德产之内有灰质者为佳。似此内有灰质石板，皆约厚二三寸许。其石面有磨使正平者，有筛沙于上，治使稍粗者，如界划①之画，宜借正平石面印写意之画，则借稍粗石面印也。凡石印之画笔料物，有白粉石，有蜡，有胰子②，有牛油，有二种树汁，一名舍拉哥③，一名马斯底④，又有油灰和成其色，以上诸物并入一器中，覆盖严密，向火熬匀，倾于笔形模内，待凉收用。若拟向稍粗石面上作画，即先以此笔布就，亦有以此诸料物制墨挺形，用时研末，蘸以毛笔画者，皆嗣⑤取次等硝强水，复加水和倾于石面，是与反酸物合，而不消化于水中，继又以水和亚拉伯树所出之胶汁，倾向石面。追倾去时，石面之画虽涤以水，不少漫灭。盖缘白粉石能不消化于水中故也。印时先以水润石面⑥，而画处间有油质者，则仍燥如旧，当以墨杖向石面，滚压之际，惟画处有墨，而四下水润处，更无少墨，乃以水湿一纸，平铺于上，移入压书之夹，即成一画，如是滚墨铺纸，压印百千无穷。

---

① "划"，石印本作"画"。
② "胰子"，石印本作"姨子"。
③ 即苏合香脂（Storax Balsam），希腊、叙利亚等地所产苏合香树之树脂，将树皮切开而得。
④ 即乳香树脂（Mastic），地中海沿岸所产漆树科植物之树脂。将树皮切开，树脂即流出。
⑤ "嗣"，石印本作"铜"。
⑥ "石面"，石印本作"石笔"。

乐论

　　乐本于器器之音,生于颤。泰西常有人将沙匀布于诸玻璃片上,而以机摇诸玻璃片,使之颤动,有声则见其上之沙皆走,聚成各类等势形式,此可征明人之耳闻目睹,皆有相关之处,是以言语韵分高下而成诗,音节声有短长而成乐。乐之品二,一属器奏,一属人歌,二者相逐而发,方致洋洋盈耳之美盛。且天下之感人性情,易人思虑皆莫乐若者,如挽歌闻而乐者悲,金鼓震而懦者壮也,然与风俗亦有相关相囿之习。此国人闻彼国乐,则不若闻此国乐之易感也,远甚,在泰西诸国其乐之最易感人者,要以追随国主颂祝之乐为首。

乐考

　　乐之始,不可得考而知,乃昔罗马著名善诗之人卢革来底[①],言人[②]闻鸟之和鸣而效之,是即歌吟之始,而农夫闻风过芦,业自成天籁,爰截作管吹以象之,是即笛箫之始。若罗马之俄非德[③],则言上古山林,有一女神,化身为芦。借风而吟,闻者莫不流连,乃相与截取此芦,制为乐器。按《旧约》书载有亚当七世孙犹八实为鼓琴品箫者祖。若希腊人则言,乐始于伊及。按《摩西出伊及记》内有先知妇亚伦姊米哩[④]暗手执鼗等语。凡乐约有二类,一以敬神,一以娱宾。然古人乐歌,人众音一。至中国赵宋时,而高下四等相合之

---

① 即卢克来修(Titus Lucretius Carus,约公元前99—约前55年),罗马共和国末期的诗人和哲学家,以哲理长诗《物性论》著称于世。
② "人",石印本无。
③ 即奥维德(Ovidius,公元前43—公元18年),古罗马诗人。
④ 即米莲(Miryam),今名"玛丽"即源于此。

音谱始定。是古人知一音合之佳,至后人知四音合之佳也,鼓风琴者亦遵此理,按诸牙牌择合四音以成乐。泰西乐器,首重风琴与非约林①。缘风琴,乃合高下诸音乐器之主,非约林为孤音乐器之君也。

圣乐

凡圣乐②有词义明畅,宜作于会堂中,而俾众人合唱者,有曲调弥高,如意大利国所创之《俄拉多略》③,是须谨择数善音家合唱者。当中国前明中叶,有意国弗罗连城人非力·乃利④,见罗马人民皆崇尚圣乐也,因筹得一策,广聘善诗善乐诸名家,分拈新旧二约书中故事,制诸乐调,其间有只一人独唱者,有以二人作一唱一和者,有三人轮唱,或四人高下其音,一时合唱者如《三友慰约百⑤》《耶稣降生》⑥,皆其乐目,继复以重币招徕善音与善乐器诸人,集于会堂,按日喧奏。惟时人皆争把金钱卖座入听。未几,此风遍于欧洲。嗣而多另创建乐园,备聚多人,列听圣乐。计其中著名之德人韩德勒⑦,后又有海敦⑧与摩杂得⑨,以及门得孙⑩三人皆铮铮有声者。

---

① 即小提琴(Violin)。
② 即清唱剧(Oratorio)。
③ 即《奥兰多》(Orlando)。
④ 即圣菲利普·内里(Philip Neri,1515—1595年),罗马天主教神学家,反宗教改革运动的重要人物。
⑤ 即约伯(Job,生卒年不详),《圣经·旧约》中的人物。
⑥ 即《耶稣诞生》(The Nativity Story)。
⑦ 即亨德尔(George Friedrich Handel,1685—1759年),全名乔治·弗里德里希·亨德尔,英籍德国作曲家。
⑧ 即海顿(Franz Joseph Haydn,1732—1809年),全名弗朗茨·约瑟夫·海顿,又译海登、海典,奥地利人,维也纳古典乐派的奠基人,交响乐之父。
⑨ 即莫扎特(Wolfgang Amadeus Mozart,1756—1791年),全名沃尔夫冈·阿玛多伊斯·莫扎特,奥地利人,欧洲古典主义音乐作曲家。
⑩ 即门德尔松(Jakob Ludwig Felix Mendelssohn Bartholdy,1809—1847年),全名雅科布·路德维希·费利克斯·门德尔松·巴托尔迪,德国犹太裔作曲家。

演剧

演剧排场分有二类,一为一人登台独吟诗,一为数人登台连吟诗也。而数人登台连吟之排场,在泰西诸国,规矩又各不同。如意大利人,名此曰俄贝拉①,当演时人皆衣饰种种,登场吟诗,乐音间作,节其高下,三者相辅而行,各有意旨。缘饰能动目,乐可悦耳,诗足警心,合而出之感人为易。此乃当中国前明万历年间,创自该国之弗罗连城,推原其始,亦由古希腊国之词曲中得来者也,继而渐次遍于欧洲。迨中朝康熙间,此戏始传至英京伦敦,时德京亦盛兴此戏,计其善制此戏诗人,约十余辈。近欧洲演俄贝拉诸人,分有二派,一各国土人,自习出演;一特聘意大利人出演。如果有才技出众者,则无论籍属何国,皆不数年,即可致富。

气机

二百年前有英人曾借风气压力,创制气机。其法乃将一中空筒,置于有水釜上,举火于下,使釜中水渐化为气。而中空筒内,有一活塞。此活塞上为风气压紧,四周更无微孔容风气入,乃活塞上加有数寸水故也。活塞上复连于一横杆之左端,而该杆中托于倚点上右端,下则别连一立杆。其立杆下连有重物,其重数多寡,一以堪拽上左端之活塞为准。当活塞拽上之时,即启机俾下②釜中水气升入空筒,复即转机。将冷水由水孔转入筒内,水气立复下化为水,其上遗空处,风气极少,活塞亦即为上风气压下。时横杆右端处之立杆下,钩有一盛水器,即随立杆而起。其高起尺寸,一准活塞之压

---
① 即歌剧(Opera)。
② "下"后,石印本有一"于"字。

下度数。惟时即将水气所化之水，复由出水孔转出。嗣有一司机小儿，嫌此三孔之机启闭犹须多费人心力也，因见上横杆时时起落无爽。爰思得一借上横杆力，外加小杆二，一立一横，使能自行启闭之法，后瓦得乃因旧法创新式，使水气别化水于一柜内，乃转冷水入柜，而不入筒也。此柜受纳水气与中空筒之受纳水气时同，筒柜互相连属。故筒中水气化水，亦与柜中之水气化水同时也。如此庶筒中无冷热，或偏之弊，则水气化水必速，气机亦必得多数倍力之益也。筒上复加有一盖，其立杆孔穿处，以膏调乱麻，盛一盒内，置近此立杆处，备阻水气，使不得出。而活[①]塞上别有通入水气孔，可代风气，将活塞压下，活塞上连之横杆。遇需工多时，可使加长酌添立杆二十、三十不等，每一立杆司一工艺，各不相混，斯皆犹百年前之旧式，而今增之新式益复多多矣。

棉布

上古希腊人名希罗多都者，曾言印度有树能自生毯，土人采取，纺织成布、制衣等事。嗣其法渐流布，传至伊及。迨中国赵宋时，意大利人多与印度人贸易相通，故其国亦悉采棉纺织诸工作。然此艺原创自印度，而所成之布，仍推印度为精致焉。其时又有回人种棉于西班亚地方，机杼亦盛。惟所成之布极粗，仅堪备船之篷帆用也。后和、比二国得此工艺于意，而英又得此工艺于和、比二国之人，至是纺织渐盛，几遍欧洲。迨中朝乾隆年间，有英人亚革雷[②]创一新式纺器，以数横杖往来平滚。嗣又有人改为自行机法，以纺线拧杆八枚，继加至八十枚。今则或多至六百枚与一千枚，均无不可行列架上机动自旋，只一小儿女，旁司续诸断线之事，后人增添器

---

① "活"，石印本无。
② 即安克莱（Richard Arkwright，1732—1792年），英国工业革命时期纺织业企业家，1769年制成了水力纺纱机。

机[1]愈加灵妙。至嘉庆初年，英人加得雷德[2]，始创制有以机代工织布之器。自此器出，每价值一钱银之棉，可成价值二钱银之布。若非以机代工，布价何能如是廉也？

麻布

上古时伊及国人死，例以细麻布裹尸埋葬。近人往往有掘获于古墓中者，见其布裹层层，依然完好。迨行开视尸初，亦似未朽，肢体备具，而转瞬间，即化为灰。考当中国宋仁宗时，今属于英之爱尔兰岛，其人民俗，亦尚织细麻布。迨中朝雍正年间，英始创有以机代工织细麻布之器。惟时漂白布法，亦较胜前人。细麻布，英语名曰利年[3]。而同时英吉利与苏格兰二地人民，亦大兴织用利年布。泰西治麻之法，不以水沤，一可免抛弃物料，一可免臭气迫人也。今英之利兹城，织细麻布机器局，设有多处。大者，一房计周广十二亩，以五十柱分擎房顶上，洞开六十六天窗。似此机房，多以妇女司其机事。至于以麻织线法，不同于棉毯与丝，须先湿以水。若湿以热水，则得线愈细。今凡篷帆帐幔，褌单夏衣，多借赖此利年布而制就之也。

绸缎

当中国春秋末，希腊人常市丝于亚述国，归以织绸。盖惟时巴西国王，与其贵宦富商，身皆衣绸。希腊人见而欣羡，故师其法而

---

[1] "器机"，石印本作"机器"。
[2] 即卡特莱特（Edmund Cartwright，1743—1823年），英国神职人员，1785年发明了自动织布机。
[3] 即亚麻布（linum）。

欲效服之也。按巴西开国之初，为姬周景王之世，而巴西东界葱岭，较近中国，货物易通，是织绸一法，久已由东传入西国。当李唐世，有自希腊来中国传景教人，归述中国有养蚕治丝之事于其君茹斯底年①。后即承②其君命，复来中国购觅蚕种，盛以竹筒，携回希京，埋向粪堆中。迨蚕出时，饲以桑叶，选拔希之织工聪俊者，教以缫丝织绸诸法。嗣越六百年，始有意大利人得缫丝织绸诸法于希腊，未几复传至西班亚及法国。今泰西绸缎，首以法人所织为最善。若以丝织为绒，则较诸绸缎，价昂数倍。亦有以丝与羊毳合织者，惟起花作③绉诸锦纱。今泰西所出，尚有数种，未及中国精妙。

织呢

　　织毳为衣，其风最古，至以板压毳成毯，在昔人亦应知此法。盖昔人未制有纺具时，乃以手捼成线，其疏毵，则以大蓟花头代梳。凡无棉与蚕桑之国，莫不剥皮织毳，为衣蔽体。古希腊罗马时，男女率皆衣绒，均取给于其家中妇女之手。后和、比二国人民，学织为呢，创运出售，而西班亚亦同时竞尚此技。既而若意若法，皆有以织呢为业者。迨中国赵宋时，和、比二国，河决为患，有业织呢之人，播迁至英。英嘉其艺，爰复遣人，赴和、比地方，访聘呢工数人，来英开织。阅元与明，呢出愈倍。考呢须经三十二道手而始成，今英呢成于人工者少，大半皆出于机器也。乱毳初运至织房时，人即其粗细为之详分品第，率十余等。要以西班亚所产为极细，而以英属之一地方所产者为极粗。今计英一国，每年约出银三千万两，购毳一万五千万斤，织呢出售，可得价银九千万两呢工人数，约在三十三万人上下。

---

① 即查士丁尼一世（Justinian I，约483—565年），东罗马帝国皇帝，527—565年在位。
② "承"，石印本作"奉"。
③ "作"，石印本作"今"。

镕铁

当中国魏晋禅代之际，英地尚属罗马时，有开掘铁矿之事，嗣而再举无闻。直至赵宋朝，英地人民，始复有开矿取铁，以钢制诸刀剑，及人马被服之甲胄等具。每值征伐，一武职，即有一铁匠随从，专司整治攻战器械。惟时所建镕铁之炉，有高至六丈者。其法以铁矿与灰石及水火炭，并纳入于一垆。灰石有制铁矿速镕之能力，其铁矿内之硫磺砒石诸杂质于未入垆之前，皆先以之入窑火迫使去，而垆外鼓风助火，宜机器不宜水轮。缘有时掘地求水得否，竟难预定。而机器需水无多，可免机驻风停之患，然机中活塞起落，亦时恐有停阻。致鼓入之风不恒，于是垆口处，别以土石，砌一空中圆柱形之理风室。当风来入时，缩力甚紧，既归此理风室内，立可散涨如常，庶使入此垆鼓火之风有恒无变。又有一省煤法，先使风气热至三百度，则垆中火力，冬夏如一。前法鼓冷风入垆，计以八顿[①]煤，方镕成一顿铁。此法鼓热风入垆，计镕成一顿铁，并先使风热所用仅只须煤五顿余也。再风如热至极度，自能借生煤镕铁，更无须借助于水火炭。凡气机之鼓风筒，其至大者，宽一丈二尺，每一点钟时，烧煤一顿。再当铁初镕时，其由水火炭所得炭质，多少不等，倾模铸器，是谓生铁。若复以法，将其中炭质，并养气提净，是谓熟铁，制成铁条。凡拟将之作杆、作丝、作钉、作片等件，均就压机，依法压成，无不如意。

---

① "顿"，即"吨"。

黄铜

　　红铜合于倭铅即成黄铜。当古罗马时，人尚未知炼取倭铅法。惟以炭与红铜并倭铅矿（西语名加拉珉①）合入一垆时，倭铅②矿所出之倭铅，自与红铜合而成黄铜也。其法先以大块红铜镕汁，倾于水中，散凝如绿黄豆粒等形。嗣取倭铅矿即倭炭强盐击碎，合药入火烧炼，待其质失，殆将及半，则凡此矿内之水气，与炭强气略已炼净。乃以前镕汁倾水之碎红铜四十五斤，炭末并倭炭强盐末各六十斤，搀入分倾，盛于八瓦器中，别加碎黄铜片四十斤，复镕倾入一石器内，俾成扁式长五尺半，计可得黄铜一百零八斤。而其他③青白诸色之铜，亦如是法，镕倾入于一铁模内。惟准所合入之红铜多寡，成此诸色。近则不复用倭铅矿，而取用倭铅。其制合黄铜斤两镕汁，倾水之碎红铜五十五斤，碎黄铜片五十一斤，倭铅二十四斤，分入四瓦罐内，炼之以火，计四斤可得净黄铜二斤八两。

金线

　　凡制金线均先以一扁银条锤击使长，嗣裹以金，置炭火中加热抽牵。迨细如毫发时，将之排缠于丝线上，即成金线。其制银裹金加热抽牵诸法，初惟购一银饼，以白色炭火镕化倾入铁模或红铜模内，俾成一扁条，长二尺，宽二寸。继复向火炙至红热度，击之以锤，待百分加长二十分时，则逐穿向一钢板诸孔内，均以气机抽之，使过此铜板上有十孔或十二孔不等，要皆大小递降。迨银条逐次穿抽已遍，渐自阔减长加，后乃拭净裹以金页。其金页之大小厚薄相

---

① 即锌（Zincum）。
② "铅"，石印本无。
③ "其他"，石印本作"其地"。

若，而裹数多寡，即后所成金线贵贱之品第，泰西诸国武员及豪富人衣上盘饰之金线。其初，银条皆率滚裹金页有三十层之多，至运赴印度及中国各口出售者，其初银条滚裹金页不过仅及十层而已。当银条滚裹金页毕时，包以纸，缚以绳，置向炭堆火心处。迨纸绳皆焚，条金均将红热，即以血石排磨以去微孔风气，且俾金页银条愈紧贴合，至冷涂以蜂蜡，再向板孔穿牵其板。昔惟以钢[①]制计银，每两可牵长至三百丈。今间有易以穿孔之红宝石者，则每两银竟可牵至三四里长，而细逾毛发矣。虽其细已甚，而以重十二两之物，平加于此悬空，一如毛金丝上，仍无损断[②]之虞也。

葡萄酒

欧洲凡居近地中海之诸国人民，率多以酿制葡萄酒为业。如法人酿制红酒最为美善。其法当葡萄收熟候，聚集多人，去其枝蒂，择美满者别置诸大桶内。每计堆高至十五寸，即浇入烧酒二加伦，如是迭堆迭浇。迨盈桶时，复以烧酒精四加伦，加浇于上。凡浇加烧酒与烧酒精之多寡，概视其岁收之葡萄美恶为准。如所收恶劣，则烧酒与烧酒精，皆宜加多，庶可使之高发起沫。若其岁葡萄不甘，即加以糖，继乃严密封盖，勿俾少透风气，计每桶可得葡萄酒三十顿或三十六顿不等。然须待至逾月，先以铜机一付，置近桶旁，由上下计至三分之二处，穴视沫已起足与否。如沫足酒凉且清，则即将之分倾入小桶内。惟时复收取葡萄，则无论美恶，并其枝蒂和入酒渣如常，命工踏之以脚，亦别分置诸桶内。至尚距桶口一尺处，即止以备流溢，上覆以盖，听其自发起沫，凡葡萄之蒂皮与子，时皆浮上，名曰酒帽。每日二次察视，待至八日或十二日，酒只一

---

① "钢"，石印本作"铜"。
② "损断"，石印本作"捐断"。

凉，立即分倾于小桶内。若少缓，则酒帽与酒底处之恶味，必将杂入。少早则沫未全发，必转壤于小桶内也。当此酒倾入小桶，例仅使及小桶三分之二或四分之三，即止再取上所言加有烧酒并烧酒精者，和入斟满，重行封固。复待逾十八月，方可向小桶旁凿孔抽尝，饮毕即严塞之。

玻璃

当中国夏朝时，伊及人例以麻布裹尸埋葬。近时有人掘获展布阅视间，见近尸处，有蓝色玻璃片，兼有裹诸杂色玻璃珠者。迨后汉之际，玻璃皆制出于亚利散太城，而其法渐传于意大利，于法，于西班亚诸国。至前明中叶，英国人民渐次尚制玻璃，届中朝康熙年而大盛。按以火石砂与反酸物合即成玻璃。凡玻璃之美恶概准其中反酸物之精粗火石砂，以散铺海滩，不少杂有他质物者为上。近日英产不敷用，更向奥大利亚①地方采取，连船载运回英。反酸物则以木灰精与炭合之强盐为最。制玻璃法以极细胶泥，制烧成罐，计高三尺，中盛料物，一顿下灸以火。待逾两昼夜，足二十四时，热力已极，罐中物料，尽融成汁，将其上浮秽物去净。若以制器要，不外于吹、冶、铸三法。如制一盛香水瓶，则以长铁管，由彼一端探入泥罐旁孔内，少蘸物料汁，出于一铁板上，辗转卷起，别以铁物少压象颈，插入铁模。人向管之此一端力吹，使之涨满。其内空由于吹力而外状原本于铁模也。嗣而机动模开，铁管振脱，而瓶形已具。旁复有一人，即将此瓶仍以一热铁杖挑起，向其口颈少复磨治，而一瓶告成。计其始终亦不过仅费半分时耳。

---

① 即澳大利亚（Australia）。

刊印书籍

当中国元世祖时，有威尼斯城商人波罗[1]来华，后返国时带有板印朱字钞票数纸，而传说其印之之法。后越百年，乃有人依式仿制，是欧洲肇有印板之始。初印有叶子戏，并下跋有数语之诸图画，如取新旧约书中故事作画，而下注数语，刊板印传也。未几，而以金质物铸成之活字盛行，是盖德国之古典伯[2]与富斯德[3]二人所创制。计至前明弘治年间，泰西各国大小城内，其以活字印书者，共二百余处。初活字皆诸印书人自铸，嗣乃别有专铸活字之工。近复出有制印书板之新法，乃造诸多钢梃，每梃端反刻一阳文字于上，以法使钢加坚，立排于一红铜板上击印，使下俾铜板面阴字显然，是谓字模。嗣即将此字模入一夹内，其夹外木内钢顶，有一孔，乃镕金质物汁，由此孔倾入。计每一点钟，可得活字五百。至其排印，别纳入印书架压夹内。今昔概不同法。考前明时，压夹皆以螺蛳钉[4]旋压。今多改以机旋中空，铁杖来往，夹上以压之者。计今旋杖[5]压法，每一点钟，可印获万余纸。外此又有一牌印法，乃敛诸活字，一一列排于一牌上，别以石膏镕汁，倾向牌面，待冷取下，再镕金质物汁，倾此石膏字板之上，即可得一金质字板。按上所言之金质物，即铅三合安底摩尼[6]一。

---

[1] 即马可·波罗（Marco Polo，1254—1324 年），13 世纪意大利威尼斯著名的旅行家和商人。
[2] 即约翰内斯·古腾堡（John Gutenberg，约 1397—1468 年），德国发明家，西方活字印刷术的发明人。
[3] 即约翰内斯·福斯特（John Fust，约 1400—1466 年），德国金匠，为古登堡发明金属活字印刷术提供了资金支持。
[4] 即螺丝钉（screw）。
[5] "旋杖"，石印本作"旅杖"。
[6] 即锑（Antimoine）。

钟表

　　古人量测昼夜短长，昼看日晷，夜观星月，后刻漏出，则十二时皆准之而定。自中国赵宋末时，意大利地方始有人创制自鸣钟以代刻漏。至元朝混一之初，英、德、和兰诸国，皆出有制自鸣钟之人，而全机运动，均属于其中一式。近天平上横杆之动机，并锯齿等轮。迨前明末，有英人遵前意大利人加利略所言之法，始创加一摆于自鸣钟内，专司俾其中全机运动之用。嗣乃有人以钢盘条代摆，改制而为时辰表。昔船行者，测日月星之高下，以定南北度数，而常苦东西之度数无法测知。迨制有表出，而行船始有所恃。而英之四境，皆滨于海，尤以善诸船事为急务。故中朝道光时，英君主逐年设立赏格，俾制有新式时辰表者皆可呈上，船政局俾正其制之善否。惟时局员将诸表一一排列，日行测对，阅时及久，末推一差分秒最微少者，俾之领此赏项。凡行船每携有二表或四表，共置一匣，时久度差，则以两两较得之均匀数为正。按今瑞士国地方诸制表处，率多以妇女司工，货平价廉。至英京伦敦所制之表，极其精美，欧洲无出其石①。计制一时辰表，须经百人手方告成就。

煤气灯

　　凡燃灯于通衢僻巷之间，所以防倾跌、便行人也。考自希腊罗马以来，燃灯概不出于以柴把及油蜡等物。迨中朝乾隆时，法人始创以空中圆灯炷，插入一铜管内，其妙在于火焰上下皆可通风。未几，有一英人，更创一火燃煤气为灯之法，施用于其家中及写字公所内。至嘉庆年间，复究获引使煤气历石灰水池，可除其中杂有之

---

① "石"，石印本作"右"。

轻气与硫磺①诸气。未几，英京伦敦城人民首先仿用，嗣而遍行泰西诸国。按制煤气灯法，或以铁，或以不畏火烧之胶泥，制空中箱七八枚，计各长七尺五寸，阔一尺六寸，内高一尺。每箱受煤一百二十斤，分排置于一大煤火炉上，烧取煤气。当煤气出箱，顺煤气总管历石灰②水池③。迨其中杂诸秽气净后，始入蓄煤气，室内分通旁各小管，达诸衢巷，与官民房室火燃为灯。至盛于箱内之煤，烧取煤气后所余者即为水火炭，是则半已助下炉火烧去，尚余之半则可出售于制铁之诸工匠也。

---

① "硫磺"，石印本作"琉璜"。
② "石灰"，石印本作"石火"。
③ "水池"，石印本作"水地"。

西学略述　卷十

游览

航海遗闻

昔伊及王尼哥曾遣人驶船由红海南绕行亚非利加一洲全土。中途行粮垂尽，爰登岸种艺，幸地暖易生易熟。迨收后，始复启行。故越三年，该船始逾大西洋，入地中海，回至本国。告其王曰：我辈绕行此洲时，有见日经行正值船右之处，即是可为此船人曾至赤道以南之证。

希腊王亚利散大，既并有巴西国，进兵抵印度时，先分人乘船，顺河出沿海滨，驶回巴比伦。继而亚王自以二千艘载军，顺河抵入海口处。复率以登岸，由陆驰回巴比伦。其先所分乘船而回之人，著有日记，流传至今。内有沿海驶船之际，见日经行，正当船顶，大可骇异，并沿海人畜，皆以水族为粮等语。

始亚王攻取巴西追其国王①，竟抵葱岭西之巴革底②与大宛等国，遂至印度时，其军中有专司日记军行里数，并军过处之地势、民风颇为详尽。此希腊人至葱岭以西诸国与印度③地之始。考其时，乃在

---

① "国王"，石印本作"国土"。
② 即巴克特利亚（Bactlia），中亚古国，位于亚洲西南部，包括今阿富汗和阿姆河中上游地区。中国史书称大夏。
③ "印度"，石印本缺"印"字。

中国汉武帝命张骞出使西域之百九十余年前。

多禄某书

当中国西汉桓帝时，有伊及国之亚利散太城人多禄某①所著《地理书》，内有论及中国地势、民风之处。其言则多得自来亚细亚东境，贩诸绸缎，返逾葱岭贸易者之口。再其时罗马富人皆争出资招购远方珍奇之物，相与矜夸，是以欧洲商船多由红海或波斯海湾，驶往印度东西海口并南洋之越南等处，贩运中华、印度货物归售，规取厚利。似此船商，遇至亚利散太城时，多公必过访勤问，俾罄言其所闻所见，爰作《海滨图志》②，均颇详确。如言某一人驾船，由恒河沿海，抵亚细亚南之加底加拉③海口。考加底，似即中国汉之交趾郡。加拉，或时印度呼"城"字之土音也。至于多公所言印度洋南有一海滨，自亚非利加而东，至亚细亚南略转偏北，即抵交趾，实大错误。盖缘其时商船仅沿海投埠，不能旷驶海面故也。

回人肇纪来华

当李唐宣宗暨僖宗之世，有二亚拉伯人：一名瓦合白④，一名亚不赛得⑤，前后由波斯海湾航海来华，皆著有日记。如亚公日记内，

---

① 即克罗狄斯·托勒密（Claudius Ptolemy，约90—168年），古希腊地理学家、天文学家、数学家。
② 即《地理指南》（Guide to Geography）。
③ 即卡提加拉（Cattigara）。
④ 即伊本·瓦哈布（Ibn Wahab，约公元9世纪），阿拉伯旅行家，初居巴斯拉港，后居尸罗夫港，大约在815年来到中国。
⑤ 即阿布·赛义德·哈桑（Abu Zaid Hassan，约公元9世纪），公元9世纪阿拉伯旅行家，著有《印度中国纪程》。

言来华抵干富城^①，见其水陆辐辏，贸易流通，四外流寓之人甚夥。当该城为敌人攻陷时，其间亚拉伯、犹太、巴西、耶稣教四项人众已死及十二万之多。昔泰西人著记中华风物之书，计自东汉下迨元代，除多禄某书外，惟此亚公日记，颇称详尽。干富城有言即今之广州者，有言即今杭州之澉浦镇者。

波罗来华纪游

当元世祖朝，有意大利之威尼斯城商人波罗^②，同其一弟，携诸宝石，先驾船至希腊京都，由黑海行抵俄罗斯境界口岸，舍舟登陆，至弗罗加河^③边城内，售于元成吉思罕所分封嗣王处，获利甚厚。嗣偕其弟又沿行里海北滨，至薄哈拉^④地方。习土耳其人语时，遇成吉思罕孙波斯王胡拉古，有遣赴上都，奉书于世祖之使波罗兄弟，乃与使偕行。至元二年^⑤，抵上都入觐，世祖颇蒙优待。后世祖命其兄弟回国，往见罗马教皇，请巧匠百人，偕来上都，以便使国人习其技艺。波罗与弟于至元六年^⑥，始返至故乡，计其离家出游十九年矣。有波罗去后，遗生一子，名曰马哥^⑦，始识若父与若叔父焉。惟时教皇告殂，请匠一举，只可暂为罢论。波罗乃复与弟并子马哥，遵路东回。至元十二年^⑧，三人偕抵上都，入见世祖复命。时世祖极赏识马哥聪俊，后即常俾衔命出使江南北及印度等处地方。迨拟嫔主于

---

① 即广州（Canton）。
② 即尼古拉·波罗（Niccolo Polo，生卒年不详），意大利威尼斯商人和旅行家，马可·波罗的父亲。
③ 即伏尔加河（Volga River），位于俄罗斯的西南部，欧洲最长的河流。
④ 即布哈拉（Bukhara），中亚最古老城市之一，9—10世纪时为萨曼王朝首都。今为乌兹别克斯坦城市。
⑤ 即公元1265年。
⑥ 即公元1269年。
⑦ "马哥"，即卷九"刊印书籍"一节之"波罗"：马可·波罗（Marco Polo）。
⑧ 即公元1275年。

波斯王时，择奉主同行之臣，马哥与其父若叔，实皆厕选中，爰由闽之泉州登舟驶越印度，抵波斯海湾，闻波斯王已薨，复得世祖凶问。马哥乃与其父叔定议，辞主西归故土。元贞元年①，始抵威尼斯城。马哥生平游历著有成书，初出时人争购，率以先睹为快，故其书译有法、德、意三国之言语文字，以便欧洲人披阅，今犹有多人称道之者。

欧人西觅新地

欧洲诸国往来贸易于印度，常苦阻有红海岸之陆地，多费周折也，缘思必有他向水程，可直达印度而无碍。迨中国前明宏治五年②，有意大利人哥伦布获西班亚君赠以小板船三只之助，向西驶游，先得至西印度群岛。后六年，复驶船游抵南亚美利加地方时，有英船已前其一年至北亚美利加矣。又三载，葡萄亚人觅有伯拉西勒之地，嗣而今墨西哥并秘鲁二国地，亦为西班亚人觅获。时此二国地方之土人，亦具有文字条教，兼能械斗，惟无火器，遂为西班亚人所制伏。嗣又有法君所遣派船只，沿北亚美利加洲边境查视，计滨海周共二千余里，绘图复命，爰择加那达③地方之老伦斯河④口，立埠经商⑤。惟时凡附近墨西哥，与秘鲁南北滨海处，多为西班亚人攘归己有也。

---

① 即公元 1295 年。
② 即弘治五年，公元 1492 年。
③ 即加拿大（Canada）。
④ 即圣劳伦斯河（Saint Lawrence River），北美洲中东部的大水系。
⑤ "经商"，石印本作"终商"。

游觅直北来华水程

考葡萄亚人抵印度后，未几即得通至中国口岸。惟时欧洲诸人知哥伦布直西，逾大西洋，而得至亚美利加地也。葡萄亚人，复直东绕亚非利加南而得至印度也。爰意若有人驾舟，西北行绕亚美利加之北，或东北行绕亚细亚之北，必可觅获，竟抵印度及中国之水程。缘此当三百年前，英京富商，时时遣使驶船游觅，计前后六十年，凡所沿行滨海之处，集绘成图，航海一学虽日精进，如北地所产之兽皮、鱼油等货，皆缘此通盛，而北抵印度及中国之水程，终未觅获。迨中朝嘉庆末，英君主复遣使西北游觅数载，空劳往返。后至道光二十五年①，英又遣弗兰革林②向西北游觅，乃往而不返，音问杳然。继英、美二国，皆数遣人航海跟寻先皆莫得所在，后乃觅获其已死之遗迹。此遣寻弗兰革林之人，竟可为觅获西北行抵中国之水程者也。其东北行抵中国之水程，直至光绪七年③，始为瑞典人所觅获。

古革东游

英人古革，生于中朝之雍正六年④，初为煤船船副，常载煤来往伦敦地方出售，嗣而改助驾驶战船。迨乾隆二十四年⑤得升战船船主之职，乃将其四年奉察北亚美利加之海滨海面，绘著图说。一时战

---

① 即公元 1845 年。
② 即约翰·富兰克林（John Franklin，1786—1847 年），英国海军少将、探险家、航海家，1845 年率队乘船两艘从英国出发探寻西北航道，在威廉岛外水域被冰块包围，全体人员先后遇难。
③ 即公元 1881 年。
④ 即公元 1728 年。
⑤ 即公元 1759 年。

商诸船，皆奉如绳墨。后英之执政，知其善测算察辨之学也，命携善天文学人，赴太平洋测金星过日之事，兼谕以事，后即可放船南行游觅近南极之新地，故古革驾船驶逾东洋群岛，转而南行，得觅获纽西兰岛①。越时六月，始得沿行岛滨一周。按此岛当一百三十年前，有和兰人得至其地，归以告人，皆以是必一大洲之肢角。时古革复转船北驶，抵奥大利亚海滨，沿行六千里后，至葛留巴岛②旁岸修船，始复驶行，归英复命，计其出游已四阅寒暑矣。逾年古革复率二艘东驶，抵太平洋，将多类堪为人用之牲畜，散放于诸岛间，嗣乃北行，待至亚美利加西之北经纬六十五度处，转而东驶，以游觅直达大西洋之水程。当其北行经见散多威知群岛③，嗣沿海滨，至贝令海峡④处，测知亚细亚与亚美利加二洲，相离水程仅一百二十里，复少转东北行，前遇冰阻乃返，至散多威知群岛少住，不意该岛土人肆暴，而古革竟为所戕，惜哉！后经其副率船回英，备言古革惨死状，君主震悼，爰命每岁拨银若干圆，以恤其妻子焉。

欧人游觅亚非利加全境

当中国前明初，葡萄亚君主之诸子，有名显理⑤者，其所受封居之府第，南滨于海，与亚非利加洲相密迩。时显理更无他好，惟以分遣人众，驾船游觅亚非利加洲之境地为务，逐年渐次南驶，久而弥勤。计显理创行此举四十余年，迨其殁时，所遣人众，已南抵仅

---

① 即新西兰岛（New Zealand）。
② 即大堡礁（Great Barrier Reef），分布于澳大利亚昆士兰州的东海岸，由 2000 多个大大小小的珊瑚礁岛组成。
③ 即夏威夷岛（Hawaiian Islands），库克名其为三明治群岛（Sandwich Islands）。
④ 即白令海峡（Bering Strait），沟通北冰洋和太平洋的唯一航道，也是北美洲和亚洲大陆间最短的海上通道，位于亚洲东北端楚科奇半岛和北美洲西北端阿拉斯加之间。
⑤ 即航海家亨利（Henry the Navigator，1394—1460 年），葡萄牙王子，葡萄牙航海事业的开拓者、组织者。在他的支持下，葡萄牙船队到达非洲西海岸至几内亚一带。

离赤道八度之处。至成化年间,葡萄亚人,始得抵亚非利加尽南土角① 处。宏治十一年②,复由亚非利加南驶至印度时,亚非利加之东偏滨海,凡旧为回人立埠通商之处,自赤道南二十三度有奇地方,北转抵红海,俱为葡萄亚人所行遍。至该洲内地,自中朝乾隆年间,始有欧人渐次深入游觅,爰有即此著名数人相继而起,如由该洲西滨海中间,当赤道北四度处入海之奈遮河,为英人巴革③所觅获。迨咸丰末年,有名利逢斯敦④者,往南亚非利加东西游觅,得知有大湖二,后又有斯毕革⑤并哥兰⑥以及贝格⑦三人分觅获非洲内地之三大湖也。

---

① 即好望角（Cape of Good Hope），非洲西南端非常著名的岬角。
② 即弘治十一年，公元 1498 年。
③ 即乔治·巴克（George Back，1796—1878 年），英国探险家、海军上将，著有《北极陆地探险记》《英国船恐怖号探险记》等。
④ 即李文斯顿（David Livingstone，1813—1873 年），又译为利文斯顿，英国传教士、非洲地理考察家。
⑤ 即约翰·汉宁·斯皮克（John Hanning Speke，1827—1864 年），简称斯皮克。英国驻印度军队军官、探险家，曾深入非洲大陆，寻找尼罗河的源头。
⑥ 即詹姆斯·格兰特（James Augustus Grant，1827—1892 年），英国探险家，1860—1863 年间随斯皮克在东非探险。
⑦ 即塞缪尔·怀特·贝克（Samuel White Baker，1821—1893 年），英国探险家，曾在非洲的尼罗河水源地带探险（1861—1865 年），发现了扎伊尔和乌干达之间的艾伯特湖。

原书专名与当今通行译名对照表
（按原书所涉专名的汉语拼音顺序排列）

	原书专名	当今通用译名	英文
A	阿比西尼	阿比西尼亚	Abyssinia
	阿兰族	阿兰人	Alan
	阿伦卜斯山	奥林波斯山	Olympus
	阿拿撒哥拉	阿那克萨戈拉	Anaxagoras
	阿那多米	解剖学	Anatomy
	阿斯多底	亚里士多德	Aristotle
	哀斯古拉伯	阿斯克勒庇俄斯	Asclepius
	安底摩尼	锑	Antimoine
	安那西满	阿那克西曼德	Anaximander
	安那西米尼	阿那克西美尼	Anaximenes
	奥大利亚	澳大利亚	Australia
	奥古斯典	奥勒留·奥古斯丁	Aurelius Augustinus
	奥古斯都	屋大维	Gaius Octavius Augustus
B	八座	乌拉妮娅	Urania
	巴伯	教皇	Pope
	巴革	乔治·巴克	George Back
	巴革底	巴克特利亚	Bactlia
	巴米耳	帕米尔	Pamirs
	巴斯加勒	布莱士·帕斯卡	Blaise Pascal
	拜勒	玻意耳	Robert Boyle
	班哥罗夫	乔治·班克罗夫特	George Bancroft
	贝格	塞缪尔·怀特·贝克	Samuel White Baker
	贝令海峡	白令海峡	Bering Strait
	贝斯哥德	威廉·H·普雷斯科特	William Hickling Prescott
	备根	弗朗西斯·培根	Francis Bacon
	备礼	威廉·佩利	William Paley
	本丹	杰里米·边沁	Jeremy Bentham
	《本植物原性纲目》	《植物属志》	*Genera Plantarum*
	彼得	彼得一世	Peter I
	彼得第一	彼得一世	Peter I
	波罗	马可·波罗	Marco Polo
	波罗	尼古拉·波罗	Niccolo Polo

续表

	原书专名	当今通用译名	英文
B	伯宾	丕平	Pippin
	伯耳革利	乔治·贝克莱	George Berkeley
	伯拉多	柏拉图	Plato
	伯拉西勒	巴西	Brasil
	伯理斯理	约瑟夫·普利斯特里	Joseph Priestley
	伯理玺天德	总统	President
	伯路大孤	普鲁塔克	Plutarch
	伯伦	托马斯·布朗	Thomas Brown
	薄哈拉	布哈拉	Bukhara
	卜大哥拉	毕达哥拉斯	Pythagoras
	布大哥拉	毕达哥拉斯	Pythagoras
C	《草木原委类分》	《植物学志》	*Plantarum seu Stirpium Historia*
D	大辟	大卫	David
	大加罗	查理大帝	Charlemagne
	大利乌王	大流士一世	Darius I the Great
	大奴比河	多瑙河	Danube
	代加德	德尼·狄德罗	Denis Diderot
	《代数》	《代数学基础》	*Elements of Algebra*
	戴加德	勒奈·笛卡尔	Rene Descartes
	戴乐耳	泰勒	Edward Burnett Tylor
	丹低	但丁·阿利吉耶里	Dante Alighieri
	得拉非典族	达罗毗荼人	Dravidian
	德多尼族	日耳曼人	Teutonic
	德尼逊	丁尼生	Alfred Tennyson
	低伯耳河	台伯河	Tiber
	底多努	梯托诺斯	Tithonus
	底革利斯	底格里斯河	Tigris
	底摩革利都	德谟克利特	Democritus
	底莫提尼	德摩斯梯尼	Demosthenes
	棣·麋甘	德·摩根	Augustus de Morgan
	丢番都	丢番图	Diophantus
	丢几尼	第欧根尼	Diogenes
	都耳哥	安·罗伯特·雅克·杜尔哥	Anne Robert Jacques Turgot
	都基底底	修昔底德	Thucydides

续表

	原书专名	当今通用译名	英文
D	都雷	阿尔布雷特·丢勒	Albrecht Durer
	敦·斯哥都	邓斯·司各脱	Johannes Duns Scotus
	多利遮里	埃万杰利斯塔·托里拆利	Evangelista Torricelli
	多禄某	克罗狄斯·托勒密	Claudius Ptolemy
E	俄贝拉	歌剧	Opera
	俄非德	奥维德	Ovidius
	《俄拉多略》	《奥兰多》	*Orlando*
	俄西利斯	奥西里斯	Osiris
	额伯邻	奥贝尔林	John Frederick Oberlin
	二座	克利奥	Clio
F	法兰革族	法兰克人	Frank
	法斯哥	乔瓦尼·巴蒂斯塔·瓦斯科	Giovanni Battista Vasco
	非底亚斯	菲狄亚斯	Pheidias
	非力·乃利	圣菲利普·内里	Philip Neri
	非利	佩德罗·韦里	Pietro Verri
	非西由罗机	生理学	Physiology
	非也那	维也纳	Vienna
	非约林	小提琴	Violin
	肥乙大	韦达	Francis Vieta
	斐尼基	腓尼基	Phoenicia
	《缶斯德》	《浮士德》	*Faust*
	弗兰革林	本杰明·富兰克林	Benjamin Franklin
	弗兰革林	约翰·富兰克林	John Franklin
	弗罗加河	伏尔加河	Volga River
	弗罗连国	佛罗伦萨共和国	Republic of Florence
	富斯德	约翰内斯·福斯特	John Fust
G	该斯奈	弗朗斯瓦·魁奈	Francois Quesnay
	干布西	冈比西斯二世	Cambyses II
	干得	伊曼努尔·康德	Immanuel Kant
	干德	伊曼努尔·康德	Immanuel Kant
	干富城	广州	Canton
	哥低族	哥特人	Goth
	哥底	歌德	Goethe
	哥底	约翰·沃尔夫冈·歌德	Johann Wolfgang von Goethe

续表

	原书专名	当今通用译名	英文
G	哥拉得	鲁瓦耶-科拉尔	Paul Royer-Collard
	《哥拉尼》	《古兰经》	Koran
	哥兰	詹姆斯·格兰特	James Augustus Grant
	哥伦威勒	奥利弗·克伦威尔	Oliver Cromwell
	哥罗伯耳	让-巴普蒂斯特·柯尔贝尔	Jean-Baptiste Colbert
	哥内罗	皮埃尔·高乃依	Pierre Corneille
	革勒底族	凯尔特人	Celt
	格路	格鲁	Nehemiah Grew
	葛留巴岛	大堡礁	Great Barrier Reef
	根斯丹典	君士坦丁一世	Constantine I The Great
	根苏利	执政官	Consul
	弓德	奥古斯特·孔德	Auguste Comte
	《古帝王伊底罗》	《国王之歌》	Idylls of the King
	古典伯	约翰内斯·古腾堡	John Gutenberg
	古革	詹姆斯·库克	James Cook
	古烈王	居鲁士二世	Cyrus II of Persia
	古桑	维克多·孔辛	Victor Cousin
H	哈斐	威廉·哈维	William Harvey
	哈勒耳	阿尔布雷希特·冯·哈勒	Albrecht von Haller
	《海滨图志》	《地理指南》	Guide to Geography
	海敦	海顿	Franz Joseph Haydn
	海根斯	克里斯蒂安·惠更斯	Christiaan Huygens
	韩德勒	亨德尔	George Friedrich Handel
	和·摩斯达	阿胡拉·马兹达	Ahura Mazda
	和加耳得伤	威廉·荷加斯	William Hogarth
	《和兰开国记》	《荷兰共和国的兴起》	The Rise of Dutch Republic
	和美耳	荷马	Homer
	《后罗马史》	《罗马帝国衰亡史》	The History of the Decline and Fall of the Roman Empire
	《后英史》	《英国史》	Histoy of England
J	基本	爱德华·吉本	Edward Gibbon
	基该罗	马库斯·图留斯·西塞罗	Marcus Tullius Cicero
	加·拉·角利	乔·里·卡尔利	Gian Rinaldo Carli
	加波德	约翰·卡伯特	John Cabot
	加伯烈	加百列	Gabriel

续表

	原书专名	当今通用译名	英文
J	加得雷德	卡特莱特	Edmund Cartwright
	加底加拉	卡提加拉	Cattigara
	加耳大俄国	迦太基	Carthage
	加芬底矢	亨利·卡文迪许	Henry Cavendish
	加拉拉	卡拉拉	Carrara
	加拉珉	锌	Zincum
	加利略	伽利略·伽利雷	Galileo Galilei
	加利族	高卢人	Gauls
	加罗·地伦	卡尔德隆·德·拉·巴尔卡	Caldern de la Barca
	加那达	加拿大	Canada
	九座	塔利亚	Thalia
	举非也	乔治·居维叶	Georges Cuvier
	觉亚	梅尔奇奥雷·希奥亚	Melchiorre Gioia
L	拉伯路野	弗朗索瓦·拉伯雷	Francois Rabelais
	拉发夜	拉斐尔·桑西	Raffaello Santi
	拉非洩	安东尼·拉瓦锡	Antoine Lavoisier
	拉先	让·拉辛	Jean Racine
	赖氏	雷约翰	John Ray
	郎巴底	伦巴第人	Lombards
	老伦斯河	圣劳伦斯河	Saint Lawrence River
	勒星	莱辛	Lessing
	雷伯尼	莱布尼茨	Leibniz
	雷伯尼兹	莱布尼茨	Leibniz
	雷斯	日耳曼人路易	Louis the German
	《礼拜六晚农夫归家之状》	《佃农的星期六之夜》	The Cotter's Saturday Night
	理得	托马斯·里德	Thomas Reid
	利巴嫩	黎巴嫩	Lebanon
	利逢斯敦	李文斯顿	David Livingstone
	利年	亚麻布	linum
	邻奈	卡尔·冯·林奈	Carl von Linne
	林伯兰得	伦勃朗·哈尔曼松·凡·莱因	Rembrandt Harmenszoon van Rijn
	六座	埃拉托	Erato
	卢革来底	卢克来修	Titus Lucretius Carus

续表

	原书专名	当今通用译名	英文
L	鲁伯格	约翰·卢博克	John Lubbock
	路德	马丁·路德	Martin Luther
	路利革	留里克	Ryurik
	罗贝勒	罗贝尔	Matthias Lobel
	罗伯·非加	洛卜·德·维加	Lope de Vega
	罗革	约翰·洛克	John Locke
	罗美耳	奥勒·罗默	Ole Romer
	螺蛳钉	螺丝钉	screw
M	马伯兰什	马勒伯朗士	Nicolas Malebranche
	马高来	托马斯·麦考莱	Thomas Babington Macaulay
	马哥	马可·波罗	Marco Polo
	马哥满族	马可曼尼人	Marcomani
	马基	麻葛	Mages
	马略德	马略特	Edme Mariotte
	马斯·米勒	马克斯·缪勒	Max Mueller
	马斯底	乳香树脂	Mastic
	《美史》	《美国史》	*History of the United States*
	门但	蒙田	Montaigne
	门得孙	门德尔松	Jakob Ludwig Felix Mendelssohn Bartholdy
	米加勒	米哈伊尔一世	Michael I
	米勒敦	约翰·弥尔顿	John Milton
	米哩	米莲	Miryam
	米罗敦	约翰·弥尔顿	John Milton
	米太	米底	Medes
	米西西比河	密西西比河	Mississippi River
	摩德利	约翰·洛思罗普·莫特利	John Lothrop Motley
	摩列耳	莫里哀	Moliere
	摩杂得	莫扎特	Wolfgang Amadeus Mozart
	磨斯瓜城	莫斯科	Moscow
	《牧童歌》	《牧歌》	*Ecologues*
	慕赛	缪斯	Muse
	穆罕遍谟撒得	阿尔·花剌子模	Al-khwarizmi
N	拿波伦	拿破仑·波拿巴	Napoleon Bonaparte
	奈端	艾萨克·牛顿	Isaac Newton

续表

	原书专名	当今通用译名	英文
N	纽西兰岛	新西兰岛	New Zealand
	弩玛	努马	Numa Pompilius
	《女师诗》	《公主》	*Princess*
	挪满族	诺曼人	Norman
	挪亚	诺亚	Noah
O	欧伯拉底	幼发拉底河	Euphrates
	欧吉利德	欧几里得	Euclidean
Q	《七英攻城》	《七将攻忒拜》	*The Seven Against Thebes*
	七座	波林妮娅	Polyhymnia
	轻	氢气	Hydrogen
R	日挪瓦国	热那亚共和国	Republic of Genoa
	如秀	安都因·劳伦·戴·裕苏	Antoine Laurent de Jussieu
	茹斯底年	查士丁尼一世	Justinian I
S	撒弗	萨福	Sappho
	撒革孙族	萨克森人	Saxon
	赛挪	芝诺	Zeno
	赛者弱	让·巴蒂斯特·萨伊	Say Jean Baptiste
	三座	欧忒尔佩	Euterpe
	散多威知群岛	夏威夷岛	Hawaiian Islands
	筛斯比耳	威廉·莎士比亚	William Shakespeare
	舍拉哥	苏合香脂	Storax Balsam
	《生民流落荒寂无人之村》	《荒村》	*The Deserted Village*
	圣乐	清唱剧	Oratorio
	《驶海觅珍裘》	《美狄亚》	*Medea*
	世落耳	席勒	Schiller
	首座	卡拉培	Calliope
	斯本赛耳	赫伯特·斯宾塞	Herbert Spencer
	斯毕革	约翰·汉宁·斯皮克	John Hanning Speke
	斯底罗	理查德·斯梯尔	Richard Steele
	斯都瓦得	杜加尔德·斯图瓦尔特	Dugald Stewart
	斯多亚学	斯多葛哲学学派	The Stoics
	斯拉分尼族	斯拉夫人	Slav
	斯米得	亚当·斯密	Adam Smith
	《四季诗》	《四季歌》	*The Seasons*

续表

	原书专名	当今通用译名	英文
S	四座	墨尔波墨涅	Melpomene
	绥威族	苏维人	Suevi
	《孙大威达》	《阿维斯塔》	*Avesta*
	梭都诗得	琐罗亚斯德	Zoroaster
	梭革拉底	苏格拉底	Socrates
T	他里斯	泰勒斯	Thales
	他利斯	泰勒斯	Thales
	炭强	二氧化碳	Carbon Dioxide
	土角	好望角	Cape of Good Hope
W	瓦得	詹姆斯·瓦特	James Watt
	瓦德·斯哥德	沃尔特·司各特	Walter Scott
	瓦合白	伊本·瓦哈布	Ibn Wahab
	瓦利斯	约翰·瓦利斯	John Wallis
	宛大利族	汪达尔人	Vandal
	威得路斐	马可·维特鲁威	Marcus Vitruvius Pollio
	威得斯宾	塞穆尔·怀尔德斯平	Smuel Wilderspin
	威多·以马内利	维克托·伊曼纽二世	Victor Emmanuel II
	威耳吉利	维吉尔	Vergil
	威公	维吉尔	Vergil
	《威廉·德勒》	《威廉·退尔》	*William Tell*
	《韦多》	《吠陀》	*Veda*
	五座	忒尔普西科拉	Terpsichore
X	西班亚	西班牙	Spain
	《西班亚初定今墨西哥与秘鲁二国地记》	《墨西哥征服史和秘鲁征服史》	*History of the Conquest of Mexico and History of the Conquest of Peru*
	《西比利尼》	《西维拉占语集》	*Sibylline Books*
	西兰	斯里兰卡	Sri Lanka
	西米底族	闪米特人	Semite
	希波拉底	希波克拉底	Hippocrates
	希拉革雷都	赫拉克利特	Heraclitus
	希罗多都	希罗多德	Herodotus
	《喜》	《快乐的人》	*Il Penseroso*
	显理	航海家亨利	Henry the Navigator
	硝	氮气	Nitrogen

续表

	原书专名	当今通用译名	英文
X	硝砂	氮气	Nitrogen
	休摩	大卫·休谟	David Hume
	休末	大卫·休谟	David Hume
Y	亚不赛得	阿布·赛义德·哈桑	Abu Zaid Hassan
	亚地逊	约瑟夫·艾迪生	Joseph Addison
	亚典城	雅典	Athens
	亚非利加洲	非洲	Africa
	亚革雷	安克莱	Richard Arkwright
	亚圭那	托马斯·阿奎纳	Thomas Aquinas
	亚拉伯人	阿拉伯人	Arabs
	亚利·瞒	安哥拉·曼纽	Angra Mainyu
	亚利·摩	安哥拉·曼纽	Angra Mainyu
	亚利第三	沙皇亚历山大三世·亚历山德罗维奇	Tsar Alexandre III
	亚利马尼族	雅利安人	Aryan
	亚利散大	亚历山大大帝	Alexander the Great
	亚利散太城	亚历山大城	Alexandria
	亚奇默德	阿基米德	Archimedes
	养	氧气	Oxygen
	《耶稣降生》	《耶稣诞生》	*The Nativity Story*
	一三种语言合璧诗	罗塞塔石碑	Rosetta Stone
	伊底罗	田园诗	Idylls
	《医学箴言》	《希波克拉底誓言》	*Hippocrates Oath*
	意比古路	毕达哥拉斯	Pythagoras
	意吕利亚	伊利里亚	Illyria
	《英史》	《英国史》	*History of Great Britain*
	雍姓	托马斯·杨	Thomax Young
	《忧》	《幽思的人》	*L'Allegro*
	犹伯拉底河	幼发拉底河	Euphrates River
	约百	约伯	Job
	《约百记》	《约伯记》	*Job*
	约年	爱奥尼亚群岛	Ionian Island
	约斯	厄俄斯	Eos

续表

	原书专名	当今通用译名	英文
Z	扎波瞒	弗雷德里克·查普曼	Frederick Chapman
	札利斯	查理一世	Charles I
	《植物纲目》	《植物志》	*Historia Plantarum*

后 记

　　本书为国家社科基金项目"西方古典学在中国"（项目编号 10BSS001）的阶段性成果，同时得到山东省"齐鲁文化英才"工程专项资金的资助。本项校注工作历经三个春秋，方得以付梓出版。郭小凌教授等老师、朋友始终关心两书校注工作进展。书稿形成过程中，聊城大学运河学研究院崔建利副研究员提出了诸多建设性意见；北京师范大学图书馆李书宁博士和古籍部老师、聊城大学历史文化与旅游学院赵少峰博士在资料方面提供了许多帮助；聊城大学图书馆刘敏老师在文字校对方面提出了建议，历史文化与旅游学院研究生张亚伟、贺路平同学校对了部分文字，在此均致以诚挚谢意！

　　本次校注我们虽勉力而为，但因学识和能力有限，书中难免有诸多遗漏或不妥之处，恳请学界方家和读者包涵指正。